23 YEARS

风雨洗礼，初心不变

心怀热忱，与您同行

2020 **再跃**

2020年“天猫双11”，东奥登顶教育行业榜首，成为“淘宝教育”首个销量破亿的品牌

2016—2019 **驰名**

连续4年荣获“天猫双11”考试类图书销售冠军、职业资格考试类图书成交额冠军

2001—2007 **成名**

2001年“轻1”发行量超过千万册，考生几乎人手一本
2007年东奥网校上线，图书、课程受百万学员热捧

1998 **诞生**

东奥诞生
“轻松过关”品牌图书面世

始于初心，终于品质

用心

自上一考季结束之日起，名师团队围绕真题，重新梳理考点，开启为期 150 多天的初稿撰写工作。

严谨

每份书稿都会由300多人的教研团队反复研究、修订，严格遵循三审三校的原则，严格把关质量，印制出版。

创新

面对新考季，新趋势，针对不同题型升级答题技巧，助力考生以最高效的学习方法轻松过关。

2021年“轻1”

新考季，新体验，您准备好了吗？

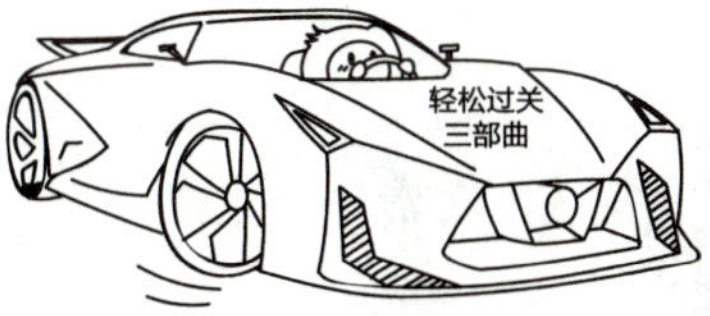

基础轻松过

初窥门径，新手上路

从最基础的概念讲解开始，助您推开每一个知识的大门。循序渐进，从简单到复杂，从入门到轻松过关。

考点轻松过

攻克难点，平稳驾驶

梳理全书脉络，覆盖考试重点，精炼汇编，深入浅出，配合经典题解，一边学习，一边巩固，厚积薄发，跬步千里。

习题轻松过

全面优化，弯道超车

从考试角度出发，重思路、善总结，同步强化练习，攻破难点；全真模拟测试，查缺补漏。从“强化”到“飞越”，循序渐进，稳步过关。

轻松过关® 1

—

23 年，是沉淀，是积累，是攀升

备考之路，与您同行

轻松过关® 1

2021年经济专业技术资格考试（中级）应试指导及全真模拟测试

经济基础知识

肖磊荣　主编

东奥会计在线　编

北京科学技术出版社

本书的封面具有正版标识，请认真识别

（1）本书附有一枚防伪标签，上面有二维码，扫描并激活后即可获赠正版图书的超值专享服务。
（2）本书防伪标签为正版标识，若无此标识即盗版，请广大读者拒绝购买。
（3）盗版举报电话：400-627-5566。

“轻松过关”小程序

扫描右侧的二维码进入“轻松过关”小程序，名师课程、精选习题、互动答疑，应有尽有，助您开启考证轻松过关之旅。

图书在版编目（CIP）数据

2021年经济专业技术资格考试（中级）应试指导及全真模拟测试．经济基础知识/肖磊荣主编；东奥会计在线编．—北京：北京科学技术出版社，2021.7
（轻松过关．1）
ISBN 978-7-5714-1602-7

Ⅰ.①2… Ⅱ.①肖… ②东… Ⅲ.①经济学—资格考试—习题集 Ⅳ.①F0-44

中国版本图书馆CIP数据核字（2021）第110544号

责任编辑： 李　鹏
责任校对： 贾　荣
装帧设计： 韩文静　晓　莉
责任印制： 张　良
出 版 人： 曾庆宇
出版发行： 北京科学技术出版社
社　　址： 北京西直门南大街16号
邮政编码： 100035
电　　话： 0431-87635566（编辑部）
010-66135495（总编室）

网　　址： www.bkydw.cn
印　　刷： 辽宁虎驰科技传媒有限公司
开　　本： 787 mm×1092 mm　1/16
字　　数： 442千字
印　　张： 23
版　　次： 2021年7月第1版
印　　次： 2021年7月第1次印刷

ISBN 978-7-5714-1602-7

定　价：112.00元

编委会

主　编：肖磊荣

编　委（按姓氏笔画排序）：

于洪洋　　王　宁　　曲　锐　　李　晶

李俊蓉　　李晓燕　　周丽叶

目 录

第一部分　2021 年备考指南

第二部分　考点精讲及同步训练

第三部分 全真模拟测试题及参考答案

第一部分

2021 年备考指南

一、 2021 年的重要考试政策

经济专业技术资格考试（中级）是自 1993 年起实行的考试。考试设有经济基础知识、专业知识和实务两个科目，其中经济基础知识为公共科目，专业知识和实务为专业科目，分工商管理、财政税收、金融、人力资源管理等 10 个专业类别。

经济专业技术资格考试（中级）采用电子化考试方式，应试人员需要通过计算机答题。考试成绩实行滚动管理方法以 2 年为一个周期，应试人员须在连续的 2 个考试年度内通过全部应试科目方可取得相应类别的经济专业技术资格证书。

中级经济专业技术资格考试合格者可获得人力资源和社会保障部统一印制的经济专业技术资格证书，证书在全国范围内有效。

（一）考试时间

考试日期	考试时间及科目		考试批次
10 月 30 日	08:30—10:00	经济基础知识	第一批次
	10:40—12:10	专业知识和实务	
	14:00—15:30	经济基础知识	第二批次
	16:10—17:40	专业知识和实务	
10 月 31 日	08:30—10:00	经济基础知识	第三批次
	10:40—12:10	专业知识和实务	
	14:00—15:30	经济基础知识	第四批次
	16:10—17:40	专业知识和实务	

注：具体时间以当地人事考试网公布为准。

（二）题型、题量

题型	经济基础知识	专业知识和实务
单项选择题	70 道题（每题 1 分）	60 道题（每题 1 分）
多项选择题	35 道题（每题 2 分）	20 道题（每题 2 分）
案例分析题	—	20 道小题（每题 2 分）
合计	105 道题/140 分	100 道题/140 分

（三）考试分值及合格标准

经济专业技术资格考试（中级）各科目的试卷满分均为 140 分，合格标准均为 84 分（参考 2020 年）。

二、 2021年教材的基本情况

（一）教材基本内容

全书框架结构

部分	内容	章节
经济学基础	微观经济学	第一章至第六章
	宏观经济学	第七章至第十章
财政	公共物品与财政职能	第十一章
	财政支出和财政收入	第十二章至第十三章
	税收制度	第十四章
	政府预算	第十五章
	财政管理体制与财政政策	第十六章至第十七章
货币与金融	货币供求、均衡及政策	第十八章至第十九章
	中央银行与商业银行	第十九章至第二十章
	金融风险与金融监管	第二十一章
	对外金融关系与政策	第二十二章
统计	统计与描述统计	第二十三章至第二十四章
	抽样方法及相关分析指标	第二十五章至第二十七章
会计	会计概论及会计循环	第二十八章至第二十九章
	会计报表及财务报表分析	第三十章至第三十一章
	政府会计	第三十二章
法律	法律对经济关系的调整	第三十三章
	物权法律制度、合同法律制度、公司法律制度及其他法律制度	第三十四章至第三十七章

（二）各章的复习难度和重要性

章	难度	重要性
第一章　市场需求、供给与均衡价格	★★★	★★★
第二章　消费者行为分析	★★	★★
第三章　生产和成本理论	★★★	★★
第四章　市场结构理论	★★	★★
第五章　生产要素市场理论	★★	★★
第六章　市场失灵和政府的干预	★★	★★
第七章　国民收入核算和简单的宏观经济模型	★★	★★
第八章　经济增长和经济发展理论	★★	★★

续表

章	难度	重要性
第九章　价格总水平和就业、失业	★★	★★
第十章　国际贸易理论和政策	★	★★
第十一章　公共物品与财政职能	★★	★★
第十二章　财政支出	★★★	★★
第十三章　财政收入	★★★	★★★
第十四章　税收制度	★★★	★★★
第十五章　政府预算	★★★	★★
第十六章　财政管理体制	★★★	★★
第十七章　财政政策	★★★	★★★
第十八章　货币供求与货币均衡	★★★	★★
第十九章　中央银行与货币政策	★★	★★★
第二十章　商业银行与金融市场	★★	★★★
第二十一章　金融风险与金融监管	★★★	★★
第二十二章　对外金融关系与政策	★★	★★
第二十三章　统计与数据科学	★	★★★
第二十四章　描述统计	★★	★★★
第二十五章　抽样调查	★★	★★
第二十六章　回归分析	★	★★
第二十七章　时间序列分析	★★★	★★
第二十八章　会计概论	★★★	★★★
第二十九章　会计循环	★★	★★
第三十章　会计报表	★★★	★★
第三十一章　财务报表分析	★★★	★★★
第三十二章　政府会计	★	★
第三十三章　法律对经济关系的调整	★	★★
第三十四章　物权法律制度	★★★	★★★
第三十五章　合同法律制度	★★★	★★★
第三十六章　公司法律制度	★★	★★★
第三十七章　其他法律制度	★★★	★★

注：★越多，表示该章复习难度越大，对于考试越重要。

三、高效备考技巧

（一）制订计划、严格执行

俗话说“凡事预则立，不预则废”，做任何事情，有计划才能做到有的放矢、稳扎稳打，最终才能取得成功。反之则会一事无成。对于学习来说也是如此。首先要做好计划，然后再根据计划完成每日的学习。坚持完成每个阶段的目标，取得证书也就不是问题了。

下面是我们为考生拟定的学习计划，希望能对考生有所帮助。

阶段	时间安排	学习重点
第一阶段 “全面学习”	7月初至9月中旬	考生要按照章的顺序将考点逐一夯实，做到理解大部分知识点，高频考点要重点掌握
第二阶段 “强化提高”	9月中旬至10月中旬	此阶段是关键，在进一步强化第一阶段的重点知识的同时，考生需要对全书的考点进行梳理。可以通过本书的同步强化练习题进行训练，将错题、难题标记出来，进行归纳总结
第三阶段 “冲刺突破”	10月中旬至考试前	演练全真模拟测试题、历年真题，将所学知识运用到答题中，及时查漏补缺，把握各种题型的答题技巧。同时，还需要在机考系统上操作，熟悉考试环境

（二）化繁为简、以简驭繁

首先，要全面、细致地学完每一章的内容，并在理解的基础上掌握知识。其次，要建立知识框架或思维导图之类的知识体系，将零散知识串联起来，把书由“厚”读“薄”。学完全部知识点后，通过框架体系回忆关键字背后所涵盖的知识点，开始可能会比较慢，多回顾几遍后就会快了，这样能花很少的时间把整个知识点回顾一遍，起到以点带面的效果。

（三）以练促学、查缺补漏

复习知识点的目的是能正确答题，通过经典例题巩固知识点，不仅可以理顺思路与融汇知识点、分析考试的命题规律和出题方向，更能及时查找复习中的不足，从而针对不足之处强化学习。增强薄弱环节才能在考试中取得更高的分数。但不要为了做题而做题，盲目进行“题海战术”则会浪费宝贵的时间，做题的初衷是为了巩固知识点、查漏补缺。

“一日学一日功，一日不学十日空。”学习如同长跑，不怕慢，就怕停。停下来再起跑就难了。既然想考过，就要抱着一次必过的决心，用对方法，全心投入。最后，祝大家考试顺利，轻松过关！

第二部分

考点精讲及同步训练

第一篇　经济学基础

与2020年教材相比，本篇内容的主要变化如下。

（1）第八章新增《十四五规划纲要》的主要目标、任务和战略措施等相关知识点，删除建设现代化经济体系的知识点。

（2）第九章就业与失业人员的统计、我国就业与失业问题等相关知识点做了调整。

年份	单项选择题	多项选择题	合计
2018	18题18分	8题16分	26题34分
2019	17题17分	6题12分	23题29分
2020	15题15分	7题14分	22题29分

说明：表中数据由参加当年考试的考生提供，数据较为完整。

基础轻松过

微观经济学是研究社会中单个经济单位的经济行为，以及相应的经济变量的单项数值如何决定的经济学说。例如，分析单个生产者如何取得最大的利润，单个消费者如何获得最大的满足，单个生产者的产量、成本、使用的生产要素数量和利润如何确定，生产要素供应者的收入如何决定，单个商品的供给量、需求量和价格如何确定等。

宏观经济学是以国民经济总过程的活动为研究对象。它研究的是经济资源的利用问题，包括国民收入决定理论、就业理论、经济周期理论、经济增长理论等。

微观经济学是宏观经济学的基础。

考点轻松过

第一章　市场需求、供给与均衡价格

本章视频详解
使用"会计云课堂"App/微信扫码听课

考点1　需求及影响需求的基本因素★★★

（一）需求和市场需求

项目	含义	要点
需求	在一定时间内和一定价格条件下，消费者对某种商品或服务愿意而且能够购买的数量	需求的构成要素： 愿意（想法） 能够（有钱）

续表

项目	含义	要点
市场需求	在一定时间内、一定价格条件下和一定市场上所有的消费者愿意且能够购买的某种商品或服务的数量	市场需求是所有消费者需求的总和

（二）影响需求的基本因素

基本因素	具体表现
产品价格	(1) 价格是影响需求的最重要、最关键的因素 (2) 一般来说，价格和需求呈反方向变化
替代品的价格	(1) 替代品是指使用价值相近，可以相互替代来满足人们同一需要的商品，如煤气和电力、苹果和梨等 (2) 一般来说，商品的需求与替代品的价格呈同方向变化
互补品的价格	(1) 互补品是指使用价值上必须相互补充才能满足人们某种需要的商品，如汽车和汽油、家用电器和电等 (2) 一般来说，商品的需求与互补品的价格呈反方向变化
消费者偏好	消费者偏好支配着消费者在使用价值相同或接近的替代品之间的消费选择
消费者的个人收入	一般来说，消费者的收入和需求呈同方向变化
预期（消费者）	如果消费者预期某种商品的价格要上涨，就会刺激消费者提前购买；如果消费者预期某种商品的价格下跌，一些消费者就会推迟购买
其他因素	商品的品种、质量、广告宣传，地理位置，季节，国家政策等

经典题解

【例题·单选题】某月，因替代品的价格上升，甲商品的需求量变动500千克，同期互补品的价格上升，导致甲商品的需求量变动800千克，那么该月甲商品需求量的实际变动量是（ ）。

A. 增加300千克 B. 增加1300千克

C. 减少300千克 D. 减少1300千克

【解析】一般来说，商品的需求与替代品的价格呈同方向变化，与互补品的价格呈反方向变化。故替代品的价格上升，甲商品的需求量应为增加500千克；互补品价格上升，甲商品的需求量应为减少800千克；综上，甲商品需求量的实际变动量应为减少300千克。

【答案】C

考点2 需求函数、需求规律和需求曲线★★★

（一）需求函数

需求函数表示一种商品的需求量与影响该需求量的各种因素之间的相互关系，在假定价格之外的其他各种因素不变的情况下，需求函数表明某种商品的消费者随价格变化而愿意购买的数量。需求函数表示为：

$$Q_d=Q_d\ (P)$$

（二）需求规律

需求规律是指需求与价格之间呈反方向变化的关系，即商品价格提高，需求量减少；商品价格下降，需求量增加。

（三）需求曲线

需求曲线是反映需求量和价格的对应关系的曲线（向右下方倾斜）。

需求数量变动——价格因素	需求变动——非价格因素
假定其他因素不变，只考虑需求和价格的关系，需求量的变化是沿着既定的需求曲线进行的	假定价格不变，由于消费者收入或消费者偏好等因素的变化引起需求的相应变化，这种变化表现为需求曲线的位移
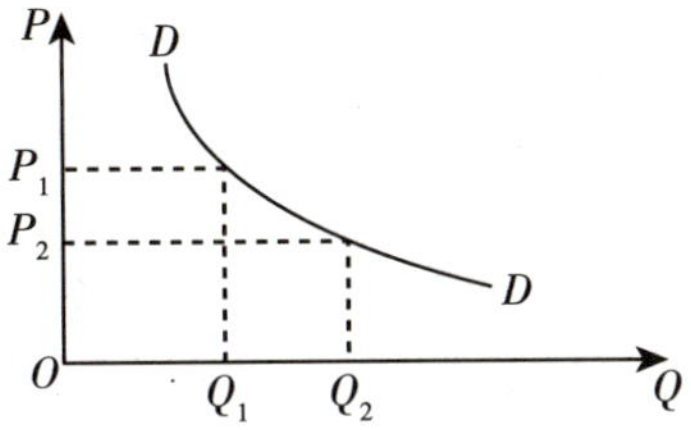	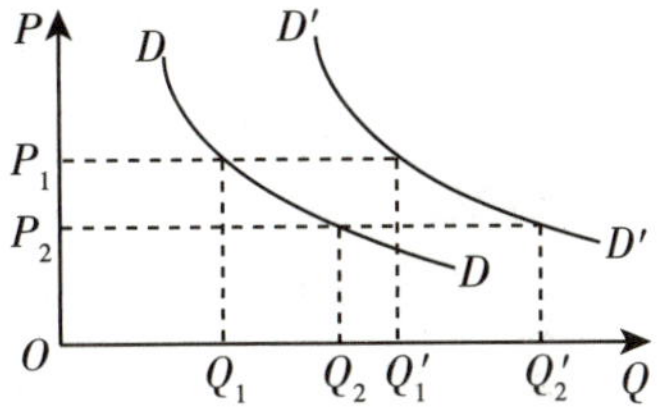

某种商品的市场需求就是所有消费者个人对该种商品的需求之和，因此，市场需求曲线也就是所有个别消费者需求曲线的水平加总。

经典题解

【例题·单选题】 政府实施减税政策使消费者的收入提高，从而导致（　　）。（2020 年）

A. 供给曲线将向右移动

B. 需求曲线将向右上方移动

C. 需求曲线将向左上方移动

D. 供给曲线将向左移动

【解析】 消费者收入变化会引起需求曲线的位移，由于消费者收入的增加扩大了需求，需求曲线向右上方移动。

【答案】 B

考点 3　供给和影响供给的主要因素★★

（一）供给的含义

供给是指某一时间内和一定的价格水平下，生产者愿意并可能为市场提供某种商品或服务的数量。市场供给是所有生产者供给的总和。

（二）影响供给的主要因素

（1）产品价格。在其他条件不变的情况下，某种产品自身的价格和其供给的变动呈正方向变化。

（2）生产成本。在其他条件不变的情况下，某种产品自身的成本和其供给的变动呈反方向变化。

（3）生产技术。技术水平在一定程度上决定着生产成本，进而影响供给。

（4）预期。生产者或销售者对商品或服务价格的预期会引起该商品或服务供给的变化。

（5）其他因素。包括生产要素的价格以及国家政策等。

（6）相关产品的价格。

经典题解

【例题·单选题】下列选项中属于影响供给的主要因素的是（　　）。（2020 年）

A. 需求弹性　　B. 商品价格

C. 生产周期　　D. 个人收入

【解析】影响供给的主要因素有产品价格、生产成本、生产技术、预期、相关产品的价格和其他因素。

【答案】B

考点 4　供给函数、供给规律和供给曲线★★★

（一）供给函数

假定其他因素不变，只考虑某种商品供给量和该商品价格之间的关系，供给函数表示为：

$$Q_s = Q_s(P)$$

（二）供给规律

市场上商品或服务的供给量和市场价格呈正方向变化，这就是供给规律。一般来说，市场价格越高，供给量就越大；市场价格越低，供给量就越小。

（三）供给曲线

供给曲线是描述供给量和价格之间关系的曲线（向右上方倾斜）。

供给数量变动——价格因素	供给变动——非价格因素
假定其他因素不变，只考虑供给和价格的关系，供给量的变化是沿着既定的供给曲线进行的	假定价格不变，由于价格以外的其他因素如成本等发生变动引起供给的变动，这种变动表现为供给曲线的位移
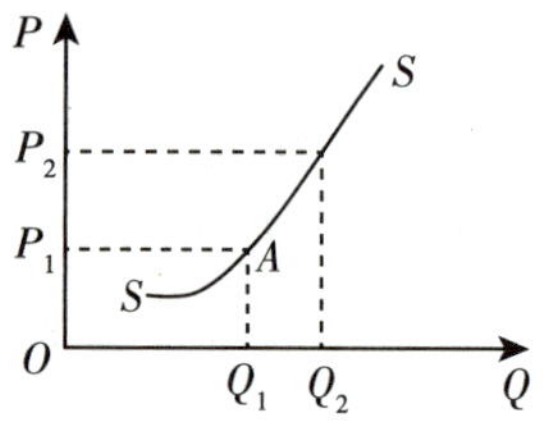	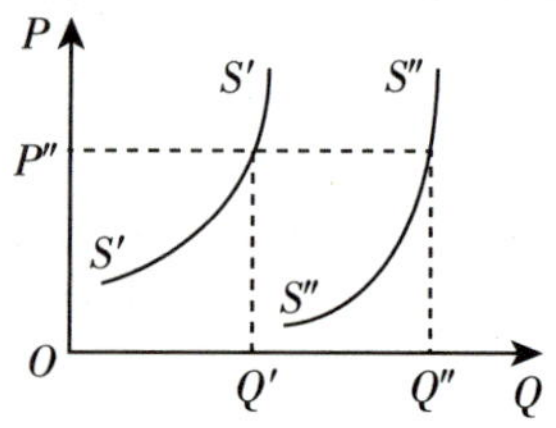

考点 5　均衡价格★★★

（一）均衡价格的含义

均衡价格是指市场供给力量和需求力量相互抵消时所达到的价格水平，即供给量和需求量相等时的价格，此时的供求数量为均衡数量。

在实际经济生活中，供求十分活跃，经常发生变化，因此任何市场上的供求平衡都是偶然的、暂时的、相对的，每当旧的平衡被破坏之后，买卖双方总会千方百计地设法适应新的形势，从而形成新的均衡数量和新的市场价格。

（二）均衡价格模型的运用

项目	最高限价	保护价格（最低限价、支持价格）
含义	由政府为某种产品规定一个具体的价格，市场交易只能在这一价格之下进行	由政府规定一个具体的价格，市场交易只能在这一价格之上进行

续表

项目	最高限价	保护价格（最低限价、支持价格）
适用情况	当某种或某些产品价格上涨幅度过大（市价太高了）	当某种或某些产品的价格下降幅度过大（市价太低了）
目标	保护消费者利益或降低某些生产者的生产成本（保护买方利益）	保护生产者的利益或支持某一产业的发展（保护卖方利益）
性质	都属于政府对市场价格的干预措施	
形状	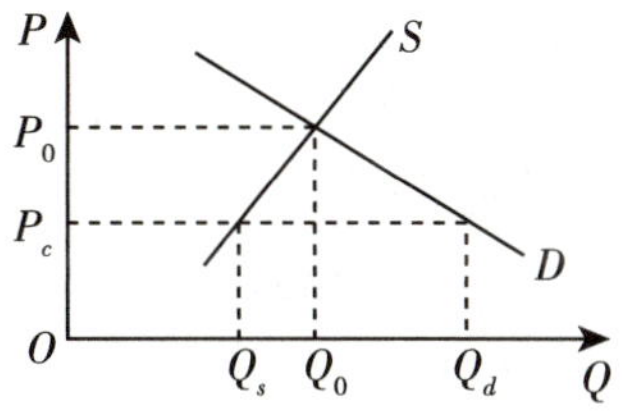	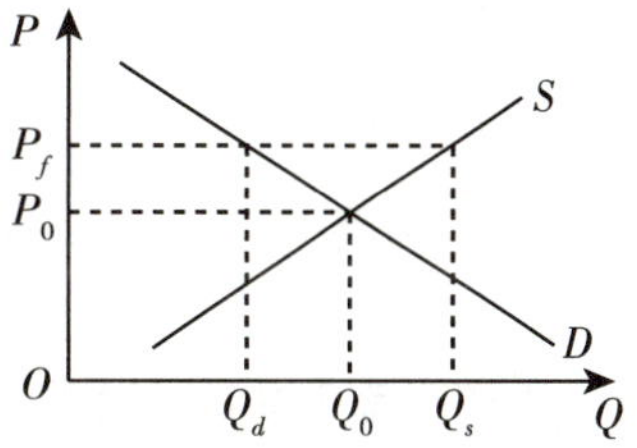
影响	最高限价低于均衡价格，因此会刺激消费，限制生产，导致供给减少和需求增加，结果是市场供给短缺	保护价格高于均衡价格，因此会刺激生产，限制消费，导致市场供给过剩
后果	(1) 严重的排队现象 (2) 黑市交易和黑市高价 (3)“走后门”现象 (4) 生产者变相涨价（以次充好、缺斤短两等）	(1) 生产者变相降价 (2) 黑市交易和黑市低价
措施	行政措施或分配措施（如配给制）	建立政府的收购和储备系统
注意	最高限价只适宜短期或在局部地区实行，不应长期化	保护价格只适宜在粮食等少数农产品上实行

经典题解

【例题·多选题】 下列关于对某些产品实行最高限价的说法中，正确的有（　　）。(2018年)

A. 最高限价可能会导致变相涨价现象

B. 最高限价可能会导致市场过剩现象

C. 最高限价只宜在短期内实施

D. 最高限价总是高于均衡价格

E. 最高限价可能会导致市场短缺现象

【解析】 最高限价低于均衡价格，会刺激消费，限制生产，导致供给减少和需求增加，结果是市场供给短缺。

【答案】 ACE

考点 6 需求价格弹性★★★

（一）需求价格弹性的含义

需求价格弹性是指需求量对价格变动的反应程度。

$$需求价格弹性系数\ E_d=\frac{需求量的相对变动}{价格的相对变动}=\frac{\Delta Q}{Q}\div\frac{\Delta P}{P}$$

需求量的变动量与价格的变动量符号相反，因此 E_d 总是负数。为简便起见，我们通常把负号略去，取其绝对值。需求价格弹性简称需求弹性。

（二）需求价格弹性系数的计算公式

（1）点弹性：$E_d=\left\|\frac{\Delta Q}{\Delta P}\times\frac{P_1}{Q_1}\right\|$	点弹性适用于价格与需求量变动较小的场合
（2）弧弹性：$E_d=\left\|\frac{\Delta Q}{\Delta P}\times\frac{P_1+P_2}{Q_1+Q_2}\right\|$	弧弹性适用于价格与需求量变动较大的场合

经典题解

【例题·单选题】当某商品的价格为2元/件时，销售量为300件；当价格提高到4元/件时，销售量为100件。按照弧弹性公式计算，该商品的需求价格弹性系数是（　　）。

A. 0.4　　B. 0.67

C. 1.5　　D. 2

【解析】弧弹性的计算公式：

$\Delta Q=100-300=-200$

$\Delta P=4-2=2$

$Q_1+Q_2=300+100=400$

$P_1+P_2=2+4=6$

需求价格弹性系数$=\left|\frac{\Delta Q}{\Delta P}\times\frac{P_1+P_2}{Q_1+Q_2}\right|$，即$\left|\frac{-200}{2}\times\frac{6}{400}\right|=1.5$

【答案】C

（三）影响需求价格弹性的因素

影响因素	具体内容
替代品的数量和相近程度	若一种商品有许多相近的替代品，则需求价格弹性就较大
商品的重要性	生活必需品，需求价格弹性小 非必需的高档商品，需求价格弹性大
商品用途的多少	一般来说，商品的用途越多，它的需求价格弹性就越大
时间	时间越短，商品的需求价格弹性就越小；时间越长，商品的需求价格弹性就越大

（四）需求价格弹性的类型及应用

类型	价格与总销售收入的关系
$E_d>1$，需求富有弹性，即需求量的变动率大于价格的变动率	价格上升会使销售收入减少，价格下降会使销售收入增加 销售收入与价格呈反方向变动趋势
$E_d<1$，需求缺乏弹性，即需求量的变动率小于价格的变动率	价格上升会使销售收入增加，价格下降会使销售收入减少 销售收入与价格呈同方向变动趋势
$E_d=1$，需求单一弹性，即需求量的变动率等于价格的变动率	价格变动不会引起销售收入的变动
【实践意义】企业对于需求富有弹性（$E_d>1$）的商品适用薄利多销的方法	

考点7　需求交叉弹性★★

（一）需求交叉弹性的定义和公式

需求交叉弹性是指一种商品（j）价格的相对变化与由此引起的另一种商品（i）需求量相对变动之间的比率。

$$需求交叉弹性系数\ E_{ij}=\frac{商品\ i\ 的需求量的相对变化}{商品\ j\ 的价格的相对变化}=\frac{\Delta Q_i}{Q_i}\div\frac{\Delta P_j}{P_j}$$

（二）需求交叉弹性的类型

类型	两种商品之间的关系
$E_{ij}>0$	替代关系
$E_{ij}<0$	互补关系
$E_{ij}=0$	两种商品无关

经典题解

【例题·单选题】 若甲产品和乙产品的需求交叉弹性系数为-2，则表明（　　）。（2016年）

A. 甲产品和乙产品都属于生活必需品

B. 甲产品和乙产品是替代品

C. 甲产品和乙产品都属于低档商品

D. 甲产品和乙产品是互补品

【解析】 需求交叉弹性的大小是确定两种商品是否具有替代关系或互补关系的标准。$E_{ij}>0$，替代关系；$E_{ij}<0$，互补关系；$E_{ij}=0$，两种商品无关。选项D正确。

【答案】 D

考点8　需求收入弹性★★

（一）需求收入弹性的定义和公式

需求收入弹性是指需求量的变动和引起这一变动的消费者收入变动之比，它用以衡量需求变动对消费者收入变动的反应程度。

$$需求收入弹性系数\ E_y=\frac{\Delta Q}{Q}\div\frac{\Delta Y}{Y}=\frac{Y}{Q}\times\frac{\Delta Q}{\Delta Y}$$

（二）需求收入弹性的类型

类型	含义	商品性质
$E_y=1$	表明收入变动和需求数量变动是成相同比例的	—
$E_y>1$	表明需求数量的相应增加大于需求收入的增加（需求收入弹性高）	高档品
$0<E_y<1$	表明需求数量的相应增加小于需求收入的增加（需求收入弹性低）	必需品
$E_y=0$	表明不管收入如何变动，需求数量不变	—
$E_y<0$	表明收入增加时买得少，收入降低时买得多	低档品

通过进一步研究就可以得到恩格尔定律：在一个家庭或一个经济体中，食物支出在收入中所占的比例随着收入的增加而减少。如果用弹性概念来表述的话，恩格尔定律可表述为：对于一个家庭或一个经济体来说，富裕程度越高，食物支出的需求收入弹性就越小；反之，则食物支出的需求收入弹性就越大。

需求收入弹性是研究收入和需求量之间的关系及消费结构变化的一个基本概念，对价格决策具有重要参考价值。

考点 9　供给价格弹性★★

（一）供给价格弹性的定义和公式

供给价格弹性是指价格的相对变化与所引起的供给量的相对变化之间的比率，即供给量变动百分比与价格变动百分比的比率。供给价格弹性常被简称为供给弹性。

$$供给价格弹性系数\ E_s=\frac{供给量的相对变动}{价格的相对变动}=\frac{\Delta Q_s}{Q_s}\div\frac{\Delta P}{P}$$

（二）供给价格弹性的类型

（1）　$E_s>1$，供给富有弹性；

（2）　$E_s<1$，供给缺乏弹性；

（3）　$E_s=1$，供给单一弹性；

（4）　$E_s=0$，供给完全无弹性，现实的市场供给中很少见到；

（5）　$E_s=\infty$，供给完全有弹性，现实的市场供给中很少见到。

（三）影响供给价格弹性的因素

影响因素	具体内容
时间（决定供给价格弹性的首要因素）	（1）短期内，供给价格弹性一般较小 （2）在较长的时期内，供给价格弹性一般比较大
生产周期和自然条件	生产周期越长，供给价格弹性就越小。对于农产品来说，短期内供给价格弹性几乎为零
投入品替代性大小和相似程度	投入品替代性越大，相似程度越高，供给价格弹性就越大

经典题解

【例题·多选题】下列因素中，属于影响供给价格弹性的因素有（　　）。(2018年)

A. 投入品的替代性大小和相似程度

B. 时间

C. 预期

D. 生产周期和自然条件

E. 偏好

【解析】影响供给价格弹性的因素有时间、生产周期和自然条件、投入品替代性大小和相似程度。

【答案】ABD

第二章 消费者行为分析

本章视频详解
使用"会计云课堂"App/微信扫码听课

考点 1 效用理论★★

（一）经济人假设

经济人假设是指假定消费者是追求效用最大化的和理性的，即每一个从事经济活动的人都是利己的，总是力图以最小的经济代价去获得最大的经济利益。经济人假设是整个经济学的一个基础。

（二）效用

效用是指消费者在消费商品或服务时所感受到的满足程度，是人们的心理感觉，是主观评价，没有客观标准。

（三）基数效用论和序数效用论

项目	基数效用论	序数效用论
定义	该理论认为，效用是可以直接度量的，存在绝对的效用量的大小，可以用基数，也就是用 1、2、3、4 等绝对数值来衡量效用的大小 【提示】基数效用论下效用是可计量的，因此效用分为总效用和边际效用	该理论认为，消费者可以知道自己对不同消费组合的偏好次序，用第一、第二、第三等表示次序的相对数值来衡量效用
不同点	（1）运用边际效用论分析 （2）效用可加总，即能直接衡量，知道效用的绝对值	（1）用无差异曲线和预算约束线来分析 （2）效用不能加总，即不能直接衡量，不知道效用的绝对值
相同点	均用来分析消费者的行为，二者得出的分析结论基本是相同的	

（四）总效用和边际效用

项目	具体内容
总效用	是指消费者在一定时期内，从商品或服务的消费中得到的满足程度的总和。一般来说，总效用取决于消费数量的大小，在一定范围内，消费量越大，总效用就越大
边际效用	是指消费者增加一个单位的商品消费时所带来的满足程度的增加或者效用的增量。从数学的意义上看，边际效用是总效用函数曲线的斜率
边际效用递减规律	（1）在一定时间内，随着消费某种商品数量的不断增加，消费者从中得到的总效用是在增加的，但是以递减的速度增加，即边际效用是递减的，但此时的边际效用为正数 （2）当商品消费量达到一定程度后，总效用达到最大值时，边际效用为零 （3）如果继续增加消费，总效用不但不会增加，反而会逐渐减少，此时边际效用变为负数

经典题解

【例题·单选题】下列关于效用的说法中，正确的是（　　）。(2018年)

A. 效用具有客观的标准

B. 一般来说，总效用取决于消费数量的大小

C. 基数效用论是基于无差异曲线产生的理论

D. 边际效用递增是一个普遍趋势

【解析】效用没有客观的标准，选项A错误；基数效用理论是运用边际效用论分析的，而序数效用理论是用无差异曲线和预算约束线来分析的，选项C错误；边际效用的变动有一个趋势，就是边际效用递减的规律，选项D错误。

【答案】B

考点2　无差异曲线★★★

（一）消费者偏好的基本假定

作为消费者，在现实生活中都会面临选择的问题。每个消费者都要在个人收入和市场价格既定的约束条件下，选择购买一定量的不同的商品或服务，以最大限度地满足自己的需要。也就是说，消费者要选择能够支付得起的、最优的消费组合。

消费组合也称市场篮子，就是消费者购买的不同商品或服务的组合。

根据消费者行为的某些共同特征，也为了便于分析，经济学家提出了如下关于偏好的基本假定。

基本假定	具体内容
完备性	如果只有A和B两种组合，消费者总是可以做出，也只能做出下面三种判断中的一种： （1）对A的偏好大于B （2）对B的偏好大于A （3）对两者偏好无差异 【提示】完备性保证消费者总可以把自己的偏好准确地表达出来
可传递性	假定有A、B、C三种组合，如果消费者对A的偏好大于B，对B的偏好又大于C，那么消费者对A的偏好必定大于对C的偏好 【提示】可传递性可以保证消费者偏好的一致性
消费者总是偏好于多而不是少	如果两组商品的区别只是在于其中一种商品数量的不同，那么消费者总是偏好较多的那个组合，也就是多多益善

（二）无差异曲线

1. 无差异曲线的含义

无差异曲线是一条表示能够给消费者带来相同满足程度的两种商品的所有组合的曲线，在这条曲线上的所有各点的两种商品的组合带给消费者的满足程度是完全相同的，消费者对这条曲线上各个点的偏好程度是无差异的。

【提示】在同一个平面直角坐标系中，可以绘制出无数条无差异曲线，每一条曲线都代表消费者不同水平的偏好。从理论上来说，应该存在无数条这样的无差异曲线，我们把由一组描

绘某个消费者偏好关系的无差异曲线构成的图称为无差异曲线图。

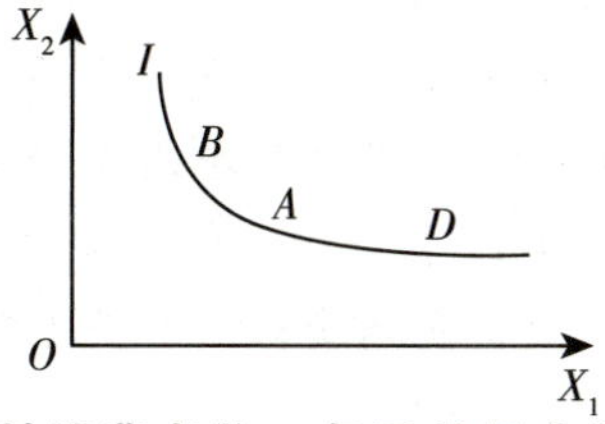

某消费者的一条无差异曲线

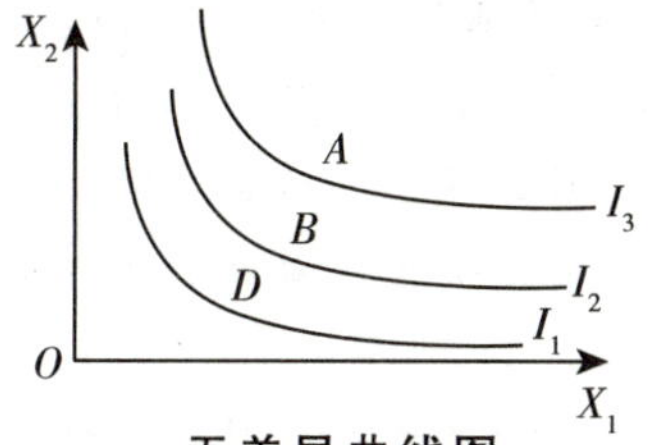

无差异曲线图

2. 无差异曲线的特征

特征	依据
(1) 离原点越远的无差异曲线，消费者的偏好程度就越高	离原点较远的无差异曲线，代表的物品量多于离原点较近的无差异曲线 根据“多多益善”的假定
(2) 任意两条无差异曲线都不能相交	根据偏好的可传递性
(3) 无差异曲线从左上向右下倾斜，凸向原点	由商品边际替代率递减规律决定

3. 商品边际替代率递减规律

(1) 商品边际替代率(*MRS*) 是指在效用水平不变的条件下，消费者增加一单位某商品时必须放弃的另一种商品的数量。

$$MRS=-\frac{\Delta X_2}{\Delta X_1}=-\frac{dX_2}{dX_1}$$

(2) 无差异曲线上某一点的边际替代率就是无差异曲线上该点的切线斜率的绝对值。

(3) 商品边际替代率递减规律是指随着一种商品消费量的逐渐增加，消费者为了获得这种商品的额外消费而愿意放弃的另一种商品的数量会越来越少。

边际替代率递减规律决定了无差异曲线的斜率为负且绝对值递减，即凸向原点。

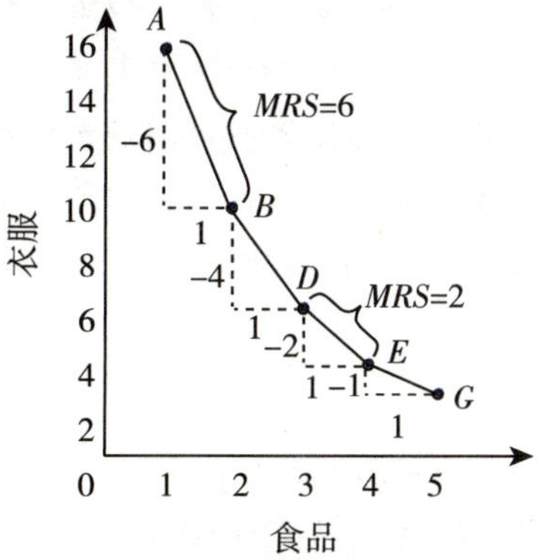

商品边际替代率递减规律

经典题解

【例题·多选题】下列关于无差异曲线的说法中，正确的有（　　）。(2018年)

A. 无差异曲线向右下方倾斜并凸向原点

B. 离原点越远的无差异曲线，消费者偏好程度越高

C. 无差异曲线的理论基础是基数效用论

D. 无差异曲线可以反映消费者的预期

E. 无差异曲线可以描述消费者的偏好状况

【解析】序数效用理论是用无差异曲线和预算约束线来分析的，选项C错误；无差异曲线描述的是消费者偏好，选项D错误。

【答案】ABE

考点3　预算约束线★★★

（一）预算约束

我们知道，消费者的选择不仅取决于消费者的偏好，还要受到消费者的支付能力和市场价格的限制。这种在既定价格下，消费者对各种商品或服务的支付能力的限制表现为一种预算约束。

假定只有两种商品 X_1 和 X_2 可供消费者选择，这两种商品的价格分别为 P_1 和 P_2，消费者可以支配的收入金额是 m，则这个消费者的预算约束就可以用如下公式表示：

$$P_1X_1+P_2X_2\leqslant m$$

（二）预算约束线

若消费者的全部收入 m 都用来购买 X_1，所能购买到的数量是 m/P_1，若全部收入 m 都用来购买 X_2，所能购买到的数量是 m/P_2，如下图所示：

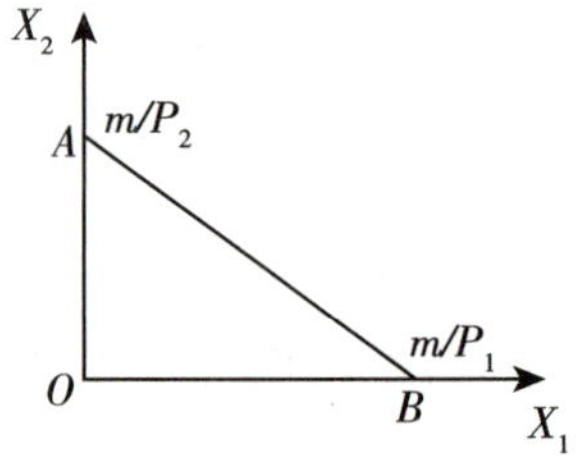

预算线上的点表示消费者用尽所有收入所能购买的各种消费组合；预算线内的点表示两种商品上的花费并未用尽全部收入；预算线外的点表示支付能力所达不到的购买选择。

我们把包括了预算线本身及其左下方的区域称为消费者预算可行集，或预算空间，表示消费者受到的支付能力的限制，是消费者进行决策时可以选择的区间。

影响预算线变动的因素是消费者可支配的收入 m，两种商品的价格 P_1、P_2。

预算线的斜率是两种商品价格的负比率或两种商品价格的比率的负值，即 $-P_1/P_2$。

（三）预算线的变动特性

项目	受控因素	变动方向
平移（2点动）	收入 m 变动（相对价格不变）	收入增加使预算线向右平移 收入减少使预算线向左平移
	两种商品的价格同比例、同方向变动 P_1/P_2（收入不变）	价格同比例上升，预算线向左平移 价格同比例下降，预算线向右平移

续表

项目	受控因素	变动方向
旋转 （1点动）	P_1 或 P_2 （收入不变）	如果只是其中一种商品如 X_1 的价格上升，预算线中另一种商品 X_2 的截距固定不变，而商品 X_1 截距缩小，表明随该商品的价格上升，可购买该种商品的数量减少。其表现为预算线在纵轴上的端点不变，而横轴上的端点发生移动
不动	两种商品的价格以及收入都同比例、同方向变化	预算线不动

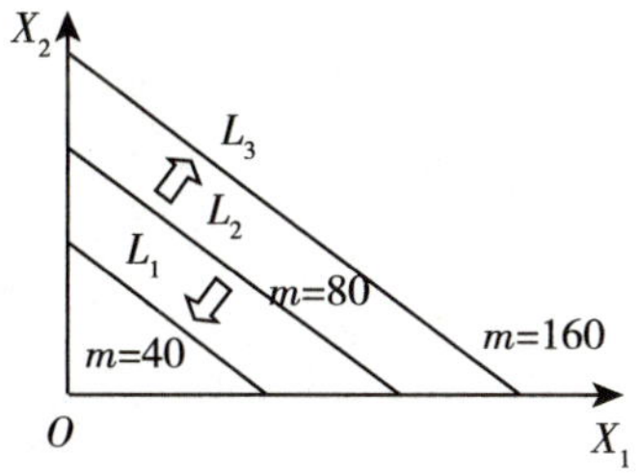

平移

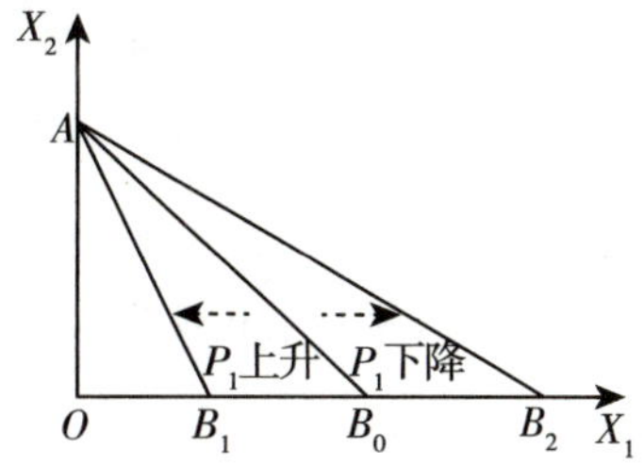

旋转

经典题解

【例题·多选题】 下列关于预算约束线的说法中，错误的有（　　）。（2019年）

A. 决定预算线变动的因素是消费者的收入和偏好

B. 商品价格影响预算约束线的位置

C. 在相对价格不变的情况下，如果消费者的收入减少，会使预算线向左旋转

D. 两种商品的价格以及收入都同比例、同方向变化，预算线不动

E. 在消费者收入不变时，两种商品的价格同比例增长10%，会使预算线向右平移

【解析】 决定预算线变动的因素是消费者的收入和商品的价格，选项A错误；相对价格不变，消费者的收入减少，会使得预算线向左平移，选项C错误；在消费者的收入不变时，两种商品的价格同比例增长10%，会使预算线向左平移，选项E错误。

【答案】 ACE

考点4 消费者均衡★★

消费者效用最大化的均衡条件，其含义是在一定的预算约束下，为了实现效用最大化，消费者应该选择商品的最优组合，使得两种商品的边际替代率等于两种商品的价格之比。

考点5 消费者的需求曲线★

（1）消费者均衡的实现是以三个条件为前提的，即偏好不变、收入不变和价格不变。

（2）价格-消费曲线，表示消费者偏好和收入不变，与一种商品价格变化相联系的两种商品在不同价格下的效用最大化的各种组合。

（3）需求曲线通过价格-消费曲线推导出来。消费者在需求曲线上消费可以实现效用最大化。

考点6　商品价格变化产生的两种效应★★

需求曲线向右下方倾斜是由价格变化的两种效应决定的，即收入效应和替代效应。

项目	内容	效应与价格的关系	
		正常品	低档品
收入效应	是指在名义收入不变时，因为该商品价格的变化而导致消费者的实际收入发生变化，进而导致消费者所购买的该商品数量的变化	反方向变化	同方向变化
替代效应	是指在实际收入不变的情况下，因为该商品价格的变化引起的相对价格变化所导致的该商品需求数量的变化	反方向变化	反方向变化
总效应	总效应＝收入效应＋替代效应	反方向变化	反方向变化（在大多数情况下，收入效应的作用小于替代效应的作用）
需求曲线	价格与需求呈反方向变化（向右下方倾斜）	更平缓	更陡峭

经典题解

【例题·多选题】下列关于商品价格变化所产生的收入效应和替代效应的描述中，正确的有（　　）。（2020年）

A. 在低档品的情况下，收入效应与价格呈同方向变化

B. 在一般情况下，收入效应和替代效应的影响是同时存在的

C. 在正常品的情况下，收入效应与价格呈反方向变化

D. 替代效应与价格的变动总是反方向的

E. 对于低档品而言，在大多数情况下，收入效应的作用大于替代效应，总效应与价格呈反方向变动

【解析】对于低档品而言，替代效应与价格呈反方向变化，收入效应与价格呈同方向变化，而在大多数情况下，收入效应的作用小于替代效应的作用，从而总效应与价格呈反方向变化。

【答案】ABCD

第三章　生产和成本理论

本章视频详解

使用“会计云课堂”App/微信扫码听课

考点1　生产者及其组织形式★

（一）生产者的组织形式

生产者是指能够做出统一的生产决策的单个经济单位，即企业或厂商。企业是产品生产过程中的主要组织形式，主要包括个人独资企业、合伙制企业和公司制企业。

（二）生产者的目标

在生产者行为的分析中，一般假设生产者或企业的目标是追求利润最大化。这一基本假定是“经济人”假设在生产和企业理论中的具体化。

【注意 1】经济学家实际上并不认为追求利润最大化是人们从事生产和交易活动的唯一动机。特别是在现代公司制企业中，企业的所有者往往并不是企业真正的经营者，企业的日常决策是由企业的经营者做出的。

（1）由于信息的不完全性，特别是信息的不对称性，所有者并不能完全监督和控制经营者的行为，经营者可能会在一定程度上偏离企业利润最大化的目标，而追求其他一些有利于自身利益的目标。经营者也可能只顾及企业的短期利益，而牺牲企业的长期利益。

（2）即便是企业经营者的目标也是追求利润最大化，要准确计算出最大利润也缺乏资料。于是，企业长期生存的经验做法也许就是实现销售收入最大化或者是市场份额最大化，以此取代利润最大化决策。

【注意 2】实现利润最大化是所有企业在竞争中求得生存的关键。

考点 2 企业形成的相关理论★★

项目	具体内容
理论提出者	美国经济学家科斯
企业的本质或显著特征	企业是为了节约市场交易费用或交易成本而产生的，企业的本质或显著特征是作为市场机制或价格机制的替代物 【注意 1】交易费用是指围绕交易契约所产生的成本或费用，一类产生于签订契约时交易双方面临的偶然因素所可能带来的损失，另一类产生于签订契约及监督和执行契约所花费的成本 【注意 2】社会上形成的两种交易： （1）企业内部交易是通过一个组织和企业家用行政命令方式在内部进行的交易 （2）企业外部交易是平等协商基础上的市场交易 两种交易方式都需要支付交易费用或成本。当企业交易方式的交易费用小于市场交易方式的交易费用时，企业就应运而生了
企业存在的根本原因	节约交易成本是企业存在的根本原因 企业作为一种组织形式大大减少了需要签订的契约数量，可以大量节约交易费用。原因： （1）生产要素所有者与企业签订契约，同意为了一定报酬在一定限度内服从企业家的指挥，在企业内与其他生产要素合作时，就不再需要与他们签订一系列的契约 （2）企业可以在内部生产一部分中间产品，降低交易费用 （3）企业可以与具有专门技能的雇员签订长期契约，这将比在其他企业购买相应的服务更有利，也相应降低了交易成本

续表

项目	具体内容
导致市场机制和企业的交易费用不同的主要因素	信息的不完全性 【注意】在不对称信息条件下的市场交易过程中，契约双方都会努力设法收集和获得自己所不掌握的信息，去监督对方的行为，并设法约束对方的违约行为，以上这些做法的交易费用是很高的。而通过企业这种组织形式，可以使一部分市场交易内部化，从而消除或降低一部分交易费用

经典题解

【例题·多选题】下列关于科斯的企业本质理论的说法中，正确的有（　　）。(2018 年)

A. 企业是为了节约市场交易费用或交易成本而产生的

B. 从历史上看，企业产生以后，企业与市场机制就是两种不同的协调生产和配置资源的方式

C. 企业交易方式的交易费用大于市场交易方式的交易费用

D. 导致市场机制和企业的交易费用不同的主要因素在于信息的不完全性

E. 从历史上看，企业产生以后，社会上就形成了两种交易，即企业外部的市场交易和企业内部的交易

【解析】企业交易方式的交易费用小于市场交易方式的交易费用，选项 C 错误。

【答案】ABDE

考点 3　生产及其相关概念★

生产者或企业要实现利润最大化，必须通过产品的生产，并提供给社会使用。因此，生产就是将投入转变成产出的过程。

(1) 产出是生产者向社会提供有形的物质产出和无形的服务产出。产出是企业获得销售收入的基础。

(2) 投入主要包括企业生产过程中所使用的各种生产要素。生产要素一般被划分为劳动、资本、土地和企业家才能等类型。

一般假设生产要素在生产过程中是可以相互替代的，即假设可以增加一种要素（如劳动），而减少另一种要素（如资本），来实现相同的产量，即用劳动来替代资本。

投入可以分为可变投入与不变投入，从较长时期来看，企业的各项投入都是可以改变的。当某种或几种要素不可变时，一般是研究企业的短期行为。

考点 4　生产函数★

生产函数表示在一定时期内、在技术不变的情况下，生产中所使用的各种生产要素的数量与所能生产的最大产量之间的函数关系。

生产函数是生产过程中生产要素投入量和产品的产出量之间的关系，任何生产函数都以一定时期的生产技术水平为条件，当技术水平发生变化时，生产函数也会发生变化。所有的企业都有其生产函数。

考点 5　一种可变要素的生产函数及其曲线★★★

一种可变要素的生产函数假设只有一种投入可以改变，而其他投入不可以改变，这是对企业短期行为的分析。一般假设劳动投入可变，而其他要素，如资本等不可变。一种可变要素的生产函数也称短期生产函数，其基本形式为：

$$Q=f\ (L,\overline{K})$$

式中，$\overline{K}$ 表示资本量固定不变，这时总产量的变化只取决于劳动量 L。随着劳动量的连续变化，会引起总产量、平均产量和边际产量的变动。

（1）总产量（TP）：生产出来的用实物单位衡量的产出总量。

（2）平均产量（AP）：总产量除以总投入的单位数。

（3）边际产量（MP）：在其他投入保持不变的条件下，由于新增一单位的投入而多生产出来的产量或产出。

生产曲线	形状
边际产量曲线（MP）	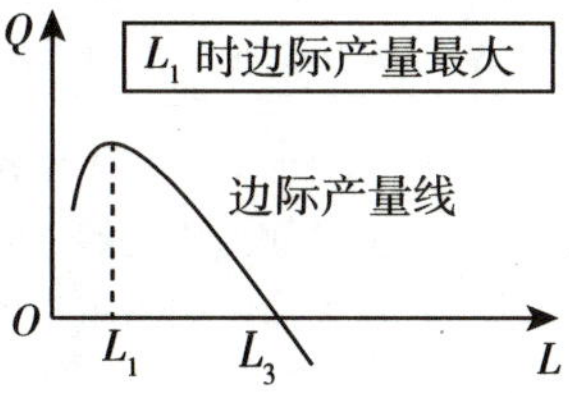
总产量曲线（TP）	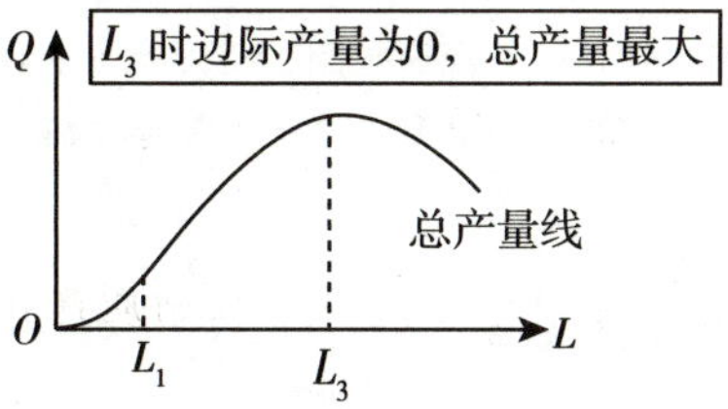
平均产量曲线（AP）	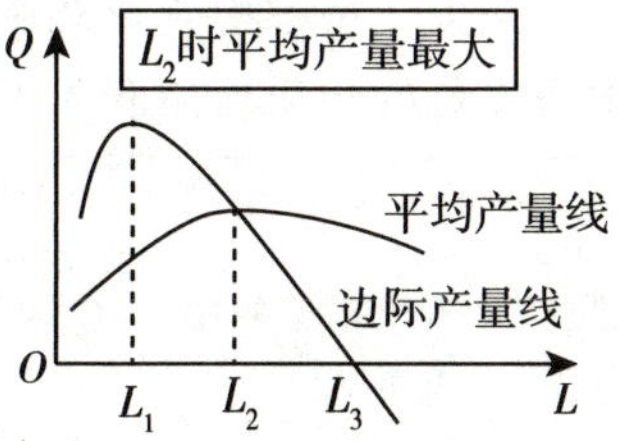

【提示】边际产量递减规律也称为边际报酬递减规律。其基本含义是：在技术水平和其他投入保持不变的条件下，连续追加一种生产要素的投入量，总是存在着一个临界点。在临界点之前，边际产量递增，超过临界点之后，边际产量将出现递减的趋势，直到出现负值。

经典题解

【例题·多选题】下列关于短期内总产量曲线、平均产量曲线和边际产量曲线关系的说法中，正确的有（　　）。(2020 年)

A. 只要边际产量曲线在平均产量曲线的上方，平均产量就是递增的

B. 连续追加一种生产要素的投入量，总是存在着一个临界点，在临界点之前，边际产量递减

C. 边际产量曲线和平均产量曲线最终相交时，边际产量是递增的

D. 如果确定边际产量的图形，就可以得到总产量和平均产量的图形

E. 边际产量为零时，总产量达到最大值

【解析】在技术水平和其他投入保持不变的条件下，连续追加一种生产要素的投入量，总是存在着一个临界点。在临界点之前，边际产量递增，超过临界点之后，边际产量将出现递减的趋势，直到出现负值，选项B错误。边际产量曲线和平均产量曲线最终相交时，边际产量是递减的，选项C错误。

【答案】ADE

考点6　规模报酬★

项目	具体内容
含义	规模报酬也称规模收益，是指在其他条件不变的情况下，企业内部各种生产要素按照相同比例变化时所带来的产量的变化。企业只有在长时期中才能改变全部生产要素的投入，进而影响生产规模，因此规模收益研究的是企业的长期生产决策问题
类型	（1）规模报酬递增：产量增加的比例大于各种生产要素增加的比例 （2）规模报酬不变：产量增加的比例等于各种生产要素增加的比例 （3）规模报酬递减：产量增加的比例小于各种生产要素增加的比例
规律	当企业规模较小时扩大生产，规模报酬递增，此时企业会扩大生产规模以得到产量递增所能带来的好处，将生产保持在规模报酬不变的阶段。此后，如果企业继续扩大生产，就会出现规模报酬递减。因此，多数行业会有一个适度最佳规模或适度规模，此时企业的单位生产成本最小

考点7　成本的含义★★

成本又称生产费用，是生产过程中企业对所购买的各种生产要素的货币支出。也可以说是企业在生产经营过程中所支付的物质费用和人工费用。

项目	具体内容
机会成本	是指当一种生产要素被用于生产单位某产品时所放弃的使用相同要素在其他生产用途中所得到的最高收入
生产成本	（1）显成本：是指企业购买或租用的生产要素所实际支付的货币支出 （2）隐成本：是指企业本身所拥有的并且被用于该企业生产过程的那些生产要素的总价格，是企业自己拥有并使用的资源的成本。它实际上也是一种机会成本，应当从机会成本的角度按照企业自有生产要素在其他用途中所得到的最高收入来支付和计算
经济利润	（1）也称为“超额利润”，其公式如下： （2）经济利润＝总收益－总成本＝总收益－（显成本＋隐成本） （3）企业所追求的最大利润，指的就是最大的经济利润

续表

项目	具体内容
正常利润	是指企业对自己所提供的企业家才能的报酬支付，它是生产成本的一部分，是作为隐成本的一部分计入成本的，因此经济利润中不包括正常利润

经典题解

【例题·多选题】 下列关于成本的概念的说法中，正确的有（　）。(2020年)

A. 隐成本是指企业本身所拥有的并且被用于该企业生产过程的那些生产要素的总价格

B. 企业的所有显成本和隐成本共同构成了企业的总成本

C. 显成本是指企业购买或租用的生产要素所实际支付的货币支出

D. 机会成本是指当一种生产要素被用于生产单位某产品时所放弃的使用相同要素在其他生产用途中所得到的最高收入

E. 经济利润中包括正常利润

【解析】 正常利润是生产成本的一部分，是作为隐成本的一部分计入成本的，因此经济利润中不包括正常利润，选项E错误。

【答案】 ABCD

考点8 成本函数★★

（一）成本函数的类型

项目	具体内容	
短期成本函数	固定成本	是指在短期内不随产量增减而变动的那部分成本，其中主要包括厂房和设备的折旧，以及管理人员的工资费用等
	可变成本	是指随产量变动而变动的那部分成本，其中主要包括原材料成本、燃料和动力成本以及生产工人的工资费用等
长期成本函数	可变成本	从长期看，一切生产要素都是可变的
二者的区别	短期成本函数和长期成本函数的区别在于是否有固定成本和可变成本之分，长期成本函数没有固定成本	

（二）短期成本函数分析

（1）短期总成本（TC）= 总固定成本（TFC）+总可变成本（TVC）

（2）平均（总）成本（ATC）= 平均固定成本（AFC）+平均可变成本（AVC）

平均成本是生产每一单位产品的成本，是总成本除以总产量所得之商。

（3）边际成本（MC）。

边际成本是指增加一个单位产量时总成本的增加额。由于短期内固定成本是常数，不受产量的影响，因而边际成本也就是产量变动引起的可变成本的变动。

考点9　成本曲线★★★

（一）总成本曲线（*TC*）、总可变成本曲线（*TVC*）和总固定成本曲线（*TFC*）

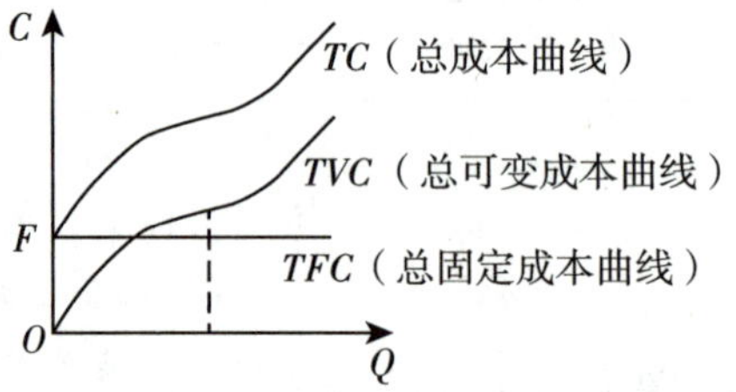

曲线	形状	规律
总成本曲线	总成本曲线是从纵轴一个截点即产量为零时总成本等于固定成本的那一点开始，随产量的增加而逐步上升，开始时是以递减的增长率上升，当产量达到一定水平之后，便以递增的增长率上升	总成本曲线（*TC*）和总可变成本曲线（*TVC*）的变动规律是一致的
总可变成本曲线	总可变成本曲线是从原点出发，之后随产量的增加而逐步上升，开始以递减的增长率上升，产量达到一定水平之后以递增的增长率上升	
总固定成本曲线	一条平行于横轴的直线	

（二）平均总成本曲线（*ATC*）、平均固定成本曲线（*AFC*）、平均可变成本曲线（*AVC*）和边际成本曲线（*MC*）

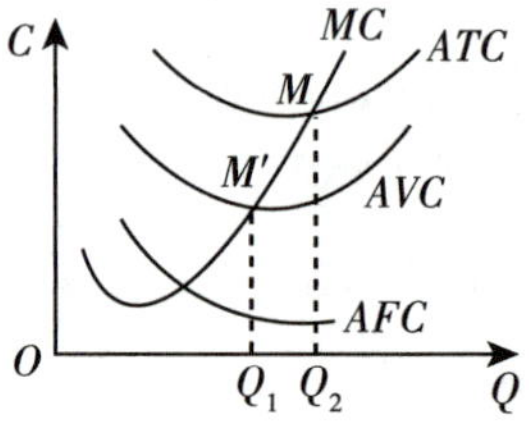

曲线	形状	与边际成本曲线的关系
平均总成本曲线	（1）开始时随着产量增加而迅速下降 （2）达到 *M* 点时平均总成本最低（与边际成本曲线相交） （3）过 *M* 点后，平均总成本曲线又随着产量的增加而上升	（1）与边际成本曲线交于平均总成本曲线的最低点 *M*，此时边际成本＝平均总成本 （2）*M* 点前，边际成本＜平均总成本，平均总成本下降 （3）*M* 点后，边际成本＞平均总成本，平均总成本上升
平均固定成本曲线	随产量的增加而递减，逐渐向横轴接近	（1）与边际成本曲线相交，此时平均固定成本＝边际成本 （2）交点前，平均固定成本＞边际成本 （3）交点后，平均固定成本＜边际成本

续表

曲线	形状	与边际成本曲线的关系
平均可变成本曲线	（1）开始时随产量的增加而逐步下降 （2）达到 M' 点时平均可变成本最低 （3）过 M' 点后，平均可变成本曲线又随着产量的增加而上升	（1）与边际成本曲线交于平均可变成本曲线的最低点 M'，此时边际成本 = 平均可变成本 （2）M' 点之前，平均可变成本下降，边际成本 < 平均可变成本 （3）M' 点之后，平均可变成本上升，边际成本 > 平均可变成本
边际成本曲线	（1）开始时随着产量的增加而迅速下降 （2）达到最低点后，便随着产量的增加迅速上升 （3）无论是上升还是下降，边际成本曲线的变动都快于平均可变成本曲线	—

经典题解

【例题 · 多选题】 下列关于各种短期成本曲线的关系的说法中，正确的有（　）。（2020 年）

A. 边际成本曲线与平均总成本曲线相交于平均总成本曲线的最低点

B. 平均总成本曲线与平均固定成本曲线相交于平均总成本曲线的最低点

C. 当平均总成本随产量增加而下降时，边际成本必定小于平均总成本

D. 当边际成本与平均总成本正好相等时，平均总成本处于最低点

E. 边际成本曲线与平均可变成本曲线相交于平均可变成本曲线的最低点

【解析】 平均固定成本曲线随着产量的增加而递减，逐渐向横轴接近。平均总成本曲线开始时随着产量增加而迅速下降，过最低点以后，平均总成本曲线又随着产量的增加而上升。平均总成本曲线与平均固定成本曲线没有交点。

【答案】 ACDE

（三）决定短期成本变动的主要因素

（1）劳动、资本等生产要素的价格。

在其他条件不变的情况下，工资和原材料、机器设备等生产资料的价格以及租金的提高，会导致成本的相应提高。

（2）生产率，即总产出对综合投入的比率，可以用劳动生产率和全要素生产率来表示。

①劳动生产率也就是前面所说的平均产量，即每单位劳动的产量或产出；

②全要素生产率就是每单位总投入（包括劳动投入和资本投入）的产量或产出。

一般来说，在其他条件不变的情况下，生产率提高就会导致生产成本的下降，而生产率下降则会导致成本的上升。

第四章　市场结构理论

本章视频详解
使用“会计云课堂” App/ 微信扫码听课

考点 1　市场结构的含义和划分市场结构的标准★★

（一）市场结构的含义

所谓市场结构，是指一个行业内部买方和卖方的数量及其规模分布、产品差别的程度和新企业进入该行业的难易程度的综合状态。也可以说，市场结构就是指某种产品或服务的竞争状况和竞争程度。

（二）划分市场结构的标准

市场类型划分的标准是市场的竞争程度或垄断程度。划分一个行业属于什么类型的市场结构，主要依据以下三个方面的因素。

依据	具体内容
本行业内部的生产者数目或企业数目	一个行业内企业数目越多，其竞争程度就越高，垄断程度就越低
本行业内各企业生产的产品的差别程度	这是区分垄断竞争市场和完全竞争市场的主要判断依据
进入障碍的大小	一个行业的进入障碍越小，其竞争程度就越高，垄断程度就越低

根据这三个方面因素的不同特点，将市场分为完全垄断市场、寡头垄断市场、垄断竞争市场和完全竞争市场。

考点 2　各种市场结构的特征★★

市场结构类型	特征
完全垄断市场	（1）只有一个生产者，因而生产者是价格的决定者，而不是价格的接受者 （2）完全垄断者的产品是没有合适替代品的独特性产品 （3）其他企业进入这一市场非常困难
	形成完全垄断的条件： （1）政府垄断。政府对某一行业实行完全垄断。我国邮政企业对国务院规定范围内的信件寄递业务就是一种完全垄断 （2）对某些特殊的原材料的单独控制而形成的对这些资源和产品的完全垄断 （3）对某些产品的专利权形成的完全垄断 （4）自然垄断。当行业中只有一家企业能够有效率地进行生产，或者当一个企业能以低于两个或更多企业的成本为整个市场供给一种产品时，这个行业就是自然垄断。自然垄断和规模经济有着密切的关系。所谓规模经济，就是企业或厂商的平均总成本会随着产量扩大而不断下降

续表

市场结构类型	特征
寡头垄断市场	(1) 在一个行业中，只有很少几个企业进行生产 (2) 它们所生产的产品有一定的差别或者完全无差别 (3) 它们对价格有较大程度的控制权 (4) 其他企业进入这一行业比较困难
垄断竞争市场	(1) 具有很多的生产者和消费者 (2) 产品具有差别性（这是与完全竞争市场的主要区别），生产者可以对价格有一定程度的控制，而不再是完全的价格接受者 (3) 进入或退出市场比较容易，障碍较小
完全竞争市场	(1) 市场上有很多生产者和消费者或买者和卖者，且这些生产者的规模都很小，每个生产者或消费者都只能是市场价格的接受者，而不是价格的决定者，对市场价格没有任何控制的力量 (2) 企业生产的产品是同质的，即不存在产品差别 (3) 买卖双方对市场信息都有充分的了解 (4) 资源可以自由流动，企业可以自由进入或退出市场

考点 3　完全竞争市场行业的供求曲线和个别企业的供求曲线★★★

曲线	完全竞争市场行业的供求曲线	个别企业的供求曲线
需求曲线	需求曲线是一条向右下方倾斜的曲线	需求曲线是一条平行于横轴的水平线
	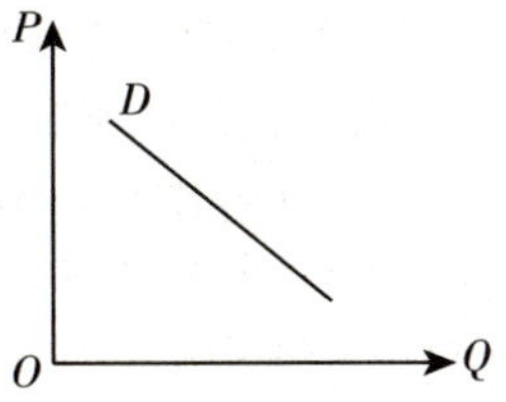	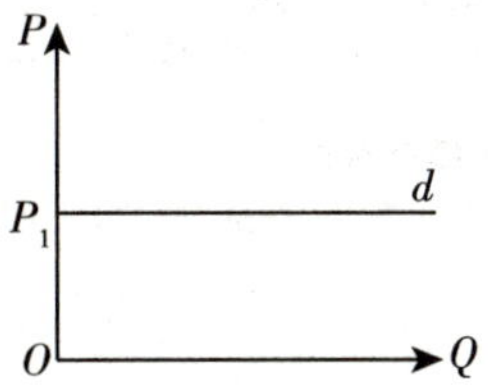
供给曲线	供给曲线是一条向右上方倾斜的曲线	企业的短期供给曲线就是处于平均可变成本之上的边际成本曲线
	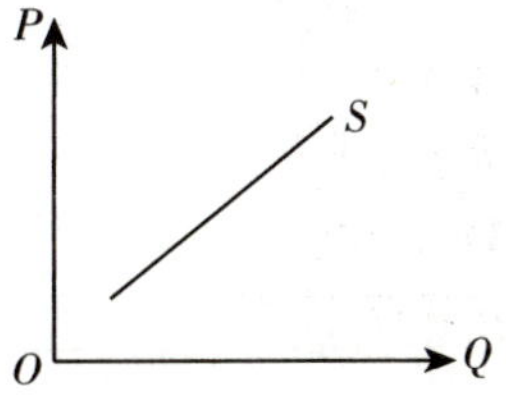	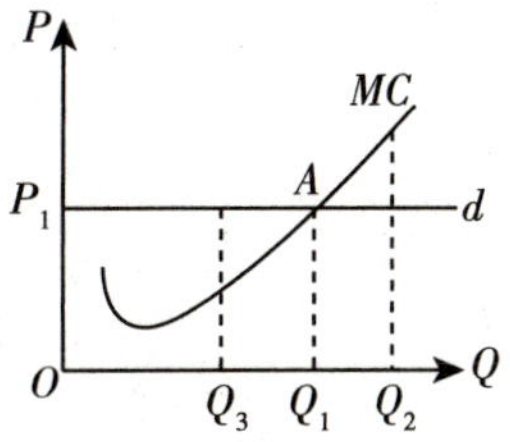

【注意1】在完全竞争市场上，价格就是由整个行业的供给和需求曲线决定的。整个行业的需求曲线是一条向右下方倾斜的曲线，供给曲线是一条向右上方倾斜的曲线。

【注意2】对个别企业来说，由于价格是由整个行业的供求曲线决定的，因此，企业只是价格的接受者。个别企业的需求曲线是一条平行于横轴的水平线。

考点4　完全竞争企业的收益曲线★★

曲线	具体内容	形状
收益曲线	若用 R 代表总收益，用 P 代表单位产品价格，用 Q 代表销售量，则有： 总收益（R）$=PQ$ 平均收益（AR）$=R\div Q=P\times Q\div Q=P$ 边际收益（MR）$=\Delta R\div\Delta Q=\Delta(PQ)\div\Delta Q=P$ 边际收益＝平均收益＝单价 单个企业的平均收益曲线（AR）、边际收益曲线（MR）和需求曲线是同一条线（即三线合一）	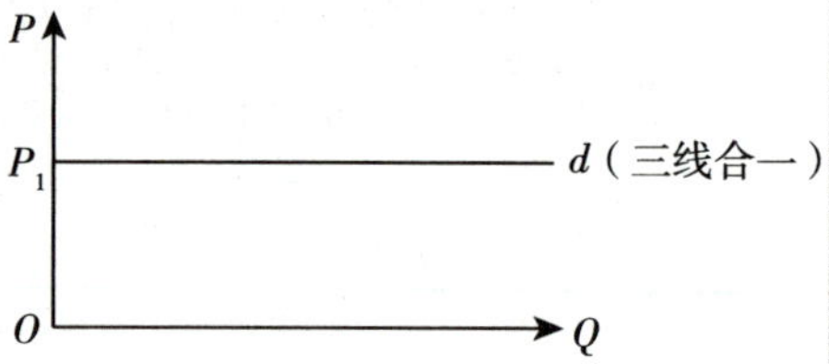

经典题解

【例题·多选题】 下列关于完全竞争市场上企业需求曲线和收益曲线的说法中，正确的有（　　）。（2018年）

A. 某个企业的需求曲线是一条向右下方倾斜的曲线

B. 整个行业的需求曲线和某个企业的需求曲线是不同的

C. 某个企业的需求曲线与边际收益曲线重合

D. 某个企业的需求曲线与平均收益曲线重合

E. 某个企业的边际收益曲线位于平均收益曲线的下方

【解析】 完全竞争市场上企业的需求曲线是一条水平线，选项A错误；完全竞争市场上边际收益曲线、平均收益曲线和需求曲线重合，选项E错误。

【答案】 BCD

考点5　完全竞争市场上企业产量决策的基本原则★★

决策原则：边际收益（MR）＝边际成本（MC），此时的产量为最优产量。

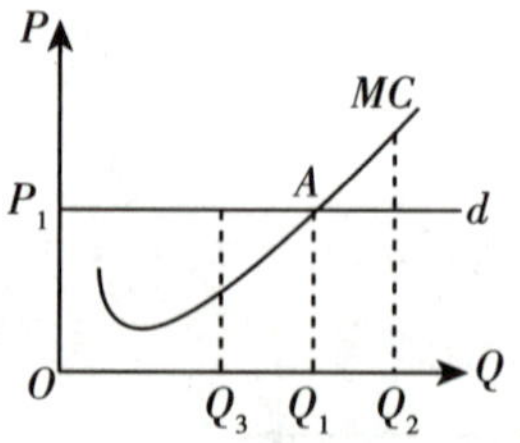

（1）在短期中，企业处于 $MR=MC$ 时，企业可能盈利，也可能亏损。但无论是盈利还是亏损，此时是最优的产量。因此，边际成本等于边际收益既可称作利润最大化的均衡条件，也可称作亏损最小的均衡条件。

（2）在企业的短期生产或产量决策中，还有一个停止生产或停止营业的临界点，这就是市场价格（P）等于平均可变成本（AVC）之处，当市场价格或平均收益、边际收益小于平均成本时，企业应当停止生产，以避免产生更大的亏损。

（3）在长期中，企业实现利润最大化的决策原则仍然是边际收益等于边际成本，即边际收益等于长期边际成本。

考点6　完全垄断企业的需求曲线和完全垄断企业的收益曲线★★

（一）完全垄断企业的需求曲线

完全垄断企业的需求曲线就是行业的需求曲线，二者完全相同，均是一条向右下方倾斜的曲线，斜率为负。这是完全垄断市场和完全竞争市场中的企业的一个重要区别。

市场结构	行业的需求曲线	企业的需求曲线	企业需求曲线与行业需求曲线是否相同
完全垄断市场	向右下方倾斜	向右下方倾斜	相同
完全竞争市场	向右下方倾斜	一条平行于横轴的水平线	不同

（二）完全垄断企业的收益曲线

在完全垄断市场上，企业的平均收益等于单位产品的价格，企业的边际收益小于企业的平均收益。

完全垄断企业平均收益曲线（AR）与需求曲线（DD）是重合的；但是由于单位产品价格随着销售量的增加而下降，因此边际收益小于平均收益，边际收益曲线（MR）位于平均收益曲线（AR）的下方，而且比平均收益曲线陡峭。如下图所示。

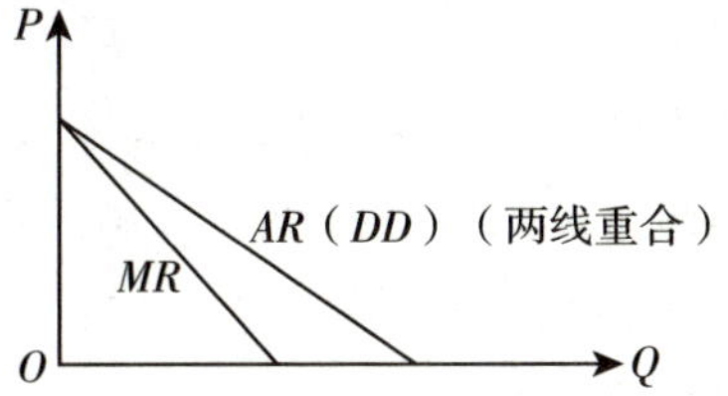

经典题解

【例题·单选题】 下列关于完全垄断企业的边际收益曲线和平均收益曲线关系的说法中，正确的是（　　）。（2018年）

A. 边际收益曲线和平均收益曲线是相切的

B. 边际收益曲线位于平均收益曲线的下方

C. 边际收益曲线位于平均收益曲线的上方

D. 边际收益曲线和平均收益曲线是完全重合的

【解析】 完全垄断企业边际收益曲线位于平均收益曲线的下方，选项B正确。

【答案】 B

考点7 完全垄断企业进行产量和价格决策的基本原则★★

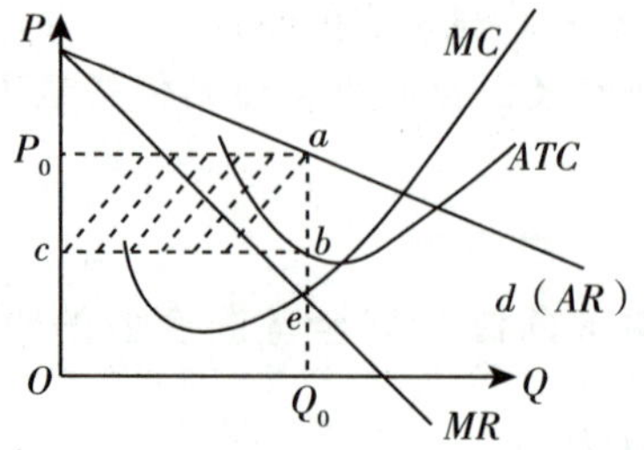

（1）完全垄断企业进行产量和价格决策的基本原则：边际收益=边际成本。

（2）与完全竞争企业比较：

①完全垄断企业和完全竞争企业的成本曲线是相同的，这是因为完全垄断企业在生产要素投入和具体的生产过程方面与完全竞争企业没有差别。

②与完全竞争市场相比较，在完全垄断条件下，企业向市场上供应的产品数量较少，而产品的价格较高。完全垄断企业为了获取超额利润，把价格定在边际成本之上，并且往往要对供给量进行限制。但是，这并不意味着完全垄断企业可以随意提价，完全垄断企业在进行价格决策时，也必须考虑到产品的市场需求状况。

（3）完全垄断市场上不存在供给曲线（垄断企业关于供给的决策不仅取决于其成本，还受其需求曲线的约束）。

考点8 完全垄断企业定价的一个简单法则★★

由于企业的目标是利润最大化，要求 $MR=MC$，因此可得简单的定价法则：

$$\frac{\text{价格}（P）-\text{边际成本}（MC）}{\text{价格}（P）}=-\frac{1}{\text{需求价格弹性系数}\ E_d}$$

（1）在边际成本上的加价额占价格的比例，应该等于需求价格弹性倒数的相反数。

（2）垄断企业索取的价格超过边际成本的程度，受制于需求价格弹性。当需求价格弹性较低，即 E_d 的绝对值较小时，垄断者可以确定较高的价格；但是，随着需求价格弹性的增大，E_d 的绝对值增大，价格将非常接近边际成本。

考点9 价格歧视★★

类型	（1）一级价格歧视，是指企业对每一个单位产品都按照消费者所愿意支付的最高价格出售，也称作“完全价格歧视” （2）二级价格歧视，是指按不同价格出售不同批量的产品，但每个购买相同批量产品的购买者支付的价格相同 （3）三级价格歧视建立在不同的需求价格弹性的基础上，是指将消费者分为具有不同需求价格弹性的两组或更多组，分别对各组消费者收取不同的价格

续表

基本条件	(1) 必须有可能根据不同的需求价格弹性划分出两组或两组以上的不同购买者 (2) 市场必须是能够有效地隔离开的，同一产品不能在不同市场之间流动
基本原则	不同市场上的边际收益相等并且等于边际成本

经典题解

【例题·多选题】下列关于实行价格歧视基本条件的说法中，正确的有（　　）。(2014年)

A. 市场上存在收入水平不同的购买者

B. 能根据不同的需求价格弹性划分出两组或两组以上的不同购买者

C. 消费者在市场上选择商品不受限制

D. 市场必须能够有效隔离

E. 同一产品不能在不同市场之间流动

【解析】实行价格歧视的基本条件：①必须有可能根据不同的需求价格弹性划分出两组或两组以上的不同购买者。②市场必须是能够有效地隔离开的，同一产品不能在不同市场之间流动。换句话说，不能使购买者在低价市场上买到产品再卖到高价市场。

【答案】BDE

考点10 垄断竞争市场上生产者的行为★★

（一）垄断竞争市场上企业的需求曲线

垄断竞争市场上企业的需求曲线和完全垄断市场上企业的需求曲线相同，均向右下方倾斜。

因为垄断竞争企业之间产品存在一定的可替代性，存在竞争关系，所以，垄断竞争企业的需求曲线和完全垄断企业的需求曲线相比比较平坦，或者和完全竞争企业的水平形状的需求曲线相比比较接近。

（二）垄断竞争市场上企业需求曲线的类型

（1）主观需求曲线：表示在垄断竞争市场上，当某一个企业改变其产品价格，而其他企业并不改变各自的产品价格时，该企业的产品价格和销售量之间的关系。其也称为“预期的需求曲线”，该曲线具有很大的主观性。

（2）市场份额需求曲线：如果一个企业降低价格，其他企业会相应地降低自己的产品价格，从而使得整个行业的价格和销量的关系改变，这种需求曲线叫作“实际需求曲线”。

【注意】实际需求曲线亦表示在垄断竞争市场上单个企业在每一个市场价格水平的实际销售份额。就是说，如果一个垄断行业有 n 个企业，不管这些企业将市场价格变动到什么水平，每个企业的实际销售份额为市场总销售量或总的需求量的 $1/n$。

（3）一般来说，主观需求曲线和市场份额需求曲线相比，需求弹性更大一些，或者说前者比后者更为平坦一些。

（三）短期均衡分析

垄断竞争企业利润最大化原则是边际收益等于边际成本。

与完全垄断市场一样，垄断竞争市场上不存在供给曲线。

经典题解

【例题·多选题】下列关于垄断竞争市场的表述中，正确的有（　　）。

A. 同行业各个企业生产的产品不存在差别

B. 生产者对价格有一定程度的控制

C. 企业进入或退出市场比较容易

D. 垄断竞争市场上企业的需求曲线向右下方倾斜

E. 垄断竞争企业按照边际收益等于边际成本的原则确定最优产量

【解析】垄断竞争市场上各个企业生产的产品存在一定的差别，选项 A 错误。

【答案】BCDE

考点 11　寡头垄断市场上价格形成的模型★★

模型	具体内容
协议价格制	在生产者或销售者之间存在着某种市场份额划分协议的条件下，生产者或销售者之间共同维持一个协议价格，使得行业净收益最大。其方式是限制各个生产者的产量，使行业边际收益等于行业边际成本 （1）卡特尔：联合起来一起行动的企业集团，世界上最著名的卡特尔是石油输出国组织欧佩克（OPEC） （2）我国企业之间实施价格共谋或卡特尔是一种违法行为，受到反垄断法律法规的严格禁止
价格领袖制	行业中某一个占支配地位的企业率先确定价格，其他企业则参照这个价格来制定和调整本企业产品的价格，与其保持一致 【注意】领袖企业在确定产品价格时，不能只考虑本企业的利益，还必须考虑到整个行业的供求状况

第五章　生产要素市场理论

本章视频详解

使用"会计云课堂" App/ 微信扫码听课

考点 1　生产要素市场与产品市场★

（一）生产要素市场与产品市场的异同

生产要素包括劳动、资本、土地和企业家才能等。

项目	具体内容
相同点	二者均由生产者和消费者的行为共同决定价格，并以此过程调节资源的有效配置
不同点	（1）在产品市场上，需求者是消费者或居民，供给者是生产者或厂商 （2）在生产要素市场上，需求者是生产者或厂商，供给者是消费者或居民

（二）引致需求和联合需求

项目	具体内容
引致需求	(1) 是指生产者对生产要素的需求是从消费者对最终消费品的需求中间接派生出来的。引致需求也称为“派生需求” (2) 引致需求的概念反映了生产要素市场和产品市场之间的联系。生产者对生产要素的需求量在很大程度上取决于消费者对产品的需求量。因此，不但消费者的需求曲线会影响生产要素的价格，生产者在产品市场和生产要素市场上所处的市场状态也会影响生产要素的需求，并最终影响生产要素的价格
联合需求	(1) 是指生产者对生产要素的需求具有相互依赖性，各种生产要素共同发挥作用才能生产最终产品。联合需求也称为“复合需求” (2) 联合需求的一个重要结果是，对每一种生产要素的需求数量将取决于所有生产要素的价格，同时受到其他生产要素需求数量的影响；反之，这种生产要素的需求量和价格也会影响对其他生产要素的需求 (3) 各生产要素之间存在互补性，同时也存在一定程度的替代性

考点 2　生产者使用生产要素的原则★★

生产者使用生产要素的原则：在一定时间内、在一定条件下，根据企业内部的生产状况和市场情况，确定要素的使用量，以实现利润最大化，即边际收益产品等于边际要素成本。

相关概念	具体内容
边际物质产品（*MPP*）	也称为边际产量，是指增加单位要素投入所带来的产量增量
边际收益产品（*MRP*）	是指增加单位要素使用所带来的收益的增量 边际收益产品＝边际物质产品×边际收益
边际产品价值（*VMP*）	是指每增加一单位的要素投入所增加的价值 边际产品价值＝边际物质产品×产品价格
边际要素成本（*MFC*）	是指增加单位要素投入所带来的成本增量 边际要素成本＝边际物质产品×边际成本
平均要素成本（*AFC*）	是指平均每单位要素投入的成本

经典题解

【例题·单选题】生产者使用生产要素的原则是（　　）。(2016年)

A. 边际成本等于边际收益

B. 边际物质产品等于边际收益产品

C. 边际要素成本等于边际产品价值

D. 边际要素成本等于边际收益产品

【解析】生产者使用要素的原则是在一定时间内、在一定条件下，根据企业内部的生产状况和市场情况，确定要素的使用量，以实现利润最大化，即边际收益产品等于边际要素成本，故选项D正确。

【答案】D

考点 3　完全竞争生产者的要素供求曲线★★★

完全竞争要素市场是指要素市场上的参与者都是完全竞争的，要素的供给、需求都处于完全竞争状态，不存在垄断行为。

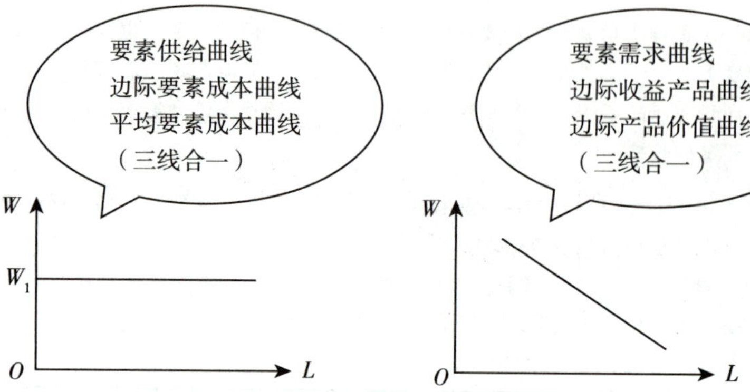

完全竞争生产者的要素供给曲线和要素需求曲线

经典题解

【例题·多选题】下列关于完全竞争生产者的要素需求曲线和要素供给曲线的说法中，正确的有（　　）。(2018 年)

A. 生产者的边际收益产品曲线及边际产品价值曲线与要素需求曲线重合

B. 生产者的边际要素成本曲线及平均要素成本曲线与要素需求曲线重合

C. 生产者的边际要素成本曲线与边际收益产品曲线重合

D. 生产者的要素需求曲线是向右下方倾斜的曲线

E. 生产者的要素供给曲线为水平线

【解析】完全竞争生产者的边际要素成本曲线、平均要素成本曲线与要素供给曲线重合，选项 BC 错误。

【答案】ADE

考点 4　完全竞争市场的要素需求曲线★★

完全竞争市场上有大量的生产者，在某一价格下的市场要素需求量，一般应该是在该价格下所有生产者需求量之和。但当整个市场上的所有生产者都根据要素价格的变化调整产量时，产品价格就会发生变化，因此生产者的要素需求曲线会变得更陡峭。

考点 5　生产要素供给的一般分析★

经济学分析的要素包括劳动、资本、土地和企业家才能，要素的所有者既可以是消费者，也可以是生产者。

由于要素所有者的身份不同，因而要素供给行为的目的就有差别。当要素供给者局限在消费者时，要素供给问题就有一个基本特点，即要素数量在一定时期内是固定不变的。因此，消费者要将全部资源在要素供给和保留自用两种用途上进行分配以实现效用最大化。

考点 6 劳动的供给原则和供给曲线★★★

（一）劳动的供给原则

消费者的要素供给的目标是实现效用最大化，其条件是劳动的边际效用等于闲暇的边际效用。

（二）劳动的供给曲线

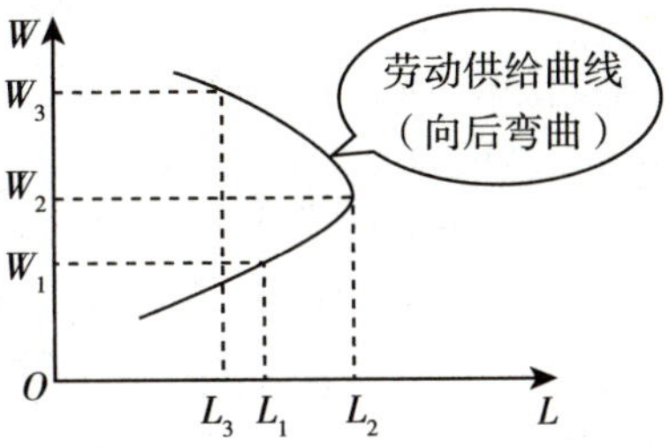

劳动供给曲线向后弯曲可用工资增加的替代效应和收入效应来解释。

项目	具体内容
工资增加的替代效应	工资上升，收入增加，消费者用劳动替代闲暇，劳动供给增加
工资增加的收入效应	工资上升，收入增加，消费者相对更加富有而追求闲暇，劳动供给减少
二者的关系	（1）当工资低而收入少时，工资上升，替代效应大于收入效应，消费者的劳动供给会增加，劳动的供给曲线向上倾斜 （2）当工资提高到一定程度时，消费者相对比较富有，工资增加的替代效应小于收入效应，劳动供给减少，劳动的供给曲线向后弯曲

经典题解

【例题·多选题】下列因素中，决定劳动供给曲线向后弯曲的有（ ）。（2018 年）

A. 劳动和闲暇的互补效应

B. 工资和利率的互补效应

C. 工资增加的替代效应

D. 工资和租金的互补效应

E. 工资增加的收入效应

【解析】我们可以用收入效应和替代效应来解释劳动供给曲线为何向后弯曲。

【答案】CE

考点 7 土地、资本的供给曲线★★

（1）土地的供给曲线是一条垂直线（因为土地的数量一般不变）。

（2）资本的供给在短期内是垂直线，从长期来看是一条后弯曲线。

第六章　市场失灵和政府的干预

本章视频详解

使用"会计云课堂" App/ 微信扫码听课

考点 1　资源最优配置的相关概念★★

概念	具体内容
一般均衡状态（瓦尔拉斯均衡状态）	在市场机制的作用下，如果居民和企业作为市场主体分别实现了效用最大化和利润最大化，并且在此基础上，产品市场和生产要素市场既不存在过剩，也不存在短缺，即整个经济的价格体系恰好使所有的商品供求都相等时，经济就处于一般均衡状态或瓦尔拉斯均衡状态
资源实现最优配置的标准	当经济处于一般均衡状态时，资源便实现了最优配置。在资源最优配置下，不可能由重新组合生产和分配来使一个人或多个人的福利增加，而不使其他任何人的福利减少
帕累托改进	既定的资源配置状态能够在其他人福利水平不下降的情况下，通过重新配置资源，使得至少有一个人的福利水平有所提高
帕累托最优状态	是指不存在帕累托改进的资源配置状态。帕累托最优状态又被称作经济效率。满足帕累托最优状态就是具有经济效率的，而不满足帕累托最优状态就是缺乏经济效率的
帕累托最优状态的条件	（1）经济主体是完全理性的 （2）信息是完全的 （3）市场是完全竞争的 （4）经济主体的行为不存在外部影响

经典题解

【例题·单选题】 在一个经济社会中，整个经济实现一般均衡，并且资源配置达到帕累托最优状态的基本条件是（　　）。（2020 年）

A. 垄断竞争市场　　B. 完全竞争市场

C. 寡头垄断市场　　D. 技术进步

【解析】 在一个经济社会中，整个经济实现一般均衡，并且资源配置达到帕累托最优状态的条件包括经济主体是完全理性的、信息是完全的、市场是完全竞争的和经济主体的行为不存在外部影响等。

【答案】 B

考点 2　市场失灵的含义及原因★

市场失灵就是指由于市场机制不能充分地发挥作用而导致的资源配置缺乏效率或资源配置失当的情况。

导致市场失灵的原因主要有垄断、外部性、公共物品和信息不对称等。

考点3 垄断对市场的影响及政府的干预方式★★

垄断对市场的影响	在不完全竞争市场上，生产者不再是完全的价格接受者，资源已不可能在部门之间自由流动。生产者生产的产量不是最大的产量，市场价格也不是最低的价格，长期来看，成本也比完全竞争市场条件下的生产成本要高，消费者将不再可能获取最大满足
政府的干预	(1) 为了限制和消除垄断、保护和促进竞争、提高资源配置的效率，政府可以通过法律手段来限制垄断和反对不正当竞争 (2) 政府对垄断进行干预的另一种手段是对垄断行业进行公共管制，主要是对垄断行业的产品或服务的价格进行管制，可以规定限价，或者规定利润率

考点4 外部性对市场的影响及政府的干预方式★★★

<table>
<tr><td>含义</td><td colspan="3">外部性或外部影响，是指某个人或某个企业的经济活动对其他人或其他企业造成了影响，但是却没有为此付出代价或得到收益</td></tr>
<tr><td rowspan="2">分类</td><td>外部经济</td><td>(1) 包括生产的外部经济、消费的外部经济
(2) 是指某人或者某企业的经济活动会给社会上其他成员带来好处，但该人或该企业却不能由此得到补偿</td><td>私人收益小于社会收益，因而缺乏生产积极性，造成产品的供给过少</td></tr>
<tr><td>外部不经济</td><td>(1) 包括生产的外部不经济、消费的外部不经济
(2) 是指某人或某企业的经济活动会给社会上其他成员带来损害，但该人或该企业却不必为这种损害进行补偿</td><td>边际私人成本低于边际社会成本，于是倾向于扩大生产，造成产品的供给过多</td></tr>
<tr><td>政府的干预</td><td colspan="3">(1) 税收和补贴
(2) 将相关企业合并从而使外部性内部化
(3) 明晰产权。很多外部性的产生都是由于产权不清晰导致的
【提示】科斯定理：
(1) 只要财产权是明确的，并且交易成本为零或者很小，那么，无论在开始时将财产权赋予谁，市场均衡的最终结果都是有效率的，进而实现资源配置的帕累托最优
(2) 若考虑交易成本，不同的产权制度，会导致不同的资源配置效率
(3) 科斯定理所要求的前提往往是不存在的，财产产权常常不清晰，交易成本也不可能为零，有时甚至比较大。因此，依靠市场机制矫正外部性是有一定困难的。但是，科斯定理提供了一种通过市场机制解决外部性问题的新思路和新方法</td></tr>
</table>

经典题解

【例题·单选题】 下列关于美国经济学家科斯的产权理论内容的说法中，正确的是（　　）。(2020年)

A. 政府可以使用税收手段对产生外部不经济的企业进行干预

B. 对于产生外部经济的企业，政府应给予财政补贴

C. 很多外部性的产生都是由于产权不清晰导致的

D. 政府可以通过合并相关企业的方法使外部性得以“内部化”

【解析】随着产权理论的出现和发展，明确和界定产权已经成为消除外部性的重要途径。按照美国经济学家科斯的产权理论，很多外部性的产生都是由于产权不清晰导致的。

【答案】C

考点5 公共物品对市场的影响及政府的干预方式★★★

公共物品的特征	（1）非竞争性，是指消费者对某一种公共物品的消费并不影响其他人对该公共物品的消费，如国防、道路、环境治理、电视广播等 （2）非排他性，是指公共物品可以由任何消费者进行消费，其中任何一个消费者都不会被排除在外 【注意】公共物品的这些基本特征决定了在绝大多数的公共物品消费中必然经常出现“搭便车”的现象
公共物品的分类	（1）纯公共物品，是指具有完全的非竞争性和非排他性的物品。一般认为，国防、治安等都是最典型的纯公共物品，只能由政府提供 （2）准公共物品，是指具有有限的非竞争性和非排他性的物品。准公共物品具有一定程度的拥挤性，政府和私人都可以提供，如教育、医疗卫生、收费公路等
曲线	（1）私人物品的市场需求曲线是个人需求曲线在水平方向，即数量上的求和 （2）公共物品的市场需求曲线是个人需求曲线在纵向，即价格上的求和
对市场的影响	（1）由于公共物品存在非竞争性和非排他性，消费者更愿意搭便车，低报或者隐瞒自己对公共物品的偏好，因此不能求得公共物品的最优数量，最终导致市场产量低于最优产量 （2）对于准公共物品来说，市场机制可以发挥一定作用，可以通过市场机制来引导资源的配置
政府的干预	政府承担了公共物品主要提供者的职责，如国防、治安、消防和公共卫生

考点6 信息不对称对市场的影响及政府的干预方式★★

信息不对称的表现	（1）逆向选择，是指由于卖方和买方之间信息不对称，市场机制会导致某些商品或服务的需求曲线向左下方弯曲，最终结果是劣质商品或服务驱逐优质商品或服务，以致市场萎缩甚至消失 （2）道德风险，是指由于信息不对称，市场中的一方不能观察到另一方的行动，而另一方就可能采取不利于对方的行动
对市场的影响	当现实经济中出现信息不对称时，市场机制实现资源帕累托最优配置的功能必然受到影响，进而导致市场失灵

续表

政府的干预	为了解决因信息不对称所造成的市场失灵，政府对许多商品的说明、质量标准和广告都做出了具体的法律规定。此外，政府还通过各种方式为消费者提供信息服务

经典题解

【例题·多选题】下列关于信息不对称和市场失灵的说法中，正确的有（　）。(2020年)

A. 信息不对称会导致某种商品或服务市场出现萎缩甚至消失

B. 信息不对称会导致道德风险

C. 通过税收和补贴手段，可以克服信息不对称所引起的市场失灵

D. 通过明晰产权可以克服信息不对称所引起的市场失灵

E. 政府可以对有关商品的说明、质量标准和广告等做出具体规定

【解析】信息不对称会导致道德风险和逆向选择。为了解决因信息不对称所造成的市场失灵，政府对许多商品的说明、质量标准和广告都做出了具体的法律规定，政府还通过各种方式为消费者提供信息服务。消除外部性的传统方法，包括使用税收和补贴、将相关企业合并从而使外部性内部化等手段，选项C错误；随着产权理论的出现和发展，明确和界定产权已经成为消除外部性的重要途径，选项D错误。

【答案】ABE

第七章　国民收入核算和简单的宏观经济模型

本章视频详解

使用"会计云课堂" App/微信扫码听课

考点1　国内生产总值的含义和形态★★

（一）含义

国内生产总值（GDP）是按**市场价格**计算的一个**国家**（或地区）在一定**时期**内**生产**活动的**最终成果**。

（二）国内生产总值的形态

项目	具体内容
价值形态	它是所有常住单位在一定时期内生产的全部货物和服务价值超过同期投入的全部非固定资产货物和服务价值的差额，即所有常住单位的增加值之和
收入形态	它是所有常住单位在一定时期内创造并分配给常住单位和非常住单位的初次收入之和
产品形态	它是所有常住单位在一定时期内最终使用的货物和服务价值减去货物和服务进口的价值
与国民总收入（GNI）的关系	国民总收入就是过去常用的国民生产总值，是指**一个国家（或地区）所有常住单位在一定时期内收入**初次分配的最终结果 （1）区别：国民总收入是一个**收入**概念，而国内生产总值是一个**生产**概念 （2）联系：国民总收入=国内生产总值+来自国外的净要素收入

考点2　国内生产总值的计算方法★★

计算方法	具体内容
生产法	通过核算各个产业在一定时期内生产的最终产品的市场价值来核算GDP
收入法	通过核算整个社会在一定时期内获得的收入来求得GDP 收入法增加值=劳动者报酬+固定资产折旧+营业盈余+生产税净额 收入法国内生产总值=所有常住单位收入法增加值之和 （1）劳动者报酬是指劳动者从事生产劳动应从单位获得的各种形式的报酬，包括工资总额、福利费和其他实物形式的劳动报酬。农户和个体劳动者生产经营所获得的纯收益主要是劳动所得，也都列入劳动者报酬中 （2）固定资产折旧是指一定时期内为弥补固定资产损耗价值，按规定比率提取的计入生产成本的折旧费 （3）生产税净额是指一定时期内企业应向政府缴纳的生产税减去生产补贴后的差额。生产税是企业从事有关生产、销售和经营活动应缴纳的各种税金、附加费和规费，如销售税金及附加、增值税及企业管理费中的各种税金等，是企业的利前税，不包括所得税 （4）营业盈余是指从总产出中扣除中间投入、劳动者报酬、固定资产折旧和生产税净额后的余额，大致相当于营业利润，但要扣除从利润中开支的工资和福利费。如果企业从政府获得生产补贴，应将补贴一并计入营业盈余项中
支出法	通过核算整个社会在一定时期内购买最终产品的支付总和来核算GDP （1）三部分的计算公式 支出法国内生产总值=最终消费+资本形成总额+净出口 【注意1】最终消费包括居民消费和政府消费 【注意2】资本形成总额包括固定资本形成总额和存货变动 运用支出法核算GDP，可以计算资本形成率和最终消费率 资本形成率是指资本形成总额占国内生产总值的比重 最终消费率是指最终消费支出占国内生产总值的比重 【注意3】净出口=出口总值-进口总值 （2）四部分的计算公式。如果对居民和政府的支出再分开核算，则有： 支出法国内生产总值GDP=消费C+投资I+政府购买G+净出口（$X-M$）

经典题解

【例题·单选题】下列关于国内生产总值的说法中，错误的是（　　）。（2020年）

A. 国内生产总值的计算方法有三种，即生产法、收入法和支出法

B. 国内生产总值是一个收入概念

C. 国内生产总值是目前世界各国（或地区）普遍使用的衡量经济活动总量的基本指标

D. 国内生产总值有三种形态，即价值形态、收入形态和产品形态

【解析】国民总收入是一个收入概念，而国内生产总值是一个生产概念。

【答案】B

考点 3 储蓄-投资恒等式★★

项目	部门	储蓄-投资恒等式	推导
两部门	消费者（居民） 企业	$I=S$	在三部门的基础上去掉政府部门储蓄（$T-G$）
三部门	消费者（居民） 企业 政府部门	$I=S+(T-G)$	在四部门的基础上去掉国外部门储蓄（$M-X$）
四部门	消费者（居民） 企业 政府部门 国外部门	$I=S+(T-G)+(M-X)$	（1）从支出角度看，国内生产总值（GDP）=消费 C+投资 I+政府购买 G+净出口（$X-M$） （2）从收入角度看，总收入 Y=消费 C+储蓄 S+政府净收入 T。由于总支出等于总收入，即 $C+I+G+(X-M)=C+S+T$，两边同时消去 C，就得到四部门储蓄-投资恒等式

考点 4 消费理论和储蓄函数★★★

（一）三种消费理论

理论	观点
凯恩斯的消费理论 （英国）	三个假设（或三个前提）： （1）边际消费倾向递减规律 ①边际消费倾向（β）是指增加的一个单位收入中用于增加消费部分的比率 ②0<边际消费倾向（β）<1 ③随着人们收入的增长，人们的消费随之增长；但消费支出在收入中所占比重却不断减少 （2）收入是决定消费的最重要的因素 在假定其他因素不变的条件下，消费是随着收入的变动而相应变动的，可以把消费看作是收入的函数 $C=\alpha+\beta Y$ 式中： α——必不可少的自发消费部分；βY——由收入引致的消费 【提示】消费等于自发消费和引致消费之和 （3）平均消费倾向随着收入的增加而减少 平均消费倾向是指消费总量 C 在收入总量 Y 中所占的比例 平均消费倾向可能大于 1、等于 1 或小于 1 【提示】边际消费倾向总是小于平均消费倾向

续表

理论	观点
莫迪利安尼的生命周期消费理论（美国）	观点：各个家庭的消费要取决于他们在整个生命周期内所获得的收入与财产，也就是说消费取决于家庭所处的生命周期阶段 $C=a\times WR+c\times YL$ 式中： WR——财产收入；YL——劳动收入；a——财富的边际消费倾向；c——劳动收入的边际消费倾向 （1）在人口构成没有发生重大变化的情况下，从长期来看，边际消费倾向是稳定的 （2）如果一个社会的人口构成比例发生变化，则边际消费倾向也会发生变化。例如，社会上年轻人和老年人的比例增大，则消费倾向会提高；中年人口的比例增大，则消费倾向会降低
弗里德曼的持久收入理论（美国）	观点：消费者的消费支出不是根据他的当前收入决定的，而是根据他的持久收入决定的 （1）该理论将人们的收入分为暂时收入和持久收入，并认为消费是持久收入的稳定的函数 （2）所谓持久收入，是指消费者可以预期到的长期收入，即预期在较长时期中可以维持的稳定的收入流量 $C_t=c\times YP_t$ 式中： C_t——现期消费支出；c——边际消费倾向；YP_t——现期持久收入

经典题解

【例题·多选题】凯恩斯消费理论的主要假设有（　　）。(2018 年)

A. 边际消费倾向递减规律

B. 收入是决定消费的最重要的因素

C. 平均消费倾向会随着收入的增加而减少

D. 消费取决于家庭所处的生命周期阶段

E. 长期消费函数是稳定的

【解析】选项 D 属于莫迪利安尼的生命周期消费理论；选项 E 属于弗里德曼的持久收入理论。

【答案】ABC

（二）储蓄函数

收入是决定储蓄最主要的因素，收入变化决定着储蓄变化。凯恩斯认为，随着消费者收入的不断增加，消费增加会越来越少，而储蓄增加则会越来越多。储蓄与收入之间的依存关系被称为储蓄函数。

消费函数与储蓄函数的关系：消费函数和储蓄函数互为补数，两者之和总是等于收入。

平均消费倾向＝总消费÷总收入	边际消费倾向 β＝消费的增量÷收入的增量
平均储蓄倾向＝总储蓄÷总收入	边际储蓄倾向 s＝储蓄的增量÷收入的增量
平均消费倾向+平均储蓄倾向＝1	边际消费倾向 β+边际储蓄倾向 $s=1$

经典题解

【例题·多选题】 下列关于消费函数和储蓄函数的说法中，正确的有（ ）。(2018 年)

A. 边际储蓄倾向大于 0 而小于 1

B. 边际储蓄倾向大于 1

C. 当储蓄函数已知，就可求得消费函数

D. 边际消费倾向总是小于平均消费倾向

E. 消费函数和储蓄函数互为补数

【解析】 一般来说，边际储蓄倾向总是大于 0 而小于 1，选项 B 错误。

【答案】 ACDE

考点 5 投资函数、投资乘数及简单的国民收入决定★★

（一）投资函数

投资是购置物质资本（如厂房、设备和存货，以及住房建筑物）的活动，即形成固定资产的活动，一般不包括金融投资在内。

决定投资的主要因素有实际利率、预期收益率和投资风险等。预期的通货膨胀率和折旧等也在一定程度上影响投资。如果企业用贷款投资或用自有资本投资，则投资的成本取决于实际利率。如果投资的预期收益率既定，实际利率越高，利息越多，投资成本越高，投资就会减少；反之，实际利率越低，利息越少，投资成本越低，投资就会增加。因此，**投资是利率的减函数**。如果假设投资和利率之间呈线性关系，则投资函数可以写成：

$$I=I(r)=e-\mathrm{d}r$$

式中：

I——投资；

r——利率；

e——自主投资，指的是由于人口、技术、资源等外生变量的变动所引起的投资，与利率无关，即使利率为零也会存在；

$-\mathrm{d}r$——引致投资，随利率的变化呈反方向变化；

d——利率每上升或下降一个百分点，投资会减少或增加的数量。

（二）投资乘数

乘数也叫倍数，即一个因素或变量的变化对整个社会经济活动的影响程度。

$$投资乘数\ k=\frac{增加的收入\ \Delta Y}{增加的投资\ \Delta I}=\frac{1}{1-边际消费倾向\ \beta}=\frac{1}{边际储蓄倾向\ s}$$

公式表明投资乘数 k 为边际储蓄倾向 s 的倒数。

（三）简单的国民收入决定

两部门的国民收入决定：

$$国民收入\ Y=\frac{\alpha+\bar{I}}{1-\beta}$$

经典题解

【例题·单选题】 假设一个社会的边际消费倾向 β 为 0.8，则投资乘数 k 等于（ ）。(2016 年)

A. 0.2　　B. 1.25

C. 5　　D. 0.8

【解析】 投资乘数 $k=1\div$（1−边际消费倾向 β），即 $1\div(1-0.8)=5$。

【答案】 C

考点6　总需求★★

总需求是指在其他条件不变的情况下，在某一给定的价格水平上，一个国家或地区各种经济主体愿意购买的产品总量。

（一）影响因素

项目	具体内容
利率	在其他条件不变的情况下，利率上升会引起企业投资和居民购买住宅及耐用消费品的数量减少，从而使总需求减少；反之亦然（反向变化）
货币供给量	在其他条件不变的情况下，货币供给量增加，会导致总需求增加；反之亦然（同向变化）
政府购买	在其他条件不变的情况下，政府购买增加，会促使总需求增加；反之亦然（同向变化）
税收	在其他条件不变的情况下，税收减少会增加企业和居民的收入，从而导致总需求增加；反之亦然（反向变化）
预期	如果企业对未来利润的预期是增长的，则会扩大投资。如果居民对未来收入的预期是增长的，也会增加消费
价格总水平	在其他条件不变的情况下，价格总水平下降，会导致总需求上升；反之亦然（反向变化）

（二）总需求曲线

假定其他因素不变，只分析价格总水平与总需求的关系，总需求曲线是向右下方倾斜的。

项目	具体内容
财富效应	由价格总水平的变动引起居民收入及财富的实际购买力的反向变动，从而导致总需求反向变动的现象
利率效应	由价格总水平的变动引起利率变化，利率与投资、消费及总需求的反方向变化的现象
出口效应	由价格总水平通过汇率变动影响出口需求的变化并与总需求呈反方向变化的现象

经典题解

【例题·多选题】在其他条件不变的情况下，一般会导致社会总需求增加的有（　　）。(2016年)

A. 利率下降

B. 货币供给量增加

C. 企业预期未来利润增长

D. 政府购买增加

E. 税收增加

【解析】在其他条件不变的情况下，税收减少会增加企业和居民的收入，从而导致总需求增加；反之，则会使总需求减少，选项E错误。

【答案】ABCD

考点7　总供给★★

（一）总供给的含义及影响因素

1. 含义

总供给是指在其他条件不变的情况下，一定时期内在一定价格水平上，一个国家或地区的生产者愿意向市场提供的产品总量。

2. 影响因素

总供给的变动主要取决于企业的利润水平。

（1）价格。

（2）成本。

（3）其他因素。例如，技术进步、工资水平变动、能源及原材料价格变动等都是通过成本而影响企业利润水平，从而影响总供给的。

（4）预期。如果企业对未来利润的预期是下降的，企业就会减少生产，从而使总供给减少。

【提示】其中价格和成本是决定总供给的基本因素。

（二）总供给曲线

由于决定供给的价格和成本中的工资在长期具有灵活性，在短期具有黏性或缺乏弹性，因此总供给曲线分为长期和短期两种形式。

<table>
<tr><th>长期总供给曲线</th><th>短期总供给曲线</th></tr>
<tr><td>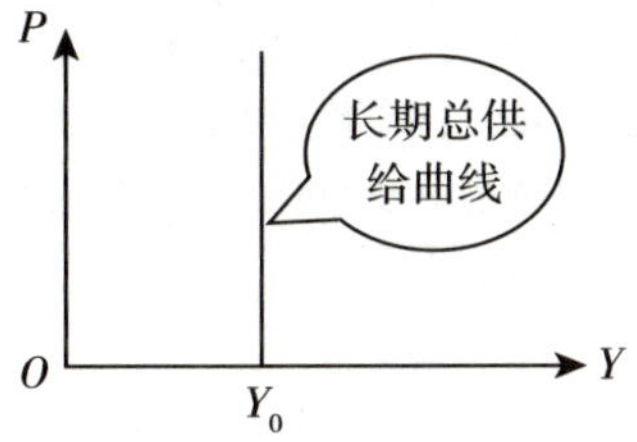
</td><td>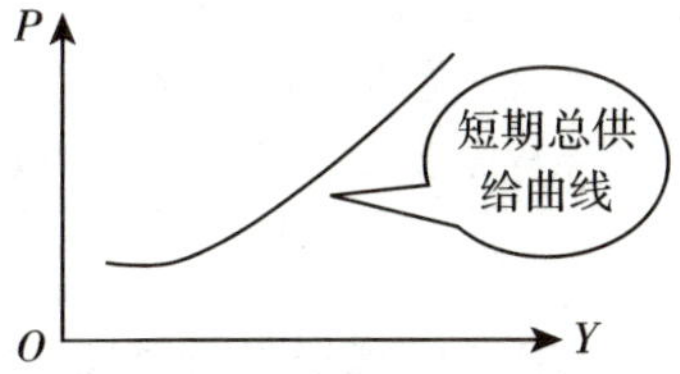
</td></tr>
<tr><td>（1）长期总供给曲线是一条垂直线
（2）从长期看，总供给变动与价格总水平无关，长期总供给只取决于劳动、资本与技术，以及经济体制等因素</td><td>（1）短期总供给曲线是一条向右上方倾斜的曲线
（2）总供给与价格总水平呈同方向变动</td></tr>
</table>

考点 8　总供求模型★★

（1）从长期来看，影响价格总水平的是总需求（因为长期总供给曲线是垂直线）。

（2）从短期来看，总需求和总供给共同影响价格总水平。

若假定在短期内总供给曲线不变，由于总需求的增长使总需求曲线向右平行移动，则会导致价格总水平上涨，这就是需求拉动型通货膨胀的基本模型。

经典题解

【例题·多选题】下列关于总供求模型的说法中，正确的有（　　）。（2016 年）

A. 从长期来看，影响价格总水平的是总需求

B. 假定在短期内总供给曲线不变，总需求的增长会导致价格总水平上涨

C. 假定在短期内总供给曲线不变，由于总需求的增长导致价格总水平上涨，这就是需求拉动型通货膨胀的基本模型

D. 从长期来看，价格总水平的变化会使得总供给相应变化

E. 总需求曲线与短期总供给曲线相交时的总产出为均衡总产出，价格为均衡价格总水平

【解析】从长期来看，总供给变动与价格总水平无关，长期总供给只取决于劳动、资本与技术，以及经济体制等因素，选项 D 错误。

【答案】ABCE

第八章　经济增长和经济发展理论

本章视频详解

使用“会计云课堂”App/微信扫码听课

考点 1　经济增长★★

含义	一个国家或地区在一定时期内的总产出与前期相比所实现的增长。对一国经济增长速度的度量，通常用经济增长率来表示
表现形式	（1）用现价计算的 GDP，可以反映一个国家或地区的经济发展规模 （2）用不变价计算的 GDP，可以用来计算经济增长速度
指标缺点	经济增长率是衡量一个国家总体经济实力增长速度的标志，但并不能全面反映一个国家或地区的经济发展的实际状况
经济增长与经济发展的区别	经济增长是经济发展的基础，但经济增长并不等同于经济发展。经济发展是一个比经济增长的含义更广的概念。经济发展既包括经济增长，也包括伴随经济增长过程而出现的技术进步、结构优化、制度变迁、福利改善，以及人与自然之间关系的进一步和谐等方面的内容

考点 2　决定经济增长的基本因素★

因素	具体内容
劳动的投入数量	一个国家或地区劳动投入的数量多少取决于人口规模和人口结构，以及劳动者投入的劳动时间的多少
资本的投入数量	最重要的制约因素是资本利用率或生产能力利用率
劳动生产率	一般用在一定时间内每个劳动者所生产的国内生产总值或单位劳动时间所生产的国内生产总值来计算。在同样的劳动投入的情况下，劳动生产率的提高可以带来经济增长
资本的效率	单位资本投入数量所能产生的 GDP。在其他因素不变的条件下，资本的效率提高，就会带来经济增长；反之，资本的效率下降，就会导致经济增长速度下降

考点 3　经济增长因素分解★★

两因素分解	假定其他因素不变，把经济增长看作是某一项生产要素——劳动（或资本），与其生产率的作用的结果
三因素分解	运用生产函数，把经济增长按照劳动投入、资本投入和全要素生产率三个因素进行分解 经济增长率＝技术进步率＋劳动份额×劳动增长率＋资本份额×资本增长率 技术进步率就是所谓的全要素生产率，即经济增长中扣除劳动、资本等要素投入数量等因素对经济增长率的贡献后的余值。由于其是由美国经济学家罗伯特·索洛首先提出的，因此也叫索洛余值

经典题解

【例题·单选题】 假设某个国家2017—2020年，GDP年均增长8%，资本存量年均增长5%，劳动力年均增长2%。如果资本在GDP增长中的份额为60%，劳动力为40%，这一时期全要素生产率是（ ）。（2018年）

A. 3%　　B. 4.2%

C. 5%　　D. 6%

【解析】 全要素生产率＝经济增长率－（劳动份额×劳动增长率）－（资本份额×资本增长率），即8%－2%×40%－5%×60%＝4.2%。

【答案】 B

考点4 经济周期的类型和特征★★

（一）经济周期的类型

划分标准	具体类别
按照周期波动的时间长短划分	（1）长周期（长波循环或康德拉耶夫周期），每个周期的平均长度为50~60年 （2）中周期（大循环或朱格拉周期），每个周期的平均长度为8年，对经济运行影响较大且较为明显 （3）短周期（小循环或基钦周期），每个周期的平均长度为3~5年
按照经济总量绝对下降或相对下降的不同情况划分	（1）古典型周期，经济运行处在低谷时的经济增长为负增长，即经济总量绝对减少 （2）增长型周期，经济运行处在低谷时的经济增长率为正值，即经济总量只是相对减少而非绝对减少，我国的经济周期属于增长型周期

（二）经济周期的阶段特征

经济周期阶段	特征
扩张阶段（复苏和繁荣）	伴随着经济增长速度的持续提高，投资持续增长，产量不断扩大，市场需求旺盛，就业机会增多，企业利润、居民收入和消费水平都有不同程度的提高，但也常常伴随着通货膨胀
收缩或衰退阶段	伴随着经济增长速度的持续下滑，投资活动萎缩，生产发展缓慢，甚至出现停滞或下降，产品滞销，就业机会减少，失业率提高，企业利润水平下降，亏损、破产企业的数量增多，居民收入和消费水平呈现不同程度的下降趋势

（三）导致经济波动的主要因素

因素	具体内容
投资率的变动	一般而言，投资与经济增长具有正相关关系
消费需求的波动	消费需求不足，会导致经济增长率下降
技术进步的状况	当技术进步较快时，经济增长的速度较快；当技术进步缓慢时，经济增长就比较缓慢

续表

因素	具体内容
预期的变化	当人们对今后经济增长的预期比较乐观时，就愿意增加消费或投资，从而推动经济增长；反之，当人们的预期不好时，就会减少投资或消费，总需求的增长就会下降，从而限制经济的增长
经济体制的变动	如在计划经济体制下，投资需求增长过快，从而使经济过热。当政府对其进行调整时，又会使经济增长速度下降
国际经济因素的冲击	如 2008 年以来我国经济波动的主要原因就是受到了国际金融危机的严重冲击
大规模疫情等因素的冲击	如 2019 年年底至 2020 年年初暴发的新冠肺炎疫情重创了世界经济

考点 5 分析和预测经济波动的指标体系★★★

指标类型	含义	举例
一致指标	也称同步指标，这些指标的峰顶与谷底出现的时间和总体经济运行的峰谷出现的时间一致，可以综合地描述总体经济所处状态	（1）工业总产值 （2）固定资产投资额 （3）社会消费品零售总额
先行指标	也称领先指标，这些指标可以预测总体经济运行的轨迹	（1）制造业订货单 （2）股票价格指数 （3）广义货币 M_2
滞后指标	是对总体经济运行中已经出现的峰顶与谷底的确认	（1）库存 （2）居民消费价格指数

经典题解

【例题·单选题】实际经济分析和预测工作所使用的经济指标中，属于先行指标的是（　　）。(2020 年)

A. 库存总额

B. 社会消费品零售总额

C. 固定资产投资额

D. 股票价格指数

【解析】先行指标，也叫领先指标，通过这些指标可以预测总体经济运行的轨迹，如制造业订货单、股票价格指数和广义货币 M_2 等就属于先行指标。

【答案】D

考点 6 经济发展★

项目	具体内容
经济发展的含义	是指发展中国家或地区人民生活水平的持续提高，并且伴随着物质资本和人力资本的增加以及技术进步。经济发展不仅包括经济增长，而且还包括经济结构和社会结构的变化

续表

项目	具体内容
经济发展的核心	人民生活水平的持续提高
经济发展的基本内核	以人民为中心
经济发展的重要内容	可持续发展。可持续发展就是“既满足当代人的需要，又不对后代人满足其需要的能力构成危害的发展”

考点 7　“十三五”时期经济社会发展的主要目标和基本理念★★

（一）“十三五”时期经济社会发展的主要目标

（1）经济保持中高速增长；

（2）人民生活水平和质量普遍提高；

（3）国民素质和社会文明程度显著提高；

（4）生态环境质量总体改善；

（5）各方面制度更加成熟、更加定型。

（二）“十三五”时期经济社会发展的基本理念

基本理念	具体内容
创新	创新是引领发展的第一动力，包括理论创新、制度创新、科技创新、文化创新等
协调	协调是持续健康发展的内在要求
绿色	绿色是永续发展的必要条件和人民对美好生活追求的重要体现
开放	开放是国家繁荣发展的必由之路
共享	共享是中国特色社会主义的本质要求

考点 8　“十四五”时期经济社会发展的主要目标★★

（1）经济发展取得新成效；

（2）改革开放迈出新步伐；

（3）社会文明程度得到新提高；

（4）生态文明建设实现新进步；

（5）民生福祉达到新水平；

（6）国家治理效能得到新提升。

第九章　价格总水平和就业、失业

本章视频详解
使用“会计云课堂” App/ 微信扫码听课

考点 1　价格总水平的含义及度量★

项目	具体内容
含义	价格总水平是指一个国家或地区在一定时期内全社会各类商品和服务价格变动状态的平均或综合，一般用价格指数来度量
度量	世界各国或地区度量价格总水平的方法： （1）编制各种价格指数 （2）计算国内生产总值缩减指数 我国目前是采用居民消费价格指数(CPI) 作为衡量价格总水平变动的基本指标

考点 2　决定价格总水平变动的因素★★★

（一）货币供给量、货币流通速度和总产出

货币供给量 M	在其他因素不变的条件下，货币供给量增长，价格总水平一般会趋于上升；反之，则会趋于下降	费雪方程式：$MV=PT$，即 $P=\frac{MV}{T}$ 以变动率表示的公式：$\pi=m+v-y$ 式中： π——价格总水平变动率或通货膨胀率 m——货币供给量的变动率 v——货币流通速度的变动率 y——GDP 的变动率
货币流通速度 V	在其他因素不变的条件下，货币流通速度加快，就会促使价格总水平上涨；反之，则会下降	
总产出 T	在其他因素不变的条件下，总产出增长，价格总水平一般会趋于下降；反之，则会趋于上升	

（二）总需求和总供给

（1）总需求：总需求与价格总水平呈反方向变动。

（2）总供给：从长期来看，总供给变动与价格总水平无关；从短期来看，总供给与价格总水平呈同方向变动。

【注意 1】价格总水平取决于总需求和总供给的比例关系。

【注意 2】从长期看，决定价格总水平的是总需求。

【注意 3】从短期看，价格总水平是由总需求和总供给共同决定的。如果总需求的增长速度快于总供给的增长速度，价格总水平就有可能上升；反之，如果总需求的增长慢于总供给的增长，价格总水平就有可能下降。

经典题解

【例题·单选题】下列关于价格总水平影响因素的说法中，错误的是（　　）。（2020年）

A. 价格总水平与货币流通速度呈正方向变动

B. 价格总水平取决于总需求和总供给的比例关系

C. 从长期来看，总供给变动与价格总水平无关

D. 价格总水平与货币供给量呈反方向变动

【解析】价格总水平与货币供给量、货币流通速度呈正方向变动，而与总产出呈反方向变动。

【答案】D

考点3　价格总水平变动的经济效应★★

（一）直接效应

项目	具体内容
对工资的影响	实际工资变动率=名义工资变动率÷价格总水平变动率 实际工资的变动与名义工资的变动呈同方向变化，与价格总水平变动呈反方向变化 名义工资是指以当时的货币形式表现的工资 实际工资是指扣除了价格变动影响因素的工资
对利率的影响	实际利率=名义利率-价格总水平变动率 （1）在名义利率不变时，实际利率与价格总水平变动呈反方向变化 （2）在价格总水平不变时，名义利率与实际利率相等 （3）当名义利率低于价格总水平上涨率时，实际利率为负 （4）当名义利率高于价格总水平上涨率时，或当名义利率不变而价格总水平下降时，实际利率为正
对汇率的影响	（1）如果本国的价格总水平上涨率高于外国的价格总水平上涨率，本国货币就会贬值，以本币表示的汇率就一定会上升 （2）如果本国的价格总水平上涨率低于外国的价格总水平上涨率，本币就会升值，以本币表示的汇率就会下降 （3）当外国价格总水平稳定或上升而本国价格总水平下降时，本币也会升值，以本币表示的汇率就会下降

（二）间接效应

（1）间接效应主要包括对企业生产经营决策的影响、对收入分配结构的影响，以及对经济增长的影响。

（2）一般来说，价格总水平变动，特别是剧烈的、大幅度的变化对经济增长不利。通货膨胀在一定程度上可能有利于经济增长，而通货紧缩在一定程度上可能不利于经济增长。但是，这种作用只能是暂时的，不可能是长期的。

考点4　就业和失业的含义★

（一）就业的含义

就业是指一定年龄段内的人们所从事的为获取报酬或经营收入所进行的活动。

我国就业人口是指16周岁以上，从事一定社会劳动并取得劳动报酬或经营收入的人员。

（二）失业的含义

失业是指有劳动能力并愿意就业但在目前没有从事有报酬或收入的工作的现象。按照国际劳工组织的统计标准，凡是规定年龄内在一定期间（如一周或一天）存在下列情况的均属于失业人口：

（1）没有工作；

（2）当前可以工作，即当前如果有就业机会，就可以工作；

（3）正在寻找工作。

考点5　就业与失业水平的统计★

在发达国家，失业率是反映一个国家或地区劳动力资源利用状况的最重要的指标。

（1）就业率＝（就业人口÷民用成年人口总数）×100%

（2）发达国家失业率＝（失业总人数÷民用劳动力总人数）×100%

【注意】民用成年人口总数的口径大于民用劳动力总人数。

（3）我国统计部门计算和公布的就业和失业水平方面的指标有两个，分别是城镇登记失业率和城镇调查失业率。

经典题解

【例题·单选题】下列关于失业的说法中，错误的是（　　）。（2020年）

A. 失业率是反映一个国家或地区劳动力资源利用状况的最重要的指标

B. 如何增加就业和减少失业是我国宏观经济调控的重要任务之一

C. 失业是指有劳动能力的人目前没有从事有报酬或收入的工作的现象

D. 自然失业率是指劳动力市场供求处于均衡状态、价格总水平处于稳定状态时的失业率

【解析】失业是指有劳动能力并愿意就业但在目前没有从事有报酬或收入的工作的现象。

【答案】C

考点6　失业的类型★★

类型	具体内容	
自愿失业	劳动者不愿意接受现行的工资水平而宁愿不工作的一种状态	
	摩擦性失业	因为劳动者找到最适合自己的偏好和技能的工作需要一定的时间而引起的失业
	结构性失业	由于劳动者拥有的技能和现有工作岗位所需要的技能不匹配而导致的失业。有时是由于产业结构调整所造成的失业

续表

类型	具体内容
需求不足型失业	也称非自愿失业或周期性失业，是指劳动者在现行工资水平下找不到工作的状况，或是指总需求相对不足减少劳动力派生需求所导致的失业。这种失业与经济周期相联系，是宏观经济调控中需要关注的重点

经典题解

【例题·单选题】根据失业的类型，因总需求相对不足减少劳动力派生需求所导致的失业是（　　）。(2019 年)

A. 周期性失业　　B. 自愿失业

C. 摩擦性失业　　D. 强制失业

【解析】需求不足型失业（周期性失业或非自愿失业）是指总需求相对不足减少劳动力派生需求所导致的失业，选项 A 正确。

【答案】A

考点 7　奥肯定律★★

项目	具体内容
提出者	美国经济学家阿瑟·奥肯在 20 世纪 60 年代初提出了美国的产出与失业之间的一个数量相关关系
内容	相对于潜在的 GDP，即一个经济体在充分就业状态下所能实现的 GDP，实际 GDP 每下降 2 个百分点，失业率就会上升 1 个百分点。或者说，相对于自然失业率即充分就业状态下的失业率，失业率每提高 1 个百分点，实际 GDP 就会相对于潜在 GDP 下降 2 个百分点
公式表示	如果用 y 表示实际 GDP，用 y^* 表示潜在 GDP，用 u 表示实际失业率，用 u^* 表示自然失业率，那么奥肯定律可以用以下公式表示： $(y-y^*)\div y^*=-2(u-u^*)$
政策含义	在经济增长和就业之间存在一定的正相关关系。其政策含义是政府应当把促进经济增长作为增加就业或降低失业的主要途径

经典题解

【例题·多选题】下列关于奥肯定律的内容和政策含义的说法中，正确的有（　　）。(2020 年)

A. 表明经济增长与通货膨胀之间的具体数量相关关系

B. 经济增长与失业之间的具体数量相关关系在不同的国家或地区可能差别更大

C. 政府应当把促进经济增长作为增加就业或降低失业的主要途径

D. 奥肯定律反映了货币工资率与失业率之间的变化关系

E. 经济增长和就业之间存在一定的正相关关系

【解析】奥肯定律所提出的经济增长和失业之间的具体数量相关关系可能会随着时代的变化而有所不同，在不同的国家或地区可能差别更大。但是，这一定律具有重要的政策含义，表明了在经济增长和就业之间存在一定的正相关关系。其政策含义是政府应当把促进经济增长作为增加就业或降低失业的主要途径。

【答案】BCE

考点8 就业弹性★

（1）就业弹性是一个国家或地区在一定时期内的劳动就业增长率与经济增长率的比值，即经济增长每变化1个百分点所对应的就业数量变化的百分比。

（2）就业弹性的变化取决于产业结构等因素。一般来说，如果第三产业或服务业在国民经济中所占比例较大，则就业弹性相对较高。

考点9 菲利普斯曲线★★

菲利普斯曲线是以英国经济学家菲利普斯的名字命名的一条描述通货膨胀与失业或经济增长之间相互关系的曲线。

项目	具体内容
最初的菲利普斯曲线	用来反映失业率与货币工资率之间的变化关系，失业率越低，工资增长率越高。工资增长与失业水平之间存在着负相关关系
简单的菲利普斯曲线	表示通货膨胀率与失业率之间的相互关系 当失业率降低时，通货膨胀率就会趋于上升；当失业率上升时，通货膨胀率就会趋于下降。政府在进行决策时，可以用高通货膨胀率来换取低失业率，或者用高失业率来换取低通货膨胀率
美国经济学家弗里德曼的观点	通货膨胀和失业之间的所谓替代关系只在短期内才是可能的，而在长期内则是不存在的。从长期看，菲利普斯曲线是一条和横轴垂直的直线

经典题解

【例题·多选题】下列关于失业和经济增长及价格总水平的相互关系的说法中，正确的有（　　）。（2020年）

A. 菲利普斯曲线反映的是失业率与税率及财政收入之间的关系

B. 按照美国经济学家萨缪尔森的观点，从短期看，菲利普斯曲线是一条和横轴垂直的线

C. 奥肯定律所提出的经济增长和失业之间的具体数量相关关系可能会随着时代的变化而有所不同

D. 菲利普斯曲线是一条描述通货膨胀与失业或者经济增长之间相互关系的曲线

E. 奥肯定律表明了在经济增长和就业之间存在一定的正相关关系

【解析】菲利普斯曲线是一条描述通货膨胀与失业或经济增长之间相互关系的曲线，选项A错误；弗里德曼认为通货膨胀和失业之间的所谓替代关系只在短期内才是可能的，而在长期内则是不存在的。从长期看，菲利普斯曲线是一条和横轴垂直的直线，选项B错误。

【答案】CDE

第十章 国际贸易理论和政策

本章视频详解
使用"会计云课堂"App/微信扫码听课

考点 1 国际贸易理论的演变★★

（一）传统贸易理论

理论	提出者	具体内容
绝对优势理论	亚当·斯密 （英国） （18 世纪）	（1）各国在生产技术上的绝对差异导致劳动生产率和生产成本的绝对差异，这是国际贸易和国际分工的基础 （2）各国应该集中生产并出口具有绝对优势的产品，而进口其不具有绝对优势的产品，其结果是可以节约社会资源，提高产出水平
比较优势理论	大卫·李嘉图 （英国） （19 世纪初）	（1）决定国际贸易的因素是两个国家产品的相对生产成本，而不是生产这些产品的绝对生产成本 （2）只要两国之间存在生产成本上的差异，即使其中一方处于完全的劣势地位，国际贸易仍会发生，而且贸易会使双方均获得收益
赫克歇尔-俄林理论 （要素禀赋理论）	赫克歇尔和俄林 （瑞典） （20 世纪初）	（1）各国的资源条件不同，也就是生产要素的供给情况不同，是国际贸易产生的基础 （2）根据赫克歇尔-俄林理论，各国应该集中生产并出口那些能够充分利用本国充裕要素的产品，进口那些需要密集使用本国稀缺要素的产品 （3）国际贸易的基础是生产资源配置或要素储备比例上的差别

（二）当代贸易理论

理论	提出者	具体内容
规模经济贸易理论	克鲁格曼 （美国） （20 世纪 60 年代）	（1）美国经济学家克鲁格曼等提出了规模经济的贸易学说，来解释相似资源储备国家之间和同类工业品之间的双向贸易现象 （2）大规模的生产可以降低单位产品的生产成本 （3）传统的贸易理论一般不考虑生产规模的变化，或假设规模报酬不变。另外，还假设各国生产的产品都是同质的，国际市场是完全竞争的 （4）规模经济贸易理论认为，许多产品的生产都有规模报酬递增的特点，即随着生产规模的扩大，单位要素投入能够生产更多的产品，因此单位产品的生产成本就会降低。克鲁格曼认为，工业产品是类似的，但不是同质的，大多数工业产品的市场是不完全竞争的

经典题解

【例题·单选题】下列理论中，把生产资源配置或要素储备比例上的差别视为国际贸易基础的是（　　）。(2020年)

A. 规模经济贸易理论

B. 绝对优势理论

C. 要素禀赋理论

D. 比较优势理论

【解析】根据要素禀赋理论，各国应该集中生产并出口那些能够充分利用本国充裕要素的产品，进口那些需要密集使用本国稀缺要素的产品。国际贸易的基础是生产资源配置或要素储备比例上的差别。

【答案】C

考点2　影响国际贸易的因素★★★

（一）影响出口贸易的因素

因素	具体内容
自然资源的丰裕程度	自然资源越充裕，越能通过增加出口来获得外汇收入
生产能力和技术水平的高低	一国的生产能力和技术水平越高，出口产品的附加值也越高，这不仅会增加出口商品的数量，更能增加出口额
汇率水平	如果一国货币汇率下跌，即对外贬值，则外币兑换本币的数量就会增加，这意味着外币购买力的提高和本国商品、劳务价格的相对低廉。这就有可能使出口商在不减少收益的情况下，降低出口商品的价格，增加出口。同时，这也有利于增加本国的旅游收入及其他劳务收入
国际市场需求水平和需求结构变动	如在世界经济出现不景气的情况下，国际市场需求不旺，各国的出口贸易都有可能因此而减少

（二）影响进口贸易的因素

因素	具体内容
一国的经济总量或总产出水平	一般情况下，一国的经济总产出水平越高，经济总量（如GDP）的规模越大，其进口贸易额就越大
汇率水平	如果一国货币汇率下跌即货币贬值，用本币标示的进口商品价格就会上升，本国居民对进口商品的需求就会下降，就要缩减进口贸易
国际市场商品的供给情况和价格水平的高低	在国际市场上，如果商品供给短缺，从而导致价格大幅度上升，就会使一国的进口贸易受到影响

考点 3 政府对国际贸易的干预★★

目的	保护国内产业免受国外竞争者的损害，维持本国的经济增长和国际收支平衡			
干预措施	对进口干预	关税壁垒	征收高额进口关税来限制外国商品进口	
		非关税壁垒	进口配额制	一国在一定时期内，对某些产品的进口数量和金额加以直接限制的措施
			自愿出口限制	商品出口国在进口国的要求或压力下，自愿地限制某些商品在一定时期内的出口数量或出口金额
			歧视性公共采购	一国政府根据本国有关法律制度，给予国内的供应商优先获得政府公共采购订单的措施，这种政策是对外国供应商的一种歧视
			技术标准	为了限制外国某些产品的进口，常常规定一些外国企业难以掌握的技术标准，从而阻止外国产品进口
			卫生检疫标准	进口国常常以不符合卫生标准为由，限制外国某些产品的进口
	对出口干预	出口补贴	直接补贴	政府直接以现金形式弥补出口企业国内外市场价格的差价
			间接补贴	对出口企业在出口商品时给予财政上的优惠待遇，如出口退税、出口信贷等

考点 4 倾销★★

（一）含义及确认标准

含义	出口商以低于正常价值的价格向进口国销售产品，并因此给进口国产业造成损害的行为
确定产品正常价值的标准	确认出口国企业低价销售行为是否为倾销行为的关键在于对产品正常价值的认定 （1）原产国标准，即按照相同或类似产品在正常交易过程中出口国国内销售的可比价格确定 （2）第三国标准，即按照相同或类似产品在正常交易过程中出口国向第三国出口的最高可比价格确定 （3）按照同类产品在原产国的生产成本，加上合理的销售费用、管理费用、一般费用和利润确定

经典题解

【例题·单选题】确认出口国企业低价销售行为是否为倾销行为时，关键在于对（　　）的认定。（2020 年）

A. 产品正常价值

B. 行业盈利水平

C. 环境保护标准

D. 国内市场竞争难度

【解析】确认出口国企业低价销售行为是否为倾销行为的关键在于对产品正常价值的认定。

【答案】A

（二）倾销的类型

掠夺性倾销	出口企业为在国外市场上达到排除竞争对手、获取超额垄断利润的目的，在短期内以不合理的低价向该市场销售产品，一旦竞争对手被排除，再重新提高产品销售价格的行为

续表

持续性倾销	出口企业为长期占领市场，实现利润最大化目标而无限期地持续以低价向国外市场出口产品的行为
隐蔽性倾销	出口企业按国际市场的正常价格出售产品给进口商，但进口商则以倾销性的低价在进口国市场上抛售，其亏损部分由出口企业予以补偿
偶然性倾销	出口国国内存在大量剩余产品，为处理这些产品而以倾销方式向国外市场抛售

（三）倾销的影响

影响对象	具体内容
进口国	（1）倾销挤占了进口国相同产品生产厂商的市场份额，会阻碍进口国相关产业的发展 （2）倾销会向进口国市场的生产者和消费者传递错误的价格信号，扭曲进口国市场秩序 （3）发达国家新兴产业产品倾销将抑制发展中国家新兴产业的建立和发展
出口国	（1）倾销容易引发出口国国内相似产品生产厂商的过度价格竞争，扰乱出口国市场秩序 （2）倾销企业为弥补在出口倾销中带来的损失，通常会利用出口国市场需求弹性小的状况来维持较高的垄断价格，损害了出口国消费者的利益
第三国	在进口国市场上存在第三国同类产品竞争的情况下，倾销也会导致进口国对第三国产品的需求下降，使第三国在进口国的市场份额减少

经典题解

【例题·多选题】在国际贸易中存在的倾销类型有（　　）。（2019年）

A. 掠夺性倾销　　B. 强制性倾销

C. 偶然性倾销　　D. 持续性倾销

E. 隐蔽性倾销

【解析】国际贸易中的倾销通常存在4种类型：①掠夺性倾销；②持续性倾销；③隐蔽性倾销；④偶然性倾销。

【答案】ACDE

考点5　反倾销★

含义	属于贸易救济措施，是指进口国针对价格倾销这种不公平的贸易行为而采取征收反倾销税等措施来抵消不利影响的行为
反倾销税	是在正常海关税费之外，进口国的主管机关对确认的倾销产品征收的一种附加税 （1）反倾销税的税额不得超过所裁定的倾销幅度 （2）反倾销税的纳税义务人是倾销产品的进口商，出口商不得直接或间接替进口商承担反倾销税
征收反倾销税必须符合的要求	（1）倾销产品存在以低于正常价值水平进入另一国市场的事实 （2）倾销对某一成员方的相关产业造成重大损失 （3）损害与低价倾销之间存在因果关系

经典题解

【例题·多选题】下列关于反倾销措施的表述中，正确的有（　　）。(2016年)

A. 反倾销措施属于贸易救济措施

B. 反倾销税是一种正常的海关税费

C. 反倾销税的纳税义务人是倾销产品的出口商

D. 反倾销税的税额不得超过所裁定的倾销幅度

E. 出口商可以间接替进口商承担反倾销税

【解析】反倾销税是在正常海关税费之外，进口国的主管机关对确认的倾销产品征收的一种附加税，选项B错误；反倾销税的纳税义务人是倾销产品的进口商，出口商不得直接或间接替进口商承担反倾销税，选项CE错误。

【答案】AD

名师加油站

为了弄清楚“市场结构理论”，我们进行了现场调研，市场中的两类人引起我们的关注：消费者和生产者。“消费者的行为分析”和生产者的“生产成本理论及生产要素市场”是一个事物的两个方面，如影随形，相爱相杀，他们互相交锋博弈的结果就是“市场需求和供给达到均衡”。当然市场不是万能的，当“市场失灵”时需要“政府干预”。

从宏观上看，在“经济增长和经济发展”的浪潮下，我们应该学习“国民收入核算和简单的宏观经济模型”“价格总水平和就业失业”“国际贸易理论政策”等知识点。

习题轻松过

1013934

扫一扫　“码”上做题、看解析

本书同步强化练习题均配备二维码，使用“会计云课堂”App扫码，即可在线做题、看解析。

【“会计云课堂”App下载二维码见封底】

本篇同步强化练习题

一、单项选择题

1. 从坐标图上看，能够导致某种商品的需求曲线发生向右上方位移的因素是（　　）。

A. 技术进步

B. 需求交叉弹性发生变化

C. 该商品价格提高

D. 消费者收入增加

2. 当某种生活必需品的市场价格上涨幅度过大时，为保障大多数消费者的基本生活稳定，政府采取最高限价进行干预，可能导致的结果是（　　）。

A. 政府储备增加

B. 供给过多

C. 生产成本上升

D. 供给短缺

3. 假设消费者收入增加25%，会导致某种商品的需求量增加10%，则该商品的类型为（　　）。

A. 低档品　　B. 高档品

C. 劣等品　　D. 必需品

4. 可以用于判断两种商品是否具有替代关系或互补关系的指标是（　　）。

A. 需求价格弹性　　B. 需求交叉弹性

C. 供给价格弹性　　D. 需求收入弹性

5. （　　）是一条表示能够给消费者带来相同满足程度的两种商品的所有组合的曲线。

A. 无差异曲线　　B. 预算约束线

C. 平均成本线　　D. 等产量线

6. 任意两条无差异曲线都不能相交，其依据是（　　）。

A. 偏好的可传递性

B. 商品边际替代率递减规律

C. 偏好的完备性

D. 消费者总是偏好于多而不是少

7. 在效用水平不变的条件下，消费者增加一单位某商品时，必须放弃的另一种商品的数量指的是（　　）。

A. 收入效应

B. 边际成本

C. 替代效应

D. 商品边际替代率

8. 正常品价格上升导致需求减少的原因是（　　）。

A. 替代效应使需求减少，收入效应使需求增加

B. 替代效应使需求增加，收入效应使需求增加

C. 替代效应使需求减少，收入效应使需求减少

D. 替代效应使需求增加，收入效应使需求减少

9. 当一种生产要素被用于生产单位某产品时，所放弃的使用相同要素在其他生产用途中所得到的最高收入是（　　）。

A. 隐成本　　B. 最高成本

C. 机会成本　　D. 边际成本

10. 下列关于成本的说法中，正确的是（　　）。

A. 企业的总成本由所有的显成本和隐成本共同构成

B. 隐成本是指企业购买的生产要素所实际支付的货币支出

C. 企业的经济利润包括正常利润

D. 隐成本不属于机会成本

11. 在企业的短期生产或产量决策中，停止生产的临界点或停止营业的临界点是市场价格（　　）之处。

A. 小于边际成本

B. 等于平均可变成本

C. 等于边际成本

D. 大于平均可变成本

12. 自然垄断指的是（　　）。

A. 一个企业能以低于两个或更多企业的成本为整个市场供给一种产品

B. 企业垄断某种自然资源

C. 政府对重要自然资产实行完全垄断

D. 两家企业共同控制一个市场

13. 在垄断竞争市场上，企业利润最大化的决策原则是（　　）。

A. 边际收益等于边际成本

B. 边际成本大于平均成本

C. 边际收益大于平均成本
D. 劳动边际产量为零

14. 由于买方和卖方之间信息不对称，市场机制会导致某些商品或服务的需求曲线向左下方弯曲，最终结果是劣质商品或服务驱逐优质商品或服务，以致市场萎缩甚至消失的现象是（　　）。
A. 道德风险　　B. 优胜劣汰
C. 逆向选择　　D. 外部性

15. 可以用于计算最终消费率的是（　　）。
A. 运用支出法核算的国内生产总值
B. 运用消费法核算的国内生产总值
C. 运用收入法核算的国内生产总值
D. 运用生产法核算的国内生产总值

16. 总供给曲线之所以分为长期与短期两种形式，即长期总供给曲线与短期总供给曲线的原因是（　　）。
A. 决定供给的技术在长期具有灵活性，在短期具有黏性或缺乏弹性
B. 决定供给的价格和成本的工资在长期中具有灵活性，在短期具有黏性或缺乏弹性
C. 决定供给的预期在长期具有灵活性，在短期具有黏性或缺乏弹性
D. 决定供给的利率在长期具有灵活性，在短期具有黏性或缺乏弹性

17. 下列关于投资乘数的说法中，正确的是（　　）。
A. 投资乘数是平均储蓄倾向的倒数
B. 投资乘数是边际储蓄倾向的倒数
C. 投资乘数是边际消费倾向的倒数
D. 投资乘数是平均消费倾向的倒数

18. 通常情况下，计算经济增长速度时应采用（　　）计算的 GDP。
A. 现价　　B. 基期价
C. 平准价　　D. 不变价

19. 简单的菲利普斯曲线是一条描述通货膨胀率与（　　）之间相互关系的曲线。
A. 财政收入增长率
B. 失业率
C. 总人口增长率
D. 宏观税收负担水平

20. 为了促进出口，政府一般采取的干预措施是（　　）。
A. 技术标准和卫生检疫标准
B. 歧视性公共采购
C. 进口配额制
D. 出口补贴

二、多项选择题

1. 需求的构成要素有（　　）。
A. 消费者偏好
B. 商品价格
C. 生产者预期
D. 消费者有支付能力
E. 消费者有购买欲望

2. 下列关于最高限价的说法中，正确的有（　　）。
A. 在我国最高限价是政府对市场价格的干预措施
B. 最高限价低于均衡价格，因此会刺激消费、限制生产，导致市场供给短缺
C. 当实施最高限价出现短缺现象时，市场就会出现严重的排队现象
D. 最高限价的目的是保护消费者利益或降低某些生产者的生产成本
E. 最高限价的目的是保护生产者利益或提高某些生产者的收入

3. 下列关于短期成本曲线的说法中，正确的有（　　）。
A. 总成本曲线从原点开始，并随产量的增加而逐步上升
B. 总成本曲线从纵轴一个截点，即产量为零时总成本等于固定成本的那个点开

始，并随产量的增加而逐步上升

C. 总可变成本曲线从原点开始，并随产量的增加而逐步上升

D. 总可变成本曲线从纵轴一个截点，即产量为零时总成本等于固定成本的那个点开始，并随产量的增加而逐步上升

E. 总固定成本曲线是平行于横轴的一条直线

4. 完全垄断市场的特征有（　　）。

A. 整个行业内有很多的生产者和消费者

B. 企业生产的产品具有差别性

C. 少数几个企业控制一个行业的供给

D. 整个行业只有一个生产者

E. 其他企业进入这一市场非常困难

5. 下列关于生产要素市场理论的说法中，正确的有（　　）。

A. 生产者使用生产要素的原则是边际成本等于边际收益产品

B. 完全竞争生产者的要素供给曲线是一条水平线

C. 边际收益产品等于边际物质产品乘以边际收益

D. 生产者对生产要素的需求是外部需求

E. 生产要素市场属于最终市场

6. 下列关于生产要素的供给曲线的说法中，正确的有（　　）。

A. 劳动的供给曲线向右上方倾斜

B. 劳动的供给曲线向后弯曲

C. 土地的供给曲线向后弯曲

D. 资本的供给曲线从长期和短期看都是后弯曲线

E. 土地的供给曲线是一条垂直线

7. 资源配置达到帕累托最优状态的条件有（　　）。

A. 经济主体是完全理性的

B. 信息是完全的

C. 市场是完全竞争的

D. 经济主体的行为不存在外部影响

E. 信息是不对称的

8. 公共物品的特征主要有（　　）。

A. 非竞争性

B. 消费的不可储存性

C. 必须直接购买

D. 不存在搭便车问题

E. 非排他性

9. 消除外部性的方法有（　　）。

A. 政府对那些产生外部不经济的企业征收适度的排污税

B. 明确产权归属

C. 政府对那些具有外部经济的企业给予财政补贴

D. 减少交易费用

E. 通过合并相关企业使外部性得以“内部化”

10. 支出法计算国内生产总值时所包含的项目有（　　）。

A. 固定资产折旧

B. 居民消费支出

C. 政府购买

D. 净出口

E. 固定投资支出

11. 下列关于总供给的说法中，正确的有（　　）。

A. 政府购买是影响总供给的重要因素

B. 总供给的变动主要取决于企业的利润水平

C. 企业预期是影响总供给的重要因素

D. 总供给曲线向右下方倾斜

E. 长期总供给曲线是一条与横轴（总产出）相交的垂直线

12. 下列可用于经济波动状况分析的经济指标中，属于领先指标的有（　　）。

A. 居民消费价格指数

B. 商品库存
C. 制造业订货单
D. 股票价格指数
E. 广义货币 M_2

13. 下列关于菲利普斯曲线的说法中，正确的有（　　）。
A. 菲利普斯曲线是分析宏观经济问题的重要工具
B. 菲利普斯曲线在短期和长期都具有相同的意义
C. 简单的菲利普斯曲线是一条描述通货膨胀率与失业率之间相互关系的曲线
D. 按照经济学家弗里德曼的观点，菲利普斯曲线从长期来看是与横轴垂直的直线
E. 从长期看，菲利普斯曲线是一条和横轴平行的直线

14. 下列关于就业和失业的说法中，正确的有（　　）。
A. 失业是指有劳动能力并愿意就业但在目前没有从事有报酬或者收入的工作的现象
B. 努力扩大就业、减少失业，是提高人民生活水平的重要途径
C. 奥肯定律表明政府应当把促进经济增长作为增加就业或降低失业的主要途径
D. 如果第三产业在国民经济中所占比例较大，则就业弹性相对较高
E. 解决自愿失业是宏观经济调控的重点

15. 政府对进口贸易进行干预而采取的主要措施有（　　）。
A. 进口配额制
B. 关税壁垒
C. 自愿出口限制
D. 出口补贴
E. 出口退税

本篇同步强化练习题参考答案及解析

“扫码看解析”

使用微信或“会计云课堂”App扫码，即可在线对答案、看解析，错题随手收藏，及时复习巩固。

一、单项选择题

1. 【答案】D
【解析】假定价格不变，由于消费者收入或消费者偏好等因素的变化引起需求的相应变化，这种变化表现为需求曲线的位移。消费者收入的增加扩大了需求，需求曲线因此向右上方移动。

2. 【答案】D
【解析】由于最高限价低于均衡价格，因此会刺激消费、限制生产，导致供给减少和需求增加，结果就是市场供给短缺。

3. 【答案】D
【解析】需求收入弹性系数＝需求量的变动÷收入的变动，即 10%÷25%＝0.4。因需求收入弹性系数为 0.4，大于 0 且小于 1，所以该商品属于必需品。

4. 【答案】B
【解析】需求交叉弹性可以用于判断两种商品是否具有替代关系或互补关系。

5. 【答案】A
【解析】无差异曲线是一条表示能够给消费者带来相同满足程度的两种商品的所有

组合的曲线。在这条曲线上的所有各点的两种商品的组合带给消费者的满足程度是完全相同的，消费者对这条曲线上各个点的偏好程度是无差异的。

6.【答案】A

【解析】根据偏好的可传递性假定，任意两条无差异曲线都不能相交。

7.【答案】D

【解析】所谓商品边际替代率，就是指在效用水平不变的条件下，消费者增加一单位某商品时，必须放弃的另一种商品的数量。

8.【答案】C

【解析】对正常品而言，替代效应与价格呈反方向变化，收入效应也与价格呈反方向变化。

9.【答案】C

【解析】机会成本是指当一种生产要素被用于生产单位某产品时所放弃的使用相同要素在其他生产用途中所得到的最高收入。

10.【答案】A

【解析】显成本是指企业购买或租用的生产要素所实际支付的货币支出，选项B错误；企业的经济利润中不包括正常利润，选项C错误；隐成本是指企业本身所拥有的并且被用于该企业生产过程的那些生产要素的总价格，它实际上也是一种机会成本，选项D错误。

11.【答案】B

【解析】在企业的短期生产或产量决策中，还有一个停止生产的临界点或停止营业的临界点。这就是市场价格等于平均可变成本之处，当市场价格或平均收益、边际收益小于平均成本时，企业应当停止生产，以避免产生更大的亏损。

12.【答案】A

【解析】当行业中只有一家企业能够有效率地进行生产，或者当一个企业能以低于两个或更多企业的成本为整个市场供给一种产品时，这个行业就是自然垄断。

13.【答案】A

【解析】在短期中，垄断竞争企业是一个垄断者。因为垄断竞争企业面临向右下方倾斜的需求曲线，所以与完全垄断企业类似，垄断竞争企业也遵循着相同的利润最大化原则，即边际收益等于边际成本。

14.【答案】C

【解析】由于买方和卖方之间信息不对称，市场机制会导致某些商品或服务的需求曲线向左下方弯曲，最终结果是劣质商品或服务驱逐优质商品或服务，以致市场萎缩甚至消失，这就是逆向选择。

15.【答案】A

【解析】运用支出法核算国内生产总值，可以计算资本形成率和最终消费率。资本形成率是指资本形成总额占国内生产总值的比重，最终消费率是指最终消费支出占国内生产总值的比重。

16.【答案】B

【解析】总供给曲线反映的是在其他因素不变的条件下，总供给与价格总水平变动的关系。但是，由于决定供给的价格和成本中的工资在长期具有灵活性，在短期具有黏性或缺乏弹性，总供给曲线分为长期与短期两种形式，即长期总供给曲线与短期总供给曲线。

17.【答案】B

【解析】投资乘数为边际储蓄倾向的倒数，选项B正确。

18. 【答案】D
【解析】在计算 GDP 时，可以分为按现价计算的 GDP 和按不变价计算的 GDP。用现价计算的 GDP 可以反映一个国家或地区的经济发展规模；用不变价计算的 GDP 可以用来计算经济增长速度。

19. 【答案】B
【解析】简单的菲利普斯曲线是一条描述通货膨胀率与失业率之间相互关系的曲线。

20. 【答案】D
【解析】政府干预出口贸易以刺激出口增加的主要措施是出口补贴。

二、多项选择题

1. 【答案】DE
【解析】需求的构成要素：①消费者愿意购买，即有购买欲望；②消费者能够购买，即有支付能力。

2. 【答案】ABCD
【解析】所谓最高限价，就是由政府为某种产品规定一个具体的价格，市场交易只能在这一价格之下进行。其目标是保护消费者利益或降低某些生产者的生产成本。

3. 【答案】BCE
【解析】总成本曲线是从纵轴一个截点，即产量为零时总成本等于固定成本的那个点开始，随产量的增加而逐步上升，选项 A 错误；总可变成本曲线从原点开始，并随产量的增加而逐步上升，选项 D 错误。

4. 【答案】DE
【解析】完全垄断市场具有如下特征：①只有一个生产者，因而生产者是价格的决定者，而不是价格的接受者；②完全垄断者的产品是没有合适替代品的独特性产品；③其他企业进入这一市场非常困难。

5. 【答案】BC
【解析】生产者使用生产要素的原则是边际要素成本等于边际收益产品，选项 A 错误；生产者对生产要素的需求是联合需求（复合需求）、引致需求（派生需求），选项 D 错误；消费品市场是最终市场，选项 E 错误。

6. 【答案】BE
【解析】劳动供给曲线向后弯曲，选项 A 错误；由于土地的数量一般不会变化，土地的供给曲线是一条垂直线，选项 C 错误；资本的供给在短期内是垂直线，从长期来看是一条后弯曲线，选项 D 错误。

7. 【答案】ABCD
【解析】在一个经济社会中，整个经济实现一般均衡，并且资源配置达到帕累托最优状态是有条件的。这些条件包括：经济主体是完全理性的、信息是完全的、市场是完全竞争的、经济主体的行为不存在外部影响等。

8. 【答案】AE
【解析】公共物品具有非竞争性和非排他性的特征。

9. 【答案】ABCE
【解析】消除外部性的方法：①使用税收和补贴手段；②将相关企业合并从而使外部性内部化；③明确和界定产权。

10. 【答案】BCDE
【解析】运用支出法核算国内生产总值，可以计算资本形成率和最终消费率。如果对居民和政府的支出再分开核算，则支出法国内生产总值可以分为 4 部分：①居民消费支出；②固定投资支出；③政府购买；④净出口。

11. 【答案】BCE

【解析】决定总供给的基本因素就是价格与成本，选项A错误；短期总供给曲线一般应是一条向右上方倾斜的曲线，长期总供给曲线是一条与横轴相交的垂直线，选项D错误。

12. 【答案】CDE

【解析】所谓先行指标，也叫领先指标，通过这些指标可以预测总体经济运行的轨迹，如制造业订货单、股票价格指数和广义货币 M_2 等。

13. 【答案】ACD

【解析】对某一个水平的失业率，可以对应多个水平的通货膨胀率。按照这种观点，通货膨胀和失业之间的所谓替代关系只在短期内才是可能的，而在长期内则是不存在的，选项B错误；从长期看，菲利普斯曲线是一条和横轴垂直的直线，选项E错误。

14. 【答案】ABCD

【解析】需求不足型失业，即非自愿失业是宏观经济调控中需要关注的重点，选项E错误。

15. 【答案】ABC

【解析】出口补贴和出口退税是出口贸易的主要措施。

第二篇　财　政

与2020年教材相比，本篇内容的主要变化如下。

（1）第十三章加强政府性债务管理相关知识点做了调整。

（2）第十四章流转税和企业所得税相关知识点部分表述改变。

（3）第十五章修改各级人民政府的预算管理职权相关知识点的表述；删除税收收入占财政收入的比例相关知识点。

（4）第十七章删除我国财政政策实践经验相关考点。

年份	单项选择题	多项选择题	合计
2018	13题13分	10题20分	23题33分
2019	11题11分	7题14分	18题25分
2020	10题10分	6题12分	16题22分

说明：表中数据由参加当年考试的考生提供，数据较为完整。

基础轻松过

财政就是指国家或政府的收支活动，它是一国政府选择某种形式（实物、力役或货币），以一部分国民收入为分配对象，为国家实现其职能的需要而实施的分配行为。

财政分配的主体是国家，这是财政分配区别于其他分配形式的根本标志。由于在现实中是由政府代表国家履行其具体职能，因此财政分配实际上是政府的经济行为。财政分配的目的是满足公共需求，满足公共需求是国家和财政产生的根源。财政分配的对象主要是剩余产品价值。尽管在形式上财政分配的对象可能包括全部社会产品价值，但实际上都是对剩余产品价值分配的转化。

财政是国家治理的基础和重要支柱。

考点轻松过

本章视频详解
使用"会计云课堂" App/微信扫码听课

第十一章　公共物品与财政职能

考点1　公共物品及其特征★★

定义	公共物品是指增加一个人对该物品的消费，并不同时减少其他人对该物品消费的那类物品，这一定义是由美国经济学家萨缪尔森首次提出来的

续表

纯公共物品的两大特征	非竞争性（主要特征）	指的是某种公共物品一旦被提供，增加一个人的消费并不增加任何额外成本，也就是增加一个人消费的边际供给成本为零	强调了集体提供公共物品的潜在收益
	非排他性（派生特征）	指的是一种公共物品一旦被提供，要排除一个额外的消费者在技术上不可行，或者尽管技术上排他是可行的，但这样做的成本过高	指出了通过市场机制提供公共物品的潜在困难

考点2　私人物品和公共物品的需求显示★★

私人物品的需求显示	（1）本质：通过自愿的市场交易实现 （2）形式：在商品和服务市场上，人们用出价多少表示对私人物品的需求强度和需求数量 （3）缺点：同样的机制对公共物品并不完全有效。原因在于公共物品一旦被生产出来，如果阻止未付费者消费，从社会资源利用的角度看，是缺乏经济效率的。也就是说，排他性消费不符合效率原则
公共物品的需求显示	（1）本质：通过政治机制显示对公共物品的需求，公共物品的需求显示是通过具有强制性的政治交易实现的 （2）形式：人们通过事先同意的某种投票程序选择他们所倾向的公共收入和支出方案，或通过投票给他们认为能够代表其利益的政治家，间接地表达对公共物品的需求 （3）缺点：自由社会要求每个人的价值都得到尊重，因而一致同意规则最符合社会正义原则。但是，该原则会带来高昂的决策成本，甚至出现久议不决的情况 （4）措施：现实生活中的决策机制往往是“多数决策规则”或“少数服从多数”。常见的多数决策规则：相对多数决策、二轮决选制、逆向排除法、博尔达计分法、孔多塞规则、赞同投票等

经典题解

【例题·单选题】下列关于公共物品和私人物品的需求显示的说法中，正确的是（　　）。（2018年）

A. 公共物品的需求显示是通过自愿的市场交易实现的

B. 公共物品的需求显示是通过具有强制性的政治交易实现的

C. 私人物品的需求显示是通过非自愿的市场交易实现的

D. 私人物品的需求显示是通过非强制性的政治交易实现的

【解析】私人物品的需求显示是通过自愿的市场交易实现的，而公共物品的需求显示是通过具有强制性的政治交易实现的。

【答案】B

考点3 公共物品的融资与生产★★

（一）公共物品的融资

类别	具体内容
政府融资（强制融资）	（1）影响：由于“免费搭车”问题，使公共物品市场融资机制失灵，因此政府应作为公共物品供给的资金提供者，以强制税收的形式为公共物品融资 （2）缺点：难以满足社会成员对公共物品的多样化需求
私人融资（自愿融资）	（1）非排他性成为对自愿融资起阻碍作用的关键因素 （2）影响：尽管有非排他性的限制，公共物品有时还经由收费的集体行动而被自愿提供，特别是在公共物品的受益结构和成本分担都比较清晰的小规模集体中，或者当提供者同时也是该公共物品的主要受益者时 （3）缺点：可能导致公共物品供给数量不足和结构不平衡
联合融资	（1）公共物品在一定情况下，由私人来提供是可能的，但多数情况下，应在私人融资和公共融资之间做出分工 （2）对于政府来说，通过价格机制激励私人自愿提供公共物品，而不是亲自来提供，则是最为理想的 （3）常见的手段是政府以财政补贴和税收优惠等方式，鼓励私人机构提供公共物品

（二）公共物品的生产

典型形式	政府生产	是指代表公众利益的政治家雇用公共雇员，与他们签订就业合同，合同中对所需提供的物品或服务做出具体规定
	合同外包	（1）合同外包是指政治家首先与私人厂商签约，再由这个私人厂商与其雇员签订劳务合同，按政府的要求完成公共物品或服务的生产任务。私人签约者可能是营利性机构，也可能是非营利性机构 （2）合同外包是公共服务提供私有化的表现 （3）支持公共物品提供私有化的理由是同样的服务由私人生产成本更低，但反对者认为私人生产降低了服务的质量
其他方式	（1）供给方式：特许经营、合同委托等 （2）服务供给主体：不仅限于政府和私人企业，还包括社会组织、慈善机构、事业单位等。不同性质的供给主体应享有平等待遇，以促进其公平竞争	

经典题解

【例题·单选题】下列关于政府融资和私人融资的说法中，正确的是（ ）。（2019年）

A. 私人融资的优点是可以完全满足公共物品的需求

B. 私人融资的优点是不会导致公共物品供给结构不平衡

C. 政府融资的缺点是难以满足社会成员对公共物品的多样化需求

D. 政府融资的缺点是一定导致公共物品供给数量不足

【解析】政府融资的缺点是难以满足社会成员对公共物品的多样化需求。私人融资的缺点是可能导致公共物品供给数量不足和结构不平衡。

【答案】C

考点 4 公共物品供给的制度结构★

供给制度结构	决策制度	何种物品应当被公共地而不是私人地提供，提供多少 决策问题是公共物品供给制度结构的核心
	融资制度	由谁为公共物品付费，以何种方式付费
	生产制度	由谁负责公共物品的生产或公共服务的递送 以何种方式生产与递送
	受益分配制度	谁将成为公共物品供给的最终受益者，受益的规模和结构状况如何
供给制度地位	通过公共物品供给的制度结构，能够反映出一国政府在经济社会生活中所扮演的角色	
供给制度目标	我们的目标是建立一个多元的、竞争性的、有效率的、均衡发展的公共物品供给制度结构	

考点 5 市场和市场效率★★

（一）市场系统的组成

项目	具体内容
政府	（1）职能：为市场提供诸如基础设施、教育和社会保障之类的公共物品和准公共物品 （2）政府在市场中具有特殊功能和特殊地位，可以通过法律、行政和经济等手段干预市场
居民	（1）职能：为市场提供劳动力、资本和土地等生产要素，并获取收入，而后用居民收入到市场上购买生活消费品或从事投资 （2）地位：是社会的基本细胞，也是社会生活的基本单位 （3）目标：居民的基本目标是满足需要和效用水平的最大化
企业	（1）职能：从居民那里买入生产要素，通过加工转换成为商品或劳务，再卖给居民并获取收入和利润 （2）地位：是商品生产和交换的基本单位 （3）目标：企业的基本目标是利润最大化并实现扩大再生产

（二）市场机制

项目	具体内容	
含义	市场是商品交易的场所，是在无数个买者和卖者的相互作用下形成的商品交易机制，并且是具有效率的商品交易机制	
供求规律	供给大于需求，价格下降，库存增加，生产低迷	通过价格和产量不断波动，达到供给和需求的平衡
	供给小于需求，价格上涨，库存减少，生产增长	
	亚当·斯密将市场规律形容为“看不见的手”，认为不需要任何组织以任何方式的干预，市场可以自动达到供给与需求的平衡	

经典题解

【例题·多选题】下列关于市场系统主体的说法中，正确的有（ ）。（2018 年）

A. 市场系统是由居民、企业和政府三个相对独立的主体组成

B. 政府可以通过法律、行政和经济等手段干预市场

C. 居民为市场提供劳动力、资本和土地等生产要素

D. 企业是商品生产和商品交换的基本单位

E. 企业的基本目标是满足社会公共需要

【解析】企业的基本目标是利润最大化并实现扩大再生产，选项E错误。

【答案】ABCD

考点6　政府经济活动范围★

（1）提供公共物品或服务。即由政府部门负责提供那些社会边际效益大于社会边际成本，因而不能通过市场有效供给的物品或服务。

（2）矫正外部性。即由政府部门采取措施来排除私人边际成本和社会边际成本以及私人边际效益和社会边际效益之间的非一致性。

（3）维持有效竞争。即由政府部门制定有关政策法令，实施禁止垄断、维持市场有效竞争的措施，以保证竞争性市场在资源配置方面的效率。

（4）调节收入分配。即由政府部门运用各种手段对缺乏公平的收入分配状况进行调节，解决市场经济条件下的收入分配不公问题。

（5）稳定经济。即由政府担当起维持经济稳定发展的责任，保持经济可持续发展。

考点7　财政的基本职能★★★

（一）资源配置职能

项目	主要内容
定义	主要是将一部分社会资源集中起来形成财政收入，然后通过财政支出分配活动，由政府提供公共物品和服务，引导社会资金流向，弥补市场缺陷，最终实现全社会资源配置效率的最优状态
范围	（1）满足政府行使职能的需要，包括政府机关的正常运转和行使社会公共职能的基本需要，如国家安全支出、一般公共服务支出等 （2）市场不能有效提供而社会又需要的准公共物品和服务的支出，如公共卫生、科技、公共工程等 （3）对社会资源配置的引导性支出，如矫正外部效应、维护市场竞争等
机制和手段	（1）**范围**：根据政府职能的动态变化确定社会公共需要的基本范围，确定财政收支占国内生产总值的合理比例，从总量上实现高效的社会资源配置原则 （2）**结构**：优化财政支出结构。财政支出结构是财政能够掌握和控制的社会资源的内部配置比例。如我国城乡之间发展差距较大、经济与社会发展不平衡、不充分，客观上要求财政要加大对农业和农村发展，以及教育、科技、卫生、社会保障等社会事业发展的投入 （3）**资金**：为公共工程**提供**必要的**资金保障** （4）**整体效率**：通过政府直接投资、财政贴息、税收优惠等方式，**引导**和**调节社会投资方向**，提高社会整体投资效率 （5）**自身效率**：通过实行部门预算制度、建立国库集中收付制度和绩效评价制度等体制、机制改革，**提高**财政**自身管理**和**运营效率**

（二）收入分配职能

项目	主要内容
定义	是指政府运用财政手段调整国民收入初次分配结果的职能
目标	旨在实现公平收入分配的目标
机制和手段	（1）范围：根据市场和政府的职责分工，明确市场和政府对社会收入分配的范围和界限；即应属于政府财政发挥作用的范围，财政发挥的作用要到位，不能缺位；不属于政府财政发挥作用的范围，财政不能越位 （2）税收：加强税收调节。通过税收进行的收入再分配活动是在全社会范围内进行的收入的直接调节，具有一定的强制性。例如，通过企业所得税和个人所得税将企业和个人的收益调节到合理水平，通过资源税调节自然资源形成的级差收入等 （3）补贴：发挥财政转移支付作用。通过财政转移支付对收入进行再分配，是将资金直接补贴给地区和个人，有明确的受益对象、受益范围和政策选择性，对改变社会分配不公的程度具有重要作用。例如，增加对经济发展相对较慢地区的转移性支出，增加社会保障、收入保障、教育和健康等转移性支出 （4）福利：发挥公共支出的作用。通过公共支出提供社会福利（如公共卫生防疫、福利设施与服务、保障性住房）等进行的收入分配，在受益对象上具有广泛性和普遍性

（三）经济稳定和发展职能

项目	主要内容
定义	是指通过财政活动对生产、消费、投资和储蓄等产生影响，达到稳定和发展经济的目的
目标	充分就业、物价稳定、经济增长和国际收支平衡
重点	维持社会资源在高水平利用状况下的稳定。财政行使经济发展职能的意义是在促进经济增长的同时带来经济结构的改善、经济增长质量的提高和社会事业的进步
机制和手段	（1）通过财政政策和货币政策的协调配合，推动社会总供求的基本平衡，保证物价和经济发展的稳定，实现充分就业和国际收支平衡 （2）通过税收、财政补贴、财政贴息、公债等，调节社会投资需求水平，影响就业水平，使经济保持一定的增长；通过财政直接投资，调节社会经济结构，调节社会有效供给能力 （3）通过税收等调节个人消费水平和结构 （4）财政加大对节约资源、能源和环境保护的投入，加大对科技、文化、卫生、教育事业的投入，完善社会保障制度建设等，实现经济和社会的协调健康发展 【注意】在社会主义市场经济条件下，财政行使经济稳定与发展职能，并不等于财政要直接操纵经济运行，而是通过调整优化财政支出和收入结构，发挥税收杠杆作用，通过财政政策与货币政策相协调，为经济的稳定和发展提供必不可少的条件

经典题解

【例题·多选题】下列关于财政实现其职能的机制和手段的说法中，正确的有（　　）。（2019年）

A. 通过税收等调节个人消费水平和结构，属于经济稳定和发展职能

B. 通过财政贴息引导和调节社会投资方向，属于资源配置职能

C. 通过建立国库集中收付制度提高财政自身管理和运营效率，属于收入分配职能

D. 通过个人所得税将个人收益调节到合理水平，属于资源配置职能

E. 通过公共支出提供社会福利，属于收入分配职能

【解析】通过建立国库集中收付制度提高财政自身管理和运营效率，属于资源配置职能，选项 C 错误；通过个人所得税将个人的收益调节到合理水平，属于收入分配职能，选项 D 错误。

【答案】ABE

考点 8 公共选择理论★★

含义	是对非市场决策的经济学研究，是关于“政府失灵”的理论，它分析的是政治场景和公共选择中的个人（包括投票人、政治家、官僚）行为	
产生	20 世纪四五十年代的美国	
代表人物	詹姆斯·布坎南、戈登·塔洛克等	
理论基石	个人主义方法论	人们只能通过对个人及其行为的理解来理解社会
	“经济人”假设	政治场景中的个人都是自利、理性和效用最大化者，政治人必定在政治场景的特定激励和约束下调整自己的行为，以谋求自我利益最大化，而不是公众利益最大化
	作为一种交易的政治过程	和市场过程一样，政治过程也可以看作是一种个人之间的交易网络。所不同的是： （1）在通常的市场上，个人用货币交换所需的物品和服务；而在政治市场上，个人以自己同意承担的成本份额（或税收）交换政府提供的公共物品和服务 （2）市场交易是边际交易，交易双方可以就商品的价格和数量讨价还价，最终达到双方满意的结果；而在政治交易中，个人对特定方案只能做出同意或不同意的选择，根据少数服从多数的原则，那些持不同意见的少数派只能接受对其不利的方案

考点 9 政府失灵及其表现形式★★

1. 选民“理性的无知”与“理性的非理性”

唐斯的“理性投票人假说”	理性的个人投票与否，取决于参加投票的期望净收益
理性的无知	理性的选民由于不指望自己的一票能够影响选举结果，因而没有动力花费时间和成本去搜寻有关选举的信息
理性的非理性	由于手中的一票对于选举结果无足轻重，即使拥有必要的信息，选民也不愿意投入精力和时间，他们不会充分利用这些信息。这导致选民往往胡乱投下自己那神圣的一票，根本没有正确表达自己的偏好

2. 政治家（政党）选票极大化

内容	只有符合中间选民偏好的纲领或提案，才有助于实现选票极大化的目标
缺点	一味迎合中间选民的利益，必然导致少数派社会成员的利益和诉求被忽视，有违社会公正原则

3. 投票循环

孔多塞悖论	其核心思想一般由“三个选民—三个选项，两两表决，得多数票者获胜”的简单模型来表达。该模型表明，某些情况下简单多数决没有结果，即出现投票循环现象，没有哪个候选对象能够稳定地胜出
阿罗不可能定理	该定理证明，当选项超过3个、社会成员超过3人时，所有的投票规则都是有缺陷的，除非通过某种方式武断地决定胜出方案，否则民主投票将没有任何结果

4. 官僚体系无效率

理论模型	尼斯坎南的官僚理论解释了官僚体系缺乏效率的原因
官僚机构具有两大特征	（1）官僚在给定需求约束和成本约束条件下，最大化本部门的总预算 （2）官僚机构（行政部门及其公务人员）负责生产某种公共物品与服务（或其组合），以与其服务对象（立法机构或其中间投票人）的预算拨款相交换
尼斯坎南模型在政府生产上具有的重要政策含义	（1）应当增强官僚部门内部的竞争性，增加某一行业官僚部门的数量是方法之一，也可以允许其他行业现有的官僚部门通过业务参与以强化竞争 （2）通过改变对官僚的激励方式，引导其最小化既定产出的成本 （3）通过公共物品和服务的生产外包，让更多的私人营利性企业加入公共物品和服务的生产过程中来，以期提高效率

5. 利益集团与寻租

（1）利益集团寻租的努力，通过影响政府税收、管制、关税保护等政策，导致了非生产性再分配，既降低了经济效率，又浪费了社会资源。

（2）利益集团还通过提供经济资助直接影响行政和立法的选举格局，通过战略性地提供与公共政策相关的信息以影响公共政策。

经典题解

【例题·多选题】 下列行为中，符合尼斯坎南模型的有（　　）。（2018年）

A. 通过公共物品和服务的生产外包，提高效率

B. 增加某一行业官僚部门的数量，提高竞争性

C. 通过改变对官僚的鼓励方式，引导其最小化既定产出的成本

D. 通过政府垄断生产公共物品，提高效率

E. 增强官僚部门内部的竞争性

【解析】 尼斯坎南模型的政策含义之一是通过公共物品和服务的生产外包，让更多的私人营利性企业加入公共物品和服务的生产过程中来，以期提高效率，选项D错误。

【答案】 ABCE

第十二章 财政支出

本章视频详解
使用"会计云课堂"App/微信扫码听课

考点 1 如何理解财政支出数据★

财政支出是指政府为履行职能、取得所需商品和劳务而进行的资金支付，是政府行为活动的成本。

指标	含义	内容
财政支出规模	财政支出总额占国内生产总值（GDP）的比重	反映了政府实际参与社会经济生活的程度，有助于了解政府支配了多少社会资源，掌握和运用了多少钱
财政支出结构	财政支出总额中各类支出所占的比重	反映了政府用各项财政资金都做了什么事，并据此观察政府的职能和活动，有助于人们了解政府是如何运用财政资金的
财政支出的经济性质	各项财政支出的具体经济构成	反映了财政每一笔钱具体是怎么花的，反映了政府在社会经济生活中实际履行何种职能，有助于人们了解政府干预是更侧重于资源配置，还是更侧重于收入分配；是更关注长期结构调整，还是更关注短期宏观调控等

经典题解

【例题·单选题】 通常情况下，能够反映政府实际参与社会经济生活程度的指标是（　　）。（2016 年）

A. 财政支出结构　　B. 财政支出规模

C. 转移支付规模　　D. 转移支付结构

【解析】 财政支出规模是指财政支出总额占国内生产总值（GDP）的比重，它反映了政府实际参与社会经济生活的程度。

【答案】 B

考点 2 财政支出分类方法★★

（一）适用于编制政府预算的统计分类

项目	具体内容	
支出功能分类	含义	是按照政府提供公共物品与服务的产出性质进行的分类
	具体体现	（1）反映政府的职能活动，即政府的钱到底被拿来做了什么事（用来办教育，还是加强国防） （2）财政支出按功能分为十大类：一般公共服务、国防、公共秩序和安全、经济事务、环境保护、住房和社会服务设施、医疗保健、娱乐文化和宗教、教育、社会保护
支出经济分类	含义	是按照政府生产公共物品的成本投入进行分类
	具体体现	（1）反映政府支出的经济性质和具体用途，说明政府的钱是怎样花出去的（办教育的钱是用于发放工资，还是购买设备、修建校舍），是对政府支出活动更为明细的反映 （2）每一大类功能支出按经济性质分为八大类，包括雇员补偿、商品与服务的使用、固定资本消耗、利息、补贴、赠与、社会福利和其他支出

（二）根据交易的经济性质进行分类

项目	具体内容	
购买性支出	含义	是指政府为了履行其职能，从私人部门购买物品与劳务而发生的费用
	具体项目	（1）包括政府消费性支出和政府投资性支出 （2）通过购买性支出，政府与私人部门发生经济交换，并实际参与社会资源的配置，影响着社会投资与消费的总量与构成
转移性支出	含义	依法向受益对象拨付财政资金但并不要求获得相应的物品与劳务
	具体项目	虽然政府转移性支出过程不涉及与私人部门的等价交换，但却可以实现购买力和社会财富在其他社会主体中的重新分配
【注意】利用这一分类体系，可以从宏观上考察一国政府在多大程度上作为经济主体直接参与经济过程，其职能是偏好于资源配置还是收入再分配		

（三）中国的政府支出分类改革

支出功能分类科目	设类、款、项三级
《2021 年政府收支分类科目》中一般公共预算支出功能分类科目	（1）一般公共服务支出、外交支出、国防支出、公共安全支出 （2）教育支出、科学技术支出、文化旅游体育与传媒支出、社会保障和就业支出、卫生健康支出、节能环保支出、城乡社区支出、住房保障支出、转移性支出 （3）农林水支出、交通运输支出、资源勘探工业信息等支出、商业服务业等支出、金融支出、援助其他地区支出、自然资源海洋气象等支出、粮油物资储备支出、灾害防治及应急管理支出、预备费、其他支出 （4）债务还本支出、债务付息支出、债务发行费用支出

经典题解

【例题·多选题】根据《2021 年政府收支分类科目》，属于一般公共预算支出功能分类科目的有（　　）。

A. 公共安全支出　　B. 科学技术支出

C. 外交支出　　D. 基本建设支出

E. 国防支出

【解析】基本建设支出不属于《2021 年政府收支分类科目》中一般公共预算支出功能分类科目。

【答案】ABCE

考点 3　衡量财政支出规模的指标★★

财政支出规模是指一个财政年度内政府通过预算安排的财政支出总额。财政支出规模是衡量一定时期内政府支配社会资源的多少、满足公共需要能力高低的重要指标，反映着政府对社会经济发展影响力的强弱。衡量财政支出规模可采用两大指标，即绝对规模指标和相对规模指标。

指标	具体内容		备注
财政支出的绝对规模	是政府在预算年度的财政支出总和		(1) 通常由按当年价格计算的财政支出的加总来反映，也可以按不变价格来反映 (2) 财政支出的绝对规模从趋势上看，总量是不断增长的，这是由经济总量的不断增长所决定的
财政支出的相对规模	财政支出占当年国内生产总值的比重	反映了政府干预经济的程度	比重不断上升
	中央财政支出占当年全国财政支出的比重	反映了中央政府对地方政府的控制程度	比重相对稳定，取决于国家的制度安排
其他方法	人均财政支出	反映人均享受的公共服务水平	一般也呈现不断增长的趋势

经典题解

【例题·多选题】 下列关于中央财政支出占当年全国财政支出的比重的说法中，正确的有（　　）。(2018年)

A. 中央财政支出占全国财政支出的比重是相对稳定的

B. 反映了中央政府对地方政府的控制程度

C. 反映了政府干预经济的程度

D. 中央财政支出占当年全国财政支出的比重呈现不断增长的趋势

E. 它是与人口变量相联系的相对指标

【解析】 财政支出占当年国内生产总值的比重，反映了政府干预经济的程度，选项C错误；中央财政支出占当年全国财政支出的比重是相对稳定的，它取决于国家的制度安排，选项D错误；与人口变量相联系的相对指标是人均财政支出，选项E错误。

【答案】 AB

考点4 财政支出规模变化的指标★★

指标	具体内容
财政支出增长率	表示当年财政支出比上年同期财政支出增长的百分比，反映了财政支出的增长趋势
财政支出增长的弹性系数	(1) 增长率比 (2) 是财政支出增长率与国内生产总值增长率之比，弹性系数大于1，表明财政支出增长速度快于国内生产总值增长速度
财政支出增长的边际倾向	(1) 增长额比 (2) 表明财政支出增长额与国内生产总值增长额之间的关系，即国内生产总值每增加一个单位时财政支出增加多少，或财政支出增长额占国内生产总值增长额的比例

考点 5　财政支出规模增长的理论解释★★★

理论	提出者	具体内容
政府活动扩张法则	瓦格纳（德国）	财政支出之所以会不断增长，是因为伴随着工业化进程，社会和经济的发展增加了对政府活动的需求 （1）为维护社会和经济的正常秩序 （2）纠正外部效应等市场失灵问题对资源配置效率的负面影响 （3）随着经济的增长，文化、教育、福利等财政支出项目的增长率将超过国内生产总值的增长率
梯度渐进增长理论	皮考克、魏斯曼（英国）	他们认为，英国的公共支出增长是“阶梯式的”“非连续的”，公共支出水平在正常年份表现出随着税收收入的增长而逐渐上升的趋势 （1）内在原因：公众可容忍税收水平的提高，是公共支出增长的内在原因。公众可以容忍的税收负担是财政支出的最高限度 （2）外在原因：当社会经济发展出现突变，财政支出逐渐上升的趋势将被打破，财政支出将表现出急剧增加，为此政府不得不提高税率或借债来增加收入，这时公众所能接受的税收水平也会因社会出现动荡而提高。其结果是政府支出的预算约束随之提高，使整个财政支出在逐渐上升过程中出现较大幅度的增长
经济发展阶段增长理论	马斯格雷夫（美国）	财政支出数量的变化，是随着不同时期财政支出作用的变化而变化的 （1）初期阶段：基础设施等政府投资在总投资中所占比重较大 （2）中期阶段：政府投资在总投资中所占比重相对下降，私人投资开始上升 （3）成熟阶段：环境、交通、教育、通信等政府投资比重进一步提高
非均衡增长理论	鲍莫尔（美国）	（1）通过分析公共部门平均劳动生产率的状况，对财政支出增长原因做出了解释 （2）将国民经济部门分为生产率不断提高（进步部门）与生产率提高缓慢（非进步部门）两大类别 （3）两个部门的差异来自技术和劳动发挥的作用不同，在进步部门，技术起着决定作用；在非进步部门，劳动起着决定作用 （4）如要维持两个部门的均衡增长，生产率偏低的政府部门的规模必然越来越大，政府部门的支出必然会快速增长
公共选择学派的解释	—	分别从选民、政治家、官僚行为及民主制度的特征等方面，提出了理解政府支出规模的新视角 （1）选民在进行财政事务决策时，通常具有“财政幻觉”，即他们通常更为关心扩大公共支出能给自己所带来的好处，而忽视了税收负担也有可能同时增长，导致选民主动投票支持更大的财政支出规模 （2）政治家为获得公众拥护和赢得选票，总是倾向于以更大的财政支出作为争取选民的手段 （3）在很多公共事务上，往往是官僚机构掌握着更精确的成本信息，出于自身利益的考虑，他们往往提出规模较大的预算供代议机关表决，以最大化部门和个人的权力与利益 （4）在任何一项具体的事务上，所谓的公共利益都很难界定

经典题解

【例题·单选题】公共选择学派认为，选民在进行财政事务决策时，更关心扩大公共支出能给自己带来的好处而忽视税收负担也有可能同时增加。这种现象称为（　　）。(2015年)

A. 财政幻觉　　　B. 预算幻觉

C. 超额负担　　　D. 超额支出

【解析】选民在进行财政事务决策时，通常具有"财政幻觉"，即他们通常更为关心扩大公共支出能给自己所带来的好处，而忽视了税收负担也有可能同时增长。

【答案】A

考点6　财政支出总量快速增长，支出结构有所调整★

在财政支出总量持续增长的同时，财政支出结构逐步优化。随着社会主义市场经济体制的逐步完善，与此相适应，财政支出的重点也逐步由经济建设向提供公共物品和服务转变。

考点7　我国财政支出结构存在的问题及优化★★

问题	优化
购买性支出占财政支出的比重长期偏大，转移性支出的比重处于较低的水平	我国政府应当更多地关注再分配问题，相应压缩购买性支出，扩大转移性支出的比重，并使财政支出向人力资本和社会资本倾斜
相对于消费性支出而言，投资性支出占财政支出的比重虽略有下降，但仍徘徊在较高的水平上	在处理投资性支出与消费性支出的关系时，一方面控制并调减投资性支出的规模，另一方面注意投资性支出应当有保有压。新增财政支出更多投到最终需求，而不是中间需求上，也就是要弱化新增的投资性支出，重点强化在建的投资性项目和消费性支出
社会性支出的比重逐步上升，但仍有待进一步增加数量和改善质量	在消费性支出上，从严控制行政性公共消费，预算支出保证重点支出需要

【提示】优化我国财政支出结构的具体措施：

(1) 严格控制一般性开支，降低行政成本；

(2) 优化转移支付结构；

(3) 大力支持教育事业发展；

(4) 大力支持医疗卫生事业发展；

(5) 大力支持社会保障和就业工作；

(6) 大力支持生态环境建设。

考点8　财政支出绩效评价概述★★

项目	具体内容
含义	是指运用一定的考核方法、量化指标及评价标准，对部门为履行其职能所确定的绩效目标的实现程度，以及为实现这一目标而安排的预算执行结果所进行的综合性考核与评价

续表

项目	具体内容
出现时间	20世纪80年代
核心	建立财政支出绩效评价体系的核心是把现代市场经济的一些理念融入财政预算支出管理中
评价主体	政府及其财政部门
评价对象	使用财政资金的部门或机构
评价内容	公共委托-代理事项
评价原则	西方国家总结出著名的“3E”原则，即经济性、效率性、效果性，后来又加入了“公平性”指标 (1) 经济性，是指从事某一项活动并使其达到合格质量的条件下耗费资源的最小化，它主要关注的是投入和整个过程中的成本 (2) 效率性，是指投入资源和产出的产品、服务或其他成果之间的关系，即以一定的投入取得最大的产出或以最小的投入取得一定的产出，即支出是否讲究效率 (3) 效果性，是指目标实现的程度和从事一项活动时期望取得的成果和实际取得的成果之间的关系 【提示】“3E”原则要求对财政支出资金使用绩效的评价，不能片面地、孤立地分析其中的某一个要素，要从经济性、效率性和效果性3个方面进行综合考察、分析和评价

考点9 财政支出绩效评价的内容和方法★★★

部门预算支出绩效的目的	主要是通过对部门绩效目标的综合评价，合理配置资源，优化支出结构，规范预算资金分配，提高资金的使用效益和效率	
部门预算支出绩效评价方法	公众评价法	对无法直接用指标计量其效果的支出，通过专家评估、公众问卷及抽样调查，对各项绩效评价内容的完成情况进行打分，并根据分值评价绩效目标完成情况的评价方法
	比较法	通过对绩效目标与绩效结果、历史情况和评价期情况、不同部门和地区同类支出的比较，综合分析评价绩效目标完成情况的评价方法
	成本效益分析法	将一定时期内的支出与效益进行对比分析，以此来评价绩效目标完成情况的评价方法
	因素分析法	通过分析影响目标、结果及成本的内外因素，综合分析评价绩效目标完成情况的评价方法
部门预算支出绩效评价的内容	包括制定明确、合理的财政支出绩效目标，建立科学、规范的绩效评价指标体系，部门为完成绩效目标所采取的管理措施，对绩效目标的实现程度及效果实施考核与评价，运用评价结果提高预算编制、执行和管理水平	

续表

指标的选择原则	相关性原则	选定的绩效评价指标要与部门的绩效目标有直接的联系
	可比性原则	对具有相似目的的工作选定共同的绩效评价指标
	重要性原则	选择最具代表性、最能反映评价要求的指标
	经济性原则	要考虑现实条件和可操作性，在合理成本的基础上进行评价
部门预算支出绩效评价原则	统一领导原则、分类管理原则、客观公正原则、科学规范原则	
绩效评价程序	一般分为前期准备、实施评价和撰写评价报告 3 个阶段	

经典题解

【例题·单选题】 下列关于财政支出绩效评价的说法中，错误的是（ ）。(2020 年)

A. 财政支出绩效评价的内容是公共委托-代理事项

B. 财政支出绩效评价的主体是政府及其财政部门

C. 财政支出绩效评价的对象是使用财政资金的部门或机构

D. 绩效评价程序一般分为前期准备、实施评价、撰写评价报告和支出调整 4 个阶段

【解析】 绩效评价程序一般分为前期准备、实施评价和撰写评价报告 3 个阶段。

【答案】 D

第十三章 财政收入

本章视频详解

使用"会计云课堂" App/ 微信扫码听课

考点 1 财政收入的含义及其分类★★★

（一）财政收入的含义

财政收入是指政府为履行其职能、实施公共政策和提供公共物品与服务的需要而筹集的一切资金的总和。

财政收入表现为政府部门在一定时期内（一般为一个财政年度）所取得的货币收入。

财政收入是衡量一国政府财力的重要指标，政府在社会经济活动中提供公共物品与服务的范围和数量，在很大程度上取决于财政收入的充裕状况。

（二）财政收入的分类

1. 根据国际货币基金组织 2001 年制定的《政府财政统计手册》的分类划分

税收	(1) 政府从私人部门获得的强制性资金转移 (2) 政府从私人部门征税，对于特定纳税人来说，并不附带价值上的对等回报。这一特点将税收与强制性的社会缴款区分开来

续表

社会缴款	（1）包括社会保障计划收入和雇主提供的退休福利之外的其他社会保险计划收入 （2）特点： ①可以是强制性的，也可以是自愿性的 ②可以由雇员、代表雇员的雇主、自营职业者缴纳，也可以由无业人员缴纳 ③缴款额与缴款人的报酬、工资或雇员数量有关 【提示】对于那些缴款额与报酬、工资或雇员数量无关，并专用于社会保障计划的强制性付款，应视为税收，而不是社会缴款 （3）强制性社会缴款与税收的不同之处在于，如果规定的事件发生，缴纳人和其他受益人有权获得某些社会福利，但缴纳税收并不能使纳税人获得相同的权利
赠与收入	是从其他政府或国际组织那里得到的非强制性的转移，是对一国政府自有财政收入的补充，可以是现金或实物的形式
其他收入	包括出售商品和服务的收入、利息和其他财产收入、除赠与以外的其他现金或实物形式的自愿转移以及罚金和罚款

2. 我国政府一般公共预算收入科目的分类

税收收入	增值税、消费税、企业所得税等
非税收入	包括专项收入、行政事业性收费收入、罚没收入、国有资本经营收入、国有资源（资产）有偿使用收入、捐赠收入、政府住房基金收入和其他收入 8 款
债务收入	中央及地方政府债务收入
转移性收入	返还性收入、一般性转移支付收入、专项转移支付收入等

经典题解

【例题·多选题】根据我国《2021 年政府收支分类科目》，政府一般公共预算科目包括（　　）。

A. 税收收入

B. 贷款转贷回收本金收入

C. 购买性收入

D. 国有企业利润收入

E. 债务收入

【解析】我国《2021 年政府收支分类科目》将政府一般公共预算收入科目分为税收收入、非税收入、债务收入和转移性收入 4 类。

【答案】AE

（三）衡量财政收入的不同口径

口径类型	具体内容
最小口径	仅包含税收收入
小口径	（1）税收收入及纳入财政预算（即一般预算）的非税收入，不包括政府债务收入。专款专用的政府收入，如社会缴款不应包含在内 （2）是最为常用的一个财政收入口径，我国统计年鉴中对外公布的财政收入即是指这个口径

续表

口径类型	具体内容
中口径	财政预算（即一般预算）收入加社会保障缴费收入
大口径	全部的政府收入

考点 2 财政集中度与宏观税负★

项目	具体内容
概念	财政集中度，通俗地称为宏观税负，是指国家通过各种形式，从国民经济收支环流中截取并运用的资金占国民经济总量的比重
衡量宏观税负的口径	从小到大： （1）税收收入占 GDP 的比重 （2）财政收入（一般预算收入）占 GDP 的比重 （3）财政收入（一般预算收入）、政府性基金收入、国有资本经营预算收入与社会保障基金收入的总和占 GDP 的比重
【注意】到底多高的宏观税负水平是合理的，并没有一个统一的标准。需要结合一个国家在特定历史时期的政府职能与支出责任来讨论	

经典题解

【例题·单选题】 下列指标中，不属于衡量宏观税负口径的是（　　）。（2018 年）

A. 财政收入（一般预算收入）占 GDP 的比重

B. 财政收入（一般预算收入）、政府性基金收入、国有资本经营预算收入与社会保障基金收入的总和占 GDP 的比重

C. 税收收入占 GDP 的比重

D. 财政支出占 GDP 的比重

【解析】 宏观税负与财政收入有关，与财政支出无关，选项 D 错误。

【答案】 D

考点 3 税收的基本含义及内涵★★

项目	具体内容
含义	税收是国家为实现其职能，凭借其政治权力，依法参与单位和个人的财富分配，强制、无偿地取得财政收入的一种形式
地位	税收已成为各国政府财政收入的最主要形式
征收主体	国家
征收客体	单位和个人
征收目的	满足国家实现其职能的需要，或者说是满足社会公共需要

续表

项目	具体内容
征收依据	征收的依据是法律，凭借的是政治权力，而不是财产权力
征收过程	是物质财富从私人部门单向地、无偿地转移给国家的过程
征收的直接结果	国家通过税收方式取得了财政收入

经典题解

【例题·多选题】根据税收的基本含义，可以得出税收的内涵有（　　）。

A. 税收的征收主体是国家，征收客体是单位和个人

B. 税收的征收目的是为满足国家实现其职能的需要，或者说是满足社会公共需要

C. 税收征收的依据是法律，凭借的是财产权力，而不是政治权力

D. 征税的过程是物质财富从私人部门单向地、无偿地转移给国家的过程

E. 从税收征收的直接结果看，国家通过税收方式取得了财政收入

【解析】税收征收的依据是法律，凭借的是政治权力，而不是财产权力，选项C错误。

【答案】ABDE

考点4　税收的基本特征★★

强制性	（1）是指政府以社会管理者的身份，直接凭借政治权力，通过法律形式对社会产品实行强制征收 （2）这种强制性特征体现在两个方面： 一是税收分配关系的建立具有强制性，即税收征收完全是凭借国家拥有的政治权力 二是税收的征收过程具有强制性，即如果出现了税收违法行为，国家可以依法进行处罚
无偿性	（1）是指政府向纳税人进行的是无须偿还的征收 （2）这种无偿性特征体现在两个方面： 一是指政府获得税收收入后无须向纳税人直接付出任何报酬 二是指政府征到的税收不再直接返还给纳税人本人 （3）无偿性是税收本质的体现。它反映的是一种社会产品所有权、支配权的单方面转移关系，而不是等价交换关系 （4）税收的无偿性是区分税收收入与其他财政收入形式的重要特征
固定性	（1）是指国家通过法律形式预先规定了课税对象、税基及税率等要素 （2）税收征纳双方必须按税法规定征税和纳税，双方都无权随意变更征纳标准

考点5　拉弗曲线与征税的限度★★

拉弗曲线是对税率与税收收入或经济增长之间关系的形象描述。因其提出者为美国经济学家阿瑟·拉弗而得名。

基本含义	保持适度的宏观税负水平是促进经济增长的一个重要条件
机理	（1）在较低的税率区间内，税收收入将随税率的增加而增加 （2）由于税收毕竟会对纳税人投资和工作的积极性产生影响，继续提高边际税率超过一定的限度，将对劳动供给与投资产生负激励，进而抑制经济增长，使税基减小，税收收入下降
供给学派的主张	供应学派主张解决经济增长停滞与通货膨胀问题应该着眼于供给方面，主要是改善劳动及资本供给的数量和质量
意义	拉弗曲线提示各国政府：征税有“禁区”，要注意涵养税源

经典题解

【例题·多选题】下列关于拉弗曲线的理解中，正确的有（　　）。(2020年)

A. 该曲线的提出者是英国经济学家阿瑟·拉弗

B. 该曲线是对税率与税收收入或经济增长之间关系的描述

C. 该曲线的基本含义是保持适度的宏观税负水平，是促进经济增长的一个重要条件

D. 该曲线提示各国政府要提高税率，清除征税“禁区”

E. 该曲线是对凯恩斯主义需求管理失效的一种回应

【解析】拉弗曲线的提出者是美国经济学家阿瑟·拉弗，选项A错误；拉弗曲线提示各国政府：征税有“禁区”，要注意涵养税源，选项D错误。

【答案】BCE

考点6　税负转嫁的方式★★★

1. 基本含义

税负转嫁是指纳税人在缴纳税款后，通过各种途径将税收负担全部或部分转移给他人的过程。也就是说，最初缴纳税款的法定纳税人不一定是该税收的最后负担者。

只要某种税收的纳税人和负税人不是同一个人，便发生了税负转嫁。税负转嫁的最后结果形成税负归宿。

2. 税负转嫁的6种方式

转嫁方式	具体内容
前转 （顺转或向前转嫁）	（1）是指纳税人将其所纳税款通过提高其所提供商品价格的方法，向前转移给商品的购买者或者最终消费者负担的一种形式 （2）名义上的纳税人是商品的出售者，而实际的税收负担者则是商品的消费者 （3）前转是税收转嫁最典型和最普遍的形式，多发生在流转税上
后转 （逆转或向后转嫁）	是指在纳税人前转税负存在困难时，纳税人通过压低购入商品或者生产要素进价的方式，将其缴纳的税收转给商品或者生产要素供给者的一种税负转嫁方式
混转（散转）	（1）是指纳税人既可以把税负转嫁给供应商，又可以把税负转嫁给购买者 （2）这种转嫁方式实践中比较常见

续表

转嫁方式	具体内容
消转	(1) 是指纳税人用降低征税物品成本的办法使税负从新增利润中得到抵补。纳税人通过改善经营管理、提高劳动生产率等措施降低成本、增加利润来抵消税负 (2) 消转在实质上是用生产者应得到的超额利润抵补税负，实际上税负并没有转嫁，而是由纳税人负担了。因此，消转是一种特殊的税收转嫁形式
旁转（侧转）	是指纳税人将应负担的税负转嫁给购买者或者供应者以外的其他人负担
税收资本化（资本还原）	(1) 是指生产要素购买者将所购买的生产要素未来应当缴纳的税款，通过从购入价格中预先扣除的方法，向后转嫁给生产要素的出售者 (2) 税收资本化主要发生在土地和收益来源较具永久性质的政府债券等资本物品的交易中。最典型的就是对土地交易的课税 (3) 税收资本化是现在承担未来的税收

3. 税收资本化和税负后转的区别

税收资本化是税收后转的一种特殊形式，但与税收后转在转嫁媒介和转嫁方式上存在明显不同。

(1) 税负后转借助的是一般消费品，而税收资本化借助的是资本品；

(2) 税负后转是在商品交易时发生的一次性税款的一次性转嫁，税收资本化是在商品交易后发生的预期历次累计税款的一次性转嫁。

经典题解

【例题·单选题】税负转嫁最终结果是形成（　　）。(2020年)

A. 超额利润　　B. 税负归宿

C. 经济利润　　D. 课税对象

【解析】税负转嫁的最后结果形成税负归宿。

【答案】B

考点7　影响税负转嫁的因素★★★

影响因素	容易转嫁	不易转嫁
应税商品供给与需求的弹性（关键因素）	需求弹性较小，供给弹性较大	需求弹性较大，供给弹性较小
课税商品的性质	生活必需品（需求弹性小，消费基础广泛）	非生活必需品，如高尔夫球及球具（需求弹性大，消费基础较窄）
课税与经济交易的关系	通过经济交易过程而间接对纳税人征收的税（如对商品或者劳务征收的增值税、消费税）	与经济交易无关而直接对纳税人课征的税（如对企业征收企业所得税和对个人征收个人所得税）
课税范围的大小	课税范围越广泛，越不容易对商品的购买者产生替代效应，使需求缺乏弹性，课税商品价格的提高变得比较容易，税负容易转嫁	课税范围越狭窄，越容易对商品的购买者产生替代效应，使需求更具弹性，课税商品价格的提高就变得艰难，税负难以转嫁

【提示】此外，税负转嫁情况还与商品的竞争程度有关。

经典题解

【例题·单选题】下列关于税负转嫁的说法中，正确的是（　　）。(2017 年)

A. 对非生活必需品的课税，税负容易转嫁

B. 课税范围越狭窄，税负越容易转嫁

C. 对需求弹性小的商品课税，税负容易转嫁

D. 与经济交易无关而直接对纳税人课征的税，税负容易转嫁

【解析】对非生活必需品课税，因其消费并非必不可少，需求弹性大，消费基础较窄，故而税负不易转嫁，选项 A 错误；课税范围越狭窄，越容易对商品的购买者产生替代效应，使需求更具弹性，课税商品价格的提高就变得艰难，税负难以转嫁，选项 B 错误；与经济交易无关而直接对纳税人课征的税是不容易转嫁的，如对企业征收企业所得税和对个人征收个人所得税，选项 D 错误。

【答案】C

考点 8　国债的基本含义★★

项目	具体内容
含义	国债即国家债务，通常是指一国中央政府作为主体，依据有借有还的信用原则取得的资金来源，是一种有偿形式的、非经常性的财政收入
特征	国债具有**自愿性**、**有偿性**和**灵活性**的特征 【注意】与私债相比，国债由于有政府信用的担保、风险小，又被称为“金边债券”
产生的条件	国债作为一个财政范畴，在历史上出现的时间比税收要晚些。其产生需要具备的条件： (1) 在经济方面，商品货币经济要发展到一定水平，社会存在比较充裕的闲置资金和比较健全的信用制度 (2) 在财政方面，国家财力不充裕，存在财政困难，有资金和经济上的需要
【提示】人们对国债低风险的信任是建立在债权国谨守财政货币约束、经济结构合理、经济健康增长，从而具备应债能力的基础之上。假如债权国政府失去自我约束、经济结构僵化、增长乏力，就会导致偿债风险加大，国债融资成本上升，并进而拖累经济增长	

考点 9　国债的种类★★

分类标准	具体内容
按照发行地域不同划分	(1) 内债：举借国内债务不会因借债而增加国内资金的总量 (2) 外债：举借国外债务可以在一定时期内增加本国可支配的资金总量
按照偿还时间长短划分	(1) 短期国债：1 年期以内的政府债务，最典型的短期国债形式是国库券 (2) 中期国债：1 年以上 10 年以内的政府债务 (3) 长期国债：10 年以上的政府债务
按照利率的变动情况划分	(1) 固定利率国债：利率在发行时就确定下来 (2) 浮动利率国债：利率可以根据物价指数或市场利息率的变动情况进行调整

续表

分类标准	具体内容
按照能否在证券市场流通划分	（1）上市（流通）国债：是指可以在证券市场上自由买卖和转让的国债。多为中短期国债 （2）非上市（流通）国债：是指不能在证券市场上流通转让，其持有者只能到期获得本金和利息的国债。多为长期国债
按照债务本位的不同划分	（1）货币国债：是指以货币为债务本位发行的国债。政府举借的是货币，归还的也是货币。目前世界各国发行的国债基本上都是货币国债 （2）实物国债：是指以实物为债务本位发行的国债。可以避免因货币贬值给债权人带来损失，一般在高通货膨胀时期采用。我国1950年发行的“人民胜利折实公债”就属于实物国债

考点10　国债的政策功能★★★

功能	具体内容
弥补财政赤字	（1）措施：财政赤字可以通过向中央银行借款、增加税收和发行国债等方式弥补 （2）三大措施的利弊分析： ①向中央银行借款弥补赤字会造成中央银行货币供给增加，诱发或加剧通货膨胀 ②税收是按税法规定征收的，如果通过提高税率或增加新税种弥补赤字，会给经济发展带来不利影响 ③通过发行国债弥补赤字对经济可能产生的副作用比较小 【提示】通过发行国债弥补赤字，其实质是将属于社会支配的资金在一定时期内让渡给国家使用，是社会资金使用权的单方面、暂时性转移；认购国债的资金基本上是从社会资金运动中游离出来的闲置资金，一般不会导致通货膨胀，还可迅速、灵活、有效地弥补财政赤字，故通过举借公债以弥补财政赤字是当今世界各国的普遍做法
筹集建设资金	以国债资金来扩大建设规模是发行国债的重要目的之一
调节货币供应量和利率	（1）国债是一种收入稳定、无风险或风险较低的投资工具 （2）政府发行的短期国债，流动性强，被称为“有利息的钞票”
调控宏观经济	通过举借债务，增加财政投资，用于生产建设，将扩大社会的积累规模，改变积累与消费的比例关系

经典题解

【例题·多选题】弥补财政赤字的方式有（　）。（2020年）

A. 增加税收

B. 发行国债

C. 增加转移性支出

D. 向中央银行借款

E. 增加财政支出

【解析】财政赤字可以通过向中央银行借款、增加税收和发行国债等方式弥补。

【答案】ABD

考点 11　国债的负担与限度★★

1. 国债的负担

认购者负担	国债发行应考虑债权人的应债能力
债务人负担	也就是政府负担，政府借债应考虑政府的偿债能力，量力而行
纳税人负担	不论国债资金的使用方向和使用效益如何，最终还要依赖税收来还债，成为纳税人的负担
代际负担	如果国债资金运用不善，或者仅用于弥补财政赤字，留给后人的就只是净债务，严重影响后代人的生产与生活

2. 国债的限度

正因为国债是一种负担，是负担就有限度，因而政府发行国债也有一个适度规模的问题，这就是国债的限度。

绝对规模	(1) 国债余额，即历年累积债务的总规模 (2) 当年发行的国债总额 (3) 当年到期需还本付息的国债总额	
相对规模	国债负担率	又称国民经济承受能力，是指国债累计余额占国内生产总值（GDP）的比重 (1) 这个指标着眼于国债存量，反映国家累积债务的总规模和整个国民经济对国债的承受能力，是研究控制债务问题和防止出现债务危机的重要依据 (2) 一国的 GDP 值越大，国债负担率越小，国债的发行空间越大 (3) 国际公认的国债负担率的警戒线为发达国家不超过 60%，发展中国家不超过 45%
	债务依存度	是指当年债务收入与财政支出的比例关系，反映了一个国家的财政支出有多少是依靠发行国债来实现的 (1) 我国债务依存度的计算有两种口径： ①用当年债务收入额除以当年全国财政支出额，即“全国财政的债务依存度” ②用当年债务收入额除以当年中央财政支出，即“中央财政的债务依存度” (2) 国际公认的债务依存度警戒线介于 15%～20%

考点 12　李嘉图等价定理★

李嘉图等价定理	(1) 李嘉图等价定理认为，在某些条件下，政府无论是用债券还是税收筹资，其效果都是相同或者等价的，即税收和债务等价 (2) 李嘉图认为发行国债会助长政府的浪费心理，认为国债是有害的，反对发行国债
国债有益论	随着国家干预主义的兴起，李嘉图关于国债有害的观点逐渐被人们忘却，取而代之的是国债有益论的观点 (1) 主张发行国债的理由： ①国债可以弥补财政赤字 ②可以直接影响人们的消费和投资 ③可以为中央银行的公开市场业务提供更为广阔的回旋余地 ④特别是在有效需求不足的条件下，国债是防止严重的经济萧条、实现充分就业、促进经济繁荣、增加国民收入的必要条件 (2) 效果：通过国债为财政支出融资，与税收融资相比，会带给债权人一种“财富有所增加的幻觉”，导致人们减少当期储蓄并增加消费，从而起到扩张社会总需求的效果

考点 13　国债制度★★

国债制度一般由发行制度、偿还制度和市场制度构成。

（一）国债发行制度

国债发行制度由国债发行条件和国债发行方式构成。

1. 发行条件

国债发行条件是政府以债券形式筹集资金时所申明的各项条款或规定，包括国债种类、发行日期、发行权限、发行对象、发行数额、票面金额、发行价格、利息率、利息支付方式以及国债流动性和安全性等的规定。

决定国债发行条件的关键是国债的发行方式。

2. 发行方式

公募招标方式	（1）是一种在金融市场上通过公开投标、招标确定发行条件来进行国债推销的方式 （2）特点：是一种市场机制的发行方式，发行对象是多数投资者。多数投资者中谁是最终投资者，事先是不确定的
承购包销方式	（1）是通过和一组银行或金融机构签订承销合同来体现权利、义务关系，实现国债销售任务的方式 （2）特点： ①发行人和承销人之间的权利、义务关系是通过承销合同确立的，在确定发行条件方面，发行人和承销人之间具有平等关系 ②承销人向投资人分销不出去的部分，由承销人自己认购，因此，一旦签订了承销合同，发行过程即告结束
直接发售方式	（1）是国债发行人亲自向投资者推销国债的方式 （2）特点：债券发行人直接与发行对象见面；有特定的发行对象（多为商业银行、储蓄银行、保险公司、养老基金、信托公司等），个人投资者不得以此方式认购国债 （3）优点：可以降低举债成本，便于了解投资者的投资要求和投资意向 （4）缺点：给发行单位带来较大的工作量
“随买”发行方式	是政府债务管理者用来向小投资者发行不可上市国债的一种方式

【注意】我国自 1981 年恢复发行国债以来，发行方式经历了行政摊派、承购包销和招标发行三种方式，从具体发行模式看，先后采取了单一行政摊派模式、单一承购包销模式和承销、招标双主导复合模式。

（二）国债偿还制度

抽签分次偿还法	是在国债偿还期内分年度确定一定的偿还比例，由政府按国债券号码抽签对号，如约偿还本息，直到偿还期结束，全部国债券中签偿清为止的方式
到期一次偿还法	是政府对发行的国债实行到期后按票面额一次全部兑付本息的方法
转期偿还法	是以新发行的国债来偿还原有到期国债本息的方法
提前偿还法	是当政府发行的国债尚未到期，而所积累的资金已充分满足资金需求时，即可由政府提前偿还债务的方式
市场购销法	是政府在市场上按照国债行市，适时购进国债，以此在该债券到期前逐步清偿的偿付方法

（三）国债市场制度

根据国债交易层次划分	国债发行市场	又称国债一级市场，主要参与者包括作为国债发行者的中央政府、发行中介机构和投资购买者
	国债流通市场	又称国债二级市场，是指已经发行的国债的交易场所，其基本职能是为国债投资者提供转让变现的机会
按国债成交订约和清算的期限划分	现货交易方式	是证券交易中最古老的方式，也是国债交易中最普通、最常用的方式
	回购交易方式	是指债券持有人在卖出一笔债券的同时，与买方签订协议，承诺在约定期限后以约定价格购回同笔债券的交易方式
	期货交易方式	是指以国债期货合约为交易对象的交易方式 （1）国债期货合约是买卖双方就将来某一特定时刻、按照某一特定价格，购买或出售某一特定数量的某一特定国债产品所做的承诺 （2）期限、价格、数量和标的国债，是国债期货合约中必不可少的4个基本要素
	期权交易方式	是指交易双方为限制损失或保障利益而订约，同意在约定时间内按照协定价格买进或卖出契约中指定的债券，也可以放弃买进或卖出这种债券的交易方式

经典题解

【例题·单选题】在国债交易中，最普通、最常用的方式是（ ）。(2019年)

A. 回购交易　　B. 期权交易

C. 现货交易　　D. 期货交易

【解析】在国债交易中，最普通、最常用的方式是现货交易方式，选项C正确。

【答案】C

考点14 国债市场的功能★

实现国债的发行和偿还	国家可以采取固定收益出售方式和公募拍卖方式在国债市场的交易中完成发行和偿还国债的任务
调节社会资金的运行	（1）在国债市场中，国债承销机构和国债认购者以及国债持有者与证券经纪人从事的直接交易，国债持有者和国债认购者从事的间接交易，都是社会资金的再分配过程，最终使资金需要者和国债需要者得到满足，使社会资金的配置趋向合理 （2）若政府直接参与国债交易活动，以一定的价格售出或收回国债，就可以发挥诱导资金流向和活跃证券市场交易的作用

考点15 加强政府性债务管理★★

（一）我国政府性债务的分类

分类	具体内容
政府负有偿还责任的债务	是指需由财政资金偿还的债务，属于政府债务

续表

分类	具体内容
政府或有债务	(1) 政府或有债务是指由某一或有事项引发的债务，这种债务会不会成为现实，要看或有事项是否发生以及由此引发的债务是否最终要由政府来承担。正常情况下由债务人以自身收入偿还，无须政府承担偿还责任 (2) 政府负有担保责任的债务：是指政府提供担保，当某个被担保人无力偿还时，政府需要承担连带责任的债务 (3) 政府可能承担一定救助责任的债务：是指政府不负有法律偿还责任，但当债务人出现偿债困难时，政府可能需要给予一定救助的债务

（二）中央政府债务管理制度

中央政府债务实行余额管理。

中央国债余额限额根据累计赤字和应对当年短收需发行的债务等因素合理确定，报全国人民代表大会或其常务委员会审批。

（三）地方政府债务管理制度

项目	具体内容
建立规范的地方政府举债融资机制	(1) 经国务院批准，省、自治区、直辖市政府可以适度举借债务；市县级政府确需举借债务的，由省、自治区、直辖市政府代为举借 (2) 地方政府举债采取政府债券方式 (3) 只能通过政府及其部门举借，不得通过企事业单位等举借
地方政府举债规模的报批	由国务院报全国人民代表大会或其常务委员会批准
对地方政府债务实行规模控制和分类管理	(1) 地方政府债务规模实行限额管理 (2) 地方政府债务分为一般债务和专项债务两类。一般债务通过发行一般债券融资，纳入一般公共预算管理。专项债务通过发行专项债券融资，纳入政府性基金预算管理
严格限定政府举债程序和资金用途	(1) 地方政府在国务院批准的分地区限额内举借债务，必须报本级人民代表大会或其常务委员会批准。地方政府举债要遵循市场化原则。建立地方政府信用评级制度，逐步完善地方政府债券市场 (2) 地方政府举债，只能用于公益性资本支出和适度归还存量债务，不得用于经常性支出
建立债务风险预警及化解机制	(1) 地方政府对其举借的债务负有偿还责任 (2) 中央政府实行不救助原则
建立考核问责机制	(1) 把政府性债务纳入政绩考核 (2) 政府主要负责人为第一责任人

经典题解

【例题·单选题】 在地方政府债务管理中，地方政府专项债务应纳入（　　）。(2020 年)

A. 政府性基金预算管理

B. 一般公共预算管理

C. 中期预算管理

D. 政府债务预算管理

【解析】地方政府债务分为一般债务和专项债务两类，分类纳入预算管理。一般债务通过发行一般债券融资，纳入一般公共预算管理。专项债务通过发行专项债券融资，纳入政府性基金预算管理。

【答案】A

第十四章　税收制度

本章视频详解
使用“会计云课堂” App/微信扫码听课

考点 1　税制要素★★★

税制要素是指构成一国税收制度的主要因素，具体包括纳税人、课税对象、税率、纳税环节、纳税期限、减税和免税、违章处理、纳税地点等。其中，纳税人、课税对象和税率是税制的基本要素。

（一）纳税人

税制要素	主要内容
纳税人	纳税人即纳税主体，是指直接负有纳税义务的单位和个人。纳税人可能是自然人，也可能是法人
	（1）负税人。是最终负担税款的单位和个人 纳税人和负税人可能一致也可能不一致，如个人所得税和企业所得税的纳税人和负税人一致；增值税、消费税的纳税人和负税人不一致 （2）扣缴义务人是指法律、行政法规规定负有代扣代缴、代收代缴税款义务的单位和个人 【注意 1】扣缴义务人既可以是各种类型的企业，也可以是机关、社会团体、民办非企业单位、部队、学校和其他单位，或者是个体工商户、个人合伙经营者和其他自然人 【注意 2】扣缴义务人既非纯粹意义上的纳税人，又非实际负担税款的负税人，只是负有代为扣税并缴纳税款法定职责的义务人

（二）课税对象

税制要素	主要内容
课税对象	课税对象即征税客体，是指税法规定的征税的目的物。课税对象是不同税种间相互区别的主要标志，它规定了政府可以对什么征税 （1）税源。税收的经济来源或最终出处。税源总是以收入的形式存在 （2）税目。税法规定的课税对象的具体项目，是对课税对象的具体划分，反映具体的征税范围，代表征税的广度 （3）计税依据（或课税标准），是指计算应纳税额的依据，它规定了如何确定和度量课税对象，以便计算税基。两种主要的计税依据分别是计税金额（从价税）和计税数量（从量税）。计税金额可以是收入额、利润额、财产额、资金额

（三）税率

税率是指税法规定的应征税额与课税对象之间的比例，是计算应征税额的标准。

【注意】税率是税收制度的中心环节。税率的高低体现着征税的深度，反映着国家在一定时期内的税收政策和经济政策，直接关系到国家的财政收入和纳税人的税收负担。

<table>
<tr><th>名称</th><th colspan="2">具体内容</th><th>特点</th></tr>
<tr><td>比例税率</td><td colspan="2">是指对于同一课税对象，不论其数量大小都按同一比例征税的一种税率制度
包括单一比例税率和差别比例税率。其中，差别比例税率又可分为产品差别比例税率、行业差别比例税率、地区差别比例税率和幅度差别比例税率4种</td><td>税率不随课税对象数量的变动而变动</td></tr>
<tr><td>定额税率</td><td colspan="2">是按课税对象的一定计量单位规定固定税额，而不是规定征收比例的一种税率制度
在具体运用上，也可分为单一定额税率、差别定额税率、幅度定额税率和分类分级定额税率4种</td><td>是以绝对金额表示的税率，一般适用于从量计征的税种</td></tr>
<tr><td rowspan="2">累进税率</td><td>全额累进税率</td><td>对课税对象的全部数额都按与之相应的税率计算税额</td><td>在课税对象提高到税收的一个新等级档次时，对课税对象全部都按提高一级的税率征税</td></tr>
<tr><td>超额累进税率</td><td>把课税对象按数额大小划分为若干等级，每个等级由低到高规定相应的税率，每个等级分别按该等级的税率计征</td><td>一定的课税对象同时使用几个税率，纳税人的应纳税款总额由各个等级计算出的税额加总而成</td></tr>
<tr><td>累退税率</td><td colspan="3">与累进税率正好相反</td></tr>
</table>

【举例】

等级	全月应纳税所得额（元）	税率（%）
1	5000（含）以下	10
2	5000~20000	20
3	20000（含）以上	30

某人某月应纳税所得额为8000元，分别用全额累进税率和超额累进税率计算应纳税额。

全额累进税率下应纳税额＝8000×20%＝1600（元）

超额累进税率下应纳税额＝5000×10%＋（8000−5000）×20%＝1100（元）

（四）纳税环节、纳税期限、减税和免税、违章处理以及纳税地点

税制要素	主要内容
纳税环节	是指在国民收入与支出环流的过程中，按照税法规定应当缴纳税款的环节
纳税期限	是指税法规定的纳税人发生纳税义务后向国家缴纳税款的期限
减税和免税	是指税法对某些纳税人或课税对象给予鼓励和照顾的一种特殊规定。除税法列举的免税项目外，一般减税、免税都属于定期减免性质，税法规定有具体的减免条件和期限，到期将恢复征税
违章处理	是指税务机关对纳税人违反税法的行为采取的处罚性措施，它是税收强制性特征的体现
纳税地点	是指纳税人应当缴纳税款的地点。一般来说，纳税地点和纳税义务发生地是一致的。但在某些特殊情况下，二者却并不一致，如与总公司不在同一地点的分公司的利润在总公司汇总纳税

经典题解

【例题·多选题】下列关于税目的说法中，正确的有（ ）。(2018 年)

A. 税目代表征税的广度

B. 税目体现征税的深度

C. 税目是对课税对象的具体划分

D. 税目是计算应纳税额的依据

E. 税目是税法规定的课税对象的具体项目

【解析】税目即税法规定的课税对象的具体项目，是对课税对象的具体划分，反映具体的征税范围，代表征税的广度，选项 ACE 正确。

【答案】ACE

考点 2 税收分类★★

标准	具体内容	
按课税对象的不同划分	流转税	是指以商品交换和提供劳务的流转额为课税对象的税收，如增值税、消费税等 流转税是我国税收收入中的主体税种，占税收收入总额的 60%左右
	所得税	是指以纳税人的所得额为课税对象的税收 目前我国已经开征的所得税有个人所得税和企业所得税
	财产税	是指以各种财产（包括动产和不动产）为课税对象的税收 目前我国开征的财产税有房产税、车船税、契税等
	资源税类	是指对开发和利用国家自然资源而取得级差收入的单位和个人征收的税 目前我国资源税类包括资源税、土地使用税等
	行为税类	对某些特定经济行为开征的税，目的是贯彻国家政策 目前我国行为税类包括印花税、城市维护建设税等
按计量课税对象的标准不同划分	从价税	是指以课税对象的价格为计税依据的税收，如增值税、所得税等
	从量税	是指以课税对象的数量、重量、容量或体积为计税依据的税收，如我国消费税中的啤酒、汽油、柴油等课税项目采用的就是从量税的形式
按税收与价格的关系划分	价内税	是指税款构成商品或劳务价格组成部分的税收，如消费税等
	价外税	是指税款作为商品或劳务价格以外附加的税收，如增值税在零售以前各环节采取价外税，在零售环节采取价内税
按税负能否转嫁划分	直接税	是指由纳税人直接负担税负、不发生税负转嫁关系的税收，如所得税、财产税
	间接税	是指纳税人能将税负转嫁给他人负担的税收，如各种流转税
按税收管理权限和使用权限划分	中央税	是指中央管辖课征并支配的税种，如目前我国的消费税、关税
	地方税	是指由地方管辖课征并支配的税种，如目前我国的契税、房产税、耕地占用税、土地增值税、城镇土地使用税、车船税等
	中央和地方共享税	是指属于中央政府与地方政府共同享有并按照一定比例分成的税种，如增值税、个人所得税、企业所得税等

考点3　流转税★★

流转税亦称商品和劳务税，是指所有以商品流转额和非商品流转额为课税对象的税种的总称。

流转税具有以下主要特点。

（1）课征普遍。

（2）以商品和劳务的流转额或交易额为计税依据。

在税率既定条件下，税额大小直接取决于商品和劳务价格的高低及流转额的多少，与成本和费用水平无关。因此，流转税是一种不考虑纳税人经营能力和经营状况，而只考虑经营行为的税收。

（3）除少数税种或税目实行定额税率外，流转税普遍实行比例税率，计算简单，便于征收管理。

我国现行税制中对商品和非商品征收的流转税包括增值税、消费税等。

经典题解

【例题·多选题】 下列关于流转税的表述中，正确的有（　　）。

A. 税额的多少取决于有无所得和所得多少

B. 流转税不考虑纳税人的经营能力和经营状况

C. 普遍实行累进税率

D. 课税普遍

E. 具有收入分配功能，征收流转税有助于避免社会财富分配不均

【解析】 流转税在税率既定条件下，税额大小直接取决于商品和劳务价格的高低及流转额的多少，与成本和费用水平无关。因此，流转税是不考虑纳税人经营能力和经营状况，而只考虑经营行为的税收，是对同一种经济活动或经济行为按照相同标准课征的税收，选项A错误；流转税普遍实行比例税率，选项C错误；流转税不具有收入分配功能，选项E错误。

【答案】 BD

考点4　增值税★★★

增值税是以单位和个人生产经营过程中取得的增值额为课征对象征收的一种税。

（一）增值税的特点及优点

项目	具体内容
特点	（1）不重复征税，具有中性税收的特征 （2）逐环节征税，逐环节扣税，最终消费者是全部税款的承担者 （3）税基广阔，具有征收的普遍性和连续性
优点	（1）能够平衡税负，促进公平竞争 （2）既便于对出口商品退税，又可以避免对进口商品征税不足 （3）在组织财政收入上具有稳定性和及时性 （4）在税收征管上可以相互制约，交叉审计

（二）增值税的类型

按照允许扣税的范围，国际上一般将增值税分为 3 种类型：生产型增值税、收入型增值税和消费型增值税。

类型	特点
生产型增值税	不允许扣除固定资产中所含的税款 （1）从全社会看，课税对象相当于国民生产总值，具有一定程度的重复征税特征，不是完全意义上的增值税 （2）我国在 2009 年之前采用的均是生产型增值税
收入型增值税	允许扣除固定资产折旧中所含的税款 【注意】从全社会看，课税对象相当于国民收入，该类型增值税不含有重复课税，是完全的增值税
消费型增值税	允许扣除购入固定资产中所含的税款 （1）从全社会看，全部生产资料都不课税，课税对象只限于消费资料，是一种体现鼓励投资政策的增值税 （2）我国从 2009 年 1 月 1 日起，在全国全面实施消费型增值税

（三）征税范围

现行增值税征税范围包括货物的生产、批发、零售和进口 4 个环节。2016 年 5 月 1 日以后，“营改增”试点行业扩大到销售服务、无形资产或者不动产，增值税的征税范围覆盖第一产业、第二产业和第三产业。

（四）纳税人

凡在中华人民共和国境内销售货物或者提供加工、修理修配劳务，销售服务、无形资产或者不动产，以及进口货物的单位和个人，为增值税的纳税人。

一般纳税人	（1）年应税销售额（包括免税销售额）超过财政部、国家税务总局规定的小规模纳税人标准的，除按规定不办理一般纳税人资格认定的情形外，应当向主管税务机关申请一般纳税人资格认定 （2）年应税销售额未超过标准的以及新开业的纳税人，可以向主管税务机关申请一般纳税人资格认定
小规模纳税人	（1）个体工商户以外的其他个人、选择按照小规模纳税人纳税的非企业性单位、选择按照小规模纳税人纳税的不经常发生应税行为的企业不办理一般纳税人资格认定 （2）除国家税务总局另有规定外，纳税人一经认定为一般纳税人后，不得转为小规模纳税人

（五）税率和征收率

一般纳税人	基本税率 13%	（1）纳税人销售或者进口货物，除列举的外 （2）提供有形动产租赁服务，提供加工、修理修配劳务和应税服务，适用低税率的除外

续表

一般纳税人	9%	（1）纳税人销售或进口货物 ①**生活必需品**：包括粮食在内的农产品、自来水、暖气、石油液化气、天然气、食用植物油、冷气、热水、煤气、居民用煤炭制品、沼气、食用盐 ②**农业生产资料**：农机、饲料、农药、农膜、化肥 ③**文化用品**：图书、报纸、杂志、音像制品、电子出版物 ④**其他**：二甲醚 （2）提供交通运输、邮政、基础电信、建筑、不动产租赁服务，销售不动产，转让土地使用权
	6%	提供增值电信服务、金融服务、生活服务以及除不动产租赁以外的现代服务，除转让土地使用权之外的销售无形资产
	0	（1）出口货物，国务院另有规定的除外 （2）符合规定的境内单位和个人跨境销售服务、无形资产的行为
小规模纳税人和特定一般纳税人	征收率3%	—
	征收率5%	销售自行开发、取得、自建的不动产以及不动产经营租赁服务

经典题解

【例题·多选题】下列商品或服务中，适用6%增值税税率的有（　　）。（2020年）

A. 化肥　　B. 金融服务

C. 销售不动产　　D. 生活服务

E. 天然气

【解析】提供增值电信服务、金融服务、生活服务以及除不动产租赁以外的现代服务，除转让土地使用权之外的销售无形资产，税率为6%。

【答案】BD

（六）计税方法

项目	计税方法
一般纳税人	当期应纳增值税额＝销项税额－进项税额 （1）销项税额＝销售额×适用税率 （2）进项税额为购进货物或接受应税劳务所支付或负担的增值税额，一般以当期购货发票中注明的允许扣除的增值税款为准
小规模纳税人	应纳税额＝销售额×征收率 此处销售额为“不含增值税的销售额”
进口货物应纳税额	应纳税额＝组成计税价格×税率

考点5 消费税★★

项目	具体内容
含义	是对特定消费品和消费行为征收的一种税，其目的是调整产品结构、引导消费方向、保证国家财政收入，平均税率一般较高。我国在对货物普遍征收增值税的基础上，选择少数消费品再征收一道消费税
征税范围和纳税人	(1) 征税范围：消费税采取列举征税办法，即只对列入征税目录的消费品征税，未列入的不征税 (2) 纳税人：凡在中华人民共和国境内生产、委托加工和进口应税消费品的单位和个人，为消费税的纳税义务人
税目	按产品列举税目，共15类 烟、酒、高档手表、高档化妆品、贵重首饰及珠宝玉石、成品油、摩托车、小汽车、高尔夫球及球具、游艇、木制一次性筷子、实木地板、鞭炮焰火、电池和涂料
税率	比例税率、定额税率 (1) 大多数应税消费品采用1%~56%的比例税率 (2) 啤酒、黄酒和成品油适用于定额税率 (3) 白酒、卷烟等实行定额税率与比例税率相结合的复合计税方法
计税方法	从价定率、从量定额，或从价定率和从量定额复合计税

经典题解

【例题·多选题】下列产品中，属于应征消费税的有（　　）。(2019年)

A. 游艇

B. 高尔夫球及球具

C. 卡丁车

D. 涂料

E. 竹制一次性筷子

【解析】卡丁车、竹制一次性筷子不属于消费税的征税范围。

【答案】ABD

考点6 所得税的主要特点★

所得税是对所有以所得为课税对象的税种的总称。

所得课税具有如下特点。

(1) 税负相对比较公平，比较符合“量能负担”的原则。

(2) 单环节征收，不存在重复征税问题，也不易转嫁，不会影响商品的相对价格。

(3) 税源可靠，收入具有弹性。所得税在多数情况下采取累进税率，与流转税比较，收入更富有弹性，发挥“内在稳定器”的作用。

考点7　企业所得税★

纳税人	在中华人民共和国境内的一切企业和其他取得收入的组织。但是，个人独资企业、合伙企业不适用企业所得税法
税率	25%；20%（非居民企业特殊所得）
应纳税所得额	应纳税所得额 = 年度收入总额 - 不征税收入 - 免税收入 - 各项扣除 - 允许弥补的以前年度亏损
应纳税额的计算	应纳税额 = 企业应纳税所得额×适用税率 - 依法可减免、抵免税额
征收管理	（1）除税收法律、行政法规另有规定外，居民企业以企业登记注册地为纳税地点，但登记注册地在境外的，以实际管理机构所在地为纳税地点 （2）居民企业在中国境内设立不具有法人资格的营业机构的，应当汇总计算、缴纳企业所得税 （3）企业所得税按纳税年度计算，纳税年度自公历1月1日起至12月31日止

经典题解

【例题·单选题】企业所得税应纳税所得额，是指企业每一纳税年度的收入总额，减除不征税收入、免税收入、各项扣除以及（　　）。（2018年）

A. 允许弥补的以前年度亏损和抵免税额后的余额再乘以税率

B. 允许弥补的以前年度亏损后的余额再乘以税率

C. 允许弥补的以前年度亏损和抵免税额后的余额

D. 允许弥补的以前年度亏损后的余额

【解析】企业每一纳税年度的收入总额，减除不征税收入、免税收入、各项扣除以及允许弥补的以前年度亏损后的余额，为应纳税所得额，选项D正确。

【答案】D

考点8　个人所得税★★

（一）纳税人

（1）个人所得税以所得人为纳税人，以支付所得的单位或者个人为扣缴义务人。

（2）纳税人有中国公民身份号码的，以其中国公民身份号码为纳税人识别号；纳税人没有中国公民身份号码的，由税务机关赋予其纳税人识别号。

（3）扣缴义务人扣缴税款时，纳税人应当向扣缴义务人提供纳税人识别号。

（4）个人所得税的纳税人，分为居民个人和非居民个人。

居民个人	（1）中国境内有住所 （2）无住所而一个纳税年度内在中国境内居住累计满183天的个人，为居民个人 【提示】居民个人从中国境内和境外取得的所得，依照《中华人民共和国个人所得税法》规定缴纳个人所得税
非居民个人	（1）中国境内无住所又不居住 （2）无住所而一个纳税年度内在中国境内居住累计不满183天的个人，为非居民个人 【提示】非居民个人从中国境内取得的所得，依照《中华人民共和国个人所得税法》规定缴纳个人所得税

（二）课税对象

项目	具体内容
（1）工资、薪金所得 （2）劳务报酬所得 （3）稿酬所得 （4）特许权使用费所得	居民个人取得第（1）项至第（4）项所得（称为综合所得），按纳税年度合并计算个人所得税 非居民个人取得第（1）项至第（4）项所得，按月或者按次分项计算个人所得税
（5）经营所得 （6）利息、股息、红利所得 （7）财产租赁所得 （8）财产转让所得 （9）偶然所得	纳税人取得第（5）项至第（9）项所得，依照《中华人民共和国个人所得税法》规定分别计算个人所得税

经典题解

【例题·单选题】下列居民个人所得中，属于综合所得的是（　　）。（2020年）

A. 特许权使用费所得

B. 财产转让所得

C. 经营所得

D. 利息、股息、红利所得

【解析】综合所得包括工资、薪金所得，劳务报酬所得，稿酬所得和特许权使用费所得。

【答案】A

（三）税率

项目	具体内容
（1）工资、薪金所得 （2）劳务报酬所得 （3）稿酬所得 （4）特许权使用费所得	适用3%～45%的超额累进税率
（5）经营所得	适用5%～35%的超额累进税率
（6）利息、股息、红利所得 （7）财产租赁所得 （8）财产转让所得 （9）偶然所得	适用比例税率，税率为20%

（四）应纳税所得额的计算

综合所得	居民个人	居民个人的综合所得，以每一纳税年度的收入额减除费用60000元以及专项扣除、专项附加扣除和依法确定的其他扣除后的余额，为应纳税所得额 （1）劳务报酬所得、稿酬所得、特许权使用费所得以收入减除20%的费用后的余额为收入额，稿酬所得的收入额减按70%计算 （2）专项扣除包括居民个人按照国家规定的范围和标准缴纳的基本养老保险、基本医疗保险、失业保险等社会保险费和住房公积金等 （3）专项附加扣除包括子女教育、继续教育、大病医疗、住房贷款利息或者住房租金、赡养老人等支出

续表

综合所得	非居民个人	（1）非居民个人的工资、薪金所得，以每月收入额减除费用5000元后的余额为应纳税所得额 （2）非居民个人的劳务报酬所得、稿酬所得、特许权使用费所得，以每次收入额为应纳税所得额
经营所得	以每一纳税年度的收入总额减除成本、费用以及损失后的余额，为应纳税所得额	
财产租赁所得	每次收入不超过 4000 元的，减除费用 800 元；4000 元以上的，减除 20% 的费用，其余额为应纳税所得额	
财产转让所得	以转让财产的收入额减除财产原值和合理费用后的余额，为应纳税所得额	
利息、股息、红利所得和偶然所得	以每次收入额为应纳税所得额	
捐赠扣除	（1）个人将其所得对教育、扶贫、济困等公益慈善事业进行捐赠，捐赠额未超过纳税人申报的应纳税所得额 30% 的部分，可以从其应纳税所得额中扣除 （2）国务院规定对公益慈善事业捐赠实行全额税前扣除的，从其规定	

【提示】个人所得税应纳税额＝应纳税所得额×适用税率

经典题解

【例题·多选题】计算个人所得税的专项扣除包括（　　）。（2019 年）

A. 社会保险费　　B. 住房公积金

C. 子女教育　　D. 大病医疗

E. 住房租金

【解析】专项扣除包括居民个人按照国家规定的范围和标准缴纳的基本养老保险、基本医疗保险、失业保险等社会保险费和住房公积金等，选项 AB 正确。

【答案】AB

（五）税收优惠

免征	下列各项个人所得免征个人所得税： （1）省级人民政府、国务院部委和中国人民解放军军以上单位，以及外国组织、国际组织颁发的科学、教育、技术、文化、卫生、体育、环境保护等方面的奖金 （2）国债和国家发行的金融债券利息 （3）按照国家统一规定发给的补贴、津贴 （4）福利费、抚恤金、救济金 （5）保险赔款 （6）军人的转业费、复员费、退役金 （7）按照国家统一规定发给干部、职工的安家费、退职费、基本养老金或者退休费、离休费、离休生活补助费 （8）依照有关法律规定应予免税的各国驻华使馆、领事馆的外交代表、领事官员和其他人员的所得 （9）中国政府参加的国际公约、签订的协议中规定免税的所得 （10）国务院规定的其他免税所得

续表

减征	有下列情形之一的，可以减征个人所得税，具体幅度和期限由省、自治区、直辖市人民政府规定，并报同级人民代表大会常务委员会备案： （1）残疾、孤老人员和烈属的所得 （2）因自然灾害遭受重大损失的 国务院可以规定其他减税情形，报全国人民代表大会常务委员会备案

经典题解

【例题·多选题】 下列各项个人所得中，免征个人所得税的有（　　）。

A. 国债和国家发行的金融债券利息

B. 保险赔款

C. 福利费、抚恤金、救济金

D. 军人的转业费、复员费、退役金

E. 残疾、孤老人员和烈属的所得

【解析】 残疾、孤老人员和烈属的所得属于可以减征个人所得税的情形，选项E错误。

【答案】 ABCD

（六）征收管理

（1）有下列情形之一的，纳税人应当依法办理纳税申报：

①取得综合所得需要办理汇算清缴；

②取得应税所得没有扣缴义务人；

③取得应税所得，扣缴义务人未扣缴税款；

④取得境外所得；

⑤因移居境外注销中国户籍；

⑥非居民个人在中国境内从两处以上取得工资、薪金所得；

⑦国务院规定的其他情形。

扣缴义务人应当按照国家规定办理全员全额扣缴申报，并向纳税人提供其个人所得和已扣缴税款等信息。

（2）居民个人取得综合所得，按年计算个人所得税；有扣缴义务人的，由扣缴义务人按月或者按次预扣预缴税款；需要办理汇算清缴的，应当在取得所得的次年3月1日至6月30日内办理汇算清缴。

非居民个人取得工资、薪金所得，劳务报酬所得，稿酬所得和特许权使用费所得，有扣缴义务人的，由扣缴义务人按月或者按次代扣代缴税款，不办理汇算清缴。

（3）纳税人取得经营所得，按年计算个人所得税，由纳税人在月度或者季度终了后15日内向税务机关报送纳税申报表，并预缴税款；在取得所得的次年3月31日前办理汇算清缴。

（4）纳税人取得利息、股息、红利所得，财产租赁所得，财产转让所得和偶然所得，按月或者按次计算个人所得税，有扣缴义务人的，由扣缴义务人按月或者按次代扣代缴税款。

（5）特殊情况处理：

①纳税人取得应税所得没有扣缴义务人的，应当在取得所得的次月15日内向税务机关报送纳税申报表，并缴纳税款。

②纳税人取得应税所得，扣缴义务人未扣缴税款的，纳税人应当在取得所得的次年6月30日前，缴纳税款；税务机关通知限期缴纳的，纳税人应当按照期限缴纳税款。

③居民个人从中国境外取得所得的，应当在取得所得的次年3月1日至6月30日内申报纳税。

④非居民个人在中国境内从两处以上取得工资、薪金所得的，应当在取得所得的次月15日内申报纳税。

⑤纳税人因移居境外注销中国户籍的，应当在注销中国户籍前办理税款清算。

（6）扣缴义务人每月或者每次预扣、代扣的税款，应当在次月15日内缴入国库，并向税务机关报送扣缴个人所得税申报表。纳税人办理汇算清缴退税或者扣缴义务人为纳税人办理汇算清缴退税的，税务机关审核后，按照国库管理的有关规定办理退税。

经典题解

【例题·多选题】根据《中华人民共和国个人所得税法》的规定，有下列（　）情形之一的，纳税人应当依法办理纳税申报。（2020年）

A. 取得偶然所得

B. 取得境外所得

C. 取得应税所得没有扣缴义务人

D. 取得转让不动产所得

E. 取得综合所得需要办理汇算清缴

【解析】有下列情形之一的，纳税人应当依法办理纳税申报：①取得综合所得需要办理汇算清缴；②取得应税所得没有扣缴义务人；③取得应税所得，扣缴义务人未扣缴税款；④取得境外所得；⑤因移居境外注销中国户籍；⑥非居民个人在中国境内从两处以上取得工资、薪金所得；⑦国务院规定的其他情形。

【答案】BCE

考点9　财产税★★

含义	财产税是对所有以财产为课税对象的税种的总称 我国现行税制中属于财产税类的税种主要有房产税、车船税等
优点	（1）符合税收的纳税能力原则 （2）课税对象是财产价值，税源比较充分且相对稳定，不易受经济变动因素的影响 （3）征税原则是有财产者纳税，无财产者不纳税，财产多者多纳税，财产少者少纳税，因此，财产税具有收入分配功能，征收财产税在一定程度上有助于避免社会财富分配不均 （4）财产持有者在财产使用上一般不与他人发生经济关系，财产税属于直接税，不易转嫁，政府征收财产税增加了有产者的负担，同时等于相对减轻了无产者的负担
缺点	（1）税收负担存在一定的不公平性，因为纳税人财富的主要评价标准是收入，而不仅仅是财产，尤其是财产中的动产，常常成为隐匿的对象，不动产的估价一般也比较难，征收管理不易掌握 （2）收入弹性较小，为满足财政需要而变动财产税收入是很困难的 （3）在经济不发达时期，课征财产税会减少投资者的资本收益，降低投资者的投资积极性，因此在一定程度上对资本的形成可能带来障碍

考点10　房产税★★★

（一）房产税的基本概念

含义	是以房屋为征税对象，按照房屋的计税价值或租金收入向产权所有人征收的一种税

续表

纳税人	在我国城市、县城、建制镇和工矿区内拥有房屋产权的单位和个人 具体包括产权所有人、承典人、房产代管人或者使用人
征税对象	房屋
征税范围	征税范围为城市（经国务院批准设立的市）、县城、建制镇和工矿区的房屋 (1) 征税范围不包括农村的房屋 (2) 在工矿区开征房产税必须经省、自治区、直辖市人民政府批准 (3) 独立于房屋之外的建筑物，如围墙、烟囱、水塔、菜窖、室外游泳池等不属于房产税的征税范围

（二）税率及计税依据

税率	采用比例税率的形式 从价计征的，税率为 1.2%；从租计征的，税率为 12%	
计税依据	从价计征	(1) 是以房产余值为计税依据 房产余值等于房产原值一次减除 10%～30%后的余值 具体减除幅度，由省、自治区、直辖市人民政府规定 (2) 没有房产原值作为依据的，由房产所在地税务机关参考同类房产核定
	从租计征	(1) 以房屋出租取得的租金收入为计税依据 (2) 计征房产税的租金收入不含增值税

（三）征收管理

纳税义务发生时间	(1) 纳税人将原有房产用于生产经营，从生产经营之月起缴纳房产税 (2) 纳税人自行新建房屋用于生产经营，从建成之次月起缴纳房产税 (3) 纳税人委托施工企业建设的房屋，从办理验收手续之次月起缴纳房产税 (4) 纳税人购置新建商品房，自房屋交付使用之次月起缴纳房产税 (5) 纳税人购置存量房，自办理房屋权属转移、变更登记手续，房地产权属登记机关签发房屋权属证书之次月起缴纳房产税 (6) 纳税人出租、出借房产，自交付出租、出借房产之次月起缴纳房产税 (7) 房地产开发企业自用、出租、出借本企业建造的商品房，自房屋使用或交付之次月起缴纳房产税 (8) 纳税人因房产的实物或权利状态发生变化而依法终止房产税纳税义务的，其应纳税款的计算截至房产的实物或权利状态发生变化的当月末
纳税地点	(1) 房产所在地 (2) 房产不在同一地方的纳税人，应按房产的坐落地点分别向房产所在地的税务机关申报纳税
纳税期限	实行按年计算、分期缴纳的征收方法，具体纳税期限由省、自治区、直辖市人民政府规定

经典题解

【例题·多选题】下列建筑物中，不属于房产税的征税范围的有（　　）。(2020年)

A. 农村的房屋

B. 农村的菜窖

C. 城市的露天游泳池

D. 县城的商铺

E. 市区的房屋

【解析】房产税的征税对象是房屋。征税范围为城市、县城、建制镇和工矿区的房屋。独立于房屋之外的建筑物，如围墙、烟囱、水塔、菜窖、室外游泳池等不属于房产税的征税范围。

【答案】ABC

考点11　车船税★★

《中华人民共和国车船税法》自2012年1月1日起施行。制定车船税法具有重要意义：一是体现税收法定原则；二是促进税收法律体系建设；三是通过立法完善税制，体现税负公平；四是作为第一部由条例上升为法律的税法和第一部地方税收的法律具有标志性作用。

纳税人	在中华人民共和国境内属于《中华人民共和国车船税法》所附《车船税税目税额表》规定的车辆、船舶的所有人或者管理人
计税依据	乘用车按排气量，客车按载客人数，摩托车按辆，其他车辆按整备质量，机动船舶按净吨位，游艇按艇身长度
适用税额	车辆具体适用税额由省、自治区、直辖市人民政府确定 船舶具体适用税额由国务院确定
额外说明	（1）我国目前对乘用车征缴3种税收，即车辆购置税、燃油消费税和车船税。车船税是在保有环节征收的税种 （2）这3个税种各有侧重，功能不同，不存在重复征税或重复设置问题

经典题解

【例题·多选题】目前我国对乘用车征收的税种主要有（　　）。

A. 车辆购置税

B. 燃油消费税

C. 印花税

D. 车船税

E. 关税

【解析】目前我国对乘用车征收的税种主要有3个，即车辆购置税、燃油消费税和车船税。

【答案】ABD

第十五章　政府预算

考点1　政府预算的含义★★

政府预算是指具有法律规定和制度保证的、经法定程序审核批准的政府年度财政收支计划。政府预算制度最早出现在英国。

从技术方面看	(1) 在形式上，政府预算是政府的财政收支计划，以预算平衡表的形式体现，预算表反映了政府资金的来源和流向，体现了政府的年度工作重点和方向 (2) 在内容上，政府预算是政府对财政收支的计划安排，反映可供政府集中支配的财政资金数量的多少，是财政部门按法定程序管理财政资金的活动 【提示】政府预算是政府理财的主导环节和基本环节
从政治方面看	政府预算是重大的政治行为 (1) 政府预算指标背后反映的是政府在做什么和不做什么之间做出的选择 (2) 政府预算反映了支出上的优先权 (3) 政府预算反映了政府准备购买的具体公共物品和服务及其成本
从本质方面看	(1) 政府预算是国家和政府意志的体现 (2) 政府预算需要经过国家权力机关的审查和批准才能生效，是一个重要的法律性文件（属于年度立法）

政府预算作为规范政府财政经济行为的一种制度安排，是社会政治经济活动的产物，是一个历史范畴。政府预算是在近代政治制度、经济制度演进过程中产生的，是新兴资产阶级同封建专制统治进行斗争的产物。其具体表现形式是政府的年度财政收支计划。

经典题解

【例题·单选题】政府理财的主导和基本环节是（　　）。(2016 年)

A. 信贷计划

B. 政府预算

C. 国民经济发展计划

D. 年度投资计划

【解析】政府预算是政府理财的主导环节和基本环节，选项 B 正确。

【答案】B

考点 2　政府预算的职能★

职能	具体内容
反映政府部门的活动	作为政府收支安排的一个基本计划，政府预算反映和规定了政府在预算年度内的活动范围、方向和重点
监督政府部门收支运作的情况	作为我国各级人民代表大会审议的一个重要文件，政府预算是人大代表和人民群众监督政府收支运作的途径和窗口
控制政府部门的支出	由各级人民代表大会审议、批准的政府预算，实质上是对政府支出规模的一种法定授权 (1) 只有在授权范围内的支出，才是合法和有效的 (2) 超出授权范围的支出，即便是必需的也要以预算调整案的形式提交同级人民代表大会常务委员会审议、批准

考点 3　政府预算的原则★★

（1）政府预算原则是指政府选择预算形式、体系和在预算编制、审查、执行过程中所必须遵循的指导思想，是制订政府财政收支计划的重要方针。

（2）早期注重控制性，后来强调周密性，再后来强调功能性。

（3）功能预算理论创建于凯恩斯时代初期，以凯恩斯经济理论为基础，主张预算政策要以财政措施的实施结果作为安排政府预算收支的依据。

原则	具体内容
完整性原则	（1）政府预算必须包括政府所有的财政收入和支出内容 （2）所有法律准许的政府财政活动都要在预算中清楚地列出，不应另设其他财政收支账目 （3）政府所有的财政活动都不能脱离预算管理，非政府交易活动必须排除在外
统一性原则	在分级财政体制中，中央和地方各级政府预算必须按统一的预算科目，统一的口径、程序来计算、填列和编制统一的预算
可靠性原则	也称为“谨慎性”原则，是指各级政府预算必须建立在积极、稳健、可靠的基础上，有充分而确实的依据，预算数应尽量准确地反映可能出现的结果
合法性原则	（1）政府预算的成立、预算执行中的调整和预算执行结果都必须经过立法机关审查批准 （2）这是政府必须对纳税人负责的理念的重要体现
公开性原则	政府预算的内容及其执行情况，除少数涉及国家秘密的信息外，必须明确并采取一定的形式公之于众
年度性原则	（1）政府预算的编制和执行，都要有时间上的界定，即收支预算的起讫时间 （2）政府预算起讫时间通常为 1 年，称为预算年度 （3）世界各国采用的预算年度有两种：历年制和跨年制 ①历年制从每年的 1 月 1 日起至同年的 12 月 31 日止为一个预算年度，如中国、德国、法国等 ②跨年制从每年某月某日至下一年相应日期的前一日止，中间经历 12 个月，但要跨两个年份，如美国、英国、日本等

经典题解

【例题·单选题】政府预算活动的每个环节都必须根据法定程序进行，政府预算的成立、预算执行中的调整和预算执行结果都必须经过立法机关审查批准，这是政府预算（　　）原则的要求。（2016 年）

A. 统一性

B. 公开性

C. 合法性

D. 完整性

【解析】政府预算的合法性原则是指政府预算活动的每个环节都必须按照法定程序进行，政府预算的成立、预算执行中的调整和预算执行结果都必须经过立法机关审查批准。

【答案】C

考点 4 政府预算的分类★★

按预算编制形式分类	单式预算	(1) 是将政府财政收支汇集编入一个总预算之内，形成一个收支项目安排对照表 (2) 优点：简单明了，整体性强，能够清晰反映政府财政收支全貌，有利于公众监督政府预算的实施；便于编制，易于操作 (3) 缺点：没有区分各项财政收支的经济性质，不利于政府对复杂的财政活动进行深入分析、管理和监督
	复式预算	(1) 复式预算一般由经常预算和资本预算组成 ①经常预算主要以税收为收入来源，以行政事业项目为支出对象 ②资本预算主要以国债为收入来源，以经济建设项目为支出对象 (2) 优点：一是由于区分了政府预算收入和支出的经济性质以及用途，便于政府科学安排预算收支结构，突出重点，分类控制预算收支平衡；二是便于政府灵活运用资本性投资和国债等手段，对宏观经济运行实施宏观调控 (3) 缺点：编制和实施比较复杂，有一定难度
按预算编制依据的内容和方法分类	增量（基数）预算	(1) 是指新预算年度的财政收支计划指标在以前预算年度基础上，按新预算年度经济发展情况加以调整后确定 (2) 优点：增量预算保持了各项财政收支指标的连续性，这是一种传统的预算编制方法
	零基预算	(1) 是指新预算年度财政收支计划指标的确定，不考虑以前年度的财政收支执行情况，只以新预算年度经济社会发展情况和财力可能为依据，重新评估各项收支的必要性及其所需金额的一种预算形式 (2) 优点：有利于克服增量预算下政府财政收支指标刚性增长的弊端，提高预算支出效率
按预算作用时间长短分类	年度预算	预算有效期为 1 年的政府预算
	多年预算	(1) 多年预算是指对连续多个年度（一般为 3~5 年）的财政收支进行预测、规划或规定的一种财政计划形式 (2) 编制多年预算一般都是采取逐年递推或滚动的形式，即多年预算每年编制 1 次，每次向前滚动 1 年 (3) 多年预算一般不具有法律效力，不需要经过国家权力机关的批准
按预算收支平衡状况分类	平衡预算	(1) 是指预算收入基本等于预算支出的预算 (2) 在实际工作中，略有结余或略有赤字的预算通常也被视为平衡预算
	差额预算	是指预算收入大于或小于预算支出的预算，包括收入大于支出的盈余预算和支出大于收入的赤字预算

续表

按预算项目是否直接反映经济效益分类	投入预算	用来控制各项支出用途和金额的预算
	绩效预算	是指先由政府部门确定需要履行的职能以及为履行职能需要消耗的资源，在此基础上制定绩效目标，并用量化指标来衡量其在实施每项计划过程中取得的成绩和完成工作的情况
	规划-项目预算	（1）是指根据国家的经济现状与发展趋势以及国家当前所要达到的总体目标，利用系统分析以及成本-效益分析等工具来评估各项公共计划的成本效益，协助政府拟定最优决策，以利于国家经济资源合理配置的一种预算制度 （2）核心是使用成本-效益和成本-有效性分析
按预算管理层级分类	中央预算	是指中央政府的预算，由中央各部门预算、中央对地方税收返还和转移支付、地方向中央上解收入等组成
	地方预算	是指由地方各级政府预算组成的预算，包括本级各部门的预算、上级政府对下级政府税收返还和转移支付、下级政府向上级政府上解收入等

经典题解

【例题·单选题】下列关于政府多年预算的说法中，正确的是（　　）。（2017年）

A. 多年预算必须经过国家权力机关批准

B. 多年预算一般具有法律效力

C. 多年预算每3~5年编制一次

D. 编制多年预算一般采取逐年递推或滚动的形式

【解析】多年预算一般不具有法律效力，不需要经过国家权力机关的批准，选项AB错误；多年预算每年编制一次，选项C错误。

【答案】D

考点5 我国政府预算职权划分★★

机关、部门、单位		预算管理职权
立法机关	各级人民代表大会	全国人民代表大会： （1）有权审查中央和地方预算草案及中央和地方预算执行情况的报告 （2）批准中央预算和中央预算执行情况的报告 （3）改变或者撤销全国人民代表大会常务委员会关于预算、决算的不适当的决议
		县级以上地方各级人民代表大会： （1）有权审查本级总预算草案及本级总预算执行情况的报告 （2）批准本级预算和本级预算执行情况的报告 （3）改变或者撤销本级人民代表大会常务委员会关于预算、决算的不适当的决议，撤销本级政府关于预算、决算的不适当的决定和命令 【注意】设立预算的乡、民族乡、镇的人民代表大会有权审查和批准本级预算和本级预算执行情况的报告，监督本级预算的执行，审查和批准本级预算的调整方案，审查和批准本级决算，撤销本级政府关于预算、决算的不适当的决定和命令

续表

机关、部门、单位		预算管理职权
立法机关	各级人民代表大会常务委员会	全国人民代表大会常务委员会： （1）有权监督中央和地方预算的执行 （2）审查和批准中央预算的调整方案以及中央决算 （3）撤销国务院制定的同宪法、法律相抵触的关于预算、决算的行政法规、决定和命令，撤销省、自治区、直辖市人民代表大会及其常务委员会制定的同宪法、法律和行政法规相抵触的关于预算、决算的地方性法规和决议
		县级以上地方各级人民代表大会常务委员会： （1）有权监督本级总预算的执行 （2）审查和批准本级预算的调整方案以及本级政府决算 （3）撤销本级政府和下一级人民代表大会及其常务委员会关于预算、决算的不适当的决定、命令和决议
县级以上人民政府		（1）组织编制本级预算草案和决算草案，向本级人民代表大会做关于本级总预算草案的报告 （2）组织本级总预算执行（组织权） （3）决定本级预算预备费动用（决定权） （4）编制本级预算调整方案 （5）监督本级各部门和下级政府的预算执行 （6）改变或者撤销本级各部门和下级政府关于预算、决算方面的不适当的决定或命令 （7）向本级人民代表大会及其常务委员会报告本级总预算的执行情况
各级政府财政部门		（1）具体编制本级预算草案、本级预算的调整方案和本级决算草案 （2）具体组织本级总预算的执行 （3）提出本级预算预备费动用方案（提出权） （4）定期向本级政府和上一级政府财政部门报告本级总预算的执行情况
各级政府业务主管部门		（1）制定本部门预算具体执行办法 （2）编制本部门预算草案和决算草案 （3）组织和监督本部门预算的执行 （4）定期向本级政府财政部门报告预算的执行情况
各单位		（1）编制本单位的预算、决算草案 （2）按照规定上缴预算收入、安排预算支出 （3）接受政府财政、审计等有关部门的监督
审计机关		对各级人民政府及其各部门、国有的金融机构和企业事业组织及其他依照规定应当接受审计的**财政收支**、**财务收支**的真实、合法和效益进行审计监督

考点 6　一般公共预算★★

一般公共预算是指政府凭借**国家政治权力**，以社会管理者身份筹集以税收为主体的财政收入，用于保障和改善民生、维持国家行政职能正常运转、保障国家安全等方面的收支预算。

目前，我国每年统计公报公布的财政收入、财政支出、财政赤字的数字，是就一般公共预算而言的。

类别	具体内容
一般公共预算收入项目	税收收入：占财政收入的90%左右 非税收入：包括专项收入、行政事业性收费收入、罚没收入、国有资本经营收入、国有资源（资产）有偿使用收入和其他收入等
一般公共预算支出项目	按支出功能分类：一般公共服务、外交、国防、公共安全、教育、科学技术等 按支出经济性质分类：工资福利支出、商品和服务支出等 （收入与支出并不一一对应）

经典题解

【例题·单选题】我国政府预算体系的基础是（　　）。（2013年）

A. 政府性基金预算

B. 一般公共预算

C. 国有资本经营预算

D. 社会保险基金预算

【解析】一般公共预算是政府预算体系的基础，选项B正确。

【答案】B

考点7　政府性基金预算★★

政府性基金	（1）政府性基金是指各级人民政府及其所属部门根据法律、行政法规和中共中央、国务院文件的规定，为支持特定公共基础设施建设和公共事业发展，向公民、法人和其他组织无偿征收的具有专项用途的财政资金 （2）政府性基金项目由财政部审批，重要的政府性基金项目须报国务院审批
政府性基金预算	（1）政府性基金预算是指政府通过向社会征收基金、收费以及出让土地、发行彩票等方式取得收入，专项用于支持特定基础设施建设和社会事业发展的收支预算。政府性基金预算与财政预算一样，同属于政府预算的范畴 （2）管理原则：以收定支、专款专用、结余结转下年继续使用 （3）政府性基金预算与财政预算的不同主要表现在资金的管理方式上，政府性基金预算的收入具有指定用途、专款专用的特征；政府性基金支出主要是按照专款专用的原则，与基金预算收入一一对应

考点8　国有资本经营预算★★

含义	（1）国有资本经营预算是国家以所有者身份依法取得国有资本收益，并对所得收益进行分配而发生的各项收支预算，是政府预算的重要组成部分 （2）国有资本经营预算支出按照当年预算收入规模安排，不列赤字
核心	国有资本经营预算制度的核心是调整国家和国有企业之间的分配关系，是实现国有资本经营管理战略目标的重要手段

续表

编制原则	（1）统筹兼顾，适度集中 （2）相对独立，相互衔接 （3）分级编制，逐步实施
收支范围	（1）国有资本经营预算收入主要包括从国家出资企业取得的利润、股利、股息和国有产权（股权）转让收入、清算收入等 （2）国有资本经营预算支出主要用于对重要企业补充资本金和弥补一些国有企业的改革成本等。从2010年开始，中央国有资本经营预算提交全国人民代表大会审查批准

经典题解

【例题·单选题】 国有资本经营预算制度的核心是（　　）。（2016年）

A. 调整私有企业和国有企业之间的分配关系

B. 调整国有资本经营预算与社会保险基金预算之间的关系

C. 调整国家和国有企业之间的分配关系

D. 调整国有资本经营预算与政府性基金预算之间的关系

【解析】 国有资本经营预算制度的核心是调整国家和国有企业之间的分配关系，选项C正确。

【答案】 C

考点9　社会保险基金预算★★

社会保险基金预算是指政府通过社会保险缴款、一般公共预算安排和其他方式筹集的资金，专项用于社会保险的收支预算。2010年国务院决定试编社会保险基金预算，2013年正式提交全国人民代表大会。

指导思想和原则	社会保险基金预算坚持以科学发展观为指导 社会保险基金预算遵循以下基本原则： （1）依法建立，规范统一 （2）统筹编制，明确责任 （3）专项基金，专款专用 （4）相对独立，有机衔接。社会保险基金不能用于平衡财政预算，财政预算可补助社会保险基金 （5）收支平衡，留有结余
编制范围	社会保险基金预算按险种分别编制，包括企业职工基本养老保险基金、城乡居民基本养老保险基金、失业保险基金、城镇职工基本医疗保险基金、居民基本医疗保险基金、工伤保险基金、生育保险基金等内容
编制方法	（1）社会保险基金收入预算的编制应综合考虑统筹地区上年度基金预算执行情况、本年度经济社会发展水平预测及社会保险工作计划等因素 （2）社会保险基金支出预算的编制应综合考虑统筹地区本年度享受社会保险待遇人数变动、经济社会发展状况、社会保险政策调整及社会保险待遇标准变动等因素
编报和审批	全国社会保险基金预算草案由人力资源和社会保障部汇总编制，经财政部审核后，由财政部、人力资源和社会保障部联合向国务院报告

续表

执行和调整	社会保险基金预算不得随意调整
决算	全国社会保险基金决算草案由人力资源和社会保障部汇总编制，经财政部审核后，由财政部、人力资源和社会保障部联合向国务院报告

经典题解

【例题·单选题】全国社会保险基金预算草案的汇总编制单位是（　　）。（2020年）

A. 财政部

B. 人力资源和社会保障部

C. 全国社会保障基金理事会

D. 国家发展和改革委员会

【解析】全国社会保险基金预算草案由人力资源和社会保障部汇总编制，经财政部审核后，由财政部、人力资源和社会保障部联合向国务院报告。

【答案】B

考点10　四类预算之间的关系★

四类预算之间既相互独立又有机衔接。

（1）从独立性看，每一类预算与政府预算的关系都是局部与全局的关系，它们各自有不同的收入来源、支出用途和管理方式，不可相互混用，特别是社会保险基金预算不能用于平衡一般公共预算等其他预算。

（2）从衔接性看，一般公共预算中安排了大量社会保障支出；国有资本经营预算和政府性基金预算中，都可以调剂部分资金用于社会保障。

考点11　预算编制制度★★

（一）建立部门预算制度

1. 基本概念

部门预算是指政府部门依据国家有关政策法规及其履行职能需要，由基层单位开始编制，逐级上报、审核、汇总，经财政部门审核后提交立法机关依法批准的涵盖部门各项收支的年度财政收支计划。

（1）部门预算制度是市场经济国家财政预算管理的基本形式。

（2）部门收入预算编制采用标准收入预算法。部门支出预算编制采用零基预算法。

（3）支出预算包括基本支出预算和项目支出预算。

基本支出预算实行定员定额管理。项目支出预算要进行科学论证和合理排序，纳入项目库，编制中长期项目安排计划，结合财力状况，在预算中优先安排急需可行的项目。在此基础上，编制具有综合财政预算特点的部门预算。

2. 编制程序

部门预算采取自下而上的编制方式，编制程序实行“两上两下”的基本流程。

"一上"	部门编制部门预算建议数，上报同级财政部门
"一下"	财政部门对各部门上报的预算建议数审核、平衡后，汇总成本级预算初步方案报同级政府，经政府批准后向各部门下达预算控制限额
"二上"	各部门根据财政部门下达的预算控制限额，编制部门预算草案上报同级财政部门
"二下"	财政部门在对各部门上报的预算草案审核后，汇总成本级预算草案和部门预算草案，报经政府审批后，提交本级人民代表大会审议，并在本级人民代表大会批准预算草案后一个月内向本级各部门批复预算，各部门应当在财政部门批复本部门预算之日起15日内批复所属各单位的预算，并负责具体执行

3. 建立部门预算制度的重要意义

（1）实行综合预算，统一了预算分配权，实现了预算编制的统一性，增强了预算的透明度，提高了预算分配的规范性和完整性；

（2）通过加强结余资金管理、引入绩效评价等，增强了预算管理的科学性，提高了财政资源配置效率和财政资金使用效益；

（3）确立了部门作为部门预算主体的地位，承担着预算管理责任，部门财权与事权相结合，有利于提高政府宏观调控和各部门统筹安排资金的能力，有利于推动部门和行业事业发展；

（4）预算从基层编起，经过部门审核汇总、财政综合平衡，再报政府审定、人民代表大会审批，使预算形成的链条更加严密，增强了预算决策的科学化和民主化，预算法治性约束大大增强，有效地规范了政府的管财行为、财政的理财行为和部门的用财行为。

（二）将预算外资金纳入预算管理

财政部决定从2011年1月1日起，将按预算外资金管理的收入（不含教育收费）全部纳入预算管理。

项目	具体内容
预算管理方式	（1）中央各部门、各单位的教育收费作为本部门的事业收入，纳入财政专户管理，收缴比照非税收入收缴管理制度执行 （2）中央部门预算外收入全部上缴中央国库，支出通过财政预算或政府性基金预算安排。其中，交通运输部集中的航道维护收入纳入政府性基金预算管理 （3）中央部门收取的主管部门集中收入、国有资产出租出借收入、广告收入、捐赠收入、回收资金、利息收入等预算外收入纳入一般预算管理，使用时用于收入上缴部门的相关支出，专款专用
收入预算级次和支出安排原则	预算外收入纳入预算管理后，收入预算级次保持不变，原上缴中央财政专户的收入上缴中央国库
将预算外资金纳入预算管理的重要意义	（1）有利于加强财政资金管理，增强了财政预算的完整性，有利于充分发挥财政的调控职能 （2）有利于完善预算分配制度，进一步提高财政管理水平，推动加快建立由财政预算、国有资本经营预算、政府性基金预算和社会保障预算组成的有机衔接的政府预算体系 （3）有利于规范管理，提高依法理财的水平，有利于从源头上预防腐败

经典题解

【例题·单选题】我国开始将预算外资金管理的收入（不含教育收费）全部纳入预算管理的时间是（　　）。(2019年)

A. 2011年1月1日

B. 2010年1月1日

C. 2009年1月1日

D. 2008年1月1日

【解析】为贯彻落实全国人民代表大会和国务院的有关规定，财政部决定从2011年1月1日起，将按预算外资金管理的收入（不含教育收费）全部纳入预算管理。

【答案】A

考点12　预算执行制度★

预算执行制度是政府预算制度的重要组成部分，是预算实施的关键环节。

1. 建立国库集中收付制度

将传统的财政资金银行账户管理体系和资金缴拨方式，改为以国库单一账户体系为基础、资金缴拨以国库集中收付为主要形式的财政国库管理制度。

该制度的主要内容：

(1) 取消各部门在商业银行开设的账户，建立以财政部门为主体的国库单一账户体系；

(2) 规范财政性资金收缴方式，对政府财政收入分别实行直接缴库和集中汇缴制度，取消各执收单位自行开设和管理的收入过渡账户，所有收入通过代理银行直接缴入国库或财政专户；

(3) 改变财政资金分散拨付方式，由财政部门根据不同支付主体，对不同类型的支出分别采取财政直接支付和财政授权支付等方式。

2. 建立国库集中收付制度的意义

(1) 加强了预算执行过程的监督控制。以国库单一账户体系为基础的电子化监控系统，从根本上加强了事前监督和事中监督。

(2) 提高了预算执行管理信息的透明度。

(3) 增强了财政宏观调控能力。

3. 实行政府采购制度

政府采购运行机制实行集中采购与分散采购相结合，以集中采购为主、分散采购为辅；公开招标与非公开招标相结合；委托采购与自行采购相结合。

实行政府采购制度，要科学编制政府采购年度预算，为政府采购提供有效依据，提高政府采购的效率和效益。

经典题解

【例题·多选题】我国政府采购的运行机制有（　　）。(2018年)

A. 委托采购与自行采购相结合

B. 公开招标与非公开招标相结合

C. 集中采购与分散采购相结合

D. 以分散采购为主、集中采购为辅

E. 以集中采购为主、分散采购为辅

【解析】政府采购运行机制实行集中采购与分散采购相结合，以集中采购为主、分散采购为辅；公开招标与非公开招标相结合；委托采购与自行采购相结合，选项D错误。

【答案】ABCE

考点13 实施全面规范、公开透明预算制度的主要内容★★

（1）建立健全预算编制、执行、监督相互制约、相互协调机制。

（2）完善政府预算体系。

（3）建立跨年度预算平衡机制。

（4）实施中期财政规划管理。

（5）全面推进预算绩效管理。

（6）建立政府资产报告制度。

①政府资产报告制度是对政府各类资产进行计量、汇总、分类和上报等的制度性安排，是政府资产管理应遵循的原则、方法和程序的总称。

政府资产包括行政事业单位占有使用资产、政府经管资产、企业国有权益等。

②政府资产报告通常包括政府资产报表和政府资产分析报告两部分。

建立政府资产报告制度，对全面掌握政府家底、夯实政府资产管理基础、反映政府资产管理绩效、推进政府资产管理与预算管理相结合、加强地方政府性债务管理具有重要意义。

（7）建立权责发生制政府综合财务报告制度。

政府综合财务报告由各级政府财政部门在合并各部门财务报告的基础上编制而成，主要反映各级政府整体财务状况、运行情况和财政中长期可持续性。

政府综合财务报告主要包括政府资产负债表、收入费用表等财务报表和报表附注，以及以此为基础进行的综合分析等。

（8）建立财政库底目标余额管理制度。

其主要内容：①建立国库现金流量预测制度；②完善国库现金管理银行账户、资金清算及核算体系；③健全完善国库现金管理投融资运行机制；④完善国库现金管理风险监控管理机制。

（9）推进预算、决算公开。

除涉密信息外，政府预算、决算支出全部细化公开到功能分类的“项”级科目，专项转移支付预算、决算按项目、按地区公开。积极推进财政政策公开。同时，扩大部门预算、决算公开范围，细化部门预算、决算公开内容，逐步将部门预算、决算公开到“基本支出”和“项目支出”。

经典题解

【例题·多选题】政府综合财务报告主要包括（　　）。

A. 政府资产负债表

B. 收入费用表

C. 政府资产报表

D. 报表附注

E. 政府资产分析报告

【解析】政府综合财务报告主要包括政府资产负债表、收入费用表等财务报表和报表附注，以及以此为基础进行的综合分析等。

【答案】ABD

第十六章　财政管理体制

本章视频详解
使用“会计云课堂”App/微信扫码听课

考点 1　财政管理体制的含义★★

财政管理体制是指国家管理和规范中央与地方政府之间以及地方各级政府之间划分财政收支范围和财政管理职责与权限的一项根本制度。

广义	主要包括政府预算管理体制、税收管理体制、公共部门财务管理体制
狭义	是指政府预算管理体制 （1）政府预算管理体制是财政管理体制的中心环节 （2）政府预算管理体制规定了各级政府间的财力划分，规定了预算资金使用的范围、方向和权限

经典题解

【例题·多选题】广义的财政管理体制主要有（　　）。（2018年）

A. 公共部门财务管理体制

B. 国有企业管理体制

C. 国有资本管理体制

D. 税收管理体制

E. 政府预算管理体制

【解析】广义的财政管理体制包括政府预算管理体制、税收管理体制和公共部门财务管理体制等。

【答案】ADE

考点 2　财政管理体制的内容★★

（一）财政分配和管理机构的设置

与政府管理体制相适应，目前我国的财政管理机构分为中央、省（自治区、直辖市）、设区的市（自治州）、县（自治县、不设区的市、市辖区）、乡（民族乡、镇）五级。各级财政部门内部又设置不同业务分工的机构，分别负责各项业务管理工作。

经典题解

【例题·单选题】目前我国的财政管理机构分为（　　）级。（2020年）

A. 五　　B. 三

C. 四　　D. 六

【解析】目前我国的财政管理机构分为中央、省（自治区、直辖市）、设区的市（自治州）、县（自治县、不设区的市、市辖区）、乡（民族乡、镇）五级。

【答案】A

（二）政府间事权及支出责任的划分

（1）财政管理体制作为划分各级政府间财政关系的根本制度，其依据是政府职能界定和政府间事权划分。

（2）政府间财政支出划分是财政管理体制的基础性内容。

划分原则	具体内容
受益原则	根据公共产品和服务的受益范围来划分政府间事权 （1）对于全国范围内受益的事权划归中央政府 （2）对于在区域范围内受益的事权划归地方政府 （3）对于受益范围涉及多个区域的事权划归相关地区政府协商承担，或者中央政府出面协调由受益地区共同承担
效率原则	根据产品的配置效率来确定事权的归属
区域原则	根据公共产品和服务的区域性来划分政府间事权 （1）将没有区域性特征、需要按统一规划和标准提供的全国性公共产品和服务的事权划归中央政府，如外交、国防事务等 （2）将具有区域性特征、需要因地制宜提供的地区性公共产品和服务的事权划归地方政府，如社会治安、城市供水、公园事务等
技术原则	根据公共产品和服务的规模大小、技术难易程度来划分政府间事权。对于规模庞大、需要高技术才能完成的公共产品和服务，应由中央政府负责，如三峡工程、青藏铁路等公共工程；反之，应由地方政府负责

经典题解

【例题·多选题】不同层次的政府间事权及支出责任划分的原则有（　　）。(2017 年)

A. 恰当原则　　B. 受益原则
C. 效率原则　　D. 区域原则
E. 技术原则

【解析】政府间事权及支出责任划分一般应遵循的重要原则有受益原则、效率原则、区域原则和技术原则。

【答案】BCDE

（三）政府间财政收入的划分

（1）税种属性是决定政府间财政收入划分的主要标准。

（2）市场经济成熟国家一般遵循以下几个重要原则。

划分原则	具体内容
集权原则	收入份额较大的主体税种划归中央政府
效率原则	（1）将一些流动性较强的收入作为中央政府收入 （2）将一些流动性不强的收入（如以土地为课税对象的收入）、地方政府比较了解税基等基本信息的相对稳定的收入划归地方政府，既易于操作，征税效率也比较高
恰当原则	（1）将一些调控功能较强的税种作为中央政府收入 （2）对于体现国家主权的收入（如关税）作为中央政府收入
收益与负担对等原则	对于收益与负担能够直接对应的收入（如使用费等），一般作为地方政府收入

（3）根据国际经验，政府间财政收支划分呈现的基本特征是收入结构与支出结构的非对称性安排。收入结构划分以中央政府为主，支出结构划分则以地方政府为主。

经典题解

【例题·单选题】 根据政府间财政收入划分原则，一般应作为地方政府财政收入的是（　　）。(2013年)

A. 流动性强的税收收入

B. 调控功能比较强的税收收入

C. 收入份额较大的主体税种收入

D. 收益与负担能够直接对应的使用费收入

【解析】 对于收益与负担能够直接对应的收入（如使用费等），一般作为地方政府收入，选项D正确。

【答案】 D

考点3　财政管理体制的类型和作用★★

（一）财政管理体制的类型

类型	内容	代表国家
财政联邦制模式	(1) 联邦政府与州政府之间的权力划分遵循“州余权主义”原则，即在宪法中未指明或者未列举的联邦权属之外的事务，州有权立法和实施 (2) 中央财政与地方财政之间、地方上级财政与下级财政之间没有整体关系 (3) 政府间的财政联系主要依靠分税制和转移支付制度来实现	美国、加拿大、德国、澳大利亚、俄罗斯、墨西哥、印度等
财政单一制模式	(1) 财政单一制模式下的财政管理体制是指中央和地方各级政府在中央统一领导下，根据事权划分及与之相适应的财权财力划分，统一财政预算和分级管理的一种体制 (2) 财政单一制模式下，财政大政方针和主要的规章制度由中央统一制定、安排，地方在中央决策和授权范围内对财政活动进行管理 (3) 财政单一制模式下，地方政府拥有的分权水平较低，自主性较小	法国、英国、日本、韩国、意大利等

（二）改革开放后我国财政管理体制的变化

中华人民共和国成立以来，从总体上讲，我国一直实行统收统支、高度集中的财政管理体制；改革开放后，实行了“包干型”财政管理体制；1994年开始实施分税制财政体制。

（三）财政管理体制的作用

(1) 保证各级政府和财政职能的有效履行；

(2) 调节各级和各地政府及其财政之间的不平衡；

(3) 促进社会公平，提高财政效率。

经典题解

【例题·单选题】 下列关于联邦制的财政管理体制的说法中，正确的是（　　）。(2018年)

A. 美国、英国、法国都实行联邦制的财政管理体制

B. 在联邦制的财政管理体制下，地方财政由中央财政统一管理

C. 在联邦制的财政管理体制下，政府间的财政联系主要依靠分税制和转移支付制度来实现

D. 在联邦制的财政管理体制下，地方政府拥有的分权水平较低，自主性较小

【解析】 法国、英国、日本、韩国、意

大利等国家实行财政单一制模式，选项 A 错误；在财政单一制模式下，地方财政由中央财政统一管理，选项 B 错误；在财政单一制模式下，地方政府拥有的分权水平较低，自主性较小，选项 D 错误。

【答案】C

考点 4 分税制财政管理体制★★★

（一）分税制财政管理体制的主要内容

分税制财政管理体制简称分税制，是指将国家的全部税种在中央和地方政府之间进行划分，借以确定中央财政和地方财政的收入范围的一种财政管理体制。其实质是根据中央政府和地方政府的事权确定其相应的财权，通过税种的划分形成中央与地方的收入体系。

我国从 1994 年开始实行分税制财政管理体制。

（二）按支出责任划分

中央财政主要承担国家安全、外交和中央国家机关运转所需经费，调整国民经济结构、协调地区发展、实施宏观调控所必需的支出以及由中央直接管理的事业发展支出。

地方财政承担本地区政权机关运转所需支出以及本地区经济社会发展所需支出。

中央财政支出	国防、武警经费，外交支出，中央级行政管理费，中央统管的基本建设投资，中央直属企业的技术改造和新产品试制经费，地质勘探费，中央安排的农业支出，中央负担的国内外债务的还本付息支出，以及中央负担的公检法支出和文化、教育、卫生、科学等各项事业费支出
地方财政支出	地方行政管理费，公检法经费，民兵事业费，地方统筹安排的基本建设投资，地方企业的技术改造和新产品试制经费，地方安排的农业支出，城市维护建设费，地方文化、教育、卫生等各项事业费以及其他支出

（三）按收入划分

将维护国家权益、实施宏观调控所必需的税种划为中央税；

将同经济发展直接相关的主要税种划分为中央与地方共享税；

将适合地方征管的税种划为地方税。

项目	内容
中央收入	（1）关税 （2）海关代征增值税和消费税 （3）消费税 （4）未纳入共享范围的中央企业所得税 （5）各银行总行、各保险公司总公司等集中缴纳的收入（包括利润和城市维护建设税） （6）中央企业上缴的利润 （7）证券交易印花税、车辆购置税、出口退税、船舶吨税
中央与地方共享收入	（1）增值税：中央分享 50%，地方分享 50% （2）资源税：海洋石油资源税归中央，其余资源税归地方 （3）纳入共享范围的企业所得税和个人所得税：中央分享 60%，地方分享 40%

续表

项目	内容
地方收入	（1）地方企业上缴利润 （2）城镇土地使用税 （3）城市维护建设税（不含各银行总行、各保险公司总公司集中缴纳的部分） （4）房产税、车船税、印花税（不含证券交易印花税）、耕地占用税、契税、烟叶税、土地增值税、国有土地有偿使用收入等

（四）分税制财政管理体制改革的主要成效

（1）建立了财政收入稳定增长机制；

（2）增强了中央政府宏观调控能力；

（3）促进了产业结构调整和资源优化配置。

（五）深化财政体制改革的主要任务与内容

1. 完善中央地方事权和支出责任划分

（1）适度加强中央事权；

（2）明确中央与地方共同事权；

（3）明确区域性公共服务为地方事权；

（4）调整中央与地方的支出责任。

2. 进一步理顺中央与地方的收入划分

（1）根据税种属性特点，遵循公平、便利和效率等原则，合理划分税种。将收入周期性波动较大、具有较强再分配作用、税基分布不均衡、税基流动性较大、易转嫁的税种划分为中央税，或中央分成比例多一些。

（2）将其余具有明显受益性和区域性特征、对宏观经济运行不产生直接重大影响的税种划为地方税，或地方分成比例多一些。

考点5 财政转移支付及其特点★★

项目	内容
含义	（1）政府间财政转移支付制度是指在处理中央与地方财政关系时，协调上下级财政之间关系的一项重要制度 （2）最早提出转移支付概念的是著名经济学家庇古
作用	（1）通过财政转移支付为地方政府提供稳定的收入来源，弥补其收支差额，这是财政转移支付制度的最基本作用。这一制度增强了地方政府提供本地区公共产品和服务的能力，有利于实现政府间财政关系的纵向平衡 （2）通过财政转移支付可以在一定程度上解决各地方之间因财政状况不同而造成的公共服务水平不均衡的问题 （3）实施财政转移支付制度，中央政府通过对地方政府的专项拨款，可以对地方的财政支出项目进行调节，从而有利于增强中央政府对地方政府的控制能力
特点	完整性；对称性；科学性；统一性和灵活性相结合；法制性

经典题解

【例题·多选题】财政转移支付的特点有（　　）。(2017 年)

A. 完整性

B. 单一性

C. 科学性

D. 统一性和灵活性相结合

E. 法制性

【解析】财政转移支付的特点包括完整性、对称性、科学性、统一性和灵活性相结合以及法制性。

【答案】ACDE

考点 6　我国现行的财政转移支付制度★★

一般分类	(1) 均衡拨款：对于地方事权范围的支出项目，中央政府通过一般性转移支付实施财力匹配与均衡 (2) 专项拨款：专项转移支付严格限于中央委托事务、共同事权事务、效益外溢事务和符合中央政策导向事务	
我国现行分类	一般性转移支付	(1) 一般性转移支付是指为弥补财政实力薄弱地区的财力缺口，均衡地区间财力差距，实现地区间基本公共服务能力的均等化，中央财政安排给地方财政的补助支出，由地方统筹安排 (2) 包括均衡性转移支付、民族地区转移支付、县级基本财力保障机制奖补资金、调整工资转移支付、农村税费改革转移支付、资源枯竭城市转移支付等具体项目 【提示】均衡性转移支付是指按照公平、公正、循序渐进的原则，主要参照各地标准财政收入和标准财政支出的差额及可用于转移支付的资金规模等客观因素，按统一公式计算确定的转移支付
	专项转移支付	(1) 专项转移支付是指中央财政为实现特定的宏观政策及事业发展战略目标，以及对委托地方政府代理的一些事务或中央地方共同承担事务进行补偿而设立的补助资金，需要按规定用途使用 (2) 专项转移支付重点用于教育、医疗卫生、社会保障、支农等公共服务领域 (3) 专项转移支付具体项目比较多
税收返还制度	目前，中央对地方税收返还包括增值税定额返还、消费税定额返还、所得税基数返还（即企业所得税、个人所得税分享改革后的基数返还）和成品油价格与税费改革税收返还	

经典题解

【例题·单选题】下列转移支付中，不属于一般性转移支付的是（　　）。(2015 年)

A. 均衡性转移支付

B. 支农转移支付

C. 民族地区转移支付

D. 调整工资转移支付

【解析】一般性转移支付包括均衡性转移支付、民族地区转移支付、县级基本财力保障机制奖补资金、调整工资转移支付、农村税费改革转移支付、资源枯竭城市转移支付等具体项目。

【答案】B

考点7　规范财政转移支付制度的任务★★

（1）完善一般性转移支付的稳定增长机制；增加一般性转移支付规模和比例；促进地区间财力均衡，重点增加对革命老区、民族地区、边疆地区、贫困地区的转移支付。

（2）清理、整合、规范专项转移支付项目；大幅度减少专项转移支付项目。

考点8　合理划分中央与地方财政事权和支出责任★★

<table>
<tr><th>项目</th><th colspan="2">具体内容</th></tr>
<tr><td>总体要求</td><td colspan="2">（1）坚持中国特色社会主义道路和党的领导
（2）坚持财政事权由中央决定
（3）坚持有利于健全社会主义市场经济体制
（4）坚持法治化规范化道路
（5）坚持积极稳妥统筹推进</td></tr>
<tr><td>划分原则</td><td colspan="2">（1）体现基本公共服务受益范围
（2）兼顾政府职能和行政效率
（3）实现权、责、利相统一
（4）激励地方政府主动作为
（5）做到支出责任与财政事权相适应</td></tr>
<tr><td rowspan="3">主要内容</td><td>推进中央与地方财政事权划分</td><td>（1）适度加强中央的财政事权
（2）保障地方履行财政事权
（3）减少并规范中央与地方共同财政事权
（4）建立财政事权划分动态调整机制</td></tr>
<tr><td>完善中央与地方支出责任划分</td><td>（1）中央的财政事权由中央承担支出责任
（2）地方的财政事权由地方承担支出责任
（3）中央与地方共同财政事权区分情况划分支出责任</td></tr>
<tr><td>加快省以下财政事权和支出责任划分</td><td>—</td></tr>
</table>

经典题解

【例题·多选题】合理划分中央与地方财政事权和支出责任的原则有（　　）。（2018年）

A. 体现基本公共服务受益范围

B. 兼顾政府职能和行政效率

C. 实现权、责、利相统一

D. 做到中央统筹、地方协助

E. 激励地方政府主动作为

【解析】合理划分中央与地方财政事权和支出责任的原则：①体现基本公共服务受益范围；②兼顾政府职能和行政效率；③实现权、责、利相统一；④激励地方政府主动作为；⑤做到支出责任与财政事权相适应。

【答案】ABCE

第十七章　财政政策

本章视频详解
使用"会计云课堂"App/微信扫码听课

考点 1　财政政策的含义、组成、功能与目标★★★

含义	财政政策是一国政府为实现预期的经济社会发展目标，对财政收支关系进行调整的指导原则和措施	
组成	财政政策由**预算政策**、**税收政策**、**支出政策**、**国债政策**等组成	
功能	导向功能	财政政策通过财政分配和管理活动，调整人们的物质利益，进而调节企业和个人的经济行为，引导国民经济运行
	协调功能	主要体现在对社会经济发展过程中，在地区之间、行业之间、部门之间等出现的某些失衡状况进行调节和制约
	控制功能	政府通过财政政策调节企业和居民等市场经济主体的经济行为，实现对经济社会的有效控制
	稳定功能	政府通过财政政策，调整社会总需求和总供给，实现总供需的总量平衡和结构平衡，进而实现国民经济的又好又快发展
目标	(1) 促进充分就业 (2) 物价基本稳定 (3) 国际收支平衡 (4) 经济稳定增长	

经典题解

【例题·多选题】财政政策的功能有(　　)。(2016 年)

A. 导向功能

B. 协调功能

C. 控制功能

D. 管理功能

E. 稳定功能

【解析】财政政策的功能包括导向功能、协调功能、控制功能和稳定功能。

【答案】ABCE

考点 2　财政政策工具★★

财政政策工具是指用以达到财政政策目标的各种财政手段，主要有预算政策、税收政策、公债政策、公共支出政策、政府投资政策和财政补贴政策等。

财政政策工具	社会总供给小于社会总需求 （经济过热，抑制总需求）	社会总供给大于社会总需求 （经济过冷，刺激总需求）
预算政策	缩小支出规模，保持预算盈余	扩大支出规模，保持一定赤字规模
税收政策	提高税率、减少税收优惠等来增加税收	降低税率、增加税收优惠等来减少税收
政府投资政策	降低投资支出水平	提高投资支出水平

续表

财政政策工具	社会总供给小于社会总需求 （经济过热，抑制总需求）	社会总供给大于社会总需求 （经济过冷，刺激总需求）
财政补贴政策	减少财政补贴支出	增加财政补贴支出
公债政策	减少总需求，发行长期国债，提高国债利率	增加总需求，发行短期国债，降低国债利率
	（1）在公债发行中通过期限种类的不同设计和调换公债长短期限等办法，可以对经济运行产生扩张或者紧缩的影响 短期国债：期限越短，流动性越高，变现能力越强 长期国债：期限越长，流动性越低，变现能力越弱 刺激经济时，增加短期国债发行，增加社会流动性；反之亦然 （2）通过调整国债发行利率水平影响金融市场利率的变化，可以对经济运行产生扩张性或者紧缩性的影响	
公共支出政策	减少总需求，减少公共支出	增加总需求，增加公共支出
	（1）狭义的购买性支出是指政府进行日常行政事务活动所需要的商品和劳务支出，即政府的消费性支出 （2）转移性支出是指直接表现为财政资金无偿、单方面转移的支出，包括政府补助支出、捐赠支出和债务利息支出	

经典题解

【例题·单选题】当经济发展过热时，政府应该采用的财政政策是（　　）。（2020年）

A. 增加财政补贴

B. 提高税率

C. 增加政府支出

D. 增加政府投资

【解析】在经济繁荣时期，政府通过提高税率、减少税收优惠等途径增加税收，减少企业和个人可支配收入，抑制企业和个人的投资需求和消费需求，降低社会总需求，使过快或过热的经济增长平稳回落或降温。

【答案】B

考点3　财政政策的类型★★

（一）根据财政政策调节经济周期的作用划分

类型	具体内容
自动稳定的财政政策	自动稳定的财政政策是指财政制度本身存在一种内在的、不需要政府采取其他干预行为就可以随着经济社会的发展而自动调节经济运行的机制。其也被称为财政“自动稳定器”，主要表现在两个方面： （1）个人所得税和企业所得税的累进所得税的自动稳定作用 在经济萧条时期，个人收入和企业利润降低，税基相对缩小，适用的累进税率相对下降，税收会自动减少 （2）政府福利支出的自动稳定作用 在经济衰退时期，符合领取失业救济和各种福利标准的人数增加，政府福利支出自动增加，有利于抑制消费支出的持续下降，防止经济进一步衰退

续表

类型	具体内容
相机抉择的财政政策	相机抉择的财政政策是指政府根据一定时期的经济社会状况，主动灵活地选择不同类型的反经济周期的财政政策工具，干预经济运行，实现财政政策目标。该政策包括汲水政策和补偿政策
	(1) 汲水政策是指在经济萧条时期进行公共投资，以增加社会有效需求，使经济恢复活力的政策 汲水政策具有4个特点： ①它是以市场经济所具有的自发机制为前提，是一种诱导经济复苏的政策 ②它以扩大公共投资规模为手段，启动和活跃社会投资 ③财政投资规模具有有限性，即只要社会投资恢复活力、经济实现自主增长，政府就不再投资或缩小投资规模 ④如果经济萧条的状况不再存在，这种政策就不再实行，因而它是一种短期的财政政策 (2) 补偿政策是指政府有意识地从当时经济状态的反方向上调节经济变动的财政政策，以达到稳定经济波动的目的 ①在经济萧条时期，为缓解通货紧缩影响，政府通过增加财政支出、减少财政收入等政策来提升投资和消费需求，增加社会有效需求，刺激经济增长 ②在经济繁荣时期，为抑制通货膨胀，政府通过增加财政收入、减少财政支出等政策来抑制和减少社会过剩需求，稳定经济波动

（二）根据财政政策在调节国民经济总量和结构中的不同功能划分

类型	具体内容
扩张性财政政策	通过财政收支活动增加和刺激社会总需求的政策 在社会总需求不足的情况下，政府通常采取扩张性财政政策，通过减税、增加支出等手段扩大社会需求
紧缩性财政政策	通过财政收支活动来减小和抑制社会总需求的政策 在社会总需求大于社会总供给的情况下，政府通常采取紧缩性的财政政策，通过增加税收、减少财政支出等手段，减少或者抑制社会总需求
中性财政政策	也称为均衡性财政政策。在经济稳定增长时期，政府通过实施财政收支基本平衡或者动态平衡的财政政策，既不产生扩张效应，也不产生紧缩效应，以保持经济的持续稳定发展

经典题解

【例题·多选题】财政汲水政策的特点有（　　）。(2014年)

A. 该政策是一种诱导经济复苏的政策
B. 该政策以扩大公共投资规模为手段
C. 财政投资规模具有有限性
D. 该政策具有自动调节经济运行的机制
E. 该政策是一种短期的财政政策

【解析】汲水政策具有4个特点：①它是以市场经济所具有的自发机制为前提，是一种诱导经济复苏的政策；②它以扩大公共投资规模为手段，启动和活跃社会投资；③财政投资规模具有有限性；④如果经济萧条的状况不再存在，这种政策就不再实行，因而它是一种短期的财政政策。

【答案】ABCE

考点4　财政政策与货币政策的配合★★

类型	具体内容	
"双松"搭配类型	扩张性财政政策与扩张性货币政策的组合。其可以刺激经济增长，扩大就业，但也会带来通货膨胀的风险	
"双紧"搭配类型	紧缩性财政政策与紧缩性货币政策的组合。其可以有效抑制需求膨胀与通货膨胀，但也可能会带来经济停滞	
"松紧"搭配类型	紧的财政政策+松的货币政策	在控制通货膨胀的同时，可以保持适度的经济增长，但货币政策过松，也难以抑制通货膨胀
	松的财政政策+紧的货币政策	在保持经济适度增长的同时，尽可能地避免通货膨胀，但长期使用这种政策组合会积累大量财政赤字

考点5　财政政策乘数★★★

财政政策乘数被用来研究财政收支变化对国民收入的影响。财政政策乘数具体包括税收乘数、政府购买支出乘数和平衡预算乘数。

类型	含义	计算公式	特点及作用
税收乘数	税收的变动对国民收入变动的影响程度	税收乘数 $=\frac{\text{国民收入变动率}}{\text{税收变动率}}$ $=-\frac{b}{1-b}$	(1) b 代表边际消费倾向。税收乘数为负值，说明税收增减与国民收入增减呈反方向变动 (2) 政府增税时，国民收入减少，减少量为税收增量的 $b\div(1-b)$ 倍。这说明，如果政府采取减税政策，虽然会减少财政收入，但将会成倍地刺激社会有效需求，从而有利于国民经济的增长
政府购买支出乘数	购买性支出变动对国民收入变动的影响程度	政府购买支出乘数 $=\frac{\text{国民收入变动率}}{\text{政府购买支出变动率}}$ $=\frac{1}{1-b}$	(1) 政府购买支出乘数为正数，说明购买支出增减与国民收入增减呈同方向变动 (2) 政府增加购买性支出时，国民收入增加，增加量为支出增量的 $1\div(1-b)$ 倍 (3) 同税收乘数比较，购买性支出乘数大于税收乘数，这说明增加财政支出政策对经济增长的作用大于减税政策
平衡预算乘数	是指政府收入和支出同时以相等数量增加或减少时，维持财政收支平衡，对国民收入变动的影响程度	平衡预算乘数 $=\frac{\text{国民收入变动率}}{\text{政府购买支出变动率（或者税收变动率）}}$ $=\frac{1-b}{1-b}$ $=1$	即使增加税收会减少国民收入，但如果同时等额增加政府支出，国民收入也会以支出增量的数量增加。这意味着即使政府实行平衡预算政策，仍具有扩张效应，其效应等于1

财政乘数效应表明：当政府投资或支出扩大、税收减少时，对国民收入有加倍扩大的作用，从而产生宏观经济的扩张效应；当政府投资或支出减少、税收增加时，对国民收入有加倍收缩的作用，从而产生宏观经济的紧缩效应。

经典题解

【例题·单选题】假设边际消费倾向为0.6，则税收乘数为（　　）。(2017年)

A. 1.5　　B. −1.5

C. 2.5　　D. −2.5

【解析】税收乘数＝国民收入变动率÷税收变动率＝$-b\div(1-b)$，即$-0.6\div(1-0.6)=-1.5$。

【答案】B

考点6　财政政策时滞★★

时滞类型		内容
内在时滞（只涉及行政单位，而与立法机关无关，属于研究过程）	认识时滞	是指从经济现象发生变化到决策者对这种需要调整的变化有所认识所经过的时间。这段延迟时间的长短，主要取决于行政部门掌握经济信息和准确预测的能力
	行政时滞	是指财政部门在制定采取何种政策之前对经济问题进行调查研究所耗费的时间，也称行动时滞
外在时滞（与决策单位发生直接关系，直接影响社会的经济活动）	决策时滞	是指财政部门将分析的结果提交给立法机关审议通过所需要的时间
	执行时滞	是指政策议案经立法机关批准后交付有关单位付诸实施所需要的时间
	效果时滞	是指政策正式实施到已对经济产生影响所需要的时间

财政政策时滞的存在，对财政政策的实施效果会产生一定的影响，可能使财政政策在实施过程中出现与政策制定初衷相反的效果。

经典题解

【例题·多选题】财政政策时滞分为内在时滞和外在时滞，其中外在时滞包括（　　）。(2020年)

A. 执行时滞　　B. 认识时滞

C. 行政时滞　　D. 决策时滞

E. 效果时滞

【解析】决策时滞、执行时滞和效果时滞被称为外在时滞，是指从财政当局采取措施到这些措施对经济体系产生影响的这一段时间。

【答案】ADE

名师加油站

经济师考试需要一定的复习深度，但也不需“过度”。放松点，一个考试而已。

第二篇介绍了财政相关理论。政府是个无私的“大家长”，提供着“公共物品”，履行着“财政职能”。当家不易，国有国法、家有家规，政府同样需要“财政管理体制”和“财政政策”来约束各个“孩子”的成长。居家过日子得做好“政府预算”，柴米油盐需要“财政支出”，努力工作才有“财政收入”，政府在迫不得已时也会采取强制手段“税收制度”从孩子兜里拿走“压岁钱”。

既然踏上了经济师的备考之路，你可以慢，但不能停。

习题轻松过

扫一扫　“码”上做题、看解析

本书同步强化练习题均配备二维码，使用“会计云课堂”App扫码，即可在线做题、看解析。

【“会计云课堂”App下载二维码见封底】

本篇同步强化练习题

一、单项选择题

1. 下列经济活动中不属于政府经济活动范围的是（　　）。
   A. 生产私人物品
   B. 调节收入分配
   C. 矫正外部性
   D. 维持有效竞争

2. 市场经济条件下进行初次分配时，其实现的条件是按要素所有者的（　　）。
   A. 禀赋条件和公平的市场定价
   B. 垄断情况和公平的市场定价
   C. 禀赋条件和公平的政府定价
   D. 垄断情况和公平的政府定价

3. 下列财政支出分类科目中，属于财政支出功能分类的是（　　）。
   A. 工资福利支出
   B. 环境保护支出
   C. 商品和服务支出
   D. 对企事业单位的补贴

4. 财政幻觉指的是（　　）。
   A. 选民通常更关心减轻税收负担，却忽视了可能享受的公共服务水平也会降低
   B. 选民通常相信随着经济的发展，市场失灵问题会越来越少，政府支出规模会保持稳定
   C. 选民通常更关心扩大公共支出能给自己带来的好处，却忽视了税收负担也有可能同时增长
   D. 选民通常相信财政支出数量会随着不同时期财政支出作用的变化而变化

5. 财政支出绩效指的是（　　）。
A. 财政支出目标完成所取得的效果、影响及其效率
B. 预计财政支出所要实现的目标
C. 完成财政支出预算安排的进度
D. 在预算年度终了后财政结余的资金规模

6. 中央部门和财政部编制和安排以后年度预算的重要参考依据是（　　）。
A. 财政支出绩效评价过程
B. 财政支出绩效评价方式
C. 财政支出绩效评价结果
D. 财政支出绩效评价指标

7. 税收的征收客体是（　　）。
A. 法人　　B. 单位和个人
C. 企业　　D. 国家

8. 企业通过改善经营管理、提高劳动生产率等措施来降低成本、增加利润，从而抵消税负，这种税负转嫁方式是（　　）。
A. 税收资本化　　B. 混转
C. 旁转　　D. 消转

9. 在我国现行税制中，属于直接税的是（　　）。
A. 增值税　　B. 消费税
C. 关税　　D. 车船税

10. 扣缴义务人指的是（　　）。
A. 法律、行政法规规定负有代扣代缴税款义务的单位
B. 法律、行政法规规定负有代扣代缴税款义务的单位和个人
C. 法律、行政法规规定负有代扣代缴、代收代缴税款义务的单位
D. 法律、行政法规规定负有代扣代缴、代收代缴税款义务的单位和个人

11. 居民个人的综合所得，以每一纳税年度的收入额减除费用（　　）元以及专项扣除、专项附加扣除和依法确定的其他扣除后的余额为应纳税所得额。
A. 5000　　B. 3500
C. 60000　　D. 50000

12. 主要以税收为收入来源，以行政事业项目为支出对象的政府预算是（　　）。
A. 绩效预算　　B. 地方预算
C. 资本预算　　D. 经常预算

13. 市场经济国家财政预算管理采用的基本制度是（　　）。
A. 单式预算制度
B. 复式预算制度
C. 部门预算制度
D. 绩效预算制度

14. 下列关于财政管理体制的说法中，错误的是（　　）。
A. 政府预算管理体制是财政管理体制的中心环节
B. 满足财政支出需要是决定政府间财政收入划分的主要标准
C. 政府间财政收支划分的基本特征是收入结构与支出结构的非对称性安排
D. 在财政单一模式下，地方在中央决策和授权范围内管理财政活动

15. 下列关于分税制财政管理体制改革主要成效的说法中，错误的是（　　）。
A. 建立了财政收入稳定增长机制
B. 增强了中央政府宏观调控能力
C. 降低了对地方政府的预算约束
D. 促进了产业结构调整和资源优化配置

16. 上级政府对下级政府转移支付的财力，与能够满足该级政府承担、履行的事权职责需求相对应，体现了财政转移支付的（　　）特点。
A. 完整性　　B. 对称性
C. 法制性　　D. 灵活性

17. 最早提出转移支付概念的经济学家是（　　）。
A. 庇古　B. 弗里德曼
C. 凯恩斯　D. 费雪

18. 财政管理体制作为划分各级政府间财政关系的根本制度，其依据是（　　）。
A. 政府职能界定和政府间责任划分
B. 政府职能界定和政府间财权划分
C. 政府责任界定和政府间事权划分
D. 政府职能界定和政府间事权划分

19. 当社会总供给大于总需求时，政府预算一般采取（　　）。
A. 提高税率，减少税收优惠，抑制企业和个人投资需求和消费需求
B. 缩小支出规模、保持预算盈余，抑制社会总需求
C. 扩大支出规模、保持一定赤字规模，扩大社会总需求
D. 降低投资支出水平，使经济降温，平稳回落

20. 由于财政政策（　　）的存在，可能使财政政策在实施过程中出现与政策制定初衷相反的效果。
A. 乘数　B. 时滞
C. 停滞　D. 预期

二、多项选择题

1. 按照交易的经济性质不同，财政支出可分为（　　）。
A. 购买性支出　B. 环境保护支出
C. 社会保障支出　D. 公共服务支出
E. 转移性支出

2. 确定财政支出绩效评价指标应遵循的原则有（　　）。
A. 平衡性原则　B. 相关性原则
C. 可比性原则　D. 重要性原则
E. 经济性原则

3. 影响税负转嫁的因素有（　　）。
A. 应税商品供给与需求的弹性
B. 课税商品的性质
C. 课税与经济交易的关系
D. 课税商品的种类
E. 课税范围的大小

4. 下列商品中，不属于应征消费税的有（　　）。
A. 杂志　B. 小汽车
C. 高档化妆品　D. 自来水
E. 鞭炮焰火

5. 增值税的优点有（　　）。
A. 能够平衡税负，促进公平竞争
B. 便于对出口商品退税
C. 在组织财政收入上具有稳定性和及时性
D. 税收征管可以互相制约，交叉审计
E. 税负不易转嫁

6. 社会保险基金预算按险种分别编制，主要有（　　）。
A. 城乡居民基本养老保险基金
B. 生育保险基金
C. 企业职工基本养老保险基金
D. 失业保险基金
E. 工业保险基金

7. 财政库底目标余额管理的主要内容包括（　　）。
A. 建立国库现金流量预测制度
B. 完善国库集中支付制度
C. 完善国库现金管理银行账户、资金清算及核算体系
D. 健全完善国库现金管理投融资运行机制
E. 完善国库现金管理风险监控管理机制

8. 我国建立全面规范、公开透明的预算制度的主要内容有（　　）。
A. 实施中期财政规划管理

B. 完善政府预算体系
C. 全面推进预算绩效管理
D. 清理压缩政府采购规模
E. 推进预算、决算公开

9. 政府间事权及支出责任划分的原则有（　　）。
A. 受益原则　　B. 效率原则
C. 区域原则　　D. 技术原则
E. 恰当原则

10. 财政政策乘数主要有（　　）。
A. 税收乘数
B. 债务乘数
C. 赤字预算乘数
D. 政府购买支出乘数
E. 平衡预算乘数

本篇同步强化练习题参考答案及解析

“扫码看解析”　使用微信或“会计云课堂”App扫码，即可在线对答案、看解析，错题随手收藏，及时复习巩固。

一、单项选择题

1.【答案】A
【解析】政府经济活动范围应主要集中于以下几个方面：提供公共物品或服务；矫正外部性；维持有效竞争；调节收入分配；稳定经济。

2.【答案】A
【解析】在市场经济条件下，初次分配是按要素所有者的禀赋条件和公平的市场定价实现的。

3.【答案】B
【解析】国际货币基金组织将财政支出按功能分为十大类：一般公共服务、国防、公共秩序和安全、经济事务、环境保护、住房和社会服务设施、医疗保健、娱乐文化和宗教、教育以及社会保护。

4.【答案】C
【解析】所谓财政幻觉，即选民通常更关心扩大公共支出能给自己带来的好处，却忽视了税收负担也有可能同时增长。

5.【答案】A
【解析】财政支出绩效是指财政支出目标完成所取得的效果、影响及其效率。

6.【答案】C
【解析】中央部门和财政部应当将绩效评价结果作为以后年度编制和安排预算的重要参考依据。

7.【答案】B
【解析】税收的征收主体是国家，征收客体是单位和个人。

8.【答案】D
【解析】消转是指纳税人用降低征税物品成本的办法使税负从新增利润中得到抵补。通过改善经营管理、提高劳动生产率等措施降低成本、增加利润来抵消税负。实际上税负并没有转嫁，而是由纳税人自己负担了。因此，消转是一种特殊的税收转嫁形式。

9.【答案】D
【解析】增值税、消费税、关税均属于间接税。

10. 【答案】D

【解析】扣缴义务人是指法律、行政法规规定负有代扣代缴、代收代缴税款义务的单位和个人。

11. 【答案】C

【解析】居民个人的综合所得，以每一纳税年度的收入额减除费用60000元以及专项扣除、专项附加扣除和依法确定的其他扣除后的余额，为应纳税所得额。

12. 【答案】D

【解析】经常预算主要以税收为收入来源，以行政事业项目为支出对象。

13. 【答案】C

【解析】部门预算制度是市场经济国家财政预算管理的基本形式。

14. 【答案】B

【解析】税种属性是决定政府间财政收入划分的主要标准，选项B错误。

15. 【答案】C

【解析】分税制财政管理体制改革的主要成效：①建立了财政收入稳定增长机制；②增强了中央政府宏观调控能力；③促进了产业结构调整和资源优化配置。

16. 【答案】B

【解析】上级政府对下级政府转移支付的财力，要与能够满足该级政府承担、履行的事权职责需求相对应，体现了财政转移支付的对称性。

17. 【答案】A

【解析】最早提出转移支付概念的是著名经济学家庇古，他在1928年出版的《财政学研究》中第一次使用这一概念。

18. 【答案】D

【解析】财政管理体制作为划分各级政府间财政关系的根本制度，其依据是政府职能界定和政府间事权划分。

19. 【答案】C

【解析】当社会总供给大于总需求时，政府预算一般采取扩大支出规模、保持一定赤字规模的做法来扩大社会总需求。

20. 【答案】B

【解析】由于财政政策时滞的存在，可能使财政政策在实施过程中出现与政策制定初衷相反的效果。

二、多项选择题

1. 【答案】AE

【解析】按照交易的经济性质不同，财政支出可分为购买性支出和转移性支出。

2. 【答案】BCDE

【解析】绩效评价指标的选择要遵循相关性原则、可比性原则、重要性原则和经济性原则来确定。

3. 【答案】ABCE

【解析】影响税负转嫁的因素：①应税商品供给与需求的弹性；②课税商品的性质；③课税与经济交易的关系；④课税范围的大小。

4. 【答案】AD

【解析】我国征收消费税的消费品有烟、酒、高档化妆品、贵重首饰及珠宝玉石、鞭炮焰火、成品油、摩托车、小汽车、高尔夫球及球具、高档手表、游艇、木制一次性筷子、实木地板、电池和涂料共15类消费品。

5. 【答案】ABCD

【解析】增值税的优点：①能够平衡税负，促进公平竞争；②既便于对出口商品退税，又可以避免对进口商品征税不足；③在组织财政收入上具有稳定性和及时性；④在税收征管上可以互相制约，交叉审计。

6. 【答案】ABCD

【解析】社会保险基金预算按险种分别编制，包括企业职工基本养老保险基金、城乡居民基本养老保险基金、失业保险基金、城镇职工基本医疗保险基金、居民基本医疗保险基金、工伤保险基金、生育保险基金等内容。

7. 【答案】ACDE

【解析】财政库底目标余额管理的主要内容：①建立国库现金流量预测制度；②完善国库现金管理银行账户、资金清算及核算体系；③健全完善国库现金管理投融资运行机制；④完善国库现金管理风险监控管理机制。

8. 【答案】ABCE

【解析】清理压缩政府采购规模不属于建立全面规范、公开透明预算制度的主要内容。

9. 【答案】ABCD

【解析】政府间事权及支出责任划分一般遵循的重要原则有受益原则、效率原则、区域原则和技术原则。

10. 【答案】ADE

【解析】财政政策乘数具体包括税收乘数、政府购买支出乘数和平衡预算乘数。

第三篇　货币与金融

与 2020 年教材相比，本篇的内容无实质性变化。

年份	单项选择题	多项选择题	合计
2018	10 题 10 分	5 题 10 分	15 题 20 分
2019	15 题 15 分	4 题 8 分	19 题 23 分
2020	11 题 11 分	6 题 12 分	17 题 23 分

说明：表中数据由参加当年考试的考生提供，数据较为完整。

基础轻松过

金融是以货币本身为经营目的，通过货币融通使货币增值的经济活动 。

金融是经济的一个小分支。经济学研究的是一个国家或地区的经济发展状况、方式、道路等。金融只是对一个国家经济领域中的金融方面进行研究，如货币、证券、金融市场等。

伴随着金融市场的蓬勃发展，可以说，金融产品与金融服务已然渗透到普通消费者生活的各个方面，成为社会生活不可或缺的一部分。

考点轻松过

第十八章　货币供求与货币均衡

本章视频详解
使用“会计云课堂”App/微信扫码听课

考点 1　货币需求★★

项目	具体内容
货币需求	是指经济主体在既定收入和财富范围内能够并愿意持有货币的数量 （1）货币需求作为一种经济需求，理应是由货币需求能力和货币需求愿望共同决定的有效需求 （2）货币需求是一种派生需求，派生于人们对商品的需求 （3）货币具有流通手段、支付手段和贮藏手段等职能，能够满足商品生产和交换的需要，以及以货币形式持有财富的需要等
货币需求量	是指在特定的时间和空间范围内，经济中各个部门需要持有货币的数量，即一定时期内经济对货币的客观需求量
【提示】货币需求是经济需求、有效需求、派生需求和客观需求	

经典题解

【例题·多选题】货币是固定充当一般等价物的特殊商品，具有（　）等职能。（2019 年）

A. 担保手段　　B. 贮藏手段

C. 支付手段　　D. 收藏手段

E. 流通手段

【解析】货币的职能有支付手段、流通手段和贮藏手段等。

【答案】BCE

考点 2　传统货币数量说★★★

1. 费雪的现金交易数量说

货币需求理论	具体内容
费雪的现金交易数量说	费雪（交易）方程式：$MV=PT \rightarrow P=\frac{MV}{T}$ 式中： P——物价水平，随着货币量的变动而被动地变动 M——货币量，是最活跃的因素，会经常主动地变动 V——货币流通速度，由制度因素决定而在短期内难以改变，可视为常数 T——商品和劳务的交易量，取决于资本、劳动和自然资源的供给状况以及生产技术水平等非货币因素，大体上是稳定的 【结论】交易方程式反映的是货币量决定物价水平的理论

经典题解

【例题·单选题】在费雪方程式 $MV=PT$ 中，P 代表物价水平，V 代表货币流通速度，M 代表货币量，T 代表（　）。（2020 年）

A. 国民生产总值

B. 商品和劳务的交易量

C. 总收入

D. 商品、劳务和资源的交易数量

【解析】在费雪方程式 $MV=PT$ 中，P 代表物价水平，T 代表商品和劳务的交易量，V 代表货币流通速度，M 代表货币量。

【答案】B

2. 剑桥学派的现金余额数量说

货币需求理论	具体内容
剑桥学派的现金余额数量说	（1）剑桥学派的主要代表人物是庇古 （2）剑桥方程式：$\pi=\frac{K\times Y}{M}$ 式中： π——货币价值（即货币购买力，为物价指数的倒数） Y——总资源（总收入） K——总资源中愿意以货币形式持有的比重（相当于交易方程式中货币流通速度的倒数） M——名义货币数量 【结论】庇古认为，货币的价值由货币供求的数量关系决定

3. 两种货币需求理论的异同

区别	现金余额数量说的货币需求是以人们的手持现金来表示的，不仅包括作为交易媒介的货币，也包括贮藏货币，这是剑桥方程式区别于交易方程式的关键所在
相同点	剑桥方程式和交易方程式本质是一致的，都是试图说明物价和货币价值的升降取决于货币量的变化。假定其他因素不变，物价水平与货币量成正比，货币价值与货币量成反比

经典题解

【例题·单选题】 传统货币数量说，在剑桥方程式 $\pi = K \times Y \div M$ 中，K 代表的是(　　)。(2020年)

A. 为应付各种紧急情况而产生的持有货币的倾向

B. 为进行日常交易而产生的持有货币的愿望

C. 货币流通速度

D. 总资源中愿意以货币形式持有的比重

【解析】 在剑桥方程式中，K 代表总资源中愿意以货币形式持有的比重。

【答案】 D

考点3　凯恩斯的货币需求理论★

项目	具体内容	
凯恩斯的货币需求理论（流动性偏好论）	经济主体之所以需要货币，是因为存在“流动性偏好”这一普遍心理倾向，即愿意持有具有完全流动性的货币而不是其他缺乏流动性的资产，以应付日常的、临时的或投机的需要，从而产生货币需求	
影响货币需求的三种动机	交易动机	由于收入和支出的时间不一致，为进行日常交易而产生的持有货币的愿望
	预防动机	为应付各种紧急情况而产生的持有货币的愿望，如应付失业、疾病等意想不到的需要，以及企业的不时之需
	投机动机	由于利率的不确定性，根据对市场利率变化的预期需要持有货币，以便从中获利的动机
货币需求函数	(1) 交易动机和预防动机构成交易性需求，由获得的收入多少决定，是国民收入的增函数，即 $L_1 = L_1(Y)$ (2) 投机动机构成投机性需求，由利率的高低决定，是利率的减函数，即 $L_2 = L_2(i)$ (3) 凯恩斯的货币需求函数：L（货币需求）$= L_1(Y) + L_2(i)$ (4) 凯恩斯的货币需求函数建立在“未来的不确定性”和“收入是短期资产”这两个假定之上	
流动性陷阱	凯恩斯认为，当利率降到某一低点时，货币需求会无限增大，此时无人愿意持有债券，都愿意持有货币，流动性偏好具有绝对性	

考点 4　弗里德曼的现代货币数量说★

项目		具体内容
观点		弗里德曼认为人们持有货币不仅仅是因为交换，也是因为货币是财富的缘故。但他又认为，货币数量说不是产出、货币收入或物价水平的理论，而是货币需求理论
影响货币需求的因素	财富总额	恒久性收入越高，所需货币越多（同向）
	财富构成	未来的人力财富总要转化为现实的非人力财富。人力财富比例越高，所需准备的货币就越多（同向）
	各种资产的预期收益和机会成本	其他金融资产（股票、债券、定期存单等）的收益率越高，持有货币的机会成本越大，持有货币的数量就会减少。如果物价上涨、通货膨胀，持有货币意味着损失，那么人们就会减少货币持有量（反向）
	其他因素	影响货币需求的其他各种随机因素
货币需求函数		$\frac{M}{P}=f$（恒久性收入 y_p，非人力财富占总财富的比例 w；存款、债券和股票的预期名义收益率 r_m，r_b，r_e，物价水平的预期变动率 $\frac{1}{P}\times\frac{dP}{dt}$；随机因素的影响总和 u）

考点 5　货币供给与货币供应量★★★

（一）基本概念

（1）货币供给是指货币供给主体即一国或者货币区的银行系统向经济主体供给货币以满足其货币需求的过程。

（2）货币供应量是指流通中的货币数量。货币供应量在数量上等于流通中的货币量，两者为一一对应关系。

（二）货币供给层次划分的标准

目前一般依据资产的流动性，即各种货币资产转化为通货或现实购买力的能力来划分不同的货币层次，进而就有了不同口径的货币供应量。

（三）我国货币供给层次的划分

层次	具体内容
M_0	M_0＝流通中货币 M_0 是指企事业单位、个人、机关团体、非存款类金融机构所持有的硬币和现钞的总和（即通常所指的现金）
M_1	$M_1=M_0$＋单位活期存款 M_1 是我国的狭义货币供应量，包括流通中货币和单位活期存款。因其流动性较强，是中央银行重点调控对象

续表

层次	具体内容
M_2	$M_2=M_1$+单位定期存款+个人存款+其他存款（财政存款除外） M_2 是我国广义货币供应量，包括 M_1 以及一些准货币（单位定期存款、个人存款、财政存款除外的其他存款），是研究宏观经济调控的主要变量

（四）社会融资规模统计指标的主要构成

社会融资规模是指一定时期内（每月、每季度或每年）实体经济（即非金融企业和住户）从金融体系获得的资金总额。

社会融资规模与传统的贷款指标不同，它既包括实体经济从银行业获得的融资，也包括实体经济从证券业和保险业获得的融资。因此，社会融资规模是一个全面反映金融与经济关系，以及金融对实体经济资金支持的总量指标。

4个部分	具体项目
金融机构通过**表内业务**向实体经济提供的资金支持	人民币贷款、外币贷款
金融机构通过**表外业务**向实体经济提供的资金支持	委托贷款、信托贷款和未贴现的银行承兑汇票
实体经济利用规范的**金融工具**、在正规金融市场所获得的直接融资	非金融企业境内股票筹资和企业债券融资
以**其他方式**向实体经济提供的资金支持	保险公司赔偿、投资性房地产、小额贷款公司和贷款公司贷款

经典题解

【例题·多选题】下列金融统计指标中，计入我国社会融资规模的有（　　）。（2018年）

A. 非金融企业境内股票筹资

B. 金融机构通过表外业务向实体经济提供的信托贷款

C. 金融机构通过表内业务向实体经济提供的人民币贷款

D. 房地产公司从地下钱庄获得的高利贷

E. 保险公司向受灾的投保企业提供的损失赔偿

【解析】社会融资规模统计指标主要由4个部分构成：①金融机构通过表内业务向实体经济提供的资金支持，包括人民币贷款和外币贷款；②金融机构通过表外业务向实体经济提供的资金支持，包括委托贷款、信托贷款和未贴现的银行承兑汇票；③实体经济利用规范的金融工具、在正规金融市场所获得的直接融资，主要包括非金融企业境内股票筹资和企业债券融资；④以其他方式向实体经济提供的资金支持，主要包括保险公司赔偿、投资性房地产、小额贷款公司和贷款公司贷款。

【答案】ABCE

考点 6 货币供给机制★★

货币供应量包括现金和存款两个部分，其中现金是中央银行的负债，存款是商业银行的负债。

项目	具体内容
中央银行的信用创造货币机制	(1) 中央银行利用自身掌握的货币发行权和信贷管理权，来创造信贷资金来源 (2) 信用创造货币是当代不兑现信用货币制度下货币供给机制的重要内容，而且**信用创造货币**的功能为**中央银行所掌握**
商业银行的扩张信用并创造派生存款机制	商业银行不能无限制地创造派生存款。一般来说，银行体系扩张信用并创造派生存款的能力要受到三类因素的制约： (1) 受到缴存中央银行存款准备金的限制 (2) 受到提取现金数量的限制 (3) 受到企事业单位及社会公众缴付税款等的限制
货币供应量的公式	$M=B\times K$ 式中： B——基础货币，包括中央银行发行的货币和商业银行在中央银行的存款 K——货币乘数，基础货币的扩张倍数取决于商业银行在其所吸收的全部存款中需存入中央银行部分所占比重即存款准备金率，以及需转化为现金及财政存款等所占比重的货币结构比率 【提示】货币乘数等于存款准备金率与货币结构比率之和的倒数

经典题解

【例题·单选题】基础货币的扩张倍数又称为货币乘数，其数值的大小会受到(　　)的影响。(2020 年)

A. 存款准备金率

B. 直接融资比例

C. 债券收益率

D. 汇率水平

【解析】基础货币的扩张倍数取决于商业银行在其所吸收的全部存款中需存入中央银行部分所占比重即存款准备金率，以及需转化为现金及财政存款等所占比重的货币结构比率，这个倍数被称为货币乘数，等于存款准备金率与货币结构比率之和的倒数。

【答案】A

考点 7 货币均衡与失衡★

货币均衡的含义	货币均衡即货币供求均衡，是指在一定时期经济运行中的货币需求与货币供给在动态上保持一致的状态
货币均衡的特征	(1) 货币均衡是货币供求作用的一种状态，是货币供给与货币需求的大体一致，而非货币供给与货币需求在数量上的完全相等 (2) 货币均衡是一个动态过程，在短期内货币供求可能不一致，但在长期内是大体一致的 (3) 现代经济中货币均衡在一定程度上反映了经济总体均衡状况

续表

货币失衡的类型	总量性货币失衡	（1）货币供应量 < 货币需求量：货币供给不足的情况很少出现 （2）货币供应量 > 货币需求量：货币供给过多经常出现。其原因有很多，如政府向中央银行透支以融通财政赤字，过度追求经济增长速度而不适当地采取扩张性货币政策刺激经济等，其后果之一是引发严重的通货膨胀
	结构性货币失衡	在货币供给与需求大体一致的总量均衡条件下，货币供给结构与对应的货币需求结构不相适应。其原因在于社会经济结构的不合理。因此，结构性货币失衡必须通过经济结构调整加以解决 中央银行在宏观调控时更多地注意总量性失衡

经典题解

【例题·多选题】 下列关于货币均衡与失衡的说法中，正确的有（　　）。（2020 年）

A. 货币均衡是货币供求作用的一种状态

B. 货币失衡主要包括总量性货币失衡和结构性货币失衡

C. 货币均衡是一个动态过程

D. 货币均衡是指货币供给与货币需求在数量上完全相等

E. 货币均衡在一定程度上反映了经济总体均衡状况

【解析】 货币均衡是货币供求作用的一种状态，是货币供给与货币需求的大体一致，而非货币供给与货币需求在数量上的完全相等，选项 D 错误。

【答案】 ABCE

考点 8　货币均衡水平决定★

1. 货币运动与货币供应量

货币运动的特性	货币在运动过程中通过内在机制的自我调节，能够自发保持供给和需求的均衡关系
意义	货币运动的特性决定了单纯追求货币自身的供求均衡，在货币流通的决策和管理方面是不具有实际意义的
货币供应量	按货币需求向流通领域供给货币的结果，是货币供求关系的产物

2. 货币均衡与经济增长及物价水平的关系

研究货币均衡问题，固然首先要涉及货币的自身均衡问题，但更重要的是研究货币的均衡水平及由此而决定的流通领域中的货币数量与宏观经济其他变量的综合平衡问题。

与经济增长的关系	在宏观经济方面	总的要求是达到或保持社会总供给与总需求之间的平衡关系 （1）社会总供给。总是以商品价格总额形态出现，表现为一定时期的国内生产总值（GDP） （2）社会总需求。是以货币形态出现，表现为通过货币的多次周转而实现的社会购买力（MV）
	结论	（1）保持总供给与总需求的均衡关系，要求处理好货币数量与经济增长之间的关系 （2）假定货币流通速度相对稳定，货币供应量就应当与 GDP 同步增长

续表

与物价因素的关系	物价自然上涨（剔除通货膨胀等非正常因素影响）的因素	（1）劳动生产率提高	劳动生产率提高在技术或劳动密集程度不同的部门并不一致，从而造成所谓的产品价格剪刀差现象。调整该现象时，一般是通过调高价格低于价值的那部分劳动密集型产品的价格，以使价格体系趋于合理化，其结果必然是价格总水平上涨
		（2）技术性能不断提高	随着产品的更新换代，技术性能不断提高，也无形中使同类产品的价格自然上升，其结果也是物价总水平不断上涨
	结论	（1）若考虑物价自然上升的因素，流通领域中货币数量的增长应略高于国内生产总值的增长 （2）货币供应量增长率=国内生产总值增长率+物价自然上涨率	

考点 9　通货膨胀的含义★

在经济学界，对通货膨胀的定义有多种说法。

萨缪尔森	在一定时期内，商品和生产要素价格总水平持续不断地上涨
马克思主义货币理论	在纸币流通条件下，由于纸币的过度发行而引起的纸币贬值、物价上涨的现象
共同点	有效需求大于有效供给；物价持续上涨（是通货膨胀的基本标志）
结论	通货膨胀的通用定义是指在价值符号流通条件下，由于货币供给过度而引起的货币贬值、物价上涨的现象

考点 10　通货膨胀的类型★★★

分类标准	类型	具体内容
按通货膨胀的成因划分	需求拉上型通货膨胀	是指因社会总需求过度增长超过了社会总供给的增长幅度，导致商品和劳务供给不足、物价持续上涨的通货膨胀类型
		需求拉上型通货膨胀的特点： （1）自发性：即支出的增长是独立的，与实际的或预期的成本增长无关 （2）诱发性：即成本的增长导致工资及其他收入的增长，诱使消费支出增长 （3）支持性：即政府为阻止失业率上升而增加支出，或采取扩张性财政政策或货币政策以增加总需求
	成本推进型通货膨胀	是指因成本自发性增加而导致物价上涨的通货膨胀类型 （1）工资推进型通货膨胀：工资和物价螺旋上升而引起的通货膨胀 （2）利润推进型通货膨胀：垄断企业为保证实现其利润目标而操纵市场、人为抬高产品价格而引起的通货膨胀
	输入型通货膨胀	是指因进口商品价格上升、费用增加而使物价总水平上涨所引起的通货膨胀类型。这实质上是一种通货膨胀的国际传导现象
	结构型通货膨胀	是指因经济结构方面的因素变动，即使总供求处于均衡状态，也会引起物价总水平上涨的通货膨胀类型

续表

分类标准	类型	具体内容
按通货膨胀的表现形式划分	公开型通货膨胀	又称开放型通货膨胀，物价水平随货币数量的变动而自发波动，故而物价上涨是通货膨胀的基本标志
	抑制型通货膨胀	又称隐蔽型通货膨胀，在一国实行物价管制的情况下，商品供给短缺不能由物价上涨来反映，只表现为人们普遍持币待购而使货币流通速度减慢

考点11 通货膨胀的原因★

直接原因	过度的信贷供给是造成通货膨胀的直接原因	
主要原因	财政原因	发生财政赤字和推行赤字财政政策
	信贷原因	信用膨胀，银行信用提供的货币量超过了经济发展对货币数量的客观需求。其包括来自财政赤字的压力，来自社会上过热的经济增长要求的压力，银行自身决策失误等
其他原因	主要有投资规模过大、国民经济结构比例失调、国际收支长期顺差等	

考点12 通货膨胀的治理★★★

综合国内外的一般经验，治理措施主要有紧缩的需求政策和积极的供给政策。

（一）紧缩的需求政策

紧缩总需求的政策包括紧缩性财政政策和紧缩性货币政策。

紧缩性财政政策	紧缩性货币政策
（1）减少政府支出 （2）增加税收 （3）发行公债。利用“挤出效应”减少民间部门的投资和消费	（1）提高法定存款准备金率 （2）提高再贴现率 （3）公开市场操作，如中央银行通过公开市场向商业银行等金融机构出售有价证券

（二）积极的供给政策

措施	效果
（1）减税	增加供给积极性
（2）削减社会福利开支	激发竞争与创造
（3）适当增加货币供给，发展生产	增加投资积极性
（4）精简规章制度	减少政府对企业的限制

经典题解

【例题·单选题】下列政策手段中，属于治理通货膨胀的紧缩性货币政策的是（　　）。（2020 年）

A. 提高法定存款准备金率

B. 买入金融机构持有的债券

C. 降低再贴现率

D. 发行公债

【解析】紧缩性货币政策主要有以下措施：①提高法定存款准备金率；②提高再贴现率；③公开市场操作。

【答案】A

第十九章　中央银行与货币政策

考点 1　中央银行制度★

项目	具体内容
中央银行	中央银行也称货币当局，处于金融中介体系的中心环节。它是发行的银行、银行的银行和政府的银行，具有国家行政管理机关和银行的双重性质
中央银行的主要职能	中国人民银行是我国的中央银行，它的主要职能： （1）制定和执行货币政策 （2）维护金融稳定 （3）提供金融服务
中央银行制度	中央银行制度是指由中央银行代表国家管理一国金融业，并以其为核心构成商业银行及其他金融机构为融资媒体的金融体制
建立中央银行制度的必要性	（1）集中货币发行权的需要 （2）代理国库和为政府筹措资金的需要 （3）管理金融业的需要 （4）国家对社会经济发展实行干预的需要

考点 2　中央银行的业务活动特征和主要业务★★★

（一）中央银行的职责

中央银行是国家干预经济、调节全国货币流通与信用的金融管理机关。利用其所拥有的经济力量，如基础货币、利率等，对金融和经济活动进行管理、控制和调节。

（二）中央银行的业务活动特征

（1）不以营利为目的。中央银行以金融调控为己任，稳定币值、促进经济发展是其宗旨。

（2）不经营一般性银行业务或非银行金融业务，不对任何个人、企事业单位、社会团体提供担保或直接发放贷款，其业务服务对象是政府部门、商业银行及其他金融机构。

（3）在制定和执行货币政策时，中央银行具有相对独立性，不应受到其他部门或机构的行政干预和牵制。

经典题解

【例题·多选题】中央银行特征的主要表现有（　　）。(2018 年)

A. 不以营利为目的

B. 只与企业和金融机构发生往来

C. 在制定和执行货币政策时具有相对独立性

D. 在制定和执行财政政策时具有相对独立性

E. 可以经营商业银行业务

【解析】中央银行不与企业发生往来，选项 B 错误；中央银行制定和执行货币政策，而不是财政政策，选项 D 错误；中央银行不经营一般性银行业务或非银行金融业务，选项 E 错误。

【答案】AC

（三）中央银行的主要业务

<table>
<tr><th>主要业务</th><th colspan="2">具体内容</th></tr>
<tr><td>货币发行业务</td><td colspan="2">货币发行是中央银行的主要业务
中国人民银行是我国法定的、唯一的货币发行机构</td></tr>
<tr><td rowspan="3">对银行的业务</td><td>集中存款准备金</td><td>中央银行以法律形式规定了商业银行缴存中央银行的存款准备金比率，并通过这部分存款准备金来管理商业银行及其他金融机构</td></tr>
<tr><td>充当最后贷款人</td><td>(1) 当商业银行及其他金融机构感到资金不足时，可获得中央银行的信用支持
(2) 中央银行的信贷业务主要有接受商业银行提交的有价证券作为抵押物而向商业银行提供的再抵押放款、为商业银行贴现商业票据的再贴现和再贷款3 种方式</td></tr>
<tr><td>组织全国银行间的清算业务</td><td>(1) 各商业银行都向中央银行缴存存款准备金，并在中央银行开立往来账户。它们之间由于交换票据所产生的应收、应付款项，可以通过在中央银行的往来账户办理非现金结算
(2) 此项业务为中央银行主要的中间业务，并由此使中央银行成为全国金融业的清算中心</td></tr>
<tr><td rowspan="5">对政府的业务</td><td>代理国库</td><td>国库存款是中央银行的主要负债之一，因而中央银行代理国库，既为政府提供了财务收支服务，又增强了自身的资金实力</td></tr>
<tr><td>代理发行国家债券</td><td>中央银行代理国家发行债券以及债券到期时的还本付息事宜</td></tr>
<tr><td>对国家提供信贷支持</td><td>中央银行作为国家的银行，在国家财政出现收不抵支的情况下，负有提供信贷支持的义务。其主要采用直接给国家财政以贷款或购买国家公债的形式</td></tr>
<tr><td>保管外汇和黄金储备</td><td>中央银行代理政府交易和储备黄金、外汇，为补充国际储备或保值而进行黄金、外汇交易</td></tr>
<tr><td>制定并监督执行有关金融管理法规</td><td>—</td></tr>
</table>

【提示】作为国家的银行，中央银行还代表政府参加国际金融组织，出席各种国际性会议，从事国际金融活动以及代表政府签订国际金融协定；在国内外经济金融活动中，充当政府的顾问，提供经济金融情报和决策建议。

经典题解

【例题·多选题】中央银行对商业银行的服务主要有（　　）。(2020 年)

A. 保管外汇和黄金储备

B. 集中存款准备金

C. 组织全国银行间的清算业务

D. 充当最后贷款人

E. 代为参加国际金融组织

【解析】中央银行对银行提供的服务主要表现在三个方面：①集中存款准备金；②充当最后贷款人；③组织全国银行间的清算业务。

【答案】BCD

考点 3　中央银行（货币当局）资产负债表★★

资产	负债
(1) 国外资产（外汇、货币黄金及其他国外资产） (2) 对政府债权 (3) 对其他存款性公司债权 (4) 对其他金融性公司债权 (5) 对非金融性部门债权 (6) 其他资产	(1) 储备货币（货币发行、其他存款性公司存款、非金融机构存款） (2) 不计入储备货币的金融性公司存款 (3) 发行债券 (4) 国外负债 (5) 政府存款 (6) 自有资金 (7) 其他负债
总资产	总负债

经典题解

【例题·单选题】下列项目中，属于中央银行资产负债表中储备货币的是（　　）。(2020 年)

A. 国外负债

B. 政府存款

C. 其他存款性公司存款

D. 发行债券

【解析】储备货币是中央银行资产负债表负债方的主要项目，包含货币发行、其他存款性公司存款、非金融机构存款。

【答案】C

考点 4　货币政策的含义和目标★

含义	是一国金融当局制定和执行的通过货币供应量、利率或其他中介目标影响宏观经济运行的手段
内容	政策目标、实现目标所运用的政策工具和预期达到的政策效果
目标	(1) 稳定物价 (2) 经济增长 (3) 充分就业 (4) 平衡国际收支 【提示】《中华人民共和国中国人民银行法》第 3 条规定："货币政策目标是保持货币币值稳定，并以此促进经济增长。"这一政策要求在抑制物价上涨幅度的同时维持适度的经济增长率，并且决不以牺牲经济增长为前提

考点5 货币政策工具★★★

（一）一般性政策工具（或称为“传统货币政策工具”）

法定存款准备金率	含义	是指根据法律规定，商业银行等将其所吸收的存款和发行的票据存放在中央银行的最低比率
	作用	应付商业银行等面临的挤提
	实践	（1）法定存款准备金率与货币乘数成反比 （2）若中央银行采取紧缩政策，可提高法定存款准备金率，从而限制了商业银行的信用扩张能力，降低了货币乘数，最终起到收缩货币量和信贷量的效果；反之亦然
	缺点	（1）当中央银行调整法定存款准备金率时，商业银行可以变动其在中央银行的超额存款准备金，从反方向抵消法定存款准备金率政策的作用 （2）法定存款准备金率对货币乘数的影响很大，作用力度很强，往往被当作一剂“猛药” （3）调整存款准备金率对货币供应量和信贷量的影响要通过商业银行的辗转存、贷，逐级递推而实现，见效较慢，时滞较长
	结论	法定存款准备金率政策往往是作为货币政策的一种自动稳定机制，而不将其作为适时调整的经常性政策工具来使用
再贴现	含义	是指中央银行向持有商业票据等支付工具的商业银行进行贴现的行为
	基本内容	再贴现政策是中央银行根据需要调整再贴现率，以增加或减少货币供应量的政策措施。当中央银行提高再贴现率时，商业银行借入资金的成本上升，基础货币得到收缩；反之亦然
	优点	与法定存款准备金率工具相比，再贴现工具的弹性相对要大一些，作用力度相对要缓和一些
	缺点	主动权操纵在商业银行手中，该政策是否能够获得预期效果，还取决于商业银行是否采取主动配合的态度
公开市场操作	含义	是指中央银行在证券市场上公开买卖国债、发行票据的活动
	对象	主要是商业银行和其他金融机构
	优点	与法定存款准备金率政策相比较，公开市场操作政策更具有弹性和优越性 （1）中央银行能够运用公开市场操作，影响商业银行的准备金，从而直接影响货币供应量 （2）公开市场操作使中央银行能够随时根据金融市场的变化，进行经常性、连续性的操作 （3）通过公开市场操作，中央银行可以主动出击 （4）由于公开市场操作的规模和方向可以灵活安排，中央银行有可能用其对货币供应量进行微调
	局限性	（1）金融市场不仅必须具有全国性，而且要具有相当的独立性，可用于操作的证券种类必须齐全并达到必需的规模 （2）必须有其他货币政策工具配合

经典题解

【例题·多选题】下列关于一般性货币政策工具的说法中，正确的有（ ）。（2017年）

A. 中央银行提高法定存款准备金率，扩大了商业银行的信用扩张能力

B. 商业银行掌握着再贴现政策的主动权

C. 法定存款准备金率政策作用力度强

D. 调整法定存款准备金率能迅速影响货币供应量

E. 中央银行运用公开市场操作可以直接影响货币供应量

【解析】中央银行提高法定存款准备金率，会降低商业银行的信用扩张能力，选项A错误；调整存款准备金率对货币供应量和信贷量的影响要通过商业银行的辗转存、贷，逐级递推而实现，见效较慢，时滞较长，选项D错误。

【答案】BCE

（二）选择性货币政策工具

传统的三大货币政策工具，都属于对货币总量的调节，以影响整个宏观经济。在这些一般性政策工具之外，还可以有选择地对某些特殊领域的信用加以调节和影响。

工具	具体内容
消费者信用控制	中央银行对不动产以外的各种耐用消费品的销售融资予以控制，其主要内容包括规定分期付款购买耐用消费品的首付最低金额、还款最长期限、适用的耐用消费品种类等
不动产信用控制	中央银行就金融机构对客户购买房地产等方面放款的限制措施，抑制房地产及其他不动产的交易投机
优惠利率	—
预缴进口保证金	—

经典题解

【例题·单选题】中央银行就金融机构对客户购买房地产等方面放款的限制措施，属于（ ）。（2019年）

A. 一般性政策工具

B. 选择性货币政策工具

C. 直接信用控制

D. 间接信用指导

【解析】中央银行就金融机构对客户购买房地产等方面放款的限制措施属于选择性货币政策工具中的不动产信用控制。

【答案】B

（三）直接信用控制

（1）含义：直接信用控制是指中央银行以行政命令或其他方式，从质和量两个方面直接对金融机构尤其是商业银行的信用活动进行控制。

（2）手段：利率最高限、信用配额、流动比率和直接干预等。其中，规定存贷款最高利率限制，是最常使用的直接信用管制工具。例如，1986年以前美国的“Q条例”。

（四）间接信用指导

间接信用指导是指中央银行通过道义劝告、窗口指导等办法间接影响商业银行的信用创造。窗口指导虽然没有法律约束力，但影响力较大。

考点6　货币政策的中介目标★★

定义	又称为货币政策的中间指标、中间变量等，它是介于货币政策工具变量（操作目标）和货币政策目标变量（最终目标）之间的变量指标	
指标的确定原则	可控性、可测性和相关性	
变量指标	利率	通常是指短期的市场利率，如银行间同业拆借利率、短期国库券利率 （1）可控性：中央银行可以通过调整再贴现率、存款准备金率或在公开市场上买卖国债，改变资金供求关系，引导短期市场利率的变化 （2）可测性：短期市场利率与各种支出变量之间有着较为稳定可靠的联系，中央银行能够及时收集到各方面的资料对利率进行定量分析和预测 （3）相关性：短期市场利率的变化会影响金融机构、企业、居民的资金实际成本和机会成本，改变其行为，最终达到收紧或放松银根、抑制或刺激投资的目的
	货币供应量	（1）可测性：它们都分别反映在中央银行、商业银行和非银行金融机构的资产负债表内，可以随时进行量的测算和分析 （2）可控性：流通中货币（M_0）由中央银行直接控制，狭义货币（M_1）、广义货币（M_2）虽不由中央银行直接控制，但中央银行可以通过对流通中货币的控制、调整准备金率及其他措施间接地控制 （3）相关性：中央银行只要控制住了货币供应量，就能够控制一定时期的社会总需求，从而有利于实现总需求与总供给的平衡，实现货币政策的目标
	超额准备金	（1）对商业银行的资产业务规模有直接决定作用 （2）但是，超额准备金往往因为其取决于商业银行的意愿和财务状况而不易为货币当局测度和控制
	基础货币	（1）是构成货币供应量倍数伸缩的基础，它可以满足可测性与可控性的要求，数字一目了然，数量也易于调控 （2）不少国家把它视为较理想的中介目标
	通货膨胀率	自20世纪90年代起，一些国家相继改弦更张，把货币政策中介目标由货币供应量转为通货膨胀率，由此形成所谓的通货膨胀目标制

经典题解

【例题·多选题】通常情况下，可以作为货币政策中介目标的变量指标有（　　）。（2020年）

A. 通货膨胀率

B. 货币供应量

C. 基础货币

D. 超额准备金

E. 外汇储备数量

【解析】可以作为货币政策中介目标的变量指标有利率、货币供应量、超额准备金、基础货币以及通货膨胀率。

【答案】ABCD

考点 7 货币政策传导机制★

含义	是指中央银行运用货币政策工具影响中介指标，进而最终实现既定政策目标的传导途径与作用机理
意义	货币传导机制是否顺畅直接影响货币政策的实施效果
传导体系	中央银行→货币市场→金融机构→企业（居民）
间接传导机制	政策工具→操作目标→中介目标→最终目标
影响传导效率的因素	(1) 能够对货币政策变动做出灵敏反应的经济主体 (2) 较为发达的金融市场 (3) 较高程度的利率汇率市场化

考点 8 近年来我国货币政策的实践★

时间	政策变化
2006 年至 2008 年上半年	从“稳健”的货币政策转到“适度从紧”的货币政策，再到“从紧”的货币政策
2008 年下半年至 2010 年	从“从紧”的货币政策转向“适度宽松”的货币政策
2011 年至 2020 年	连续 11 年实施稳健的货币政策

第二十章 商业银行与金融市场

本章视频详解
使用“会计云课堂” App/ 微信扫码听课

考点 1 商业银行的定义及性质★

（一）商业银行的定义

商业银行又称存款货币银行，以经营工商业存款和放款为主要业务，并为客户提供多种金融服务。它是金融机构体系中最为核心的部分，往往以其机构数量多、业务渗透面广和资产总额比重大等历史形成的优势，为其他金融机构所不能替代。

（二）商业银行的性质

商业银行是最典型的银行，是以营利为目的、主要以吸收存款和发放贷款形式为工商企业或个人提供融资服务，并办理结算业务的金融企业。

项目	区别
与一般工商企业相比较	商业银行是金融企业，承担着资金融通职能
与中央银行、政策性银行相比较	商业银行是以营利为目的的企业，它的经营目标是利润最大化。而中央银行和政策性银行一般不以营利为目的

续表

项目	区别
与非银行金融机构相比较	商业银行的经营范围广泛、业务种类齐全，是唯一能够面向公众吸收活期存款的金融机构

考点2　商业银行的职能与组织形式★★

（一）商业银行的主要职能

职能	具体内容
信用中介	（1）商业银行吸收存款，集中社会上闲置的资金，又通过发放贷款，将集中起来的资金贷放给资金短缺部门，发挥着化货币为资本的作用 （2）是商业银行最基本的职能
支付中介	商业银行接受企业的委托，为其办理与货币运动有关的技术性业务，如汇兑、非现金结算等，使银行成为企业的总会计、总出纳，成为社会的总账房
信用创造	商业银行发行信用工具，满足流通界对流通手段和支付手段的需要，并使银行可以超出自有资本与所吸收资本的总额而扩张信用

（二）商业银行的组织形式

按机构设置分类	单一银行制	只有一个单独的银行机构，不设分支机构，如美国的许多州立银行
	总分行制	在总行之下设有多层次的分支机构，如英国银行。目前世界各国的商业银行一般都采用这种银行制度
按业务经营范围分类	专业化银行制	只经营吸收存款、发放短期工商贷款等的传统银行业务
	综合化银行制	可以经营所有的商业性融资业务，又称为“全能银行制”

经典题解

【例题·单选题】 商业银行最基本的职能是（　　）。（2020年）

A. 信用中介　　B. 货币发行

C. 全国清算　　D. 信用创造

【解析】 信用中介是商业银行最基本的职能。

【答案】 A

考点3　商业银行的主要业务★★★

1. 负债业务

负债业务是形成商业银行资金来源的业务。其全部资金来源包括自有资金和吸收的外来资金两部分。

项目	具体内容
自有资金	自有资金包括成立时发行股票所筹集的股本以及公积金、未分配利润。这部分也称为权益资本
外来资金	外来资金的形成渠道主要是吸收存款、向中央银行借款、从同业拆借市场拆借、发行金融债券、从国际货币市场借款等，其中又以吸收存款为主 （1）吸收存款。是银行组织资金来源的主要业务 （2）借款业务。主要有再贴现或向中央银行借款、同业拆借、发行金融债券、国际货币市场借款、结算过程中的短期资金占用等

2. 资产业务

资产业务是商业银行将所聚集的货币资金加以运用的业务，是商业银行获得收益的主要业务活动。

项目	具体内容	
票据贴现	地位	在西方商业银行的最初发展阶段是最重要的资产业务，现在仍占重要比重
	内容	（1）银行应客户的要求，买进未到付款日期的票据 （2）贴现业务在形式上是票据的买卖，实际上是信用业务，即银行通过贴现间接贷款给票据持有人
贷款业务	贷款是指银行将其所吸收的资金，按一定的利率贷给客户并约定归还期限的业务。贷款业务在银行资产中的比重一般排在首位	
	按归还期限划分	（1）短期贷款——期限在1年以内的贷款 （2）中期贷款——期限为1~5年的贷款 （3）长期贷款——期限在5年以上的贷款
	按贷款条件划分	（1）信用贷款——以借款人信誉发放的贷款 （2）担保贷款——以特定的抵押品作为担保的贷款，包括保证贷款、抵押贷款和质押贷款
	按用途划分	（1）资本贷款——以设备的更新改造或增添固定资产等为目的的贷款，属于投资性质的贷款 （2）商业贷款——以企业原材料的购进以及商品交易等为目的的贷款，属于生产或经营周转性质的贷款 （3）消费贷款——以消费为目的的个人发放的贷款
投资业务	（1）是指银行以其资金作为投资而持有各种有价证券的业务活动 （2）为防范银行风险，金融管理当局对商业银行证券投资的范围一般都有限制性规定，许多国家规定只允许做债券业务，而不允许做股票买卖，或者允许银行以其自有资金和盈余的很小比例投资股票	

3. 中间业务

中间业务是指商业银行不使用自己的资金而为客户办理支付和其他委托事项，并从中收取手续费的业务，是商业银行作为“支付中介”而提供的多种形式的金融服务，也称为无风险业务。

项目	具体内容
结算业务	(1) 现金结算 (2) 转账结算：又称非现金结算，是指商业银行将款项从付款单位账户划转到收款单位账户，从而完成货币收付，并向委托人收取结算手续费的业务
信托业务	是指商业银行的信托部门接受客户的委托，代替委托单位或个人经营、管理或处理资金或其他财产，并从中收取手续费的业务。信托业务包括资金信托和财产信托
租赁业务	是指商业银行作为出租人，向客户提供租赁形式的业务 租赁业务包括融资性租赁与经营性租赁
代理业务	是指商业银行接受客户的委托，以代理人的身份代为办理一些双方议定的经济事务，并从中收取手续费的业务，如商业银行受财政部门的委托，代理发行和兑付国债等
咨询业务	银行凭借自身在经济生活中的地位，向客户提供市场变化情况、利率及汇率变化趋势等各种经济信息，为客户进行经济预测、投资项目的可行性论证、企业财务状况分析等服务

经典题解

【例题·单选题】下列关于商业银行资产业务的说法中，正确的是（　　）。(2019 年)

A. 为了获取更高利益，商业银行可将所吸收的资金全部加以运用，不做留存

B. 贷款业务在银行资产中的比重一般排在首位

C. 消费贷款属于资本贷款

D. 票据贴现业务不是信用业务

【解析】商业银行对于所聚集的资金，除了必须保留一部分现金和在中央银行的存款以应付客户提存外，其余部分主要是以票据贴现、贷款和证券投资等方式加以运用，选项 A 错误；按用途划分，贷款分为资本贷款、商业贷款和消费贷款，选项 C 错误；票据贴现实际上是信用业务，即银行通过贴现间接贷款给票据持有人，选项 D 错误。

【答案】B

考点 4　商业银行的经营管理★★

项目	具体内容
盈利性原则	商业银行在经营资产业务中，必须获得尽可能高的收益
流动性原则	(1) 商业银行必须保有一定比例的现金或其他容易变现的资产 (2) 商业银行取得现款的能力
安全性原则	商业银行在放款和投资等业务经营过程中，要能够按期收回本息，特别是要避免本金受损
三个原则的关系	(1) 盈利性与流动性呈负相关关系 (2) 盈利性与安全性呈负相关关系 (3) 流动性与安全性呈正相关关系

考点 5 存款保险制度★★

项目		具体内容
含义		存款保险制度又称存款保障制度，是指存款类金融机构根据其吸收存款的数额，按规定的保费率向存款保险机构投保，当存款机构发生经营危机导致无法满足存款人提款要求时，由存款保险机构向存款人偿付被保险存款，从而保护存款人利益、维护银行信用、稳定金融秩序的一种制度安排
组织形式		(1) 由政府建立存款保险机构，如美国、英国、加拿大等 (2) 由政府与银行界共同建立存款保险机构，如日本、比利时等 (3) 在政府支持下由银行同业联合建立存款保险机构，如德国、法国、荷兰等
投保机构		商业银行（含外商独资银行和中外合资银行）、农村合作银行、农村信用合作社等
被保险的存款范围		被保险的存款既包括人民币存款，也包括外币存款。但不包括 (1) 金融机构同业存款、投保机构的高级管理人员在本投保机构的存款以及存款保险基金管理机构规定不予保险的其他存款 (2) 外国银行在中国的分支机构以及中资银行海外分支机构的存款
存款保险基金的来源及运用	来源	(1) 投保机构交纳的保费 (2) 在投保机构清算中分配的财产 (3) 存款保险基金管理机构运用存款保险基金获得的收益 (4) 其他合法收入
	运用	存款保险基金的运用，应当遵循安全、流动、保值增值的原则，限于下列形式： (1) 存放在中国人民银行 (2) 投资政府债券、中央银行票据、信用等级较高的金融债券及其他高等级债券 (3) 国务院批准的其他资金运用形式
偿付	偿付限额	(1) 存款保险实行限额偿付，最高偿付限额为人民币50万元 (2) 同一存款人在同一家投保机构所有存款账户的本金和利息加起来在50万元以内的，全额赔付；超过50万元的部分，从该投保机构清算财产中受偿 (3) 50万元的限额并不是固定不变的，中国人民银行会同国务院有关部门可以根据经济发展、存款结构变化、金融风险状况等因素调整，报国务院批准后公布执行
	偿付情形	当存款类金融机构被接管、撤销或者破产时，存款人有权要求存款保险基金管理机构在规定的限额内，使用存款保险基金偿付存款人的被保险存款。具体情形： (1) 存款保险基金管理机构担任投保机构的接管组织 (2) 存款保险基金管理机构实施被撤销投保机构的清算 (3) 人民法院裁定受理对投保机构的破产申请 (4) 经国务院批准的其他情形

经典题解

【例题·单选题】不属于存款保险基金来源的是（　　）。（2019年）

A. 存款人交纳的保费

B. 投保机构交纳的保费

C. 在投保机构清算中分配的财产

D. 存款保险基金管理机构运用存款保险基金获得的收益

【解析】存款人不需要交纳保费，选项A错误。

【答案】A

考点6 金融市场运行机理、金融市场效率及有效市场理论★★

（一）金融市场运行机理

（1）货币资金在使用方面总是存在时间差和空间差；

（2）资金只有在运动过程中才能够创造价值，并使价值增加，从而产生金融交易的客观需求。

（二）金融市场效率

金融市场效率是指金融市场实现金融资源优化配置功能的程度，包含两个方面的内容：

（1）金融市场以最低交易成本为资金需求者提供金融资源的能力；

（2）金融市场的资金需求者使用金融资源向社会提供有效产出的能力。

高效率的金融市场能将社会有限的金融资源配置到效益最好的企业及行业，进而创造最大产出，实现社会效益的最大化。

（三）有效市场理论

项目	具体内容	
提出者	美国芝加哥大学教授法玛	
定义	如果在一个证券市场上，价格完全反映了所有可获得（利用）的信息，每一种证券价格都永远等于其投资价值，那么就称这样的市场为有效市场	
分类	根据信息对证券价格影响的不同程度，法玛将市场有效性分为弱型效率、半强型效率和强型效率	
	弱型效率	证券市场效率的最低程度。如果有关证券的历史资料（如价格、交易量等）对证券的价格变动没有任何影响，则证券市场达到弱型效率
	半强型效率	证券市场效率的中等程度。如果有关证券公开发表的资料（如公司对外公布的盈利报告等）对证券的价格变动没有任何影响，则证券市场达到半强型效率
	强型效率	证券市场效率的最高程度。如果有关证券的所有相关信息，包括公开发表的资料以及内幕信息对证券的价格变动没有任何影响，即证券价格充分、及时地反映了与证券有关的所有信息，则证券市场达到强型效率

经典题解

【例题·单选题】美国经济学家法玛认为，如果有关证券的历史资料不影响证券价格的变动，则证券市场达到（　　）。（2014年）

A. 弱型效率

B. 半强型效率

C. 半弱型效率

D. 强型效率

【解析】弱型效率，是证券市场效率的最低程度。如果有关证券的历史资料对证券的价格变动没有任何影响，则证券市场达到弱型效率。

【答案】A

考点7 金融市场的结构★

（一）金融市场的类型

金融市场的类型按市场上交易的金融工具的期限长短划分为以下两类。

类型	含义	子市场
货币市场	期限在1年及1年以下的金融资产为交易标的物的短期金融市场	同业拆借市场、票据市场、短期债券市场等
资本市场	期限在1年以上的金融资产交易市场	股票市场、长期债券市场、投资基金市场等

（二）金融市场的各子市场

子市场	具体内容
同业拆借市场	（1）是指金融机构之间以货币借贷方式进行短期资金融通活动的市场 （2）同业拆借的资金主要用于弥补短期资金不足、票据清算的差额以及解决临时性的资金短缺需求 （3）具有期限短、流动性高、利率敏感性强和交易方便等特点 （4）国际货币市场上比较典型和有代表性的同业拆借利率：伦敦银行同业拆借利率（LIBOR）
票据市场	（1）是以各种票据为媒体进行资金融通的市场 （2）种类（子市场）：商业票据市场、银行承兑汇票市场、银行大额可转让定期存单市场、短期以及融资性票据市场，其中银行承兑汇票市场和商业票据市场是最主要的两个子市场 【注意】银行承兑汇票是银行信用和商业信用的结合 （3）商业票据是一种短期无担保证券，是由发行人（一般为信誉度高、实力雄厚的大公司）为了筹措短期资金或弥补短期资金缺口，在货币市场上向投资者发行并承诺在将来一定时期偿付票据本息的凭证。商业票据是以企业间的直接信用作为保证的 （4）银行大额可转让定期存单是由商业银行和其他金融机构为了吸引存款而发行的一种不记名的存款凭证，它是认购人对银行提供的信用。它具有如下特点： ①不记名 ②属于批发性质的金融工具，存单的金额由发行银行确定，一般都比较大 ③利率既可固定，也可浮动
债券市场	（1）是发行和买卖债券的场所，它是一种直接融资的市场，即不通过银行等信用中介，资金的需求者和供给者直接进行融资的市场。其既具有货币市场属性，又具有资本市场属性 （2）债券市场的分类 按市场组织形式，可进一步分为场内交易市场和场外交易市场 按期限，可以分为短期债券、中期债券和长期债券 【提示】短期政府债券具有违约风险小、流动性强、面额小、收入免税等特点，其流动性在货币市场中是最高的，几乎所有的金融机构都参与短期政府债券市场的交易

续表

子市场	具体内容
股票市场	（1）是指股票发行和交易的场所 （2）可以分为发行市场（一级市场）和流通市场（二级市场） （3）根据市场的组织形式划分为场内交易市场（股票交易所）和场外交易市场（柜台交易市场）
投资基金市场	（1）投资基金是一种利益共享、风险共担的集合投资方式，也是一种金融中介机构，即通过发行基金单位，集中投资者的资金，由基金托管人托管、基金管理人管理和运用，从事股票、债券、外汇、货币等金融工具投资，以获得投资收益和资本增值，并分配给基金持有者的机构 （2）优势主要表现为专家理财
金融期货（期权）市场	（1）金融期货交易：一般是指交易协议达成后，在未来某一特定时间，如几周、几个月之后才办理交割的交易 （2）金融期货市场：是指专门进行金融期货交易的市场。它具有锁定和规避金融市场风险，实现价格发现的功能 （3）金融期权交易：是指买卖双方按成交协议签订合同，允许买方在交付一定的期权费用后，取得在特定时间内按协议价格买进或卖出一定数量的证券的权利 （4）金融期权市场是金融期货市场的发展和延伸。二者都属于金融衍生产品市场
外汇市场	是指以不同种货币计值的两种票据之间交换的市场，因其功能特殊，并不能简单地归入货币市场或资本市场

经典题解

【例题·多选题】票据市场中最主要的子市场有（　　）。(2018 年)

A. 商业票据市场

B. 融资性票据市场

C. 短期票据市场

D. 银行承兑汇票市场

E. 银行大额可转让定期存单市场

【解析】银行承兑汇票市场和商业票据市场是票据市场中最主要的两个子市场。

【答案】AD

第二十一章　金融风险与金融监管

本章视频详解

使用"会计云课堂" App/ 微信扫码听课

考点 1　金融风险★★★

金融风险是指投资者和金融机构在资金的借贷和经营过程中，由于各种不确定性因素的影响，使得预期收益和实际收益发生偏差，从而发生损失的可能性。金融风险是客观存在的，难以完全避免。

（一）金融风险的基本特征

基本特征	具体内容
不确定性	影响金融风险的因素非常复杂，各种因素相互交织，难以事前完全把握

续表

基本特征	具体内容
相关性	金融机构所经营的商品——货币的特殊性决定了金融机构同经济和社会是紧密相关的
高杠杆性	与工商企业相比，金融企业负债率明显偏高，财务杠杆大，导致负外部性大。此外，金融工具的创新日新月异，衍生金融工具有以小博大的高杠杆效应，也伴随着高度的金融风险
传染性	金融机构承担着中介机构的职能，割裂了原始借贷的对应关系。处于这一中介网络的任何一方出现风险，都有可能对其他方面产生影响，甚至发生行业的、区域的金融风险，导致金融危机

（二）金融风险的类型

类型	含义
市场风险	由于市场因素（如股价、利率、汇率以及商品价格等）的波动而导致的金融参与者的资产价值变化的风险
信用风险	由于借款人或市场交易对手的违约（无法偿付或者无法按期偿付）而导致损失的风险
流动性风险	金融参与者由于资产流动性降低而导致的风险
操作风险	由于金融机构的交易系统不完善、管理失误或其他一些人为错误而导致的风险

经典题解

【例题·单选题】 某银行因企业无法按期偿还贷款本息而遭受损失，这种金融风险属于（　　）。（2019 年）

A. 操作风险

B. 流动性风险

C. 信用风险

D. 市场风险

【解析】 由于借款人或市场交易对手的违约（无法偿付或者无法按期偿付）而导致损失的风险是信用风险，选项 C 正确。

【答案】 C

考点 2　金融危机的含义★

含义	是指一个国家或几个国家与地区的全部或大部分金融指标（如短期利率、金融资产、房地产、商业破产数和金融机构倒闭数等）的急剧、短暂和超周期的恶化
特点	金融危机的发生具有频繁性、广泛性、传染性和严重性等特点
范围	在世界范围内，几乎所有的国家都曾经遭受过危机的侵袭
影响	金融危机会使一国实体经济受到影响，经济增长放缓甚至衰退，严重时还会令金融市场完全崩溃，甚至导致国家破产

考点3　金融危机的类型★★★

<table>
<tr><th>项目</th><th colspan="2">具体内容</th></tr>
<tr><td>债务危机</td><td colspan="2">也可称为支付能力危机，即一国的债务不合理，无法按期偿还，最终引发的危机
发生债务危机国家的特征：
（1）出口不断萎缩，外汇主要来源于举借外债
（2）国际债务条件对债务国不利
（3）大多数债务国缺乏外债管理经验，外债投资效益不高，创汇能力低
由于这些特征，使得债务国在偿还债务时出现困难，进而打击国内投资者的信心，加速资金的逃离，当储备耗尽无法再偿还债务时，就会爆发债务危机</td></tr>
<tr><td rowspan="5">货币危机</td><td>发生的国家</td><td>在实行固定汇率制或带有固定汇率制色彩的、钉住汇率安排的国家，由于国内经济变化没有相应的汇率调整配合，导致其货币内外价值脱节</td></tr>
<tr><td>货币表现</td><td>通常反映为本币汇率高估</td></tr>
<tr><td>结果</td><td>投机冲击加大了外汇市场上本币的抛压，其结果要么是本币大幅度贬值，要么是该国金融当局为捍卫本币币值，动用大量国际储备干预市场，或大幅度提高国内利率</td></tr>
<tr><td>特点</td><td>从国际债务危机、欧洲货币危机到亚洲金融危机，危机主体的一个共同特点在于其钉住汇率制度，但在不同的阶段，导致危机发生的原因却不尽相同</td></tr>
<tr><td colspan="2">【提示】一国货币危机的发生与其宏观基本面、市场预期、制度建设和金融体系发展状况有很大关系，一旦某些因素导致市场信心不足，资本大规模的逃离使得钉住汇率制度难以维持，最终会引发货币危机</td></tr>
<tr><td rowspan="3">流动性危机</td><td>国内流动性危机</td><td>如果金融机构资产负债不匹配，即“借短放长”，则会导致流动性不足以偿还短期债务。一旦存款者由于担心存款损失而要求银行立即兑现时，将会引发大规模的“挤兑”风波，导致危机爆发</td></tr>
<tr><td>国际流动性危机</td><td>如果一国金融体系中潜在的短期外汇履约义务超过短期内可能得到的外汇资产规模，国际流动性就不足
一国的外汇储备越多，国际流动性越充足，发生流动性危机的可能性就越小</td></tr>
<tr><td colspan="2">【注意1】当国内金融机构出现流动性不足的问题时，央行可以发挥最后贷款人的作用，避免“挤兑”可能造成的大范围银行危机
【注意2】在国际流动性不足的情况下，央行除了自有的外汇储备外，没有别的渠道来阻止这种恐慌性的外汇“挤兑”</td></tr>
</table>

续表

<table>
<tr><th>项目</th><th colspan="2">具体内容</th></tr>
<tr><td rowspan="4">综合性金融危机</td><td colspan="2">现实中的金融危机都是综合性金融危机</td></tr>
<tr><td>外部综合性金融危机</td><td>债务危机、货币危机和流动性危机相互影响，如果得不到及时控制，局部危机将发展成为外部综合性金融危机</td></tr>
<tr><td>内部综合性金融危机</td><td>危机从对外经济部门向整个经济蔓延，就演变为内部金融危机。发生内部综合性金融危机国家的共同特点是金融体系脆弱，危机由银行传导至整个经济</td></tr>
<tr><td>影响</td><td>（1）一方面严重损害了相关国家的经济金融利益，且极易升级为经济危机或政治危机
（2）另一方面也在一定程度上暴露了危机国家所存在的深层次结构问题</td></tr>
</table>

经典题解

【例题·单选题】 下列关于综合性金融危机的说法中，正确的是（　　）。（2019 年）

A. 传统的金融危机都属于综合性金融危机

B. 发生内部综合性金融危机国家的共同特点是外部债务结构不合理，无法按期还债

C. 综合性金融危机是指内部综合性金融危机

D. 综合性金融危机严重损害了相关国家的经济金融利益，且极易升级为经济危机或政治危机

【解析】 传统的金融危机主要是一国金融领域行业性危机，如银行危机，选项 A 错误；发生内部综合性金融危机国家的共同特点是金融体系脆弱，危机由银行传导至整个经济，选项 B 错误；综合性金融危机分为外部综合性金融危机和内部综合性金融危机，选项 C 错误。

【答案】 D

考点 4　次贷危机★

次贷危机是指一场发生在美国，因次级抵押贷款机构破产、投资基金被迫关闭、股市剧烈震荡引起的金融风暴。此次次贷危机可以分为三个阶段。

债务危机	由于房地产价格下跌，利率上升，导致次级房贷的贷款人不能按时还本付息而引发的危机
流动性危机	由于债务危机导致相关金融机构流动性不足，不能及时应付债权人变现的要求
信用危机	投资者对建立在信用基础上的金融活动产生怀疑，引发全球范围内的金融恐慌

考点 5　金融监管的含义★

项目	具体内容
定义	金融监管或称金融监督管理，是指一国的金融管理部门为达到稳定货币、维护金融业正常秩序等目的，依照国家法律、行政法规的规定，对金融机构及其经营活动实施外部监督、稽核、检查和对其违法违规行为进行处罚等一系列行为

续表

项目	具体内容
银行的特性	金融监管首先是从对银行进行监管开始的，这和银行的三大特性有关： （1）银行提供的期限转换功能，即银行在储蓄-投资转化过程中，为储蓄者提供短期资产和流动性，把储蓄集合起来，再根据投资者的需要提供期限相对较长的负债和资金，从而实现期限转换 （2）银行是整个支付体系的重要组成部分，作为票据的清算者，降低了交易的费用 （3）银行的信用创造和流动性创造功能

考点6　金融监管的一般性理论★

项目	具体内容
公共利益论	这一理论源于20世纪30年代美国的经济危机。这一理论认为，监管是政府对公众要求纠正某些社会个体和社会组织的不公平、不公正和无效率或低效率的一种回应
保护债权论	为了保护债权人的利益，需要金融监管。存款保险制度就是这一理论的实践形式
金融风险控制论	这一理论源于“金融不稳定假说”，认为银行的利润最大化目标促使其系统内增加有风险的活动，导致系统内的不稳定性。这种不稳定性来源于银行的高负债经营、借短放长和部分准备金制度

【提示】金融全球化对传统金融监管理论的挑战。

自20世纪70年代以来，金融监管更强调安全与效率并重，同时更加重视对跨国金融活动的风险防范和国际监管协调。

经典题解

【例题·单选题】根据“金融不稳定假说”，下列因素中，不会导致金融系统不稳定的是（　　）。（2020年）

A. 银行开展现金服务业务

B. 部分准备金制度

C. 银行高负债经营

D. 借短放长

【解析】“金融不稳定假说”认为，银行的利润最大化目标促使其系统内增加有风险的活动，导致系统内的不稳定性。这种不稳定性来源于银行的高负债经营、借短放长和部分准备金制度。

【答案】A

考点7　金融监管体制的含义与分类★★

金融监管体制是指一国金融管理部门的构成及其分工的有关安排。

（一）按银行的监管主体以及中央银行的角色分类

项目	具体内容
以中央银行为重心的监管体制	（1）以中央银行为重心，其他机构参与分工的监管体制 （2）美国是其中的典型代表

续表

项目	具体内容
独立于中央银行的综合监管体制	(1) 在中央银行之外，同时设立几个部门对银行、证券和保险金融机构进行监管的体制，但是中央银行在其中发挥独特的作用 (2) 德国是其中的典型代表

(二) 从监管客体的角度分类

项目	具体内容	
综合监管体制	含义	是指将金融业作为一个整体进行监管。在这种体制下，监管主体可以对不同类型的金融机构发挥监管职能，全面履行监管的职责，属于功能性监管
	代表	英国是其中的典型代表
	目的	适应金融经营体制从分业转向混业的需要，随着混业经营趋势的发展，实行综合监管体制的国家越来越多，如瑞士、日本和韩国等
分业监管体制	(1) 分业监管体制是指对不同类型的金融机构分别设立不同的专门机构进行监管 (2) 当前，大多数发展中国家，包括中国在内，仍然实行分业监管体制。其主要原因： ①实行分业经营体制 ②金融发展水平不高 ③金融监管能力不足	

【提示】 自20世纪80年代以来，我国的金融监管体制逐渐由单一全能型体制转向独立于中央银行的分业监管体制。

经典题解

【例题·单选题】 我国目前的金融监管体制是（　　）。(2015年)

A. 以中国人民银行为主的综合监管体制

B. 独立于中央银行的分业监管体制

C. 以中国人民银行为全国唯一监管机构的体制

D. 以中国银行保险监督管理委员会为主的综合监管体制

【解析】 目前我国的金融监管机制是独立于中央银行的分业监管体制。

【答案】 B

考点8 巴塞尔协议的产生与发展★

产生原因	直接原因	1974年，美国、英国、德国和阿根廷的国际性银行先后发生了倒闭事件和国际贷款违约事件，使监管当局开始全面审视拥有广泛国际业务的银行监管问题
	主要原因	银行经营的风险已经跨越国界，必须在金融监管上进行国际协调
发展	时间	1975年2月，由国际清算银行发起，成立了巴塞尔银行监管委员会
	重要内容	在巴塞尔协议中，影响广泛的是统一资本监管的1988年巴塞尔报告、2003年新巴塞尔资本协议和2010年巴塞尔协议Ⅲ

考点9　1988年巴塞尔报告★★

该报告确认了监督银行资本的可行的统一标准。

资本组成	核心资本	核心资本又称一级资本，包括实收股本（普通股）和公开储备，这部分资本至少占全部资本的50%
	附属资本	附属资本又称二级资本，包括未公开储备、资产重估储备、普通准备金和呆账准备金、混合资本工具和长期次级债券
风险资产权重	风险资产权重就是根据不同类型的资产和表外业务的相对风险大小，赋予它们不同的权重，即0%、10%、20%、50%和100%。风险资产权重越大，表明该资产的风险越大	
资本标准	资本充足率，即资本与风险加权资产的比率不得低于8%。其中核心资本比率不得低于4%	
过渡期安排	1987年年底到1992年年底为实施过渡期	

考点10　2003年新巴塞尔资本协议★★

该协议所推出的最低资本要求、监管当局的监督检查以及市场约束的内容，被称为新巴塞尔资本协议的“三大支柱”。

项目	具体内容
最低资本要求	巴塞尔委员会继承了过去以资本充足率为核心的监管思想，将资本金要求视为最重要的支柱 新协议的资本要求已经发生了重大变化： （1）对风险范畴的进一步拓展 当前，信用风险仍然是银行经营中面临的主要风险，但是委员会也注意到市场风险和操作风险的影响和破坏力 （2）计量方法的改进 （3）鼓励使用内部模型 （4）资本约束范围的扩大
监管当局的监督检查	监管当局担当三大职责： （1）全面监管银行资本充足状况 （2）培育银行的内部信用评估系统 （3）加快制度化进程
市场约束	（1）惩罚机制：富有成效的市场奖惩机制可以迫使银行有效而合理地分配资金，从而可以促使银行保持充足的资本水平 （2）披露：为了确保市场约束的有效实施，必须要求银行建立信息披露制度。新协议规定，银行在一年内至少披露一次财务状况、重大业务活动以及风险管理状况

考点 11 2010 年巴塞尔协议Ⅲ★★

项目	具体内容
强化资本充足率监管标准	资本监管在巴塞尔委员会监管框架中长期占据主导地位，也是本轮金融监管改革的核心 （1）三个最低资本充足率监管标准 ①普通股充足率为4.5% ②一级资本充足率为6% ③总资本充足率为8% 待新标准实施后，正常情况下，商业银行的普通股、一级资本和总资本充足率应分别达到7%、8.5%和10.5% （2）两个超额资本要求 ①要求银行建立留存超额资本，用于吸收严重经济和金融衰退给银行体系带来的损失，由普通股构成，最低要求为2.5% ②建立与信贷过快增长挂钩的反周期超额资本，要求银行在信贷高速扩张时期积累充足的经济资源，最低要求为0%~2.5%
引入杠杆率监管标准	自2011年年初按照3%的标准（一级资本/总资产）开始监控杠杆率的变化，2013年年初开始进入过渡期，2018年正式纳入第一支柱框架
建立流动性风险量化监管标准	（1）流动性覆盖率，用于度量短期压力情境下单个银行流动性状况，目的是提高银行短期应对流动性中断的弹性 （2）净稳定融资比率，用于度量中长期内银行解决资金错配的能力，它覆盖整个资产负债表，目的是激励银行尽量使用稳定的资金来源
确定新监管标准的实施过渡期	设立为期8年的过渡期安排

经典题解

【例题·单选题】 美国次贷危机后，巴塞尔委员会要求银行建立留存超额资本，用于吸收严重经济和金融衰退给银行体系带来的损失，最低要求是（ ）。（2020年）

A. 3%　　B. 2.5%

C. 0%　　D. 4.5%

【解析】 巴塞尔委员会要求银行建立留存超额资本，用于吸收严重经济和金融衰退给银行体系带来的损失，由普通股构成，最低要求为2.5%。

【答案】 B

本章视频详解

使用"会计云课堂"App/微信扫码听课

第二十二章 对外金融关系与政策

考点 1 汇率制度的含义与划分★★

（一）汇率制度的含义

汇率制度是指各国对本国货币汇率变动的基本方式所做的一系列安排或规定。

（二）汇率制度的划分

传统上，国际汇率制度分为固定汇率制度和浮动汇率制度两种类型。

<table>
<tr><td rowspan="3">固定汇率制度</td><td colspan="2">是指各国货币受汇率平价的制约，市场汇率只能围绕平价在很小的幅度内上下波动的汇率制度</td></tr>
<tr><td>金本位制度下的固定汇率制度</td><td>（1）自发的固定汇率制度
（2）铸币平价是各国汇率的决定基础
（3）黄金输送点是汇率变动的上下限</td></tr>
<tr><td>布雷顿森林体系下的固定汇率制度</td><td>（1）人为的、可调整的固定汇率制度
（2）实行以美元为中心的固定汇率制度</td></tr>
<tr><td>浮动汇率制度</td><td colspan="2">（1）是指没有汇率平价的制约，市场汇率随着外汇供求状况变动而变动的汇率制度
（2）在此汇率制度下，各国可以自行安排其汇率，形成了多种汇率安排并存的国际汇率体系
（3）1999 年，国际货币基金组织采取新的分类法，按照汇率弹性从小到大，将各国汇率制度分为无单独法定货币、货币局安排、传统钉住安排、水平区间钉住、爬行钉住、爬行区间、事先不公布汇率目标的管理浮动和独立浮动 8 种</td></tr>
</table>

经典题解

【例题·单选题】 1999 年，国际货币基金组织采取新的分类法，按照汇率弹性由小到大，将各国汇率制度分为 8 种，其中不包括（　　）。（2020 年）

A. 独立浮动

B. 传统钉住安排

C. 浮动区间钉住

D. 爬行区间

【解析】 1999 年，国际货币基金组织采取新的分类法，按照汇率弹性从小到大，将各国汇率制度分为无单独法定货币、货币局安排、传统钉住安排、水平区间钉住、爬行钉住、爬行区间、事先不公布汇率目标的管理浮动和独立浮动 8 种。

【答案】 C

考点 2　影响汇率制度选择的因素★★

因素	倾向于固定汇率制度	倾向于浮动汇率制度
经济开放程度	经济开放程度高	经济开放程度低
经济规模	经济规模小	—
国内金融市场的发达程度及其与国际金融市场的一体程度	—	同国际金融市场联系密切、资本流出流入较为客观和频繁
进出口贸易的商品结构和地域分布	进出口集中在某几种商品或某一国家的国家	进出口商品多样化或地域分布分散化
相对的通货膨胀率	—	国内通货膨胀率与其他主要国家不一致的国家

经典题解

【例题·多选题】 在下列（　　）情况下，一国会倾向实行浮动汇率制度。（2018年）

A. 经济开放程度低

B. 进出口商品多样化

C. 资本流出流入较为客观和频繁

D. 经济规模小

E. 国内通货膨胀率与其他主要国家不一致

【解析】 经济开放程度低、进出口商品多样化或地域分布分散化、同国际金融市场联系密切、资本流出流入较为客观和频繁，或国内通货膨胀率与其他主要国家不一致的国家，倾向于实行浮动汇率制。

【答案】 ABCE

考点 3　人民币汇率制度★

汇率制度	2005 年 7 月 21 日，在主动性、可控性、渐进性原则的指导下，改革人民币汇率形成机制，实行以市场供求为基础、参考一篮子货币进行调节、有管理的浮动汇率制度
汇价确定	（1）中国人民银行对人民币汇价实行一定程度的管理。中国人民银行于每个工作日开市之初公布人民币汇率中间价，中间价根据所有做市商的报价加权平均来确定 （2）银行间外汇市场人民币对美元买卖价在中国人民银行公布的市场交易中间价±5‰的幅度内浮动，非美元货币对人民币交易价浮动幅度为±3%。银行对客户美元挂牌汇价实行价差幅度管理，银行可在规定价差幅度内自行调整当日美元挂牌价格。银行可自行制定非美元对人民币价格。银行可与客户议定所有挂牌货币的现汇和现钞买卖价格

考点 4　国际储备的含义、构成和作用★★

含义	是指一国货币当局为弥补国际收支逆差，稳定本币汇率和应付紧急支付等目的所持有的国际普遍接受的资产	
构成	货币性黄金	（1）是指一国货币当局作为金融资产而持有的黄金 （2）黄金只能算作潜在的国际储备，而非真正的国际储备
	外汇储备	（1）是指各国货币当局持有的对外流动性资产，主要是银行存款和国库券等 （2）外汇储备是国际储备最主要的组成部分，在非黄金储备中的占比高达95%以上
	IMF 的储备头寸	在国际货币基金组织的普通账户中会员国可以自由提取使用的资产，包括会员国向基金组织缴纳份额中的 25% 可自由兑换货币（储备档头寸）和基金组织用去的本币两部分（超储备档头寸）
	特别提款权（纸黄金）	国际货币基金组织根据会员国缴纳的份额无偿分配的，可供会员国用以归还基金组织贷款和会员国政府之间偿付国际收支逆差的一种账面资产。特别提款权根据一篮子货币定值
作用	（1）融通国际收支逆差，调节临时性的国际收支不平衡 （2）干预外汇市场，从而稳定本国货币汇率 （3）国际储备是一国对外举债和偿债的根本保证	

经典题解

【例题·单选题】外汇储备主要是指各国货币当局持有的对外流动性资产。下列国际储备中，属于外汇储备的是（　　）。（2020年）

A. 特别提款权

B. 货币性黄金

C. 国库券

D. 国际货币基金组织的储备头寸

【解析】外汇储备主要是指各国货币当局持有的对外流动性资产，主要是银行存款和国库券等。

【答案】C

考点5　国际储备的管理★

国际货币基金组织会员国的国际储备由货币性黄金、外汇储备、特别提款权和IMF的储备头寸组成。由于外汇储备占非黄金储备的95%以上，国际储备的管理实质上是外汇储备的管理。

外汇储备总量管理	外汇储备过低	不能满足其对外贸易以及其对外经济往来的需要，会引起国际支付危机，甚至是金融危机
	外汇储备过多	会增加持有储备的机会成本，占用较多的基础货币，导致流动性过剩，给一国经济带来负面影响
外汇储备的结构管理	储备货币的比例安排	为减少汇率风险，一国可以考虑设立与弥补赤字和干预市场所需要的货币保持一致的储备货币结构。减少外汇储备风险的另一种可行办法是实行储备货币多样化
	储备资产流动性结构的确定	一国应当拥有足够的一级储备来满足国际储备的交易性需求，剩下的储备资产可以在各种二级储备与高收益储备之间进行组合投资，以期在保持一定的流动性条件下获取尽可能高的预期收益率
外汇储备的积极管理	（1）对外汇储备进行积极管理、最大限度地获取收益成为国际储备管理的一个基本原则 （2）国际储备投资战略更多地转向追求高收益的中长期投资	

考点6　国际货币体系的含义和内容★

（一）含义

国际货币体系又称国际货币制度，是指通过国际惯例、协定和规章制度等，对国际货币关系所做的一系列安排。

（二）内容

（1）确定国际储备资产；

（2）确定汇率制度；

（3）确定国际收支调节方式。

考点 7　国际货币体系的变迁★★★

1. 国际金本位制

时间及国别	(1) 世界上第一次出现的国际货币体系是国际金本位制，最早出现在英国 (2) 1880 年至 1914 年是国际金本位制的黄金时期
内容	(1) 由铸币平价决定的汇率构成各国货币的中心汇率 (2) 市场汇率受外汇市场供求关系的影响而围绕铸币平价上下波动，波动幅度为黄金输送点

2. 布雷顿森林体系

时间	1945 年至 1973 年的布雷顿森林体系是根据布雷顿森林协定建立起来的以美元为中心的国际货币体系
主要运行特征	(1) 可兑换黄金的美元本位。美元按照每盎司黄金 35 美元的官价与黄金挂钩，其他国家的货币与美元挂钩。因此，布雷顿森林体系是一种国际金汇兑本位制 (2) 可调整的固定汇率。实行的是人为的、可调整的固定汇率制度 (3) 国际收支的调节。短期失衡由国际货币基金组织提供信贷资金来解决；长期失衡通过调整汇率平价来解决
体系缺陷	布雷顿森林体系本身的内在缺陷——特里芬难题，即维持对美元的信心和保证国际清偿力之间存在两难选择，决定了其崩溃的必然性。在经历了多次美元危机和货币投机冲击之后，该体系于 1973 年 3 月彻底崩溃

3. 牙买加体系

时间	1976 年，国际货币基金组织临时委员会在牙买加召开会议，通过了牙买加协定；同年，国际货币基金组织理事会通过了国际货币基金组织协定第二次修正案，并于 1978 年正式生效。至此，国际货币体系进入牙买加体系时代
主要运行特征	(1) 多元化的国际储备体系 (2) 多种汇率安排并存的浮动汇率体系 (3) 国际收支的调节。经常账户失衡调节主要通过汇率机制、利率机制、国际金融市场融通和国际货币基金组织调节等方式进行

经典题解

【例题·单选题】 国际金本位制度下，各国汇率的决定基础是（　　）。(2020 年)

A. 黄金输送点

B. 绝对购买力

C. 铸币平价

D. 相对购买力

【解析】 国际金本位制度下，铸币平价是各国汇率的决定基础，黄金输送点是汇率变动的上下限。

【答案】 C

考点 8　国际主要金融组织★

二战后三大国际经济组织：国际货币基金组织、世界银行集团和世界贸易组织。

（一）国际货币基金组织

性质	是国际货币体系的核心机构。理事会是国际货币基金组织的最高权力机构	
宗旨	（1）促进国际货币领域的合作 （2）促进国际贸易的扩大和平衡发展 （3）促进汇率的稳定，保持成员方之间有秩序的汇率安排	
资金来源	份额	（1）成员方缴纳的份额是国际货币基金组织主要的资金来源 （2）份额是指成员方认缴的资本金，包括加入时认缴的和增资份额。份额的25%以特别提款权或主要国际货币缴纳，其余75%的份额以本币缴纳 （3）份额的作用：决定成员方应缴的资金以及其在国际货币基金组织的投票权、借款数量和特别提款权的分配
	借款	一般借款总安排和新借款安排
贷款种类	（1）备用安排。又称普通贷款，是国际货币基金组织最基本、设立最早的一种贷款，是为解决成员方暂时性国际收支困难而设立的。备用安排的最高额度为成员方份额的125%，拨付期为12~18个月 （2）中期贷款。解决成员方结构性缺陷导致的严重国际收支问题 （3）减贫与增长贷款。其是一种低息贷款 （4）其他贷款。例如，补充储备贷款、应急信贷额度和紧急援助	
贷款特点	（1）贷款主要是帮助其成员方解决国际收支问题 （2）贷款是有政策条件的 （3）贷款是临时性的	

（二）世界银行集团

性质及宗旨	（1）世界银行理事会是世界银行的最高权力机构，行长是世界银行的最高行政长官 （2）世界银行成立于1945年12月，世界银行是世界银行集团中成立最早、规模最大的机构 （3）宗旨：对生产性投资提供便利，协助成员方的经济复兴以及生产和资源的开发；促进私人对外贷款和投资；鼓励国际投资，开发成员方的生产资源，促进国际贸易长期均衡发展，维持国际收支平衡等	
资金来源	银行股份	各成员方认缴的数量取决于该国的经济、财政实力和该国在国际货币基金组织中的份额
	借款	是世界银行的主要资金来源，其渠道包括直接向成员方政府、政府部门或中央银行发行中短期债券以及在国际资本市场上直接发行中长期债券
	转让债权	—
	业务净收益	世界银行历年来的业务净收益不分配给股东，都留作准备金，作为银行的一个资金来源

续表

贷款种类及特点	(1) 世界银行的贷款分为项目贷款、非项目贷款、部门贷款、联合贷款和第三窗口贷款等，其中项目贷款是世界银行贷款业务的主要组成部分 (2) 世界银行的贷款特点： ①贷款期限较长 ②贷款实行浮动利率 ③世界银行通常对其资助的项目只提供货物和服务所需要的外汇部分 ④贷款程序严密，审批时间较长

(三) 世界银行集团的其他机构

国际开发协会	主要是向符合条件的低收入国家提供长期优惠贷款，帮助这些国家发展经济、达到提高劳动生产率和改善人民生活水平的目的
国际金融公司	主要通过向低收入国家的生产性企业提供无须政府担保的贷款和投资，鼓励国际私人资本流向发展中国家，支持当地资本市场的发展，以推动私营企业的成长，促进成员方经济发展
多边投资担保机构	是世界银行集团中最年轻的成员
解决投资争端国际中心	主要通过调停或仲裁的方式协助解决外国投资者与东道国之间的投资争端，以促进国际投资的发展

(四) 国际清算银行

国际清算银行的最高权力机构是股东大会。

其宗旨是促进各国中央银行之间的合作，为国际金融活动提供额外的便利，并在国际清算中充当受托人或代理人。

经典题解

【例题·单选题】 在世界银行集团中，主要通过向低收入国家的生产性企业提供无须政府担保的贷款和投资，以推动私营企业成长的机构是（　　）。(2016 年)

A. 国际金融公司

B. 国际开发协会

C. 多边投资担保机构

D. 解决投资争端国际中心

【解析】 国际金融公司成立于 1956 年，主要通过向低收入国家的生产性企业提供无须政府担保的贷款和投资，鼓励国际私人资本流向发展中国家，支持当地资本市场的发展，以推动私营企业的成长，促进成员方经济发展。

【答案】 A

考点 9　跨境人民币业务★

(一) 跨境人民币业务的概念

跨境人民币业务是指居民（境内机构、境内个人）和非居民（境外机构、境外个人）之间以人民币开展的或用人民币结算的各类跨境业务。

（二）跨境人民币业务的类型

类型	具体内容
跨境贸易人民币结算	是指经国家允许指定的、有条件的企业在自愿的基础上以人民币进行跨境贸易的结算
境外直接投资人民币结算	按照“事后管理”的原则，商业银行办理此业务时应履行的义务： （1）严格进行交易真实性和合规性审查 （2）按照规定报送信息 （3）履行反洗钱和反恐融资义务
外商直接投资人民币结算	境外企业和经济组织或个人可以按照我国外商直接投资法律法规及相关规定，使用人民币来华开展包括向新设企业出资、并购境内企业、股权转让以及对现有企业进行增资、提供贷款等业务，以及将因减资、转股、清算等所得人民币资金汇出境外
跨境贸易人民币融资	（1）国际贸易融资方式根据银行提供融资便利的对象不同可以分为 ①进口贸易融资，包括进口信用证、海外代付、进口押汇等 ②出口贸易融资，包括打包贷款、出口信用证押汇、出口托收押汇、福费廷和出口信贷等 （2）跨境贸易人民币融资业务应以真实贸易背景为前提，融资金额需以出口企业与境外企业之间的贸易合同金额为限
跨境人民币证券投融资	（1）境内机构在境外发行人民币债券：政策性银行和境内商业银行可在香港发行人民币债券。香港市场将这些人民币债券称为“点心债” （2）境外机构在境内发行人民币债券（也称为“熊猫债”）：目前在境内发行人民币债券的境外机构主要为国际开发机构。所募集资金应优先用于向中国境内的建设项目提供中长期固定资产贷款或提供股本资金
双边货币合作	（1）货币互换协议 ①主要功能：规避汇率风险、价格发现、管理资产负债、降低融资成本和设计金融产品等 ②中央银行间开展货币互换的目标： 一是作为应对金融危机的临时措施，如美联储和其他国家中央银行之间的货币互换安排 二是作为金融危机的常设预防机制，如东盟和中日韩之间建立的“清迈倡议” 三是作为深化双方经济金融合作的措施，促进双边经贸和投资往来。中国人民银行与部分国家或地区中央银行或货币当局建立的货币互换安排综合了第一类和第三类的目标，在加强双边合作、维护地区金融稳定和促进经贸发展方面发挥了重要作用 （2）本币结算协议 允许在边境贸易或一般贸易中使用双方本币或人民币进行结算

名师加油站

经济师备考路上的在职人员，可谓“内忧外患”：在外上班疲惫不堪，回家带娃鸡飞狗跳，还要利用碎片化时间复习。但人生就是这样，不逼自己一把，怎知自己有多优秀！你越优秀，你的财务越自由。如何实现财务自由，先来熟悉一下货币和金融相关知识吧。

“中央银行”发布“货币政策”，“商业银行”如履薄冰遨游“金融市场”，在“金融风险与金融监管”的强压下，内忧外患。回家要力求“货币供求与货币均衡”，避免后院起火；出门要搞好“对外金融关系”，避免势单力薄。

习题轻松过

1013936

扫一扫　“码”上做题、看解析

本书同步强化练习题均配备二维码，使用“会计云课堂”App扫码，即可在线做题、看解析。

【“会计云课堂”App下载二维码见封底】

本篇同步强化练习题

一、单项选择题

1. 根据传统的货币数量说，假定其他因素不变，则（　　）。
   A. 物价水平与货币量成反比，货币价值与货币量成正比
   B. 物价水平与货币量成正比，货币价值与货币量成反比
   C. 物价水平与货币量成正比，货币价值与货币量成正比
   D. 物价水平与货币量成反比，货币价值与货币量成反比

2. 在流动性偏好理论对货币需求动机的分析中，将由于收入和支出时间的不一致，为进行日常交易而产生的持有货币的愿望称为（　　）。
   A. 预防动机
   B. 投机动机
   C. 交易动机
   D. 平衡动机

3. 在货币供给机制中，中央银行和商业银行具备的功能是（　　）。
   A. 中央银行具备创造派生存款的功能，商业银行具备信用创造货币的功能
   B. 中央银行具备信用创造货币的功能，商业银行具备创造派生存款的功能
   C. 中央银行和商业银行都具备创造派生存款的功能
   D. 中央银行和商业银行都具备信用创造货币的功能

4. 中国人民银行是我国的中央银行，下列职能中属于其主要职能的是（　　）。

A. 制定和执行货币政策
B. 向社会团体提供担保
C. 对企事业单位直接发放贷款
D. 微观审慎监管

5. 货币乘数等于存款准备金率与（　　）之和的倒数。
A. 贴现率
B. 货币结构比率
C. 利息率
D. 存款结构比率

6. 在货币政策工具中，对货币乘数影响大、作用力度强，往往被当作一剂“猛药”的是（　　）。
A. 再贴现
B. 公开市场操作
C. 法定存款准备金率
D. 窗口指导

7. 某国中央银行规定商业银行对居民提供汽车贷款的最低首付款比例是40%，最长还款期限是5年。这种规定属于（　　）。
A. 消费者信用控制
B. 证券市场信用控制
C. 间接信用指导
D. 直接信用控制

8. 存款保险机构实行限额偿付，同一存款人在同一家投保机构的最高偿付限额为（　　）万元人民币。
A. 30　　B. 60
C. 50　　D. 40

9. 在金融市场中，金融机构之间以货币借贷方式进行短期资金融通活动的市场是（　　）。
A. 债券市场
B. 股票市场
C. 同业拆借市场
D. 投资基金市场

10. 存款保险制度是金融监管理论中（　　）的实践形式。
A. 公开利益理论
B. 保护债权理论
C. 金融风险控制理论
D. 金融不稳定假设理论

11. 从2007年春季开始的美国次贷危机可依次分为（　　）三个阶段。
A. 债务危机阶段、信用危机阶段、流动性危机阶段
B. 信用危机阶段、债务危机阶段、流动性危机阶段
C. 流动性危机阶段、信用危机阶段、债务危机阶段
D. 债务危机阶段、流动性危机阶段、信用危机阶段

12. 下列国家中，金融监管体制以中央银行为重心的是（　　）。
A. 德国　　B. 韩国
C. 美国　　D. 日本

13. 2003年新巴塞尔资本协议所推出的最低资本要求、监管当局的监督检查及（　　）的内容，被称为新巴塞尔资本协议的“三大支柱”。
A. 宏观审慎监管
B. 杠杆率监管标准
C. 市场约束
D. 净稳定融资比率

14. 2018年3月21日，中共中央印发《深化党和国家机构改革方案》，决定组建（　　）。
A. 中国银行业监督管理委员会
B. 中国银行保险监督管理委员会
C. 中国保险监督管理委员会
D. 中国证券监督管理委员会

15. 国际货币体系的核心机构是（　　）。
A. 国际复兴开发银行

B. 国际金融公司
C. 国际清算银行
D. 国际货币基金组织

二、多项选择题

1. 流通中货币的持有者包括（　　）。
A. 企事业单位
B. 存款类金融机构
C. 非存款类金融机构
D. 个人
E. 机关团体

2. 在我国货币供应量指标中，属于准货币的有（　　）。
A. 单位活期存款
B. 现金
C. 单位定期存款
D. 个人存款
E. 其他存款（财政存款除外）

3. 纳入我国社会融资规模统计范畴的机构或市场有（　　）。
A. 银行业
B. 证券业
C. 农林业
D. 财政部门
E. 保险业

4. 下列属于金融机构通过表外业务向实体经济提供的资金支持的有（　　）。
A. 外币贷款
B. 人民币贷款
C. 委托贷款
D. 信托贷款
E. 未贴现的银行承兑汇票

5. 货币均衡的特征有（　　）。
A. 货币供给与货币需求在长期内是大体一致的
B. 货币供应量与财政收入同步增长
C. 社会消费品零售价格水平不断上涨
D. 货币供给与货币需求在数量上相等
E. 在现代经济中一定程度上反映了经济总体均衡状况

6. 下列金融业务中，属于中央银行对商业银行提供的有（　　）。
A. 集中存款准备金
B. 充当最后贷款人
C. 货币发行
D. 组织全国银行间的清算业务
E. 保管外汇和黄金储备

7. 中央银行选择货币政策中介目标依据的原则有（　　）。
A. 诱发性
B. 可控性
C. 自发性
D. 可测性
E. 相关性

8. 2018 年 12 月，中央经济工作会议提出稳健的货币政策要（　　）。
A. 松紧适度
B. 保持流动性合理充裕
C. 改善货币政策传导机制
D. 解决好民营企业和小微企业融资难、融资贵的问题
E. 降低直接融资比重

9. 根据我国的《存款保险条例》，存款保险基金的运用形式有（　　）。
A. 存放于中国人民银行
B. 投资政府债券
C. 投资信用等级较低的金融债券
D. 投资中央银行票据
E. 投资于高等级债券

10. 在国际货币体系变迁的过程中，曾出现过的国际货币体系有（　　）。
A. 金银复本位制
B. 银本位制
C. 国际金本位制
D. 牙买加体系
E. 布雷顿森林体系

本篇同步强化练习题参考答案及解析

“扫码看解析”

使用微信或“会计云课堂”App 扫码，即可在线对答案、看解析，错题随手收藏，及时复习巩固。

一、单项选择题

1. 【答案】B

【解析】假定其他因素不变，物价水平与货币量成正比，货币价值与货币量成反比。

2. 【答案】C

【解析】交易动机，即由于收入和支出的时间不一致，为进行日常交易而产生的持有货币的愿望。

3. 【答案】B

【解析】中央银行利用自身掌握的货币发行权和信贷管理权，来创造信贷资金来源。商业银行具备在中央银行发行货币的基础上扩张信用并创造派生存款的能力。

4. 【答案】A

【解析】中国人民银行是我国的中央银行，它的主要职能包括制定和执行货币政策、维护金融稳定和提供金融服务。

5. 【答案】B

【解析】货币乘数等于存款准备金率与货币结构比率之和的倒数。

6. 【答案】C

【解析】法定存款准备金率对货币乘数的影响很大，作用力度很强，往往被当作是一剂“猛药”。

7. 【答案】A

【解析】消费者信用控制是指中央银行对不动产以外的各种耐用消费品的销售融资予以控制。其主要内容包括规定分期付款购买耐用消费品的首付最低金额、还款最长期限、适用的耐用消费品种类等。

8. 【答案】C

【解析】存款保险实行限额偿付，最高偿付限额为人民币 50 万元，超过部分从所在投保机构清算财产中受偿。

9. 【答案】C

【解析】同业拆借市场是指金融机构之间以货币借贷方式进行短期资金融通活动的市场。

10. 【答案】B

【解析】存款保险制度就是保护债权论的实践形式。

11. 【答案】D

【解析】美国次贷危机从 2007 年春季开始显现，2007 年 8 月开始席卷美国、欧盟和日本等世界主要金融市场。总的来说，此次次贷危机可以分为三个阶段：第一阶段是债务危机阶段；第二阶段是流动性危机阶段；第三阶段即信用危机阶段。

12. 【答案】C

【解析】美国是以中央银行为重心的监管体制的典型国家。

13. 【答案】C

【解析】在新巴塞尔资本协议中，最引人注目的是该协议所推出的最低资本要求、监管当局的监督检查及市场约束的内容，被称为新巴塞尔资本协议的“三大支柱”。

14. 【答案】B

【解析】2018 年 3 月 21 日，中共中央印发《深化党和国家机构改革方案》，决定组建中国银行保险监督管理委员会。

15. 【答案】D

【解析】国际货币基金组织是国际货币体系的核心机构。

二、多项选择题

1. 【答案】ACDE

【解析】流通中货币的持有者包括企事业单位、个人、机关团体和非存款类金融机构。

2. 【答案】CDE

【解析】单位定期存款、个人存款、其他存款（财政存款除外）的流动性较弱，属于准货币。

3. 【答案】ABE

【解析】社会融资规模与传统的贷款指标不同，它既包括实体经济从银行业获得的融资，也包括实体经济从证券业和保险业获得的融资。

4. 【答案】CDE

【解析】金融机构通过表外业务向实体经济提供的资金支持，包括委托贷款、信托贷款和未贴现的银行承兑汇票。

5. 【答案】AE

【解析】货币均衡的特征：①货币均衡是货币供求作用的一种状态，是货币供给与货币需求的大体一致，而非货币供给与货币需求在数量上的完全相等；②货币均衡是一个动态过程，在短期内货币供求可能不一致，但在长期内是大体一致的；③现代经济中货币均衡在一定程度上反映了经济总体均衡状况。

6. 【答案】ABD

【解析】中央银行对商业银行提供的服务主要表现在三个方面：①集中存款准备金；②充当最后贷款人；③组织全国银行间的清算业务。

7. 【答案】BDE

【解析】中央银行按照可控性、可测性和相关性的三大原则选择相应的中介目标。

8. 【答案】ABCD

【解析】2018 年 12 月，中央经济工作会议提出稳健的货币政策要松紧适度，保持流动性合理充裕，改善货币政策传导机制，提高直接融资比重，解决好民营企业和小微企业融资难、融资贵的问题。

9. 【答案】ABDE

【解析】存款保险基金的运用，应当遵循安全、流动、保值增值的原则，限于下列形式：①存放在中国人民银行；②投资政府债券、中央银行票据、信用等级较高的金融债券及其他高等级债券；③国务院批准的其他资金运用形式。

10. 【答案】CDE

【解析】在国际货币体系变迁的过程中，曾出现过的国际货币体系有国际金本位制、布雷顿森林体系和牙买加体系。

第四篇　统　计

与 2020 年教材相比，本篇的内容无实质性变化。

年份	单项选择题	多项选择题	合计
2018	13 题 13 分	4 题 8 分	17 题 21 分
2019	9 题 9 分	6 题 12 分	15 题 21 分
2020	11 题 11 分	5 题 10 分	16 题 21 分

说明：表中数据由参加当年考试的考生提供，数据较为完整。

基础轻松过

统计学是关于收集、整理、分析数据和从数据中得出结论的科学。

统计调查是按照预定的目的和任务，运用科学的统计调查方式，有计划、有组织地收集数据信息资料的过程。调查过程有两个重要特征：首先，调查是一种有计划、有方法、有程序的活动；其次，调查的结果表现为搜集到的数据。

常用的统计调查方式有统计报表、普查、抽样调查、重点调查和典型调查。

考点轻松过

第二十三章　统计与数据科学

本章视频详解

使用"会计云课堂" App/微信扫码听课

考点 1　统计学★

（一）统计学的定义

统计学是一门关于数据的学科，它提供了一系列用于收集、处理、分析和解释数据的方法。

（二）统计学的两大分支

项目	具体内容
描述统计	是研究数据收集、整理和描述的统计学方法，其内容如下： （1）如何取得所需要的数据 （2）如何用图表或数学方法对数据进行整理和展示 （3）如何描述数据的一般性特征 例如，为了解与居民生活相关的商品及服务价格水平的变动情况，收集国家统计局发布的居民消费价格指数（CPI）数据，利用统计图形展示 CPI 的变化，利用增长率计算 CPI 的基本走势

续表

项目	具体内容
推断统计	是研究如何利用**样本**数据来**推断总体**特征的统计学方法，其内容如下： (1) 参数估计：利用样本信息推断总体特征 (2) 假设检验：利用样本信息判断对总体的假设是否成立 例如，某公司要评测顾客满意度，随机抽取部分顾客，调查他们对公司的质量感知、满意状况和忠诚度等信息，再对公司顾客总体满意度情况进行评估，此时就需要用到参数估计法。然后，验证满意度高的客户更倾向于成为忠诚客户，这就是假设检验要解决的问题

经典题解

【例题·多选题】 下列关于描述统计的说法中，正确的有（ ）。(2020年)

A. 描述统计是研究数据收集、整理和描述的统计学方法

B. 描述统计的内容包括如何用图表等方法对数据进行整理和展示

C. 描述统计是研究如何利用样本数据来推断总体特征的统计学方法

D. 描述统计包括假设检验方法

E. 描述统计包括参数估计方法

【解析】 推断统计是研究如何利用样本数据来推断总体特征的统计学方法，包括参数估计和假设检验。

【答案】 AB

考点2 变量★

变量是研究对象的属性或特征，它是相对于常数而言的。常数只有一个固定取值，而变量可以有两个或更多个可能的取值。

分类		具体内容
定量变量（数量变量）		变量的取值是**数量**，如企业销售额、注册员工数量
定性变量	分类变量	变量的取值是**类别**，如企业所属行业、员工性别
	顺序变量	变量的取值是**类别且有一定顺序**，如员工受教育水平

考点3 数据★

数据是对变量进行测量、观测的结果。数据根据需要可以是数值、文字或者图像等形式。

数值型数据	对定量变量的观测结果，其取值表现为具体的**数值**
分类数据	对分类变量的观测结果，表现为**类别**，一般用文字来表述，也可用数值代码表示
顺序数据	对顺序变量的观测结果，表现为**类别**，一般用文字表述，也可用数值代码表示

考点 4 数据来源的分类★

分类标准	具体类别	具体内容
按收集方法划分	观测数据	（1）通过直接调查或测量而收集到的数据，是在没有对事物施加任何人为控制因素的条件下得到的 （2）几乎所有与社会经济现象有关的统计数据都是观测数据，如 GDP、CPI、房价等
	实验数据	（1）通过在实验中控制实验对象及其所处的实验环境收集到的数据 （2）自然科学领域的数据大多都是实验数据，如一种新产品使用寿命的数据、一种新药疗效的数据
从使用者的角度划分	一手数据（直接数据）	（1）来源于直接的调查和科学实验的数据，对使用者来说这是数据的直接来源 （2）来源主要有调查或观察、实验
	二手数据（间接数据）	（1）来源于别人的调查或实验的数据，对使用者来说这是数据的间接来源 （2）来源主要有统计年鉴、内部报表等

经典题解

【例题·多选题】 下列数据搜集方法中，属于搜集二手数据的有（ ）。（2018 年）

A. 在控制条件下进行实验并在实验过程中搜集数据

B. 通过电话询问被调查者

C. 通过网络调查得到的网民对某项政策的支持率数据

D. 查阅公开出版的统计年鉴

E. 与原调查单位合作获得未公开的内部调查资料

【解析】 选项 A 获得的是一手数据且为实验数据；选项 BC 获得的是一手数据且为观测数据。

【答案】 DE

考点 5 统计调查的分类★

分类标准	具体类别	具体内容
按调查对象的范围不同划分	全面调查	（1）全面调查是对构成调查对象的所有单位进行逐一的、无一遗漏的调查，包括全面统计报表和普查 （2）例如，人口普查、经济普查等
	非全面调查	（1）非全面调查是对调查对象中的一部分单位进行调查 （2）例如，非全面统计报表、抽样调查、重点调查和典型调查等

续表

分类标准	具体类别	具体内容
按调查登记的时间是否连续划分	连续调查	(1) 为了观察总体现象在一定时期内（通常是一年内）的数量变化，它要求随着调查对象的发展变化连续地进行调查登记 (2) 连续调查的资料可以说明现象的发展过程，目的是了解现象在一段时期的总量 (3) 例如，工厂的产品生产，原材料的投入，能源的消耗，人口的出生、死亡等
	不连续调查	(1) 间隔一个相当长的时间（通常是一年以上）所做的调查，一般是为了对总体现象在一定时点上的状态进行研究 (2) 例如，生产设备拥有量、耕地面积等

经典题解

【例题·多选题】下列统计调查方法中，属于全面调查的有（　　）。(2018 年)

A. 全面统计报表　　B. 抽样调查

C. 重点调查　　D. 典型调查

E. 普查

【解析】全面调查是对构成调查对象的所有单位进行逐一的、无一遗漏的调查，包括全面统计报表和普查。

【答案】AE

考点 6　统计调查的方式★★★

在我国，常用的统计调查的方式有统计报表、普查、抽样调查、重点调查和典型调查。

方式	含义	具体内容
统计报表	按照国家有关法规的规定，自上而下地统一布置、自下而上地逐级提供基本统计数据的一种调查方式	(1) 按调查对象范围的不同可分为全面统计报表和非全面统计报表，目前的大多数统计报表都是全面统计报表 (2) 按报送周期长短不同可分为日报、月报、季报和年报等 (3) 按报表内容和实施范围不同可分为国家的、部门的、地方的统计报表
普查	为某一特定目的而专门组织的一次性全面调查，其主要用于了解处于某一时点状态上的社会经济现象的基本全貌，为国家制定有关政策提供依据	(1) 普查通常是一次性的或周期性的 ①经济普查每 10 年进行 2 次，每逢年份末尾数字为 3、8 的年份实施 ②人口普查每 10 年进行 1 次，逢年份末尾数字为 0 的年份实施 ③农业普查每 10 年进行 1 次，逢年份末尾数字为 6 的年份实施 (2) 普查一般需要规定统一的标准调查时间，以避免调查数据的重复或遗漏，保证普查结果的准确性 (3) 普查的数据一般比较准确，规范化程度也较高 (4) 普查的使用范围比较窄，只能调查一些最基本及特定的现象

续表

方式	含义	具体内容
抽样调查	从调查对象的总体中抽取一部分单位作为样本进行调查，并根据样本调查结果来推断总体数量特征的一种非全面调查	抽样调查具有以下几个特点： （1）经济性，这是其最显著的优点 （2）时效性强 （3）适应面广 （4）准确性高，工作量小，可使各环节的工作做得更细致，登记性（或调查）误差往往很小
重点调查	在所要调查的总体中选择一部分重点单位进行的调查	（1）所选择的重点单位虽然只是全部单位中的一部分，但就调查的标志值来说在总体中占绝大比重 （2）适用范围很广 （3）调查目的只要求了解基本状况和发展趋势，不要求掌握全面数据
典型调查	根据调查的目的与要求，在对被调查对象进行全面分析的基础上有意识地选择若干具有典型意义的或有代表性的单位进行的调查	典型调查的主要作用： （1）弥补全面调查的不足 （2）在一定条件下可以验证全面调查数据的真实性

经典题解

【例题·多选题】下列关于重点调查的说法中，正确的有（　　）。（2020年）

A. 重点调查是一种非全面调查

B. 重点调查一般需要规定统一的标准调查时间

C. 重点调查的适用范围很广

D. 重点调查能以较少的投入、较快的速度取得某些现象主要标志的基本情况或变动趋势

E. 重点调查所选择的重点单位虽然只是全部单位中的一部分，但是所占比重比较小

【解析】普查一般需要规定统一的标准调查时间，选项B错误；重点调查所选择的重点单位虽然只是全部单位中的一部分，但就调查的标志值来说，在总体中占绝大比重，选项E错误。

【答案】ACD

考点7 数据科学★

项目	具体内容
提出者	数据科学这个词最早由丹麦的计算机科学领域先驱彼得·诺尔提出
含义	它是一门通过系统性研究获取与数据相关的知识体系的学科 数据科学研究的是从数据整合成信息进而组织成知识的整个过程，包含对数据进行采集、存储、处理、分析、表现等一系列活动

续表

项目	具体内容
研究对象	数据科学的研究对象是数据 (1) 一方面研究数据本身的特性和变化规律 (2) 另一方面通过对数据的研究为自然科学和社会科学提供一种新的方法，从而揭示自然界和人类行为的现象和规律
研究目标	是获得洞察力和理解力，通过对数据的分析来解释、预测、洞见和决策，为现实世界服务
涉及领域	统计学、机器学习、计算机科学、可视化、人工智能、领域知识等

考点 8 大数据★

大数据是指无法在一定时间范围内用常规软件工具进行捕捉、管理和处理的数据集合，是需要新处理模式才能具有更强的决策力、洞察发现力和流程优化能力的海量、高增长率和多样化的信息资产。

特性（4V）	具体内容
数据量大 (volume)	大数据的起始计量单位是 PB（1024TB）、EB（1024PB，约 100 万 TB）或 ZB（1024EB，约 10 亿 TB），未来甚至会达到 YB（1024ZB）或 BB（1024YB）
数据多样性 (variety)	大数据类型繁多，包括网络日志、音频、视频、图片、地理位置等各种结构化、半结构化和非结构化的数据 (1) 结构化数据：是指存储在数据库里，可以用二维表结构实现表达的数据 (2) 非结构化数据：是指数据结构不规则或不完整，没有预定义的数据，包括所有格式的办公文档、文本、图片、报表、图像、音频、视频等 (3) 半结构化数据：是介于完全结构化数据和完全非结构化数据之间的数据，具有一定的结构性，如员工简历，有的简历只有教育情况，有的简历包括教育、婚姻、户籍、出入境等很多信息
价值密度低 (value)	大数据价值密度的高低与数据总量的大小成反比。例如视频，在连续不间断的监控中，有用数据可能仅有一两秒
数据的产生和处理速度快 (velocity)	大数据的智能化和实时性要求越来越高，对处理速度也有极严格的要求，一般要在秒级时间范围内给出分析结果，超出这个时间数据就可能失去价值，即大数据的处理要符合“1 秒定律”

考点 9 数据挖掘★

项目	具体内容
含义	数据挖掘就是从大量的、不完全的、有噪声的、模糊的、随机的实际应用数据中提取隐藏在其中但又有潜在价值的信息和知识的过程。它包含以下几层含义： (1) 数据源必须是真实的、大量的、有噪声的 (2) 发现的是用户感兴趣的知识 (3) 发现的知识是可接受、可理解、可运用的 (4) 并不要求发现放之四海而皆准的知识，仅支持特定的发现问题

续表

项目	具体内容	
出发点	数据挖掘以解决实际问题为出发点	
核心任务	核心任务是对数据关系和特征进行探索	
类型	有指导学习或监督学习	监督学习是对目标需求的概念进行学习和建模，通过探索数据和建立模型来实现从观察变量到目标需求的有效解释
	无指导学习或非监督学习	无监督学习没有明确的标识变量来表达目标概念，主要任务是探索数据之间的内在联系和结构

经典题解

【例题·多选题】下列关于数据挖掘的说法中，正确的有（　　）。(2020 年)

A. 数据源必须是真实的、大量的、无噪声的

B. 发现的知识是可接受、可理解、可运用的

C. 发现的是用户感兴趣的知识

D. 核心任务是对数据关系和特征进行探索

E. 并不要求发现放之四海而皆准的知识

【解析】数据源必须是真实的、大量的、有噪声的，选项 A 错误。

【答案】BCDE

考点 10　数据挖掘常用算法★

数据挖掘常用的算法有分类、聚类分析、关联分析、趋势与演化分析、特征分析、异常分析等。

项目	具体内容	
分类	含义	确定目标对象属于哪个预定的类别，以实现对未来潜在的预测需求。分类技术是一种监督学习，是使用已知类别的训练数据建立分类模型的方法
	方法	决策树分类法、贝叶斯分类法、关联分类法、支持向量机、神经网络等
	应用	在邮件系统中区分出垃圾邮件，在贷款客户中判断出有风险客户等
聚类分析	含义	把一组数据按照差异性和相似性分为几个类别，使得同类的数据相似性尽量大，不同类的数据相似性尽可能小，跨类的数据关联性尽可能低。聚类分析是一种无监督学习，它要划分的类是未知的。聚类分析是根据观察学习来确定数据之间的关系
	方法	基于划分的方法、基于分层的方法、基于密度的方法、基于网格的方法和基于模型的方法
	应用	用于客户细分、文本归类、结构分组、行为跟踪等问题
关联分析	含义	对数据集中反复出现的相关关系和关联性进行挖掘提取，从而可以根据一个数据项的出现预测其他数据项的出现
	目的	发现交易数据中不同商品之间的联系规则，使营销商制定更好的营销策略
	应用	啤酒和尿布案例。数据挖掘发现在大型超市中购买啤酒的男士经常同时购买小孩的纸尿裤，基于这一发现，超市把啤酒和纸尿裤摆放在一起，结果两种商品的销售量都有明显提升

续表

项目	具体内容
趋势与演化分析	包括数据变化趋势、序列模式分析、周期性分析及相似程度分析等内容，统计学的回归分析方法经常用于这类问题的分析

考点 11　数据可视化★

<table>
<tr><th>项目</th><th colspan="2">具体内容</th></tr>
<tr><td>含义</td><td colspan="2">借助图形化手段清晰而有效地传达与沟通信息</td></tr>
<tr><td>优点</td><td colspan="2">简单，表现清晰</td></tr>
<tr><td rowspan="2">重点分支</td><td>科学可视化</td><td>处理对象是科学与工程领域的数据，如包含空间坐标和几何信息的三维空间测量数据、计算机模拟数据和医学影像数据，重点探索以几何、拓扑和形状特征来呈现数据中蕴含的规律</td></tr>
<tr><td>信息可视化</td><td>处理对象是非结构化、非几何的抽象数据，如金融交易、社交网络和文本数据。在大数据时代，信息可视化面临的挑战是要在海量、动态变化的信息空间中辅助人类理解，进而挖掘信息、发现知识</td></tr>
</table>

第二十四章　描述统计

1013537
本章视频详解
使用“会计云课堂”App/微信扫码听课

考点 1　集中趋势的测度★★

集中趋势是指一组数据向某一中心值靠拢的程度，它反映了一组数据中心点的位置所在。集中趋势的测度也就是寻找数据水平的代表值或中心值。

（一）测度指标

<table>
<tr><th>测度指标</th><th>含义</th><th>适用范围</th><th>特点</th></tr>
<tr><td>均值</td><td>也叫作平均数，就是数据组中所有数值的总和除以该组数值的个数</td><td>主要适用于数值型数据，但不适用于分类数据和顺序数据</td><td>（1）集中趋势最主要的测度值
（2）易受极端值的影响
（3）充分利用数据的全部信息</td></tr>
<tr><td rowspan="2">中位数</td><td>把一组数据按从小到大或从大到小的顺序进行排列，位置居中的数值</td><td>主要适用于顺序数据和数值型数据，但不适用于分类数据</td><td>不受极端值的影响，抗干扰性强，尤其适于收入这类偏斜分布的数值型数据</td></tr>
<tr><td colspan="3">当计算中位数时，要先对数据进行排序，然后确定中位数的位置，n 为数据的个数，其公式如下：
（1）n 为奇数时中位数位置是$\frac{n+1}{2}$，该位置所对应的数值就是中位数数值
（2）n 为偶数时中位数位置是介于$\frac{n}{2}$和（$\frac{n}{2}+1$）之间，中位数就是这两个位置对应的数据均值</td></tr>
</table>

续表

测度指标	含义	适用范围	特点
众数	是指一组数据中出现次数（频数）最多的变量值	适用于分类数据和顺序数据	在定量数据中，可能出现多众数和无众数的情况，因此众数不适用于描述定量数据的集中位置

（二）均值、中位数和众数的比较及适用范围

指标	适用数据类型	是否受极端值影响	特点
均值	数值型数据	充分利用数据的全部信息，易受极端值影响	如观测值中有明显的极端值，则其代表性差
中位数	数值型数据、顺序数据	没有充分利用数据的全部信息，不受极端值影响	（1）特别适用于分布不对称的数据 （2）稳定性优于众数，差于均值
众数	分类数据、顺序数据	没有充分利用数据的全部信息，不受极端值影响	（1）数据分布明显呈偏态时，众数的代表性更好 （2）缺乏稳定性，可能不唯一

经典题解

【例题·单选题】下列统计量中，用于测度数据集中趋势的是（　　）。（2020 年）

A. 标准差

B. 均值

C. 方差

D. 相关系数

【解析】集中趋势的测度指标包括均值、中位数和众数。

【答案】B

考点 2　离散程度的测度★★

测度指标	含义	具体内容
方差	数据组中各数值与其均值离差平方的平均数 样本方差公式： $s^2=\frac{\sum_{i=1}^{n}(X_i-\bar{X})^2}{(n-1)}$	（1）方差越小，说明数据值与均值的平均距离越小，均值的代表性越好 （2）方差的单位是原数据单位的平方
标准差	是方差的平方根 $s=\sqrt{\frac{\sum_{i=1}^{n}(X_i-\bar{X})^2}{(n-1)}}$	（1）标准差不仅能度量数值与均值的平均距离，还与原始数值具有相同的计量单位 （2）标准差越小，说明数据值与均值的平均距离越小，均值的代表性越好 （3）标准差的大小不仅与数据的测度单位有关，也与观测值的均值大小有关 （4）不能直接用标准差比较不同变量的离散程度

续表

测度指标	含义	具体内容
离散系数 （变异系数或标准差系数）	标准差与均值的比值 $CV=\frac{s}{\bar{X}}$	（1）离散系数主要用于不同类别数据离散程度的比较 （2）离散系数消除了测度单位和观测值水平不同的影响，因而可以直接用来比较变量的离散程度

经典题解

【例题·单选题】 若一组数据的方差为25，均值为500，则这组数据的离散系数是（　　）。(2020年)

A. 0.5　　B. 0.01

C. 0.2　　D. 0.05

【解析】 离散系数也称变异系数或标准差系数，即标准差与均值的比值。标准差即方差的平方根，故本题中标准差为5，离散系数为5÷500=0.01。

【答案】 B

考点3　偏态系数★★

项目	具体内容	
偏度	是指数据分布的偏斜方向和程度，描述的是数据分布对称程度	
偏态系数（*SK*）	测度数据分布偏度的统计量。取决于离差三次方的平均数与标准差三次方的比值	
偏态系数的取值	*SK*=0	数据的分布是对称的
	SK>0 （右偏）	（1）取值在0和0.5之间，轻度右偏 （2）取值在0.5和1之间，中度右偏 （3）取值大于1，严重右偏
	SK<0 （左偏）	（1）取值在0和−0.5之间，轻度左偏 （2）取值在−0.5和−1之间，中度左偏 （3）取值小于−1，严重左偏
	偏态系数的绝对值越大，说明数据分布的偏斜程度越大	

经典题解

【例题·多选题】 某企业员工年收入数据分布的偏态系数为3.0，该组数据的分布形态为（　　）。(2019年)

A. 右偏　　B. 左偏

C. 严重倾斜　　D. 轻度倾斜

E. 中度倾斜

【解析】 本题中偏态系数为3.0，是正数且大于1，说明该组数据是严重右偏，选项AC正确。

【答案】 AC

考点4 标准分数★★

项目	具体内容
计算公式	标准分数 Z_i =（原始分数 X_i −平均分数 $\bar{X}$）÷标准差 s
适用	（1）在统计上，均值和标准差不同时，不同变量的数值是不能比较的。虽然来自不同分布的变量值不可比，但是每个数值在变量分布中相对于均值的相对位置是可比的，因此可以通过计算标准分数来比较不同变量的取值 （2）标准分数可以给出数值距离均值的相对位置
经验法则	在实际应用中，当数据服从对称的钟形分布时，经验法则表明： （1）约有68%的数据与平均数的距离在1个标准差之内，即68%的标准分数在［−1，1］范围内 （2）约有95%的数据与平均数的距离在2个标准差之内，即约有95%的标准分数在［−2，2］范围内 （3）约有99%的数据与平均数的距离在3个标准差之内，即约有99%的标准分数在［−3，3］范围内

经典题解

【例题·单选题】 下列统计量中，用于测度数据分布偏度的是（　　）。(2020年)

A. 方差　　B. 标准差

C. 偏态系数　　D. 均值

【解析】 偏度是指数据分布的偏斜方向和程度，描述的是数据分布对称程度。测度数据分布偏度的统计量称为偏态系数。

【答案】 C

考点5 变量间的相关关系的分类★

1. 按相关的程度划分

完全相关	一个变量的取值变化完全由另一个变量的取值变化所确定
不完全相关	介于完全相关和不相关之间，一般的相关现象都是指这种不完全相关
不相关	两个变量的取值变化彼此互不影响

2. 按相关的方向划分

正相关	一个变量的取值由小变大，另一个变量的取值也相应地由小变大（即两个变量同方向变化）
负相关	一个变量的取值由小变大，另一个变量的取值相反地由大变小（即两个变量反方向变化）

3. 按相关的形式划分

线性相关	两个相关变量之间的关系大致呈现为线性关系
非线性相关	两个相关变量之间，并不表现为直线的关系，而是近似于某种曲线方程的关系

考点 6 散点图和相关系数★★★

（一）散点图

两个变量间的关系可以用散点图来展示。在散点图中，每个点代表一个观测值，横纵坐标值分别代表两个变量相应的观测值。

（二）相关系数

相关系数是度量两个变量间相关关系的统计量。最常用的相关系数是 Pearson 相关系数。

1. 相关系数的取值范围

r的取值	两变量之间的相关关系
$0<r\leqslant 1$	正线性相关
$-1\leqslant r<0$	负线性相关
$r=1$	完全正线性相关
$r=-1$	完全负线性相关
$r=0$	不存在线性相关关系

【提示】Pearson 相关系数只适用于线性相关关系的判断。因此，$r=0$ 只表示两个变量之间不存在线性相关关系，并不说明变量之间没有任何关系，如它们之间可能存在非线性相关关系。

2. 相关程度

$\|r\|$ 的取值	两变量之间的相关程度
$\|r\|\geqslant 0.8$	高度相关
$0.5\leqslant\|r\|<0.8$	中度相关
$0.3\leqslant\|r\|<0.5$	低度相关
$\|r\|<0.3$	相关程度极弱，可视为无线性相关关系

经典题解

【例题·多选题】根据 2010 年至 2017 年的统计数据，我国国内生产总值和农村贫困人口规模的相关系数 $r=-0.975$。下列关于这两个变量相关关系的说法中，正确的有（　　）。(2018 年)

A. 两个变量之间存在正相关关系

B. 两个变量之间不存在线性相关关系

C. 两个变量之间完全相关

D. 两个变量之间高度相关

E. 两个变量之间存在负相关关系

【解析】-0.975 是负数且其绝对值大于 0.8，说明两个变量之间高度相关且为负相关，选项 DE 正确。

【答案】DE

第二十五章　抽样调查

本章视频详解
使用“会计云课堂”App/ 微信扫码听课

考点 1　抽样调查的基本概念★

项目	含义	示例
总体	调查对象的全体。调查总体必须是明确的，而不能是模糊的	如研究某公司所有注册在职人员（共有 1000 名）的工资状况，总体是该公司所有注册在职员工
样本	样本是总体的一部分，由从总体中按一定原则或程序抽出的部分个体所组成	上例中，按一定原则从所有注册在职人员中抽取出 200 人。这 200 名注册在职员工就是样本。该样本的样本量是 200
抽样框	供抽样所用的所有抽样单元的名单，是抽样总体的具体表现。常用的抽样框有名录框，如企业名录、电话簿和人员名册等	上述例子中，企业 1000 名注册在职职工的名册，就是抽样框
总体参数	总体参数就是总体指标值，它是未知的常数，是根据总体中所有单位的数值计算的，是我们通过调查想要了解的，不受样本的抽选结果影响	如研究某公司所有注册在职人员（共有 1000 名）的工资状况，公司所有注册在职人员的平均工资就是总体参数
样本统计量（估计量）	是根据样本中各单位的数值计算的，是对总体参数的估计。它是一个随机变量，取决于样本设计和正好被选入样本的单元特定组合	如上例中，200 名注册在职职工的平均工资就是该公司所有员工平均工资的一个估计量（样本统计量）

经典题解

【例题·单选题】 供抽样所用的所有抽样单元的名单是（　　）。（2018 年）

A. 抽样框　　B. 总体

C. 总体参数　　D. 样本

【解析】 抽样框是供抽样所用的所有抽样单元的名单，是抽样总体的具体表现。

【答案】 A

考点 2　概率抽样与非概率抽样★★

根据抽样方法的不同，可以将抽样分为概率抽样和非概率抽样两类。

抽样方法	特点	具体方式
概率抽样（随机抽样）	（1）按一定的概率以随机原则抽取样本 （2）总体中每个单元被抽中的概率是已知的，或者是可以计算出来的 （3）当采用样本对总体参数进行估计时，要考虑到每个样本单元被抽中的概率 （4）若每个单位被抽入样的概率相等，则称这种抽样方法为**等概率抽样**；否则称为不等概率抽样	（1）简单随机抽样 （2）分层抽样 （3）系统抽样 （4）整群抽样 （5）多阶段抽样

续表

抽样方法	特点	具体方式
非概率抽样（非随机抽样）	抽取样本时并不是依据随机原则，是调查者根据自己的方便或主观判断抽取样本的方法	（1）判断抽样（如选“平均型”单元作为样本） （2）方便抽样（如“拦截式”调查） （3）自愿样本（如网上调查） （4）配额抽样

考点3　抽样调查中的一般步骤和误差★

（一）一般步骤

确定调查问题→调查方案设计→实施调查过程→数据处理分析→撰写调查报告。

（二）抽样调查中的误差

项目	具体内容	
抽样误差	含义	是由于抽样的随机性造成的，用样本统计量估计总体参数时出现的误差
	原因	抽到哪一个样本完全是随机的，而抽到不同的样本，对总体的估计就会不同
非抽样误差	是指除抽样误差之外，由其他原因引起的样本统计量与总体真值之间的差异 （1）抽样框误差。由于抽样框不完善造成的误差 （2）无回答误差。现场调查中由于各种原因，调查人员没能够从被调查者那里得到所需要的数据。无回答误差分为两类： ①随机因素造成的，如调查时被调查者恰巧不在家 ②非随机因素造成的，如被调查者不愿告诉实情而拒绝回答 （3）计量误差。是指由于调查所获得的数据与其真值之间不一致造成的误差。这种误差可能是由调查人员、问卷设计、受访者等原因造成的。例如，调查员在调查中有意无意地诱导被调查者，调查中的提问错误或记录答案错误，调查人员有意作弊，由于问卷的原因受访者对调查问题的理解上有偏误，受访者记忆不清，受访者提供虚假数字等	

经典题解

【例题·多选题】计量误差是由于调查所获得的数据与其真值之间不一致造成的误差，其产生的原因有（　　）。(2018年)

A. 由于问卷的原因受访者对调查问题的理解上有偏误

B. 抽样的随机性

C. 被调查者不在家

D. 受访者提供虚假数据

E. 调查人员在调查中有意无意地诱导被调查者

【解析】由抽样的随机性造成的误差是抽样误差，选项B错误；被调查者不在家属于非抽样误差中的无回答误差，选项C错误。

【答案】ADE

考点4　几种基本概率抽样方法★★★

1. 简单随机抽样

简单随机抽样是最基本的随机抽样方法。

项目	具体内容	
分类	有放回简单随机抽样	单位有被重复抽中的可能，容易造成信息重叠而影响估计的效率，较少采用
	不放回简单随机抽样	每个单位最多只能被抽中一次，比有放回抽样的抽样误差低
特点	优点	操作简单，且每个单位的入样概率相同，样本估计量形式也比较简单
	缺点	（1）未利用抽样框中更多的辅助信息，用样本统计量估计总体参数的效率受到影响 （2）样本分布可能十分分散，增加了调查过程中的费用和时间
适用条件	（1）抽样框中没有更多可以利用的辅助信息 （2）调查对象分布的范围不广阔 （3）个体之间的差异不是很大	

2. 分层抽样

项目	具体内容	
概念	是指先按照某种规则把总体分为不同的层，然后在不同的层内独立、随机地抽取样本，这样所得到的样本称为分层样本	
优点	（1）分层抽样不仅可以估计总体参数，同时也可以估计各层的参数 （2）便于抽样工作的组织 （3）每层都要抽取一定的样本单位，这样样本在总体中分布比较均匀，可以降低抽样误差	
举例	在调查某部门的平均工资时，先将该部门员工分为经理和普通职员两类，再采用随机原则分别在经理和普通职员中抽取样本，这种抽样方法属于分层抽样	
各层样本量分配方法	等比例分配	是指层中单位数越多，在该层中抽取的样本单位就越多，该层的样本单位比例与该层中的总体单位比例相一致
	不等比例分配	（1）如各层单位数相差悬殊，如果按等比例抽样，总体单位数少的层所分到的样本量过小，代表性不足，就需要在该层适当增大样本量 （2）如有些层内的方差过大，为了降低抽样误差，在方差大的层中多抽样，在方差小的层中少抽样
适用条件	抽样框中有足够的辅助信息，能够将总体单位按某种标准划分到各层之中，实现在同一层内各单位之间的差异尽可能地小，不同层之间各单位的差异尽可能地大	

3. 系统抽样

最简单的系统抽样是等距抽样。

项目	具体内容
概念	是指先将总体中的所有单元按一定顺序排列，在规定范围内随机抽取一个初始单元，然后按事先规定的规则抽取其他样本单元

续表

项目	具体内容	
特点	优点	(1) 操作简便。它只需要随机确定起始单位，整个样本就自然确定了 (2) 对抽样框的要求比较简单。它只要求总体单位按一定顺序排列
	缺点	方差估计比较复杂，这就给计算抽样误差带来一定困难
系统抽样的估计效果与总体单位排列顺序有关	无关标识排列	排列顺序与调查内容无联系。此时系统抽样估计与简单随机抽样估计效率相仿
	有关标识排列	排列顺序与调查内容有关。此时系统抽样一般比简单随机抽样的精度高

4. 整群抽样

项目	具体内容	
概念	是将总体中所有的基本单位按照一定规则划分为互不重叠的群，抽样时直接抽取群，对抽中的群调查其全部基本单位，对没有抽中的群则不进行调查	
特点	优点	(1) 实施调查方便，可以节省费用和时间，调查效率较高 (2) 抽样框编制得以简化，抽样时只需要群的抽样框，而不要求全部基本单位的抽样框
	缺点	由于抽取的样本单位比较集中，群内各单位之间存在相似性，差异比较小，而群与群之间的差别往往比较大，使得整群抽样的抽样误差比较大
适用条件	群内各单位之间存在较大的差异，群与群的结构相似，整群抽样反而会降低估计误差	

5. 多阶段抽样

在大规模抽样调查中，一次抽取到最终样本单位是很难实现的，往往需要经过两个或两个以上阶段才能抽到最终样本单位，这就是多阶段抽样方法。在大范围的抽样调查中，采用多阶段抽样是必要的。

经典题解

【例题·单选题】 按照等级、类型和所属区域将某市所有医院划分为 10 组，然后在每个组内随机抽取 3 家医院进行医政政策评价的抽样调查。这种抽样方法是（ ）。(2017 年)

A. 分层抽样　　B. 简单随机抽样

C. 整群抽样　　D. 系统抽样

【解析】 本题调查医院对医政政策的评价，该市所有医院为总体，每个医院为总体单位，将医院分为 10 组，在每一组随机抽取样本，符合分层抽样的特点，先分层再在每一层随机抽，故选项 A 正确。

【答案】 A

考点 5 估计量的选择标准★

标准	具体内容
一致性	随着样本量的增大，估计量的值如果稳定于总体参数的真值，这个估计量就有一致性

续表

标准	具体内容
无偏性	对于不放回简单随机抽样，所有可能的样本均值取值的平均值总是等于总体均值
有效性	在同一抽样方案下，对某一总体参数 θ，如果有两个无偏估计量 $\hat{\theta}_1$ 和 $\hat{\theta}_2$，由于样本的随机性，$\hat{\theta}_1$ 的可能样本取值较 $\hat{\theta}_2$ 更密集在总体参数真值 θ 附近，则认为 $\hat{\theta}_1$ 比 $\hat{\theta}_2$ 更有效

经典题解

【例题·单选题】在抽样估计中，随着样本量的增大，估计量的值如果稳定于总体参数的真值，则这个估计量具有的性质是（　　）。（2013 年）

A. 一致性　　B. 无偏性

C. 有效性　　D. 确定性

【解析】随着样本量的增大，估计量的值如果稳定于总体参数的真值，这个估计量就有一致性，可称为一致估计量。

【答案】A

考点 6　抽样误差的估计★

（一）计算

在不放回简单随机抽样方法中，将样本均值作为总体均值的估计量。样本估计量的方差：

$$样本估计量的方差\ V(\bar{y}) = \left(1-\frac{样本量\ n}{总体个数\ N}\right)\times\frac{总体方差 S^2}{样本量\ n}$$

实践中，总体方差是未知的，通常用样本方差来估计。

（二）影响抽样误差的因素

（1）抽样误差与总体分布有关，总体单位值之间差异越大，即总体方差越大、抽样误差就越大。

（2）抽样误差与样本量有关，在其他条件相同的情况下，样本量越大，抽样误差就越小。

（3）抽样误差与抽样方式和估计量的选择也有关。例如，分层抽样的估计量方差一般小于简单随机抽样。

【提示】利用有效辅助信息也可以有效地减小抽样误差。

考点 7　样本量的影响因素★★

影响因素	具体内容
调查的精度	是指用样本数据对总体进行估计时可以接受的误差水平，要求的调查精度越高，所需要的样本量就越大
总体的离散程度	在其他条件相同的情况下，总体方差越大，所需要的样本量也越大
总体的规模	对于大规模的总体，总体规模对样本量的需求几乎没有影响，但是对小规模的总体，总体规模越大，为保证相同估计精度，样本量也要随之增大（但不是同比例的）

续表

影响因素	具体内容
无回答情况	无回答减少了有效样本量，在无回答率较高的调查项目中，样本量要大一些，以减少无回答带来的影响
经费的制约	样本量是调查经费与调查精度之间的某种折中和平衡
其他因素	调查的限定时间、实施调查的人力资源等

【提示】当不考虑费用限制、无回答情况以及其他影响因素时，随着样本量的增大，增加同等样本量时增加的精度幅度呈下降趋势。

经典题解

【例题·多选题】影响样本量的因素有（　　）。(2019 年)

A. 调查的精度

B. 总体的离散程度

C. 总体的规模

D. 受访者对调查内容的喜好

E. 经费的制约

【解析】样本量的影响因素有调查的精度、总体的离散程度、总体的规模、无回答情况、经费的制约和其他因素，如调查的限定时间、实施调查的人力资源等。

【答案】ABCE

第二十六章　回归分析

考点 1　回归分析的概念★

回归分析就是根据相关关系的具体形态，选择一个合适的数学模型，来近似地表达变量间的依赖关系。

在进行回归分析时，首先需要确定因变量和自变量。

(1) 因变量：被预测或被解释的变量，一般用 Y 表示；

(2) 自变量：用来预测或解释因变量的变量，一般用 X 表示。

考点 2　回归分析和相关分析的联系与区别★

项目	具体内容
联系	(1) 它们具有共同的研究对象 (2) 在具体应用时，常常必须互相补充 (3) 相关分析需要依靠回归分析来表明现象数量相关的具体形式，回归分析则需要依靠相关分析来表明现象数量变化的相关程度

续表

项目	具体内容
区别	相关分析与回归分析在研究目的和方法上具有明显的区别： （1）相关分析研究变量之间相关的方向和相关的程度 （2）回归分析研究变量之间相互关系的具体形式 （3）相关分析无法从一个变量的变化来推测另一个变量的变化情况，而回归分析的数学方程式可以做到这一点 【提示】只有当变量之间存在着高度相关时，进行回归分析寻求其相关的具体形式才有意义

经典题解

【例题·多选题】下列关于相关分析和回归分析的说法中，正确的有（　　）。(2020 年)

A. 相关分析可以从一个变量的变化来推测另一个变量的变化

B. 相关分析和回归分析中都需要确定因变量和自变量

C. 当变量之间无相关性时进行回归分析

D. 相关分析需要依靠回归分析来表明现象数量相关的具体形式

E. 相关分析与回归分析在研究目的和方法上是不同的

【解析】相关分析不能指出变量间相互关系的具体形式，也无法从一个变量的变化来推测另一个变量的变化情况，选项 A 错误；当进行回归分析时，首先需要确定因变量和自变量，选项 B 错误；只有当变量之间存在着高度相关时，进行回归分析寻求其相关的具体形式才有意义，选项 C 错误。

【答案】DE

考点 3　回归模型的分类和一元线性回归模型★★

（一）回归模型的分类

回归模型可以用描述因变量 Y 如何依赖自变量 X 和误差项 ε 的方程来表示。回归模型的分类：

（1）根据自变量的多少，回归模型可以分为一元回归模型和多元回归模型。

（2）根据回归模型是否线性，回归模型可以分为线性回归模型和非线性回归模型。

（二）一元线性回归模型

一元线性回归模型是描述两个变量之间相关关系的最简单的回归模型，只涉及一个自变量。该模型可以表示为：

$$Y=\beta_0+\beta_1X+\varepsilon$$

式中，β_0 和 β_1 为模型的参数。

在该模型中，因变量 Y 是自变量 X 的线性函数（$\beta_0+\beta_1X$）加上误差项 ε。$\beta_0+\beta_1X$ 反映了由于自变量 X 的变化而引起的因变量 Y 的线性变化。误差项 ε 是个随机变量，表示除 X 和 Y 的线性关系之外的随机因素对 Y 的影响，是不能由 X 和 Y 的线性关系所解释的 Y 的变异性。

（三）一元线性回归方程

描述因变量 Y 的期望 $E(Y)$ 如何依赖自变量 X 的方程称为回归方程。

一元线性回归方程的形式：

$$E(Y)=\beta_0+\beta_1X$$

一元线性回归方程的图示是一条直线，β_0 是回归直线的**截距**，β_1 是回归直线的**斜率**，表示 X 每变动一个单位时，**$E(Y)$ 的变动量**。

经典题解

【例题·单选题】 在一元线性回归模型 $Y=\beta_0+\beta_1X+\varepsilon$ 中，ε 反映的是（　　）。（2013 年）

A. X 和 Y 的线性关系对 Y 的影响

B. 由自变量 X 的变化引起的因变量 Y 的变化

C. X 和 Y 的线性关系对 X 的影响

D. 除 X 和 Y 的线性关系之外的随机因素对 Y 的影响

【解析】 误差项 ε 是个随机变量，表示除 X 和 Y 的线性关系之外的随机因素对 Y 的影响，是不能由 X 和 Y 的线性关系所解释的 Y 的变异性。

【答案】 D

考点 4　最小二乘法★

在现实中，模型的参数 β_0 和 β_1 都是未知的，必须利用样本数据去估计，采用的估计方法是最小二乘法。最小二乘法就是使得因变量的观测值与估计值之间的**离差（残差）平方和最小**来估计参数 β_0 和 β_1 的方法。

考点 5　回归模型的拟合效果分析★★

（一）回归模型检验

一般情况下，在使用估计的回归方程之前，需要对模型进行检验。其内容：

（1）结合经济理论和经验分析回归系数的经济含义是否合理；

（2）分析估计的模型对数据的拟合效果如何；

（3）对模型进行假设检验。

（二）决定系数

决定系数（R^2），可以测度回归模型对样本数据的拟合程度。

（1）$R^2=1$，所有观测点都落在回归直线上，说明回归直线可以解释因变量的所有变化。

（2）$R^2=0$，说明回归直线无法解释因变量的变化，因变量的变化与自变量无关。

决定系数的**取值范围在 0 到 1 之间**，大体说明了回归模型所能解释的因变量变化占因变量总变化的比例。决定系数**越接近于 1**，回归模型的**拟合效果越好**；决定系数越接近于 0，回归模型的拟合效果越差。

（三）回归系数的显著性检验（t 检验）

（1）t 检验方法：验证自变量 X 对因变量 Y 是否有显著影响。

（2）t 检验的原理是反证法。

经典题解

【例题·多选题】 下列关于回归方程决定系数的说法中，正确的有（　　）。（2016 年）

A. 决定系数测度回归模型对样本数据的拟合程度

B. 决定系数取值越大，回归模型的拟合效果越差

C. 决定系数等于 1，说明回归模型可以解释因变量的所有变化

D. 决定系数取值在 0 到 1 之间

E. 如果决定系数等于 1，所有观测点都会落在回归直线上

【解析】决定系数越高，模型的拟合效果就越好，即模型解释因变量的能力越强，选项B错误。

【答案】ACDE

考点6　模型预测及二元回归模型★

（一）模型预测

回归分析的一个重要应用就是预测，即利用估计的回归模型预估因变量数值。

（二）二元回归模型

多元回归模型在实际应用中，随着自变量个数的增加，即使在有些自变量与因变量完全不相关的情况下，决定系数 R^2 也会增大。

第二十七章　时间序列分析

本章视频详解
使用“会计云课堂” App/微信扫码听课

考点1　时间序列及其分类★

（一）含义及构成要素

含义	时间序列也称动态数列，是将某一统计指标在各个不同时间上的数值按时间先后顺序编制形成的序列
构成要素	（1）被研究现象所属时间 （2）反映该现象在一定时间条件下数量特征的指标值 同一时间序列中，各指标值的时间单位一般要求相等，可以是年、季、月、日等

（二）分类

时间序列按照其构成要素中统计指标值的表现形式，分为绝对数时间序列、相对数时间序列和平均数时间序列。

类型	具体内容	
绝对数时间序列	时期序列	每一指标值反映现象在一段时期内**发展的结果**，如国内生产总值时间序列
	时点序列	每一指标值反映现象在一定时点上的**瞬间水平**，如年底总人口数时间序列
相对数时间序列	由同类相对数指标值按时间先后顺序排列后形成的序列，如城镇人口比重时间序列	
平均数时间序列	由同类平均数指标值按时间先后顺序排列后形成的序列，如人均国内生产总值时间序列	

经典题解

【例题·单选题】我国2013年至2018年期间普通高校数的时间序列如下。

年份	2013	2014	2015	2016	2017	2018
普通高校数（所）	2491	2529	2560	2596	2631	2663

按照时间序列的分类，该时间序列属于（　　）。（2020 年）

A. 相对数时间序列

B. 时期序列

C. 时点序列

D. 平均数时间序列

【解析】时点序列中，每一指标值反映现象在一定时点上的瞬间水平，如年底总人口数表明在各年年末时点上的人口数。

【答案】C

考点 2　发展水平的相关概念★

（一）发展水平

（1）发展水平是时间序列中对应于具体时间的指标数值。

①最初水平：序列中第一项的指标值；

②最末水平：最末项的指标值；

③中间水平：处于二者之间的各期指标值。

（2）根据各期指标值在计算动态分析指标时的作用来划分。

①基期水平：作为对比的基础时期的水平；

②报告期水平：所要反映与研究的那一时期的水平。

（二）平均发展水平

平均发展水平也称序时平均数或动态平均数，是对时间序列中各时期发展水平计算的平均数，它可以概括性描述现象在一段时期内所达到的一般水平。

考点 3　平均发展水平的相关计算★★★

（一）绝对数时间序列序时平均数的计算

序列	具体类别		序时平均数的计算方法
时期序列	—		简单算术平均数 $\bar{y}=\frac{y_1+y_2+\cdots+y_n}{n}=\frac{\sum_{i=1}^{n}y_i}{n}$
时点序列	连续时点（以天为最小时间单位）	资料逐日登记且逐日排列	简单算术平均数 $\bar{y}=\frac{y_1+y_2+\cdots+y_n}{n}=\frac{\sum_{i=1}^{n}y_i}{n}$
		资料登记的时间单位仍然是 1 天，但实际上只在指标值发生变动时才记录一次	加权算术平均数：权数是每一指标值的持续天数 $\bar{y}=\frac{y_1f_1+y_2f_2+\cdots+y_nf_n}{f_1+f_2+\cdots+f_n}=\frac{\sum_{i=1}^{n}y_if_i}{\sum_{i=1}^{n}f_i}$
	间断时点	每隔一定的时间登记一次，每次登记的间隔相等	两次平均法：先求各个时间间隔内的平均数，再对这些平均数进行简单算术平均 $\bar{y}=\frac{\frac{y_1+y_2}{2}+\frac{y_2+y_3}{2}+\cdots+\frac{y_{n-1}+y_n}{2}}{n-1}$

续表

序列	具体类别		序时平均数的计算方法
时点序列	间断时点	每隔一定的时间登记一次，每次登记的间隔不相等	两次平均法：第一次的平均计算与间隔相等的间断序列相同；进行第二次平均时，由于各间隔不相等，应当用间隔长度作为权数，计算加权算术平均数 $\bar{y}=\frac{\frac{y_1+y_2}{2}f_1+\frac{y_2+y_3}{2}f_2+\cdots+\frac{y_{n-1}+y_n}{2}f_{n-1}}{\sum_{i=1}^{n-1}f_i}$

（二）相对数或平均数时间序列序时平均数的计算

首先分别求出分子指标和分母指标时间序列的序时平均数，然后再进行对比。用公式表示：

$$\bar{y}=\frac{\bar{a}}{\bar{b}}$$

式中：

$\bar{y}$——相对数或平均数时间序列的序时平均数；

$\bar{a}$——分子指标时间序列的序时平均数；

$\bar{b}$——分母指标时间序列的序时平均数。

经典题解

【例题·多选题】 下列关于时点序列平均发展水平计算的说法中，正确的有（　　）。(2018 年)

A. 对于只在指标值发生变动时才记录一次的连续时点数据，采用简单算术平均法计算

B. 不同类型时点序列平均发展水平的计算方法有所不同

C. 间隔不相等的间断时点序列平均发展水平的计算，采用“两次平均”的思路

D. 对于资料逐日登记且逐日排列的连续时点序列，采用简单算术平均法计算

E. 对于间隔相等的间断时点序列，先求各个时间间隔内的平均数，再对这些平均数进行简单算术平均

【解析】 对于只在指标值发生变动时才记录一次的连续时点序列，采用加权算术平均数的方法计算，选项 A 错误。

【答案】 BCDE

考点 4　增长量与平均增长量★★★

项目	计算公式	备注
增长量	增长量 = 报告期水平 - 基期水平	根据基期的不同确定方法，增长量分为逐期增长量和累计增长量
逐期增长量	逐期增长量 = 报告期水平 - 报告期前一期水平	同一时间序列中，累计增长量等于相应时期逐期增长量之和
累计增长量	累计增长量 = 报告期水平 - 某一固定时期水平	

续表

项目	计算公式	备注
平均增长量	平均增长量=逐期增长量的合计÷逐期增长量个数 =累计增长量÷（时间序列项数-1）	平均增长量是时间序列中逐期增长量的序时平均数

考点 5 发展速度★★★

（一）类型

项目	含义	计算公式
发展速度	是以相对数形式表示的两个不同时期发展水平的比值	$发展速度=\frac{报告期水平}{基期水平}$
定基发展速度	是报告期水平与某一固定时期水平（通常是最初水平）的比值	$定基发展速度=\frac{报告期水平}{最初水平}$
环比发展速度	报告期水平与其前一期水平的比值	$环比发展速度=\frac{报告期水平}{报告期前一期水平}$

（二）定基发展速度与环比发展速度的关系

关系	推导
定基发展速度等于相应时期内各环比发展速度的连乘积	$定基发展速度\frac{y_n}{y_0}=\frac{y_1}{y_0}\times\frac{y_2}{y_1}\times\frac{y_3}{y_2}\times\cdots\times\frac{y_n}{y_{n-1}}$
环比发展速度等于两个相邻时期定基发展速度的比率	$环比发展速度\frac{y_n}{y_{n-1}}=\frac{\frac{y_n}{y_0}}{\frac{y_{n-1}}{y_0}}$

经典题解

【例题·单选题】已知某城市商品住宅平均销售价格在 2006 年、2007 年、2008 年连续三年环比发展速度分别为 101%、106%、109%，这三年该城市商品住宅平均销售价格的定基发展速度是（ ）。(2016 年)

A. 101%×106%×109%

B. 101%+106%+109%

C. 1%×6%×9%+1

D. 101%×106%×109%-1

【解析】定基发展速度等于相应时期内各环比发展速度的连乘积，定基发展速度为 101%×106%×109%。

【答案】A

考点 6 增长速度★★★

增长速度	是报告期增长量与基期水平的比值，表明报告期水平比基期增长（或降低）了若干倍（或百分之几）	$\frac{报告期增长量}{基期水平}$	$增长速度=\frac{报告期水平-基期水平}{基期水平}$ $=发展速度-1$

续表

定基增长速度	报告期累计增长量与基期水平的比值	$\frac{\text{报告期累计增长量}}{\text{基期水平}}$	定基增长速度 = 定基发展速度 - 1
环比增长速度	报告期逐期增长量与基期水平的比值	$\frac{\text{报告期逐期增长量}}{\text{基期水平}}$	环比增长速度 = 环比发展速度 - 1

经典题解

【例题·多选题】 下列关于发展速度与增长速度的说法中，正确的有（　　）。（2020 年）

A. 两个相邻时期定基发展速度的比率等于相应时期的环比发展速度

B. 增长速度没有定基与环比之分

C. 发展速度是以相对数形式表示的两个不同时期发展水平的比值

D. 定基发展速度等于相应时期内各环比发展速度的连乘积

E. 由于基期选择的不同，发展速度有定基与环比之分

【解析】 由于基期选择的不同，增长速度也有定基与环比之分。

【答案】 ACDE

考点 7　平均发展速度和平均增长速度★

项目	具体内容
平均发展速度	是一定时期内各期环比发展速度的序时平均数 （1）目前计算平均发展速度通常采用几何平均法。几何平均法也称水平法 平均发展速度 $\bar{b} = \sqrt[n]{\text{环比发展速度连乘积}} = \sqrt[n]{\text{定基发展速度}}$ （2）n 表示环比发展速度的时期数
平均增长速度	反映现象在一定时期内逐期增长（降低）变化的一般程度
二者的关系	平均增长速度 = 平均发展速度 - 1

考点 8　速度的分析与应用★

（1）当时间序列中的指标值出现0 或负数时，不宜计算速度。

（2）速度指标的数值与基数的大小有密切关系。在环比增长速度时间序列中，各期的基数不同，因此，运用这一指标反映现象增长的快慢时，往往要结合"增长 1%的绝对值"分析。这一指标反映同样的增长速度，在不同时间条件下所包含的绝对水平。

$$\text{增长 1\%的绝对值} = \frac{\text{逐期增长量}}{\text{环比增长速度}} = \text{报告期前一期发展水平} \times 1\%$$

经典题解

【例题·单选题】 我国全社会固定资产投资 2017 年为 641238.4 亿元，2018 年为 645675 亿元，2018 年增长 1%的绝对值为（　　）亿元。（2020 年）

A. 6456.75　　B. 6412.384

C. 641238.4　　　　D. 645675

【解析】增长1%的绝对值=报告期前一期发展水平×1%，即641238.4×1%=6412.384（亿元）。

【答案】B

考点9　平滑预测法★★

方法	具体内容	
平滑预测法	目的	“消除”时间序列的不规则成分所引起的随机波动
	适用情形	适合于平稳时间序列的预测，即没有明显的趋势、循环和季节波动的时间序列
	优点	简单易用，对数据的要求最低，通常对于近期的预测具有较高的精度
	具体方法	移动平均法和指数平滑法
移动平均法	使用时间数列中最近k期数据值的平均数作为下一期的预测值	
指数平滑法	含义	指数平滑法是利用过去时间序列值的加权平均数作为预测值，即使得第$t+1$期的预测值等于第t期的实际观察值与第t期预测值的加权平均值
	特点	观测值离预测时期越久远，其权重也变得越小，呈现出指数下降，因而称为指数平滑
	公式	预测值F_{t+1}=平滑系数α×第t期的实际观察值Y_t+（$1-\alpha$）×第t期的指数平滑预测值F_t α的取值范围为$0<\alpha<1$

经典题解

【例题·单选题】如果以Y_t表示第t期的实际观测值，F_t表示第t期的指数平滑预测值，α表示平滑系数，则第$t+1$期指数平滑预测值的计算公式是（　　）。（2016年）

A. $F_{t+1}=\alpha F_t+(1-\alpha)Y_{t+1}$

B. $F_{t+1}=\alpha Y_t+(1-\alpha)F_t$

C. $F_{t+1}=\alpha(F_t+Y_t)$

D. $F_{t+1}=\alpha F_t$

【解析】指数平滑法是利用过去时间序列值的加权平均数作为预测值，即使得第$t+1$期的预测值等于第t期的实际观察值与第t期预测值的加权平均值。公式为$F_{t+1}=\alpha Y_t+(1-\alpha)F_t$。

【答案】B

名师加油站

经济师考试你到底能得多少分，自己来“统计”吧！

在大数据、云时代的背景下，要想做好“统计与数据科学”，可以采取“回归分析”或者“时间序列分析”的方法。当然，如果想具体化，可以进行“描述统计”，如果想简单化可以进行“抽样调查”。

习题轻松过

扫一扫　“码”上做题、看解析

1013937

本书同步强化练习题均配备二维码，使用“会计云课堂”App扫码，即可在线做题、看解析。

【“会计云课堂”App下载二维码见封底】

本篇同步强化练习题

一、单项选择题

1. 某公司从客户名录中随机抽取600名客户进行满意度和忠诚度调查，为了验证客户总体中满意度高的客户更倾向于成为忠诚客户，应采用的统计方法是（　　）。
A. 假设检验
B. 参数估计
C. 数据整理
D. 数据展示

2. 分类变量观测的结果称为（　　）。
A. 分类数据
B. 顺序数据
C. 数值型数据
D. 定量数据

3. 在进行重点调查时，应选择的调查单位是（　　）。
A. 有典型意义的单位
B. 就调查的标志值来说在总体中占绝大比重的单位
C. 主动参与调查的单位
D. 随机抽取的单位

4. 根据国家有关法规的规定，按照统一表式、统一指标、统一报送时间，自上而下地统一布置、自下而上地逐级提供基本统计数据，这种统计调查方式是（　　）。
A. 统计报表
B. 抽样调查
C. 普查
D. 重点调查

5. 下列指标中，用于描述数据集中趋势，并且易受极端值影响的是（　　）。
A. 均值
B. 中位数
C. 众数
D. 极差

6. 在测度数据集中趋势时，中位数与众数的共同优点是（　　）。
A. 能够充分利用数据的全部信息
B. 适用于分类变量
C. 适用于定量变量
D. 不受极端值影响

7. 在调查某企业营业员的日销售额中，分析可得各营业员的销售额均值为500元，方差为64元，计算营业员的日销售额的离散系数为（　　）。
A. 0.016　　B. 0.064
C. 0.128　　D. 0.032

8. 将数值减去均值所得的差除以标准差，所得的统计量为（　　）。
A. 相关系数
B. 标准分数

C. 方差
D. 偏态系数

9. 下列图形中，适用于描述两个定量变量间相关关系的是（　　）。
A. 散点图
B. 圆形图
C. 条形图
D. 直方图

10. 由于受访者记忆模糊，导致调查数据与其真值之间不一致，这种误差属于（　　）。
A. 抽样误差
B. 抽样框误差
C. 无回答误差
D. 计量误差

11. 在抽取样本时，调查人员依据调查目的和对调查对象情况的了解，人为确定样本单元。这种抽样调查方法称为（　　）。
A. 判断抽样
B. 方便抽样
C. 配额抽样
D. 简单随机抽样

12. 在回归分析中，估计回归模型参数的最小二乘法的原理是（　　）。
A. 使得因变量观测值与均值之间的离差平方和最小
B. 使得因变量估计值与均值之间的离差平方和最小
C. 使得观测值与估计值之间的乘积最小
D. 使得因变量的观测值与估计值之间的离差平方和最小

13. “年底总人口数”指标的时间序列属于（　　）。
A. 时点序列
B. 平均数时间序列
C. 相对数时间序列
D. 时期序列

14. 已知某城市商品住宅平均销售价格2006年、2007年、2008年连续3年环比增长速度分别为1%、6%、9%，这3年该城市商品住宅平均销售价格的定基增长速度为（　　）。
A. 1%×6%×9%
B. （101%×106%×109%）-1
C. （1%×6%×9%）+1
D. 101%×106%×109%

15. 在环比增长速度时间序列中，由于各期的基数不同，运用速度指标反映现象增长的快慢时往往需要结合（　　）分析才能得出正确结论。
A. 报告期水平
B. 增长1%的绝对值
C. 累计增长量
D. 平均增长量

二、多项选择题

1. 下列统计方法中，属于描述统计的有（　　）。
A. 用样本信息判断关于总体的假设是否成立
B. 用样本均值估计总体均值
C. 利用图形展示数据的变化趋势
D. 用数学方法展示数据的分布特征
E. 利用表格展示数据的频数分布

2. 一手数据的来源主要有（　　）。
A. 科研论文
B. 公开出版物
C. 实验
D. 调查
E. 统计年鉴

3. 下列关于统计报表的说法中，正确的有（　　）。
A. 按统一表式填报
B. 以二手数据为基础进行填报
C. 自上而下地统一布置
D. 按统一报送程序填报
E. 按统一报送时间填报

4. 下列统计量中，容易受极端值影响的有（　　）。
A. 均值
B. 方差
C. 众数
D. 中位数
E. 标准差

5. 职工满意度评分，该组数据样本量为1000，服从对称钟形分布，均值为80分，标准差为5分，下列选项中正确的有（　　）。
A. 90%的数据在75分和85分之间
B. 68%的数据在78分和82分之间
C. 95%的数据在70分和90分之间
D. 99%的数据在65分和95分之间
E. 95%的数据在60分和100分之间

6. 在城乡住户抽样调查中，非抽样误差的可能来源有（　　）。
A. 抽样筛选漏掉部分城乡住户
B. 部分高收入住户拒绝接受调查
C. 调查人员有意作弊
D. 被调查住户提供虚假数据
E. 抽样的随机性

7. 下列抽样调查工作中，属于调查方案设计环节的有（　　）。
A. 问卷设计
B. 数据编码和录入
C. 撰写报告
D. 统计分析
E. 抽样方案设计

8. 下列抽样方法中，属于概率抽样的有（　　）。
A. 系统抽样
B. 判断抽样
C. 方便抽样
D. 分层抽样
E. 多阶段抽样

9. 下列关于增长量的说法中，正确的有（　　）。
A. 增长量是报告期发展水平与基期发展水平之差
B. 累计增长量是报告期水平与某一固定时期水平之差
C. 逐期增长量是报告期水平与前一期水平之差
D. 同一时间序列中，累计增长量等于相应时期内逐期增长量的乘积
E. 平均增长量是时间序列中逐期增长量的序时平均数

10. 在对时间序列进行速度分析时，应注意的事项有（　　）。
A. 速度指标数值与基数大小有密切关系
B. 时间序列指标值出现负数时不宜计算速度
C. 不宜采用几何平均法计算平均发展速度
D. 不需要结合水平指标进行分析
E. 时间序列指标值出现0时不宜计算速度

本篇同步强化练习题参考答案及解析

一、单项选择题

1. 【答案】A

【解析】假设检验是利用样本信息判断对总体的假设是否成立，选项A正确。

2. 【答案】A

【解析】分类变量的观测结果称为分类数据，表现为类别，一般用文字来表述，也可用数值代码表示。

3. 【答案】B

【解析】在重点调查中所选择的重点单位虽然只是全部单位中的一部分，但就调查的标志值来说在总体中占绝大比重。

4. 【答案】A

【解析】统计报表是按照国家有关法规的规定，自上而下地统一布置、自下而上地逐级提供基本统计数据的一种调查方式。统计报表要以一定的原始数据为基础，按照统一表式、统一指标、统一报送时间和报送程序进行填报。

5. 【答案】A

【解析】中位数和众数都不受极端值的影响，极差不属于描述数据集中趋势的指标。

6. 【答案】D

【解析】中位数不适于分类变量，适于顺序变量和定量变量，特别是分布不对称的数据。其优点是不受极端值的影响，缺点是没有充分利用数据的全部信息，稳定性差于均值，优于众数。众数不适用于定量变量，主要适用于分类和顺序变量。其优点是不受极端值的影响，尤其是分布明显呈偏态时，众数的代表性更好。其缺点是没有充分利用数据的全部信息，缺乏稳定性，而且可能不唯一。

7. 【答案】A

【解析】离散系数，也称变异系数或标准差系数，等于标准差÷均值 = 8÷500 = 0.016。

8. 【答案】B

【解析】标准分数的计算方法是用数值减去均值所得的差除以标准差。

9. 【答案】A

【解析】两个变量间的关系可以用散点图来展示。在散点图中，每个点代表一个观测值，横纵坐标值分别代表两个变量相应的观测值。

10. 【答案】D

【解析】由于受访者记忆不清导致所获得数据与其真值之间不一致的误差属于计量误差。

11. 【答案】A

【解析】判断抽样是指在抽取样本时，调查人员依据调查目的和对调查对象情况的了解，人为确定样本单元。

12. 【答案】D

【解析】最小二乘法就是使得因变量的观测值与估计值之间的离差平方和最小来估计参数的一种方法。

13. 【答案】A

【解析】在时点序列中，每一指标值反映现象在一定时点上的瞬间水平，如年底总人口数表明在各年年末时点上人口数所达到的水平。

14. 【答案】B

【解析】定基发展速度等于相应时期内各环比发展速度的连乘积。定基增长速度=定基发展速度-1。

15. 【答案】B

【解析】在环比增长速度时间序列中，各期的基数不同，因此，运用这一指标反映现象增长的快慢时，往往要结合水平指标的分析才能得出正确结论。“增长1%的绝对值”是进行这一分析的指标。

二、多项选择题

1. 【答案】CDE

【解析】描述统计是研究数据收集、整理和描述的统计学方法。其内容包括如何取得所需要的数据，如何用图表或数学方法对数据进行整理和展示，如何描述数据的一般性特征。

2. 【答案】CD

【解析】一手数据的来源主要有两个：一是调查或观察，二是实验。在社会经济领域，统计调查是获得数据的主要方法，也是获得一手数据的重要方式。

3. 【答案】ACDE

【解析】统计报表是按照国家有关法规的规定，自上而下地统一布置、自下而上地逐级提供基本统计数据的一种调查方式。统计报表要以一定的原始数据为基础，按照统一表式、统一指标、统一报送时间和报送程序进行填报。

4. 【答案】ABE

【解析】均值、方差、标准差容易受极端值的影响。

5. 【答案】CD

【解析】经验法则表明，对于服从对称的钟形分布的标准分数，68%的标准分数在［-1，+1］范围内，约有95%的标准分数在［-2，+2］范围之内，约有99%的标准分数在［-3，+3］范围之内。

6. 【答案】ABCD

【解析】抽样调查中的误差包括抽样误差和非抽样误差。抽样误差是由于抽样的随机性造成的，选项E错误。

7. 【答案】AE

【解析】在调查方案设计阶段，要明确如何实施调查，主要包括抽样方案设计和问卷设计。

8. 【答案】ADE

【解析】概率抽样包括简单随机抽样、分层抽样、系统抽样、整群抽样以及多阶段抽样。

9. 【答案】ABCE

【解析】同一时间序列中，累计增长量等于相应时期逐期增长量之和。

10. 【答案】ABE

【解析】可以采用几何平均法计算平均发展速度，选项C错误；在环比增长速度时间序列中，各期的基期不同，因此，运用这一指标反映现象增长的快慢时，往往要结合水平指标的分析才能得出正确结论，选项D错误。

第五篇　会　计

与2020年教材相比，本篇的内容无实质性变化。

年份	单项选择题	多项选择题	合计
2018	7题7分	4题8分	11题15分
2019	8题8分	6题12分	14题20分
2020	12题12分	5题10分	17题22分

说明：表中数据由参加当年考试的考生提供，数据较为完整。

基础轻松过

会计是以货币为主要计量单位，采用专门的技术方法，对单位的全部资金运动进行核算和监督的一种经济管理活动，它通过系统、客观、及时地对单位的经济活动进行确认、计量和报告来为管理者提供决策信息。

现代会计以企业会计为核心，按照对外提供还是对内提供决策所需的信息分成财务会计与管理会计两大分支。财务会计主要是对企业已发生的经济业务进行事后记录和反映，提供的信息是对过去生产经营活动的客观反映。管理会计是从传统会计中分离出来与财务会计并列的、着重为企业改善经营管理、提高经济效益服务的一个企业会计分支。

考点轻松过

第二十八章　会计概论

考点1　现代会计的两大分支★★

两大分支	具体内容
财务会计	(1) 以会计准则为主要依据 (2) 确认、计量、记录、报告企业财务状况、经营成果和现金流量 (3) 主要为外部会计信息使用者提供信息 (4) 主要是对企业已发生的经济业务进行事后记录和反映，提供的信息是对过去生产经营活动的客观反映

续表

两大分支	具体内容
管理会计	（1）管理会计是从财务会计中分离出来的，利用财务会计、统计及其他有关资料并通过对这些资料进行整理、计算、对比和分析，产生一系列新的信息 （2）用于满足企业内部管理人员编制计划、做出决策、控制经济活动等方面的信息需要，服务于企业加强内部经营管理、加强决策控制、提高经济效益的需要的一套信息处理系统 （3）主要包括预测分析、决策分析、全面预算、成本控制和责任会计等内容

经典题解

【例题·单选题】下列会计活动中，属于管理会计范畴的是（　　）。（2018年）

A. 预测分析企业成本变化趋势

B. 报告企业财务状况、经营成果和现金流量

C. 记录经营成果的形成和分配

D. 确认会计要素的增减变动

【解析】管理会计主要包括预测分析、决策分析、全面预算、成本控制和责任会计等内容，选项A正确。

【答案】A

考点2　会计的两项基本职能★★

基本职能	具体内容
核算职能	（1）会计的核算职能是指会计通过确认、计量、记录、报告，运用一定的方法或程序，利用货币形式，从价值量方面反映企业已经发生或完成的客观经济活动情况，为经济管理提供可靠的会计信息 （2）核算职能是会计的最基本职能 （3）会计核算具有完整性、连续性和系统性的特点
监督职能	（1）会计的监督职能是指在经济事项发生以前、经济事项进行当中和经济事项发生以后，会计利用预算、检查、考核、分析等手段，对单位的会计核算及其经济活动的真实性、完整性、合规性和有效性进行检查与控制 （2）会计监督包括事前监督、事中监督和事后监督
二者关系	会计的核算职能和监督职能是不可分割的，两者的关系是辩证统一的 （1）核算是基本的、首要的，核算是监督的前提，没有会计核算，会计监督就失去了存在的基础 （2）没有会计监督来保证会计核算的正确性，会计核算就失去了存在的意义

经典题解

【例题·多选题】会计监督的主要手段有（　　）。（2018年）

A. 检查　　B. 考核

C. 报告　　D. 预算

E. 记录

【解析】会计的监督职能是指在经济事项发生以前、经济事项进行当中和经济事项发生以后，会计利用预算、检查、考核、分析等手段，对单位的会计核算及其经济活动的真实性、完整性、合规性和有效性进行检查与控制。

【答案】ABD

考点 3 会计的对象★

会计的对象即会计的客体，是会计所核算和监督的内容。凡是特定对象能以货币表现的经济活动，都是会计核算和监督的内容。企业中以货币表现的经济活动一般又称为价值运动或资金运动。

资金运动过程	主要内容
资金的投入	(1) 资金的投入是企业资金运动的起点 (2) 资金的投入包括： ①企业所有者投入的资金，属于企业所有者权益 ②企业债权人投入的资金，属于企业的负债 (3) 投入企业的资金一部分构成流动资产，另一部分构成非流动资产
资金的循环与周转	(1) 企业将资金运用于生产经营过程，就形成了资金的循环与周转 (2) 资金循环过程 ①生产循环：供应过程→生产过程→销售过程 ②资金循环：货币资金→储备资金→生产资金→成品资金→货币资金 (3) 资金周转：资金周而复始地不断循环
资金的退出	用于缴纳税金、偿还债务和向投资者分配股利或利润的这部分资金就退出了企业的资金循环与周转，剩余的资金则留在企业，继续用于企业的再生产过程

经典题解

【例题·多选题】 下列业务中，属于资金退出的有（ ）。(2016 年)

A. 购买材料　　B. 缴纳税金

C. 分配利润　　D. 银行借款

E. 销售商品

【解析】 购买材料及销售商品属于资金的循环与周转过程，选项 AE 错误；银行借款属于资金的投入，选项 D 错误。

【答案】 BC

考点 4 会计核算的具体内容★★

凡是特定主体能够以货币表现的经济活动，都是会计核算的内容。通常将单位在日常生产经营和业务活动中的资金运动称为经济业务事项。

（一）经济业务与经济事项

经济业务	是指单位与其他单位和个人之间发生的各种经济利益的交换，如购买固定资产、销售商品、上缴税收等
经济事项	是指在单位内部发生的具有经济影响的各类事项，如支付职工工资、报销差旅费、计提折旧等

（二）核算的具体内容

根据《中华人民共和国会计法》的规定，应当办理会计手续，进行会计核算的经济业务事项主要有以下几项：

(1) 款项和有价证券的收付；

（2）财物的收发、增减和使用；

（3）债权、债务的发生和结算；

（4）资本的增减；

（5）收入、支出、费用、成本的计算；

（6）财务成果的计算和处理；

（7）需要办理会计手续、进行会计核算的其他事项。

经典题解

【例题·多选题】根据《中华人民共和国会计法》的规定，下列经济业务事项中，应当办理会计手续的有（　　）。（2020年）

A. 公司法定代表人个人银行借款

B. 财务负责人工资结构变化

C. 款项和有价证券的收付

D. 财务成果的计算和处理

E. 财物的收发、增减和使用

【解析】根据《中华人民共和国会计法》的规定，应当办理会计手续，进行会计核算的经济业务事项：①款项和有价证券的收付；②财物的收发、增减和使用；③债权、债务的发生和结算；④资本的增减；⑤收入、支出、费用、成本的计算；⑥财务成果的计算和处理；⑦需要办理会计手续、进行会计核算的其他事项。

【答案】CDE

考点5　会计目标★★

项目	具体内容
我国企业会计的目标	（1）通过会计活动，向会计信息使用者提供对决策有用的，与企业财务状况、经营成果和现金流量等有关的会计信息，以帮助会计信息使用者做出经济决策 （2）反映企业管理层受托责任履行情况，有助于评价企业的经营管理责任以及资源使用的有效性
会计信息的内容	（1）有关企业财务状况的信息，主要通过企业编制的资产负债表来反映 （2）有关企业经营成果的信息，主要通过利润表来反映 （3）有关企业现金流量的信息，主要通过现金流量表来反映
会计信息的主要使用者	（1）企业内部管理人员 （2）外部利益关系人：投资者、债权人、政府及其有关部门、社会公众和其他使用者（如监管部门、企业职工）

考点6　会计要素★★★

会计要素是会计对象按照交易或事项的经济特征所做的基本分类，是会计核算和监督对象的具体化。会计要素是组成会计报表的基本单位。

反映企业财务状况的会计要素：资产、负债、所有者权益（资产负债表要素）。

反映企业经营成果的会计要素：收入、费用、利润（利润表要素）。

(一) 反映财务状况的会计要素

1. 资产

要素	含义	特征	具体内容
资产	是指企业过去的交易或者事项形成的由企业拥有或者控制的，预期会给企业带来经济利益的资源	(1) 资产必须是企业拥有或控制的资源 (2) 资产必须是预期能够直接或间接给企业带来经济利益的 (3) 形成资产的交易或事项必须已经发生，即资产必须是现实的资产	(1) 流动资产是指预计在一个正常营业周期中变现、出售或耗用，或者主要为交易目的而持有，或者预计在资产负债表日起1年内(含1年) 变现的资产，以及自资产负债表日起1年内交换其他资产或清偿负债的能力不受限制的现金或现金等价物 流动资产主要包括货币资金、交易性金融资产、应收票据及应收账款、预付款项、其他应收款、存货等 (2) 非流动资产是指流动资产以外的资产主要包括长期股权投资、在建工程、固定资产、无形资产、开发支出等

2. 负债

要素	含义	特征	具体内容
负债	是指过去的交易、事项形成的，预期会导致经济利益流出企业的现时义务	(1) 负债只能由过去的交易活动或本期经济业务所形成，且必须于未来某一特定时期予以清偿的现时义务 (2) 负债必须有其可用货币额反映的价值量 (3) 负债必须是企业现行条件下已承担的预期会造成经济利益流出企业的现时义务	(1) 流动负债是指预计在一个正常营业周期中清偿，或者主要为交易目的而持有，或者自资产负债表日起1年内 (含1年) 到期应予以清偿或者企业无权自主地将清偿推迟至资产负债表日后1年以上的负债 流动负债主要包括短期借款、应付票据及应付账款、预收款项、应付职工薪酬、应交税费、其他应付款等 (2) 非流动负债是指流动负债以外的负债非流动负债主要包括长期借款、应付债券等

3. 所有者权益

要素	含义	来源	具体内容
所有者权益	又称为股东权益，是指企业资产扣除负债后由所有者享有的剩余收益	(1) 所有者投入的资本 (2) 直接计入所有者权益的利得和损失 (3) 留存收益是企业历年实现的净利润留存于企业的部分，包括盈余公积和未分配利润	所有者权益的具体项目： (1) 实收资本 (或股本) (2) 资本公积，包括企业收到投资者出资超过其在注册资本或股本中所占份额的部分，以及直接计入所有者权益的利得和损失等 (3) 盈余公积 (4) 未分配利润

【注意】负债与所有者权益的关系。

相同点	（1）同为企业资产的取得来源 （2）两者都可以对企业资产提出索偿要求
不同点	（1）负债体现的是债权人对企业资产的索偿权，它是企业所承担的现时义务，履行该义务会导致企业的经济利益减少，使用负债所形成的资金一般需要支付费用，按照约定条件支付利息，债权人不参与利润分配，在企业清算时需要优先清偿，净资产在清偿所有负债后才可以返还给投资人 （2）所有者权益则是投资人对总资产扣去负债后的剩余净资产的索偿权，投资人在一般情况下不需要企业归还其投资，也不需要支付利息，只要参与企业利润分配，以利润分配的方式作为回报

经典题解

【例题·多选题】下列负债中，属于流动负债的有（　　）。(2015年)

A. 应付债券

B. 短期借款

C. 应付职工薪酬

D. 预收款项

E. 预付款项

【解析】应付债券属于非流动负债，预付款项属于流动资产。

【答案】BCD

（二）反映经营成果的会计要素

1. 收入

会计要素	含义	具体内容
收入	是指企业在日常活动中形成的、会导致所有者权益增加的、与所有者投入资本无关的经济利益的总流入	收入是企业持续经营的基本条件，也是企业获得利润的前提条件 （1）为第三方代收的款项不属于本企业的收入 （2）从偶发的交易或事项中带来的经济利益不属于收入 （3）收入可能表现为企业资产的增加，也可能表现为企业负债的减少，或者兼而有之

2. 费用

会计要素	含义	具体内容
费用	是指企业在日常活动中发生的、会导致所有者权益减少的、与向所有者分配利润无关的经济利益的总流出	营业费用是企业费用的主体部分，按照是否构成产品成本，工业企业的营业费用可分为制造成本和期间费用 （1）制造成本：是指与生产产品直接有关的费用，应计入产品成本，从销售收入中得到补偿 （2）期间费用：是指与生产产品无直接关系，属于某一时期耗用的费用，主要包括管理费用、销售费用、财务费用和研发费用等
	【提示】费用与成本是相互联系又相互区别的两个概念，区别在于费用是按照时间归集的，而产品成本是按照产品对象归集的	

3. 利润

会计要素	含义	具体内容
利润	是指企业在一定会计期间内的经营成果，是企业在生产经营过程中各种收入扣除各种费用后的盈余，是反映经营成果的最终要素	包括收入减去费用后的净额（日常活动的业绩）、直接计入当期利润的利得和损失（非日常活动的业绩）

经典题解

【例题·单选题】下列关于会计要素中收入的说法中，错误的是（　　）。(2020 年)

A. 收入应当是企业在日常经营活动中形成的

B. 收入应当会导致企业经济利益的流入

C. 收入应当最终会导致所有者权益的增加

D. 收入包括所有者投入资本

【解析】收入是指企业在日常活动中形成的、会导致所有者权益增加的、与所有者投入资本无关的经济利益的总流入。

【答案】D

考点 7　会计等式★★

（一）等式

会计等式	具体内容
资产＝权益 ＝债权人权益+所有者权益 ＝负债+所有者权益	(1) 反映企业资产的归属关系 (2) 在某个特定的时点，资产与负债和所有者权益三者之间所存在的平衡关系，是复式记账法的理论基础，也是编制资产负债表的基础
收入-费用＝利润	反映了企业利润的形成过程，收入、费用和利润之间的关系是编制利润表的基础

（二）经济业务发生所引起的会计要素的变动（9 种情况）

类型	资产	负债	所有者权益	对总额影响
1	增加、减少			不变
2	增加	增加		增加
3	增加		增加	增加
4	减少	减少		减少
5	减少		减少	减少
6		增加、减少		不变
7		增加	减少	不变
8		减少	增加	不变
9			增加、减少	不变

经济业务发生会引起会计要素的变动，但并不会破坏资产=负债+所有者权益的平衡关系，由于这一平衡原理揭示了企业会计要素之间的规律性联系，因而它是设置会计科目、复式记账和编制会计报表的理论依据。

考点 8　会计要素确认和计量基本原则★★

会计要素确认和计量基本原则包括权责发生制原则、配比原则、历史成本原则和划分收益性支出与资本性支出原则。

<table>
<tr><td rowspan="2">权责发生制原则</td><td>权责发生制</td><td>(1) 企业按照收入的权利和支出的义务是否属于本期来确认收入、费用的入账时间
(2) 凡是当期已经实现的收入和已经发生或应当负担的费用，无论款项是否收付，均应作为当期的收入和费用处理
(3) 凡是不属于当期的收入和费用，即使款项已经在当期收付，都不应作为当期的收入和费用</td></tr>
<tr><td>收付实现制</td><td>(1) 以收到款项或支付款项作为确认收入、费用的基础
(2) 凡是本期实际收到款项的收入，不论其应否归属于本期，均应作为本期的收入处理
(3) 凡是本期实际以款项支付的费用，不论其应否在本期收入中得到补偿，均应作为本期的费用处理
(4) 我国行政事业单位预算会计核算采用收付实现制，财务会计核算采用权责发生制</td></tr>
<tr><td rowspan="3">配比原则</td><td>含义</td><td>是指对一个会计期间的收入和与其相关的成本、费用应当在该会计期间内确认，并应相互配比，以便计算本期损益</td></tr>
<tr><td>配比方式</td><td>(1) 按收入与费用之间的逻辑因果关系进行直接配比，如主营业务收入与直接成本相配比
(2) 按收入与费用项目存在的时间上的一致关系配比，如广告费、办公费和管理人员工资等期间费用，与发生在同一时间的收入相配比</td></tr>
<tr><td>要求</td><td>(1) 在会计核算中，一个会计期间内的各项收入与其相关的成本、费用，应当在同一会计期间内进行确认、计量和记录，而不能提前或延后，否则就会造成经营成果虚假不实
(2) 对于一切预支款项的成本、费用，要递延到有关的收入取得时，才能计列
(3) 对于与本期收入有关的一切未来费用，则应在本期内预提，以达到配比的目的</td></tr>
<tr><td>历史成本原则</td><td colspan="2">(1) 是指企业各项财产在取得时应当按照实际成本计量，其后各项财产如果发生减值，应当按照规定计提相应的减值准备
(2) 历史成本原则是以币值稳定为前提的
(3) 除法律、行政法规和国家统一的会计制度另有规定外，企业一律不得自行调整其账面价值
(4) 优点：
①取得比较容易，也比较客观
②有原始凭证做证明，便于查证
③可以防止企业随意更改
④会计核算手续简化，不必经常调整账目</td></tr>
</table>

续表

划分收益性支出与资本性支出原则	收益性支出	（1）是指在本期发生的只与本期收益有关的、应当在本期已实现的收益中得到补偿的支出 （2）收益性支出计入当期损益，并在利润表中反映
	资本性支出	（1）为当期发生的不但与本期收益有关而且与以后会计期间收益也有关的，应当在以后若干会计期间的收益中得到补偿的支出 （2）资本性支出列入资产，在资产负债表中反映
	错误处理	如果将收益性支出误计入资本性支出，就会造成少计费用而多计资产价值，出现净收益和资产价值虚增的现象
		如果将资本性支出误计入收益性支出，就会出现多计费用而少计资产价值的现象，出现当期净收益降低，甚至亏损，以及资产价值偏低的结果

经典题解

【例题·多选题】 下列关于企业会计核算中收益性支出与资本性支出的说法，正确的有（　　）。（2020年）

A. 如果一笔收益性支出按资本性支出处理，会出现当期净收益下降

B. 划分收益性支出与资本性支出的目的在于正确确认企业的当期损益

C. 资本性支出应列入资产

D. 凡为取得本期收益而发生的支出，应作为收益性支出

E. 支出的效益惠及几个会计年度（或惠及几个营业周期）的属于资本性支出

【解析】 如果一笔收益性支出按资本性支出处理了，就会造成少计费用而多计资产价值，出现净收益和资产价值虚增的现象。

【答案】 BCDE

考点9　会计基本前提★★

会计基本前提又称为会计的基本假设，是对会计核算的范围、内容、基本程序和方法所做的限定，会计的基本前提包括会计主体、持续经营、会计分期、货币计量。

基本前提	具体内容
会计主体	（1）是指会计确认、计量和报告的空间范围，是会计所服务的特定单位 （2）明确界定会计主体，是会计核算的重要前提，是为了把会计主体的经济业务与其他会计主体以及投资者的经济业务划分开 （3）会计主体与法律主体的关系： 一般来说，法律主体必然是会计主体，但会计主体可以是一个独立的法律主体，也可以不是一个独立的法律主体，会计主体可以是营利性组织，也可以不是营利性组织
持续经营	（1）是指会计核算应当以持续、正常的生产经营活动为前提，在可以预见的将来，企业将会按当前的规模和状态继续经营下去，而不考虑企业停业或破产清算，也不考虑企业大规模削减业务 （2）只有在持续经营的前提下，企业的资产和负债才区分为流动的和长期的；企业资产才能以历史成本计价，而不是以现行成本或清算价格计价；才有必要和可能进行会计分期，并为采用权责发生制奠定基础；才使正确区分资本与负债成为必要

续表

基本前提	具体内容
会计分期	(1) 又称会计期间，是指将一个企业持续不断的生产经营活动期间划分为若干连续的、等距的会计期间，以便分期结算账目，计算盈亏，按期编制会计报表，从而提供有用的会计信息 (2) 会计分期是建立在持续经营基础上的 (3) 明确会计期间这个前提，才产生了当期和以前期间、以后期间的区别，才产生了收付实现制和权责发生制，才能正确贯彻配比原则
货币计量	(1) 我国的《企业会计准则》规定，企业会计应当以货币计量 (2) 以货币作为统一计量单位，还包含着币值稳定的假设，当货币本身的价值波动不大，或前后波动能够被抵消时，会计核算中认为币值是基本稳定的，而不考虑货币价值的波动因素 (3) 货币计量的假设并不表示货币是会计核算中唯一的计量单位，有时在会计核算中也辅以实物数量等计量单位

经典题解

【例题·单选题】 下列会计核算的基本前提中，界定会计核算内容空间范围的是（　　）。(2020年)

A. 货币计量

B. 会计分期

C. 持续经营

D. 会计主体

【解析】 会计主体是指会计确认、计量和报告的空间范围，是会计所服务的特定单位。

【答案】 D

考点10　会计信息质量要求★★★

会计信息质量要求	具体内容
可靠性	(1) 要求企业应当以实际发生的交易或者事项为依据进行会计确认、计量和报告，如实反映符合确认和计量要求的各项会计要素及其他相关信息，如实反映企业的财务状况、经营成果和现金流量，保证会计信息真实可靠、内容完整 (2) 可靠性包括真实性和客观性两方面含义
相关性	又称有用性，要求企业提供的会计信息应当与财务会计报告使用者的经济决策需要相关
清晰性	又称可理解性，要求会计提供的会计信息应当清晰明了，便于财务会计报告使用者理解和使用
可比性	(1) 要求同一企业不同时期发生的相同或者相似的交易或者事项，应当采用一致的会计政策，不得随意变更；确需变更的，应当在附注中说明，以便进行不同时期的纵向比较 (2) 要求不同企业发生的相同或者相似的交易或者事项，应当采用规定的会计政策和会计处理办法，确保会计信息口径一致，以便在不同企业之间进行横向比较

续表

会计信息质量要求	具体内容
实质重于形式	(1) 要求企业应当按照交易或事项的经济实质进行会计确认、计量和报告，而不应当仅仅以交易或者事项的法律形式为依据 (2) 企业将不拥有所有权但能实际控制的资产视为自己的资产，如融资租赁固定资产，在会计核算上视为企业的资产
重要性	(1) 在会计核算过程中对交易或事项应当区别其重要程度，采用不同的核算方式。重要事项予以充分、准确的披露；次要事项在不影响会计信息真实性和不至于误导财务会计报告使用者做出正确判断的前提下，可适当简化或合并反映 (2) 重要性的应用需要依赖职业判断，企业应当根据其所处的环境和实际情况，从项目的性质和金额大小两方面来判断其重要性
谨慎性	(1) 又称稳健性，要求企业对交易或者事项进行会计确认、计量和报告时应当保持应有的谨慎，不应高估资产或者收益，低估负债或者费用 (2) 谨慎性原则在会计上的应用是多方面的，如存货在物价上涨时期的计价采用后进先出法，采用成本与可变现净值孰低法对存货进行期末计价，对应收账款计提坏账准备，固定资产采用加速折旧法，对可能发生的资产损失计提减值准备等。但是，谨慎性原则的应用并不允许企业设置秘密准备
及时性	要求企业对于已经发生的交易或者事项，应当及时进行会计确认、计量和报告，不得提前或者延后

经典题解

【例题·多选题】下列会计核算要求中，属于我国《企业会计准则》规定的会计信息质量要求的有（　　）。(2018年)

A. 持续经营

B. 可靠性

C. 权责发生制

D. 相关性

E. 实质重于形式

【解析】会计信息质量要求的内容有可靠性、相关性、清晰性、可比性、实质重于形式、重要性、谨慎性和及时性，选项BDE正确。

【答案】BDE

考点11　会计法规★

我国现行的会计法规以《中华人民共和国会计法》为核心，以会计准则、财务规则和会计制度为主要内容。

会计法规体系	具体内容
《中华人民共和国会计法》	是我国会计工作的基本法律，是我国会计法规体系中处于最高层次的法律规范

续表

会计法规体系	具体内容
会计准则	会计准则是制定会计核算制度和组织会计核算工作的基本规范 （1）我国的《企业会计准则》由财政部制定，包括基本准则和具体准则 （2）《事业单位会计准则》 （3）《政府会计准则》
财务规则	（1）《行政单位财务规则》 （2）《事业单位财务规则》
会计制度	（1）《企业会计制度》 （2）《政府会计制度》

第二十九章　会计循环

本章视频详解
使用"会计云课堂"App/微信扫码听课

考点1　会计确认★★

会计确认是指会计数据进入会计系统时确定如何进行记录的过程，即将某一会计事项作为哪种会计要素正式列入会计报表的过程。

（一）会计确认主要解决三个问题

（1）确定某一经济业务是否需要进行确认；

（2）确定该业务应在何时进行确认；

（3）确定该业务应确认为哪个会计要素。

（二）会计确认的三大标准

（1）被确认的项目是通过经济业务活动所产生的，其交易性质符合会计要素的要求；

（2）与该项目有关的未来经济利益流入或流出企业的不确定性能明确地评估；

（3）该项目应有可以计量的属性，如价值、成本等，并能可靠地进行计量。

权责发生制构成了确认收入和费用的基础，也进一步构成了资产和负债的确认基础。

项目	具体内容
收入的确认	建立在取得收入权利的交易或事项发生之时
费用的确认	应是在承担费用的交易或事项出现之时
资产的确认	建立在取得资产所有权的交易发生之时
负债的确认	建立在确定负债成立的有关业务发生之时

考点 2 会计计量的概念★

项目	具体内容
含义	会计计量是指为了在会计报表中确认和计量有关会计要素的实际状况而确定其货币金额的过程
地位	计量问题是会计的核心问题
目的	会计计量的目的是进一步明确一项经济业务所带来的某一会计要素变化的数量为多少，体现了会计信息的定量化特点
构成	（1）会计计量由计量单位和计量属性两个方面构成 （2）会计计量单位主要是货币量度，同时为了管理的需要也辅之以各种实物量度

考点 3 会计计量的属性★★

项目	具体内容
历史成本	（1）又称原始成本，是指以取得资产时实际发生的成本作为资产的入账价值 （2）在历史成本计量下，资产按照购置时支付的现金或者现金等价物的金额，或者按照购置资产时所付出的对价的公允价值计量
重置成本	（1）是指企业重新取得与其所拥有的某项资产相同或与其功能相当的资产需要支付的现金或现金等价物 （2）适用的前提是资产处于使用状态，且能够继续使用，对所有者具有使用价值
可变现净值	（1）在可变现净值计量下，资产按照其正常对外销售所能收到现金或者现金等价物的金额扣减该资产至完工时估计将要发生的成本、估计的销售费用以及相关税费后的金额计量 （2）资产负债表日，存货应当按照成本与可变现净值孰低计量 （3）对可变现净值低于存货成本的差额，应当计提存货跌价准备，计入当期损益
现值	是指企业在正常的生产经营活动中，以估计的未来现金流入扣除未来现金流出后的余额，用恰当的折现率予以折现而得到的价值
公允价值	（1）是指在公平交易中，熟悉情况的交易双方自愿进行资产交换或者债务清偿的金额 （2）在公平交易中，交易双方应当是持续经营企业，且不打算或不需要进行清算，不存在重大缩减经营规模或在不利条件下仍进行交易的事项
【提示】企业在对会计要素进行计量时，一般应当采用历史成本，采用重置成本、可变现净值、现值、公允价值计量的，应当保证所确定的会计要素金额能够取得并可靠计量	

经典题解

【例题·单选题】以取得资产时实际发生的成本为资产的入账价值，其所采用的会计计量属性是（　　）。（2018 年）

A. 历史成本

B. 现行市价

C. 重置成本

D. 可变现净值

【解析】历史成本又称原始成本，是指以取得资产时实际发生的成本作为资产的入账价值。

【答案】A

考点4　会计记录★★★

会计记录是通过账户、会计凭证和账簿等载体，运用复式记账等手段，对确认和计量的结果进行记录，为编制财务会计报告积累数据的过程。

会计记录的方法主要包括设置账户、复式记账、填制和审核凭证、登记账簿。

（一）设置账户

账户是指根据以会计要素划分的会计科目设置的，以会计科目作为名称，具有一定的格式和结构，用来分类反映会计要素各项目增减变动情况及其结果的载体。

会计科目是指对会计要素的具体内容进行分类的项目。

1. 账户分类

分类标准	具体类别
按照账户所反映的会计要素的具体内容划分	资产类、负债类、所有者权益类、收入类、成本类、费用类和损益类
按照账户所提供信息的详细程度及其统驭关系划分	总分类账户、明细分类账户

2. 账户结构

（1）账户结构分为两个基本部分，即左方（记账符号为借）和右方（记账符号为贷）两个方向，一方登记增加，另一方登记减少。

（2）账户的四个金额要素之间的基本关系。

增减相抵后的差额，称为账户的余额（包括期初余额和期末余额）。

期末余额=期初余额+本期增加发生额-本期减少发生额

①对于资产、成本、费用类账户：借方登记增加额、贷方登记减少额，余额在借方。

期末余额=期初余额+本期借方发生额-本期贷方发生额

②对于负债、所有者权益、收入类账户：借方登记减少额、贷方登记增加额，余额在贷方。

期末余额=期初余额+本期贷方发生额-本期借方发生额

经典题解

【例题·单选题】资产类账户的发生额与余额之间的关系是（　　）。(2020年)

A. 期初余额+本期贷方发生额=期末余额

B. 期初余额+本期贷方发生额-本期借方发生额=期末余额

C. 期初余额+本期借方发生额-本期贷方发生额=期末余额

D. 期初余额+本期借方发生额=期末余额

【解析】对于资产、成本、费用类账户，期末余额=期初余额+本期借方发生额-本期贷方发生额。

【答案】C

（二）复式记账

复式记账法	（1）复式记账法是对每一项经济业务都要以相等的金额，同时计入两个或两个以上的有关账户的一种记账方法 （2）通过账户记录可以全面、清晰地反映出有关经济业务内容的来龙去脉，通过账户的平衡关系，可以检查有关业务的记录是否正确 （3）主要的复式记账法有借贷记账法、收付记账法和增减记账法，其中借贷记账法是一种被普遍接受并广泛使用的记账方法
借贷记账法	（1）以“借”和“贷”作为记账符号 （2）借贷记账法下账户的结构：左方为借方，右方为贷方 ①资产、成本、费用类，增记借方，减记贷方 ②负债、所有者权益、收入类，增记贷方，减记借方 （3）借贷记账法的记账规则：有借必有贷，借贷必相等 （4）试算平衡公式 ①发生额试算平衡法公式： 全部账户本期借方发生额合计=全部账户本期贷方发生额合计 ②余额试算平衡法公式： 全部账户的借方期初余额合计=全部账户的贷方期初余额合计 全部账户的借方期末余额合计=全部账户的贷方期末余额合计

经典题解

【例题·多选题】 下列关于借贷记账法的说法中，正确的有（　　）。(2020年)

A. 全部账户本期借方发生额合计等于全部账户本期贷方发生额合计

B. 资产账户余额合计等于负债账户余额合计

C. 收入账户本期发生额合计等于费用账户本期发生额合计

D. 全部账户的借方期末余额合计等于全部账户的贷方期末余额合计

E. 遵守“有借必有贷，借贷必相等”的记账规则

【解析】 试算平衡是通过编制总分类账户试算平衡表进行的，可以采用两种试算平衡方法，即发生额试算平衡法和余额试算平衡法。①发生额试算平衡法公式为全部账户本期借方发生额合计等于全部账户本期贷方发生额合计。②余额试算平衡法公式为全部账户的借方期初余额合计等于全部账户的贷方期初余额合计；全部账户的借方期末余额合计等于全部账户的贷方期末余额合计。

【答案】 ADE

（三）填制和审核凭证

项目	具体内容
会计凭证	（1）会计凭证是记录经济业务、明确经济责任的书面证明，也是登记账簿的依据 （2）填制和审核会计凭证，是会计工作的开始

续表

项目	具体内容	
分类	会计凭证按其填制程序和用途可以分为原始凭证和记账凭证两类	
	原始凭证	是经济业务发生时取得或填制的，用以证明经济业务的发生或者完成情况，并作为记账原始依据的会计凭证
	记账凭证	是会计人员根据审核无误的原始凭证或汇总原始凭证，用来确定经济业务应借、应贷的会计科目和金额而填制的，作为登记账簿直接依据的会计凭证
作用	通过填制和审核会计凭证，可以控制经济活动，保证会计资料真实正确，明确经济责任，为记账提供可靠依据，保证会计记录真实可靠	

（四）登记账簿

项目	具体内容
账簿	（1）账簿是指由一定格式的账页组成的，以会计凭证为依据，全面、系统、连续地记录各项经济业务的簿籍。账簿是保存会计数据资料的重要工具，是编制财务会计报告的基础 （2）登记账簿必须以凭证为根据
作用	设置和登记账簿，是会计工作得以开展的基础环节，是联结会计凭证与财务会计报告的中间环节
分类	按照账簿的用途分类，账簿可分为序时账簿、分类账簿和备查账簿
对账	为了保证会计账簿所提供会计资料的真实、完整，会计人员在登记账簿时，需要定期做好对账工作，做到账证相符、账账相符、账实相符、账表相符，对账工作至少每年进行一次

经典题解

【例题·多选题】下列关于账簿的说法中，正确的有（　　）。（2020年）

A. 登记账簿必须以凭证为依据，并定期进行结账、对账

B. 账簿是编制财务会计报告的基础

C. 按照账簿的用途分类，账簿可分为序时账簿、分类账簿和备查账簿

D. 账簿是保存会计数据资料的重要工具

E. 设置和登记账簿是编制会计分录的基础

【解析】设置和登记账簿，是会计工作得以开展的基础环节，是联结会计凭证与财务会计报告的中间环节，选项E错误。

【答案】ABCD

考点5　账务处理程序★★

账务处理程序也称为会计核算组织程序，是指对会计数据的记录、归类、汇总、报告的步骤和方法。

账务处理程序的基本模式：原始凭证—记账凭证—会计账簿—会计报表。

各种账务处理程序的主要区别在于登记总分类账的依据和方法不同。

账务处理程序	特点	优缺点	适用范围
记账凭证账务处理程序（最基本）	原始凭证→记账凭证→总分类账	优点：处理程序简单明了，易于理解，总分类账可以较详细地反映经济业务的发生情况 缺点：登记总分类账的工作量较大	适用于规模较小、经济业务量较少的单位
汇总记账凭证账务处理程序	原始凭证→记账凭证→汇总记账凭证→总分类账	优点：减轻了登记总分类账的工作量，便于了解账户之间的对应关系 缺点：不利于会计核算的日常分工，当转账凭证较多时，编制汇总转账凭证的工作量较大	适用于规模较大、经济业务较多的单位
科目汇总表账务处理程序	原始凭证→记账凭证→科目汇总表→总分类账	优点：减轻了登记总分类账的工作量，并可做到试算平衡、简明易懂、方便易学 缺点：不能反映账户对应关系，不便于查对账目	适用于经济业务较多的单位
多栏式日记账账务处理程序	收款凭证和付款凭证→多栏式现金日记账和多栏式银行存款日记账→总分类账	优点：可以减少登记总分类账的工作量 缺点：若单位经济业务多，会使日记账栏目过多、账页庞大、容易串行串栏、不便于登记	适用于生产经营规模大、经济业务量多，但使用会计科目较少的单位
日记总账账务处理程序	日记账和总分类账结合	优点：简单易行 缺点：会导致账页过长，不便于记账和查阅	适用于经济业务量较少且使用会计科目也较少的单位

考点 6　财务会计报告★★

（一）财务会计报告的概念

（1）财务会计报告又称财务报告，是指企业对外提供的反映企业在某一特定日期财务状况和某一会计期间经营成果、现金流量等会计信息的文件。

（2）会计报告是对账簿记录资料进行的再加工，在编制财务会计报告之前，为了保证报告的数字真实可靠，做到账证相符、账账相符、账实相符，必须进行财产清查。

（二）财务会计报告的内容

（1）财务会计报告包括会计报表、会计报表附注和其他应当在财务会计报告中披露的相关信息和资料。

（2）我国企业对外提供的会计报表至少应当包括资产负债表、利润表、现金流量表等。

（3）小企业编制的会计报表可以不包括现金流量表。

（三）会计报表的分类

分类标准	具体内容
按照反映经济内容的不同划分	反映财务状况的报表、反映经营成果的报表、反映现金流量的报表
按照报送对象的不同划分	（1）对外会计报表：企业对外会计报表种类、格式和编制方法由财政部统一制定，任何单位不得任意增减 （2）对内会计报表：是为了满足企业内部管理的需要而编制的，对内会计报表的种类、格式、内容及编制方法是根据企业内部需要自行规定、自行设计的
按照编制主体的不同划分	（1）个别会计报表：只反映企业本身的财务状况和经营情况的会计报表 （2）合并会计报表：反映的是投资企业和被投资企业共同的财务状况和经营成果
按照编制的时间范围的不同划分	年度会计报表、季度会计报表和月度会计报表

经典题解

【例题·单选题】下列关于财务会计报告的说法中，错误的是（　　）。（2019年）

A. 财务会计报告可以反映企业财务状况、经营成果和现金流量等会计信息

B. 会计报告是对账簿记录资料进行的再加工

C. 我国小企业对外提供的会计报表应当包括资产负债表、利润表、现金流量表、会计报表附注等内容

D. 在编制财务会计报告之前，必须进行财产清查

【解析】小企业可以不编制现金流量表，选项C错误。

【答案】C

第三十章　会计报表

考点1　会计报表的概念★★

项目	具体内容
概念	会计报表是以日常账簿资料为主要依据编制的，总括反映企业财务状况、经营成果和现金流量等会计信息的书面文件
地位	既是会计核算的最后一个环节，也是会计循环过程的终点

续表

项目	具体内容	
内容	一套完整的会计报表至少应当包括资产负债表、利润表、现金流量表、所有者权益变动表以及附注	
	资产负债表	反映企业在某一特定日期财务状况的报表
	利润表	反映企业在一定期间经营成果的报表
	现金流量表	反映企业在一定期间内现金及现金等价物流入和流出情况的报表
	所有者权益变动表	反映构成所有者权益的各组成部分当期增减变动情况的报表
	附注	是对在上述会计报表中列示项目的文字描述或明细资料，以及对未能在这些报表中列示项目的说明等

考点2 会计报表的目标★

企业编制会计报表的目标是向会计报表使用者提供与企业财务状况、经营成果和现金流量等有关的会计信息，反映企业管理层受托责任的履行情况，为会计报表使用者做出经济决策提供帮助。

考点3 会计报表的编制要求★★

(1) 在编制会计报表前应当依法对会计账簿记录，包括总账、明细账、日记账和其他辅助性账簿进行审核。

(2) 会计报表的编制应当符合会计法和国家统一会计制度关于会计报表的编制要求、提供对象和提供期限的规定。

(3) 企业编制的会计报表应当真实可靠、全面完整、编报及时、便于理解。

①真实可靠：是指企业会计报表要真实地反映交易或事项的实际情况，不能人为扭曲，会计报表应当根据经过审核的会计账簿记录和有关资料编制，这是保证会计报表质量的重要环节。

②全面完整：是指企业会计报表应当全面披露企业的财务状况、经营成果和现金流量，完整地反映出企业经济活动的过程和结果。

③编报及时：会计报表提供的信息具有较强的时效性，企业应当依照法律、行政法规和国家统一会计制度有关会计报表提供期限的规定，及时编制、提供会计报表。

④便于理解：会计报表提供的信息可以为使用者所理解。

考点4　会计报表编制前的准备工作★★

项目	具体内容
全面财产清查（账实相符）	企业在编制年度会计报表前，应当全面清查资产、核实债务 （1）债权债务是否存在，与债务、债权单位的相应债务、债权金额是否一致 （2）存货、固定资产的实存数量与账面数量是否一致 （3）各项投资是否存在，投资收益是否按规定进行确认和计量 （4）在建工程的实际发生额与账面记录是否一致 （5）需要清查、核实的其他内容
	企业清查、核实后，应当将清查、核实的结果及其处理办法向企业的董事会或者相应机构报告，并根据国家统一会计制度的规定进行相应的会计处理
检查会计事项的处理结果	包括账证核对、账账核对等；检查相关的会计核算是否符合国家统一会计制度的规定；对于国家统一会计制度没有规定统一核算方法的交易、事项，检查其是否按照会计核算的一般原则进行确认和计量以及相关账务处理是否合理；检查是否存在因会计差错、会计政策变更等原因需要调整前期或者本期相关项目的情况

经典题解

【例题·单选题】企业会计报表应当根据经过审核的会计账簿记录和有关资料进行编制，真实地反映交易或事项的实际情况，这体现的会计报表编制要求是（　　）。

A. 真实可靠

B. 编报及时

C. 全面完整

D. 便于理解

【解析】真实可靠是指企业会计报表要真实地反映交易或事项的实际情况，不能人为扭曲，会计报表应当根据经过审核的会计账簿记录和有关资料编制，这是保证会计报表质量的重要环节。

【答案】A

考点5　资产负债表的概念、作用、格式和内容★★

（一）资产负债表

资产负债表是按照一定的标准和顺序将资产、负债、所有者权益进行适当排列编制的，反映企业某一特定日期所拥有或控制的经济资源、所承担的现时义务和所有者对净资产的要求权。

资产负债表是以“资产＝负债+所有者权益”这一基本等式为基础进行编制的，反映企业静态财务状况的一种报表。

（二）编制资产负债表的作用

（1）为报表使用者提供企业所拥有和控制掌握的经济资源及其分布和构成情况的信息，为经营者分析资产分布是否合理提供依据；

（2）总括反映企业资金的来源渠道和构成情况；

（3）通过对资产负债表的分析，可以了解企业的财务状况，判断企业的偿债能力和支付能力；

（4）通过对前后期资产负债表的对比分析，可以了解企业资金结构的变化情况，经营者、投资者和债权人据此可以掌握企业财务状况的变化情况和变化趋势。

（三）资产负债表的格式和内容

1. 资产负债表的格式

资产负债表分为账户式和报告式两种。我国采用账户式。

账户式资产负债表分为左右两方，左方列示企业所拥有的全部资产的分布及存在形态，反映企业可以用于偿还债务的资产；右方列示企业的负债和所有者权益各项目，反映企业需要清偿的债务和不需要清偿的权益。

2. 主要内容

<table>
<tr><th colspan="2">资产类项目</th><th colspan="2">负债类项目</th></tr>
<tr><td colspan="2">按流动性（即变现速度）进行排列，流动性强的项目排在前面，流动性差的项目排在后面，并按流动资产和非流动资产分项列示，流动资产在前</td><td colspan="2">按到期日的远近进行排列，先到期的（或需要立即清偿的债务）排在前面，后到期的排在后面，并按流动负债和非流动负债分项列示，流动负债在前</td></tr>
<tr><td>流动资产</td><td>（1）在一年或一个经营周期以内可以变现的全部资产，包括一年内耗用和售出的全部资产
（2）排列顺序：货币资金、应收票据及应收账款、预付款项、其他应收款、存货和待摊费用等</td><td>流动负债</td><td>（1）偿还期在一年以内的全部负债
（2）排列顺序：短期借款、应付票据及应付账款、预收款项、应付职工薪酬、应交税费、应付股利、其他应付款、持有待售负债和一年内到期的非流动负债</td></tr>
<tr><td rowspan="2">非流动资产</td><td rowspan="2">（1）变现能力在一年或一个经营周期以上的资产
（2）排列顺序：长期股权投资、固定资产、在建工程、无形资产和其他非流动资产等</td><td>非流动负债</td><td>（1）偿债期在一年以上的全部负债
（2）排列顺序：长期借款、应付债券、长期应付款和其他非流动负债等</td></tr>
<tr><td colspan="2">所有者权益类项目
包括所有者投入资本、股本溢价和评估增值等引起的资本公积、企业在生产经营过程中形成的盈余公积和未分配利润
排列顺序：实收资本、资本公积、盈余公积和未分配利润</td></tr>
</table>

经典题解

【例题·单选题】在资产负债表中，资产类项目是按其流动性进行排列的，流动性强的项目排在前面，流动性差的项目排在后面。下列资产项目中，属于在资产负债表上排在应收账款前面的是（　　）。（2020年）

A. 固定资产

B. 存货

C. 无形资产

D. 货币资金

【解析】资产类项目按流动资产和非流动资产分项列示，流动资产在前。流动资产在资产负债表上排列顺序为货币资金、应收票据及应收账款、预付款项、其他应收款、存货和待摊费用等。

【答案】D

考点6　资产负债表的编制方法★★

资产负债表的各项目应分别填列“年初余额”和“期末余额”。年初余额根据上年末资产负债表的期末余额填列或调整填列，期末余额根据相应的总账科目期末余额填列。

编制方法	分类方法	报表项目
直接填列法	根据总账科目的期末余额直接填列	短期借款、应付职工薪酬、应交税费、实收资本、资本公积和盈余公积等
分析计算填列法	根据若干总账科目期末余额分析计算填列	货币资金、未分配利润等
	根据总账科目期末余额与其备抵科目抵销后的数据填列	固定资产、在建工程、无形资产、长期股权投资、其他应收款和持有待售资产等
	根据有关明细账期末余额分析计算填列	预收款项、其他应付款等
	根据总账科目和明细科目余额分析计算填列	长期借款、其他非流动负债和存货等

经典题解

【例题·多选题】下列项目中，在编制资产负债表时根据有关明细账期末余额分析计算填列的有（　　）。(2020年)

A. 短期借款　　B. 其他应付款

C. 预收款项　　D. 固定资产

E. 实收资本

【解析】在编制资产负债表时，有的根据有关明细账期末余额分析计算填列，如“预收款项”根据“应收账款”和“预收款项”账户所属明细账贷方余额之和填列；“其他应付款”项目，根据“其他应收款”和“其他应付款”两个总账科目所属明细科目期末贷方余额之和填列。

【答案】BC

考点7　利润表的概念、作用、格式、内容和编制方法★★★

概念	利润表是反映企业在一定会计期间经营成果的报表。其主要是依据权责发生制原则和配比原则的要求，把一定会计期间的营业收入与同一会计期间的营业费用（成本）相配比，以“收入－费用＝利润”的会计等式为基础，是一张动态的会计报表
作用	(1) 了解企业利润的形成情况，据以分析、考核企业经营目标及利润指标完成情况，分析企业利润增减变动情况及原因 (2) 评价企业的经济效益、盈利能力，评价或考核企业经营管理者的经营业绩和盈利能力
格式	分为单步式和多步式，我国多采用多步式
内容	(1) 营业利润＝营业收入－营业成本－税金及附加－销售费用－管理费用－研发费用－财务费用－资产减值损失－信用减值损失＋其他收益＋投资收益＋公允价值变动收益＋资产处置收益 (2) 利润总额＝营业利润（亏损以“－”号填列）＋营业外收入－营业外支出 (3) 净利润＝利润总额（亏损以“－”号填列）－所得税费用
编制方法	一般设有“本月数”和“本年累计数”两栏。表中的“本月数”栏反映各项目的本月实际发生数，表中的“本年累计数”栏反映各项目自年初起至本月末止的累计实际发生数，在编制报表时，应根据有关损益类科目的本期累计发生额计算填列

经典题解

【例题·单选题】下列会计科目中，会影响企业利润表中营业利润的是（　　）。（2016 年）

A. 财务费用　　　B. 营业外收入

C. 营业外支出　　　D. 所得税费用

【解析】营业外收入和营业外支出影响利润总额，所得税费用影响净利润。

【答案】A

考点 8　现金流量表的概念★★

现金流量表	是反映企业在一定会计期间内有关现金和现金等价物的流入和流出的报表
现金	是指企业的库存现金及可以随时用于支付的存款，包括库存现金、银行存款和其他货币资金（如外埠存款、银行汇票存款和银行本票存款等）
现金等价物	是指企业持有的期限短、流动性强、易于转换为已知金额的现金、价值变动风险很小的投资，通常包括 3 个月内到期的债券投资等
现金流量	（1）现金流量是指在一定会计期间企业现金和现金等价物流入和流出的数量 （2）企业发生的经济业务对现金流量的影响： ①若企业发生的经济业务只涉及现金各项目之间的变动或非现金项目之间的增减变动，则不会影响现金流量 ②只有发生的经济业务涉及现金各项目与非现金各项目之间的增减变动时，才会影响现金流量 （3）影响现金流量的因素： ①经营活动，是指企业投资活动和筹资活动以外的所有交易和事项 ②投资活动，是指企业长期资产的购建和不包括在现金等价物范围内的投资及其处置活动 ③筹资活动，是指导致企业资本及债务规模和构成发生变化的活动

考点 9　现金流量表的格式和内容★★

我国企业使用的现金流量表，一般由报表正表和补充资料两部分组成。

（一）正表

项目	具体内容
经营活动产生的现金流量	（1）销售商品、提供劳务收到的现金 （2）收到的税费返还 （3）购买商品、接受劳务支付的现金 （4）支付给职工以及为职工支付的现金 （5）支付的各项税费 （6）支付或收到其他与经营活动有关的现金

续表

项目	具体内容
投资活动产生的现金流量	（1）收回投资收到的现金 （2）取得投资收益收到的现金 （3）处置固定资产、无形资产和其他长期资产收回的现金净额 （4）购建固定资产、无形资产和其他长期资产支付的现金 （5）投资支付的现金 （6）取得或处置子公司及其他营业单位支付或收到的现金净额 （7）支付或收到其他与投资活动有关的现金
筹资活动产生的现金流量	（1）吸收投资收到的现金 （2）取得借款收到的现金 （3）偿还债务支付的现金 （4）分配股利、利润或偿付利息支付的现金 （5）支付或收到其他与筹资活动有关的现金
汇率变动对现金及现金等价物的影响	根据当期发生的外币业务逐项计算，可能导致现金流出，也可能导致现金流入
现金及现金等价物净增加额	现金及现金等价物净增加额=经营活动产生的现金流量净额+投资活动产生的现金流量净额+筹资活动产生的现金流量净额+汇率变动对现金及现金等价物的影响额

经典题解

【例题·单选题】下列经济业务所产生的现金流量中，属于筹资活动产生的现金流量的是（　　）。（2020年）

A. 取得银行借款收到的现金

B. 支付经营租赁费用付出的现金

C. 取得投资收益收到的现金

D. 变卖固定资产收回的现金

【解析】筹资活动是指导致企业资本及债务规模和构成发生变化的活动，主要包括吸收投资收到的现金，取得借款收到的现金，收到其他与筹资活动有关的现金，偿还债务支付的现金，分配股利、利润或偿付利息支付的现金，支付其他与筹资活动有关的现金。

【答案】A

（二）补充资料

（1）将净利润调节为经营活动的现金流量（即按间接法编制经营活动现金流量）。以净利润为基础，采用间接法加以调整的项目可以分为四类：①没有实际支付现金的费用；②没有实际收到现金的收益；③不属于经营活动的损益；④经营性应收应付项目的增减变动。

（2）不涉及现金收支的投资和筹资活动。

（3）现金及现金等价物净增加情况。

我国企业按直接法编制现金流量表正表，按间接法编制补充资料。

经典题解

【例题·多选题】在编制现金流量表时，为了将净利润调节为经营活动的现金流量，需要以净利润为基础，采用间接法加以调整

的项目有（ ）。（2017 年）

A. 没有实际支付现金的费用

B. 没有实际收到现金的收益

C. 不属于经营活动的损益

D. 经营性应收应付项目的增减变动

E. 不涉及现金的投资活动

【解析】以净利润为基础，采用间接法加以调整的项目可以分为四类：①没有实际支付现金的费用；②没有实际收到现金的收益；③不属于经营活动的损益；④经营性应收应付项目的增减变动。

【答案】ABCD

考点 10 会计报表附注★

概念	会计报表附注是指对在资产负债表、利润表、现金流量表等会计报表中列示项目的文字描述或明细资料，以及对未能在这些报表中列示项目的说明等
附注应披露的内容	（1）财务报表的编制基础 （2）遵循企业会计准则的声明 （3）重要会计政策的说明 （4）重要会计估计的说明 （5）会计政策和会计估计变更以及差错更正的说明 （6）对已在资产负债表、利润表、现金流量表等会计报表中列示的重要项目的进一步说明 （7）或有事项和承诺事项、资产负债表日后非调整事项、关联方关系及其交易等需要说明的事项

经典题解

【例题·多选题】我国企业会计准则规定，附注应披露的内容有（ ）。（2018 年）

A. 不遵循企业会计准则的声明

B. 会计政策和会计估计变更以及差错更正的说明

C. 财务报表的编制基础

D. 重要会计政策的说明，包括财务报表项目的计量基础和会计政策的确定依据

E. 重要会计估计的说明，包括下一会计期间内很可能导致资产、负债账面价值重大调整的会计估计的确定依据等

【解析】附注披露的内容之一是遵循企业会计准则的声明，选项 A 错误。

【答案】BCDE

第三十一章 财务报表分析

本章视频详解

使用"会计云课堂" App/ 微信扫码听课

考点 1 财务报表分析的内容★★

（一）定义

财务报表分析是通过收集、整理企业财务会计报告中的有关数据，并结合其他有关的补充信息，对企业的财务状况、经营成果和现金流量情况进行综合比较，并通过财务指标的高低评价企业的偿债能力、盈利能力、营运能力和发展能力。

（二）内容

项目	具体内容
分析企业的偿债能力	分析企业权益的结构，评价企业归还债务的能力，估量企业对债务资金的利用程度
评价企业资产的营运能力	分析企业资产的分布情况和周转使用情况，估量企业对资产的利用效率
评价企业的盈利能力	分析企业利润目标的完成情况和不同年度盈利水平的变动情况，评价企业的发展能力，分析企业发展的方向和发展潜力
【提示】偿债能力是企业财务目标实现的**稳健保证**，而营运能力是企业财务目标实现的**物质基础**，盈利能力则是前两者共同作用的结果，同时也对前两者的提升起着**推动作用**	

经典题解

【例题·多选题】企业财务报表分析的基本内容有（　　）。（2020 年）

A. 评价企业的盈利能力

B. 评价企业的发展能力

C. 评价企业资产的营运能力

D. 评价企业的应变能力

E. 分析企业的偿债能力

【解析】财务报表分析的基本内容包括分析企业的偿债能力，评价企业资产的营运能力，评价企业的盈利能力，评价企业的发展能力，分析企业发展的方向和发展的潜力。

【答案】ABCE

考点 2　财务报表分析的基本方法★★

财务报表分析常用的方法包括比率分析法、比较分析法和趋势分析法，其中最基本的分析方法是比较分析法。

（一）比率分析法

类别	具体内容	举例
相关比率	是以同一时期会计报表及有关资料中某个项目和与其有关但又不同的项目加以比较所得的相关数值的比率 反映有关经济活动的相互关系	流动资产与流动负债的比，即流动比率
结构比率	是会计报表中某项目的数值占各项目总和的比率 反映部分与总体的关系	存货与流动资产的比率、流动资产与全部资产的比率
效率比率	是用以计算某项经济活动中所费与所得的比例 反映投入与产出的关系的比率	主营业务利润率、净资产利润率、成本利润率

（二）比较分析法

定义	是通过某项财务指标与性质相同的指标评价标准进行对比，揭示企业财务状况、经营成果和现金流量情况的一种分析方法

续表

分类	按照比较对象的不同划分	绝对数比较分析、绝对数增减变动分析、百分比增减变动分析
	按照比较标准的不同划分	实际指标同计划指标比较、本期指标与上期指标比较、本企业指标同国内外先进企业指标比较

（三）趋势分析法

定义	是利用会计报表提供的数据资料将两期或多期连续的相同指标或比率进行定基对比和环比对比，得出它们增减变动的方向、数额和幅度，以揭示企业财务状况、经营成果和现金流量变化趋势的一种分析方法
动态比率指标	定基动态比率=分析期数额÷固定基期数额 环比动态比率=分析期数额÷前期数额

经典题解

【例题·多选题】 在对财务报表进行比率分析时，常用的财务比率有（　　）。(2019年)

A. 结构比率

B. 效率比率

C. 定基动态比率

D. 绝对数差异比率

E. 相关比率

【解析】 在比率分析法中，常用的三种财务比率有相关比率、结构比率和效率比率。

【答案】 ABE

考点3　偿债能力分析★★★

偿债能力是指企业偿还到期债务的能力。企业能否及时偿还到期债务，是反映企业财务状况好坏的重要标志。企业偿债能力包括短期偿债能力和长期偿债能力。

类别	指标及计算公式	指标分析
短期偿债能力	$流动比率=\frac{流动资产}{流动负债}$	(1) 反映企业可在短期内转变为现金的流动资产偿还到期流动负债的能力 (2) 是衡量短期债务清偿能力最常用的比率，也是衡量企业短期风险的指标 (3) 流动比率越高，说明资产的流动性越大，短期偿债能力越强 (4) 一般认为流动比率应维持在2：1左右
	$速动比率=\frac{速动资产}{流动负债}$ 速动资产=流动资产-存货	速动比率又称为酸性实验比率 (1) 反映企业短期内可变现资产偿还短期内到期债务的能力。速动比率越高，表明企业偿还流动负债的能力越强 (2) 计算速动比率要排除存货，因为存货是企业流动资产中流动性最差的一种，其变现不仅要经过销货和收账两道手续，而且存货中还会发生一些损失 (3) 一般认为，速动比率应维持在1：1左右较为理想。对其进行分析时，要注重对应收账款变现能力的分析

续表

类别	指标及计算公式	指标分析
短期偿债能力	$现金比率=\frac{现金}{流动负债}$	（1）该比率反映企业的即刻变现能力，显示企业立即偿还到期债务的能力 （2）这里所说的现金是指现金及现金等价物
长期偿债能力	$资产负债率=\frac{负债总额}{资产总额}\times100\%$	（1）也称负债比率或举债经营比率，用来衡量企业利用债权人提供资金进行经营活动的能力，反映债权人发放贷款的安全程度 （2）一般来说，企业的资产总额应大于负债总额，资产负债率应小于 100%。如果企业的资产负债率较低（50%以下），则说明企业有较好的偿债能力和负债经营能力 （3）在企业资产净利润率高于负债资本成本率的条件下，企业负债经营会因代价较小使所有者的收益增加
	$产权比率=\frac{负债总额}{所有者权益总额}\times100\%$	（1）产权比率用来表明由债权人提供的和由投资者提供的资金来源的相对关系，反映企业基本财务结构是否稳定。该指标同时也表明债权人投入的资本受到所有者权益保障的程度，或者说是企业清算时对债权人利益的保障程度 （2）一般来说，所有者提供的资本大于借入资本为好，这一指标越低，表明企业的长期偿债能力越强，债权人权益的保障程度越高，承担的风险越小
	$已获利息倍数=\frac{息税前利润}{利息费用}$ $=\frac{利润总额+利息费用}{利息费用}$	（1）又称利息保障倍数。反映企业用经营所得支付债务利息的能力，用来衡量盈利能力对债务偿付的保证程度 （2）公式中利息费用包括财务费用中的利息和计入固定资产成本的资本化利息 （3）一般来说，已获利息倍数至少应等于 1。这项指标越大，说明支付债务利息的能力越强

经典题解

【例题·单选题】已知某企业 2019 年年末流动资产合计为 4000 万元，非流动资产合计为 5200 万元，流动负债合计为 2500 万元，非流动负债合计为 5500 万元。该企业 2019 年年末流动比率为（　　）。（2020 年）

A. 1.6　　B. 2.08

C. 3.68　　D. 1.15

【解析】流动比率＝流动资产÷流动负债，即 4000÷2500＝1.6。

【答案】A

考点 4　营运能力分析★★★

营运能力是指通过企业生产经营资金周转速度等有关指标所反映出来的企业资金利用的效率，是衡量企业整体经营能力高低的一个重要方面。

企业生产经营资金周转的速度越快，表明企业资金利用的效果越好、效率越高，企业管理人员的经营能力越强。

指标名称	计算公式	具体内容
存货周转率	$存货周转次数=\frac{营业成本}{平均存货}$ $存货周转天数=\frac{360}{存货周转次数}$ $平均存货=\frac{期初存货+期末存货}{2}$	是反映存货周转速度的比率。存货周转次数多、周转天数少，说明存货周转快，企业实现的利润会相应增加
应收账款周转率	$应收账款周转次数=\frac{营业收入净额}{应收账款平均余额}$ $应收账款周转天数=\frac{360}{应收账款周转次数}$ $应收账款平均余额=\frac{期初应收账款+期末应收账款}{2}$	是反映应收账款周转速度的比率。应收账款周转次数多，周转天数少，表明应收账款周转快，企业信用销售严格；反之，表明应收账款周转慢，企业信用销售放宽 【提示】应收账款平均余额中不扣除坏账准备
流动资产周转率	$流动资产周转率=\frac{营业收入净额}{流动资产平均余额}$	反映企业流动资产的利用效率
总资产周转率	$总资产周转率=\frac{营业收入净额}{总资产平均余额}$	反映企业全部资产的使用效率

经典题解

【例题·单选题】存货周转率属于财务报表分析指标中的（ ）。（2020 年）

A. 偿债能力分析　　B. 营运能力分析

C. 盈利能力分析　　D. 周转能力分析

【解析】营运能力分析主要运用的指标有应收账款周转率、存货周转率、流动资产周转率和总资产周转率。

【答案】B

考点 5 盈利能力分析★★★

指标名称	计算公式	具体内容
营业利润率	$营业利润率=\frac{营业利润}{营业收入}\times100\%$	（1）营业收入中不包括与正常经营没有直接关系的其他利润，如投资收益 （2）营业利润率越大，说明企业经营活动的盈利能力越强；营业利润率增长越快，说明企业经营活动盈利能力增强
营业净利润率	$营业净利润率=\frac{净利润}{营业收入净额}\times100\%$ 净利润＝利润总额－所得税额	营业净利润率越高，说明企业从营业收入中获取利润的能力越强

续表

指标名称	计算公式	具体内容
资本收益率	$资本收益率=\frac{净利润}{实收资本（或股本）}\times 100\%$	（1）资本收益率越高，说明企业资本的盈利能力越强 （2）该指标的影响因素包括影响净利润的各项因素和企业负债经营的规模
净资产收益率	$净资产收益率=\frac{净利润}{所有者权益平均余额}\times 100\%$	该指标越高，说明企业所有者权益的盈利能力越强
资产净利润率	$资产净利润率=\frac{净利润}{平均资产总额}\times 100\%$	用于衡量运用资产创造利润的能力。该项指标越高，说明企业全部资产的盈利能力越强，说明企业很好地运用了企业资产来创造利润
普通股每股收益	$普通股每股收益=\frac{净利润-优先股股利}{发行在外的普通股股数}$	（1）反映普通股每股的盈利能力 （2）该指标的影响因素包括企业的获利水平和企业的股利发放政策
市盈率	$市盈率=\frac{普通股每股市场价格}{普通股每股收益}$	（1）市盈率高，表明投资者对公司的未来充满信心，愿意为每 1 元盈余多付货币购买。通常认为，该指标在 5~20 之间是正常的 （2）当人们预期公司利润将增长时，市盈率通常会上升。此外，债务比重大的公司，股票市盈率通常较低
资本保值增值率	$资本保值增值率=\frac{期末所有者权益}{期初所有者权益}\times 100\%$	（1）这一指标是根据资本保全原则设计的，反映企业资本的保全和增值情况 （2）该指标越高，说明企业资本保全状况越好，所有者权益增长越快，债权人的权益越有保障，企业发展后劲越强

第三十二章　政府会计

本章视频详解
使用"会计云课堂" App/ 微信扫码听课

考点 1　政府会计的概念★★

政府会计概念	政府会计是指用于确认、计量、记录和报告政府会计主体财务收支活动及其受托责任履行情况的会计体系
政府会计主体	政府会计主体是各级政府以及与本级政府财政部门直接或间接发生预算拨款关系的国家机关、军队、政党组织、社会团体、事业单位和其他单位

续表

政府会计构成	政府会计由预算会计和财务会计构成 （1）预算会计提供与政府预算执行有关的信息，实行收付实现制，国务院另有规定的，依照其规定 （2）财务会计提供与政府的财务状况、运行情况（含运行成本）和现金流量等有关信息，实行权责发生制
政府会计目标	（1）提供有助于广大使用者对资源分配做出决策以及评价会计主体财务状况、业绩和现金流量的信息 （2）反映会计主体对受托资源管理责任，提供有助于预测持续经营所需资源、持续经营所产生资源以及风险和不确定性的信息

经典题解

【例题·单选题】我国政府会计核算中，预算会计采用的会计基础为（　　）。（2020 年）

A. 永续盘存制

B. 权责发生制

C. 收付实现制

D. 实地盘存制

【解析】政府会计由预算会计和财务会计构成。预算会计提供与政府预算执行有关的信息，实行收付实现制，国务院另有规定的，依照其规定。

【答案】C

考点 2　政府会计要素★★★

（一）政府财务会计要素

要素	含义	具体内容	
资产	资产是指政府会计主体过去的经济业务或者事项形成的，由政府会计主体控制的，预期能够产生服务潜力或者带来经济利益流入的经济资源	流动资产	是指预计在 1 年内（含 1 年）耗用或者可以变现的资产，包括货币资金、短期投资、应收及预付款项、存货等
		非流动资产	是指流动资产以外的资产，包括固定资产、在建工程、无形资产、长期投资、公共基础设施、政府储备资产、文物文化资产、保障性住房和自然资源资产等
负债	负债是指政府会计主体过去的经济业务或者事项形成的，预期会导致经济资源流出政府会计主体的现时义务	流动负债	是指预计在 1 年内（含 1 年）偿还的负债，包括应付及预收款项、应付职工薪酬、应缴款项等
		非流动负债	是指流动负债以外的负债，包括长期应付款、应付政府债券和政府依法担保形成的债务等

续表

要素	含义	具体内容
净资产	净资产是指政府会计主体资产扣除负债后的净额。净资产金额取决于资产和负债的计量。净资产项目应当列入资产负债表	（1）政府会计主体净资产增加时，其表现形式为资产增加或负债减少 （2）政府会计主体净资产减少时，其表现形式为资产减少或负债增加
收入	收入是指报告期内导致政府会计主体净资产增加的、含有服务潜力或者经济利益的经济资源的流入	政府会计主体收入的增加将导致净资产增加，进而导致资产增加或负债减少（或两者兼而有之），并且最终导致政府会计主体经济利益的增加或服务潜力增强 收入的确认应当同时满足以下条件： （1）与收入相关的含有服务潜力或者经济利益的经济资源很可能流入政府会计主体 （2）含有服务潜力或者经济利益的经济资源流入会导致政府会计主体资产增加或者负债减少 （3）流入金额能被可靠地计量
费用	费用是指报告期内导致政府会计主体净资产减少的、含有服务潜力或者经济利益的经济资源的流出	政府会计主体费用的增加将导致净资产减少，进而导致资产减少或负债增加（或两者兼而有之），并且最终导致政府会计主体经济利益的减少或服务潜力减弱 费用的确认应当同时满足以下条件： （1）与费用相关的含有服务潜力或者经济利益的经济资源很可能流出政府会计主体 （2）含有服务潜力或者经济利益的经济资源流出会导致政府会计主体资产减少或者负债增加 （3）流出金额能被可靠地计量

经典题解

【例题·单选题】下列关于政府会计主体净资产的表述中，错误的是（　　）。

A. 净资产金额取决于资产和负债的计量

B. 净资产增加可表现为资产增加

C. 净资产增加可表现为资产减少

D. 净资产减少可表现为负债增加

【解析】政府会计主体净资产增加时，其表现形式为资产增加或负债减少；政府会计主体净资产减少时，其表现形式为资产减少或负债增加。

【答案】C

（二）政府预算会计要素

要素	含义	内容
预算收入	预算收入是指政府会计主体在预算年度内依法取得并纳入预算管理的现金流入	预算收入一般在实际收到时予以确认，以实际收到的金额计量

续表

<table>
<tr><th>要素</th><th>含义</th><th colspan="2">内容</th></tr>
<tr><td>预算支出</td><td>预算支出是指政府会计主体在预算年度内依法发生并纳入预算管理的现金流出</td><td colspan="2">预算支出一般在实际支付时予以确认，以实际支付的金额计量</td></tr>
<tr><td rowspan="2">预算结余</td><td rowspan="2">预算结余是指政府会计主体预算年度内预算收入扣除预算支出后的资金余额，以及历年滚存的资金余额</td><td>结余资金</td><td>是指年度预算执行终了，预算收入实际完成数扣除预算支出和结转资金后剩余的资金</td></tr>
<tr><td>结转资金</td><td>是指预算安排项目的支出年终尚未执行完毕或者因故未执行，且下年需要按原用途继续使用的资金</td></tr>
</table>

【提示】预算收入、预算支出和预算结余应当列入政府决算报表。

考点3 政府会计报告★★

政府会计主体应当编制政府决算报告和政府财务报告。

（一）政府决算报告

含义	政府决算报告是综合反映政府会计主体年度预算收支执行结果的文件
内容	政府决算报告应当包括政府决算报表和其他应当在政府决算报告中反映的相关信息和资料
目标	政府决算报告的目标是向政府决算报告使用者提供与政府预算执行情况有关的信息，综合反映政府会计主体预算收支的年度执行结果，有助于政府决算报告使用者进行监督和管理，并为编制后续年度预算提供参考依据
使用者	政府决算报告使用者包括各级人民代表大会及其常务委员会、各级政府及其有关部门、政府会计主体自身、社会公众和其他利益相关者

经典题解

【例题·多选题】政府决算报告的使用者有（　　）。

A. 股东

B. 各级人民代表大会及其常务委员会

C. 社会公众

D. 各级政府及其有关部门

E. 政府会计主体自身

【解析】政府决算报告使用者包括各级人民代表大会及其常务委员会、各级政府及其有关部门、政府会计主体自身、社会公众和其他利益相关者。

【答案】BCDE

（二）政府财务报告

含义	政府财务报告是反映政府会计主体某一特定日期的财务状况和某一会计期间的运行情况等信息的文件
内容	政府财务报告包括政府综合财务报告和政府部门财务报告 （1）政府综合财务报告 政府综合财务报告是指由政府财政部门编制的，反映各级政府整体财务状况、运行情况和财政中长期可持续性的报告 （2）政府部门财务报告 ①政府部门财务报告是指政府各部门、各单位按规定编制的财务报告。政府部门财务报告应当包括财务报表和财务分析 ②财务报表是对政府会计主体财务状况、运行情况等信息的结构性表述。财务报表包括会计报表和报表附注 ③会计报表至少应当包括资产负债表、收入费用表、当期盈余与预算结余差异表和净资产差异表
目标	政府财务报告的目标是向政府财务报告使用者提供与政府的财务状况、运行情况（含运行成本）等有关信息，反映政府会计主体公共受托责任履行情况，有助于政府财务报告使用者做出决策或者进行监督和管理
使用者	政府财务报告使用者包括各级人民代表大会及其常务委员会、债权人、各级政府及其有关部门、政府会计主体自身和其他利益相关者

经典题解

【例题·多选题】政府部门会计报表至少应当有（　　）。

A. 资产负债表

B. 利润表

C. 收入费用表

D. 当期盈余与预算结余差异表

E. 净资产差异表

【解析】政府部门会计报表至少应当包括资产负债表、收入费用表、当期盈余与预算结余差异表和净资产差异表。

【答案】ACDE

名师加油站

“工欲善其事，必先利其器”。本篇主要介绍会计的相关内容。

“会计概论”告诉我们会计包括企业会计和“政府会计”。企业经营要循环，即“会计循环”；到了年底要出经营报告，即“会计报表”；对运营情况进行分析，即“财务报表分析”。

习题轻松过

扫一扫 “码”上做题、看解析

本书同步强化练习题均配备二维码，使用“会计云课堂”App 扫码，即可在线做题、看解析。

【“会计云课堂”App 下载二维码见封底】

本篇同步强化练习题

一、单项选择题

1. 一般来说，工业生产企业完整的资金循环过程是（ ）。
A. 货币资金→生产资金→货币资金
B. 货币资金→储备资金→生产资金→成品资金→货币资金
C. 货币资金→货币资金
D. 货币资金→储备资金→货币资金

2. 下列会计概念中，属于有价证券的是（ ）。
A. 现金
B. 国库券
C. 银行存款
D. 银行汇票存款

3. 下列会计要素组合中，反映企业财务状况的是（ ）。
A. 资产、负债和费用
B. 收入、费用和利润
C. 资产、负债和所有者权益
D. 资产、负债和利润

4. 企业在取得各项财产时应当按照实际成本计量。其后如果各项财产发生减值，应当按规定计提相应的减值准备。除法律、行政法规和国家统一的会计制度另有规定外，企业一律不得自行调整其账面价值。这一会计确认和计量原则是（ ）。
A. 历史成本原则
B. 配比原则
C. 实质重于形式原则
D. 权责发生制原则

5. 下列关于货币计量这一会计基本前提的说法中，错误的是（ ）。
A. 我国企业会计准则规定，企业会计应当以货币计量
B. 以货币计量时假定币值是基本稳定的
C. 只能用人民币作为唯一的计量单位来计量企业发生的经济业务
D. 企业在进行会计核算时货币不一定是唯一的计量单位

6. 在会计核算中，区分权责发生制和收付实现制两种记账基础的会计基本前提是（ ）。
A. 会计主体
B. 持续经营
C. 货币计量
D. 会计分期

7. 商业银行对其发放的贷款计提贷款风险准备金，这体现了会计信息质量的（ ）要求。
A. 重要性
B. 谨慎性
C. 真实性
D. 清晰性

8. 企业重新取得与其所拥有的某项资产相同或与其功能相当的资产需要支付的现金或现金等价物的金额，会计上称为（　　）。
A. 重置成本
B. 历史成本
C. 可变现净值
D. 公允价值

9. 下列关于企业会计确认的说法中，错误的是（　　）。
A. 与被确认的项目有关的未来经济利益流入或流出企业的不确定性能明确地评估
B. 收付实现制构成了确认收入和费用的基础
C. 被确认的项目是通过经济业务活动所产生的，其交易性质符合会计要素的要求
D. 被确认的项目应有可以计量的属性

10. 会计计量属性中的公允价值是指（　　）。
A. 企业在日常的生产经营活动中，以估计售价的未来现金流入扣除未来现金流出后的余额
B. 在公平交易中，熟悉情况的交易双方自愿进行资产交换或者债务清偿的金额
C. 企业重新取得与其所拥有的某项资产相同或与其功能相当的资产需要支付的现金或现金等价物
D. 以取得资产时实际发生的成本作为资产的入账价值

11. 某企业 2008 年年末资产负债表反映的资产总额为 840 万元、负债总额为 552 万元，利润表反映利润总额为 300 万元，该企业 2008 年年末所有者权益是（　　）万元。
A. 288　　B. 588
C. 540　　D. 252

12. 在会计核算工作中，以日常账簿资料为主要依据编制的，总括反映企业财务状况、经营成果和现金流量等会计信息的书面文件是（　　）。
A. 财务分析报告
B. 会计报表
C. 决算报告
D. 会计凭证

13. 企业编制现金流量表的作用在于（　　）。
A. 提供企业盈利能力方面的信息
B. 提供企业所拥有和控制的经济资源及其构成情况的信息
C. 提供企业在一定会计期间内现金和现金等价物流入和流出的信息
D. 提供企业财务状况、偿债能力和支付能力的信息

14. 某公司普通股股票每股面值为 1 元，2020 年 2 月 3 日每股市价为 3 元，该公司 2019 年每股收益为 0.2 元。该公司 2020 年 2 月 3 日的市盈率为（　　）。
A. 20　　B. 15
C. 5　　D. 0.05

15. 在政府预算会计中，预算支出一般以（　　）进行计量。
A. 实际支付的金额
B. 预算确定的金额
C. 实际收到的金额
D. 预计发生的金额

二、多项选择题

1. 在需要进行会计核算的经济业务事项中，属于款项的有（　　）。
A. 股票
B. 现金
C. 银行存款
D. 应收账款
E. 银行汇票存款

2. 下列会计项目中，属于企业流动资产的有（　　）。
A. 应收票据
B. 在建工程
C. 预付款项
D. 应收账款
E. 无形资产

3. 根据《企业会计准则》中资产的定义，资产的特征有（　　）。
A. 资产是投资人在企业中享有的所有权
B. 形成资产的交易必须已经发生
C. 资产必须是用于未来某一特定时期予以清偿的现时义务
D. 资产必须是企业拥有或控制的资源
E. 资产必须是预期能够直接或间接给企业带来经济利益的资源

4. 下列会计要素中，反映企业经营成果的有（　　）。
A. 资产
B. 收入
C. 负债
D. 所有者权益
E. 费用

5. 会计记录的方法主要有（　　）。
A. 设置账户
B. 编制报表
C. 复式记账
D. 填制和审核凭证
E. 登记账簿

6. 在资产负债表中，根据有关明细账期末余额分析计算填列的项目有（　　）。
A. 应付工资
B. 其他应付款
C. 固定资产
D. 实收资本
E. 预收款项

7. 下列关于资产负债表的说法中，正确的有（　　）。
A. 资产负债表反映企业在某一特定日期的财务状况
B. 资产负债表主要有账户式和报告式两种格式
C. 目前我国企业资产负债表的格式是报告式
D. 资产负债表以“资产=负债+所有者权益”这一会计等式为编制基础
E. 资产负债表是反映企业经营成果的会计报表

8. 下列财务分析指标中，用于分析企业偿债能力的有（　　）。
A. 资产负债率
B. 净资产收益率
C. 流动比率
D. 已获利息倍数
E. 速动比率

9. 下列情况中，会引起流动比率过高的有（　　）。
A. 存货超储积压
B. 过分充裕的现金
C. 大量应收账款未收回
D. 长期未进行利润分配
E. 大量应付账款未支付

10. 下列各项中，属于政府财务会计中非流动资产的有（　　）。
A. 存货
B. 固定资产
C. 公共基础设施
D. 保障性住房
E. 自然资源资产

本篇同步强化练习题参考答案及解析

“扫码看解析”　使用微信或“会计云课堂”App扫码，即可在线对答案、看解析，错题随手收藏，及时复习巩固。

一、单项选择题

1.【答案】B

【解析】企业将资金运用于生产经营过程，就形成了资金的循环与周转。它又分为供应过程、生产过程、销售过程三个阶段：①供应过程。资金从货币资金形态转化为储备资金形态。②生产过程。资金从储备资金形态转化为生产资金形态，产品制成后，资金又从生产资金形态转化为成品资金形态。③销售过程。资金从成品资金形态转化为货币资金形态，故选项B正确。

2.【答案】B

【解析】有价证券是指表示一定财产拥有权或支配权的证券，如国库券、股票、企业债券等。现金、银行存款和银行汇票存款属于款项。

3.【答案】C

【解析】反映企业财务状况的会计要素是资产、负债和所有者权益。

4.【答案】A

【解析】历史成本原则又称实际成本原则或原始成本原则，是指企业在取得各项财产时应当按照实际成本计量。其后各项财产如果发生减值，应当按照规定计提相应的减值准备，除法律、行政法规和国家统一的会计制度另有规定外，企业一律不得自行调整其账面价值。

5.【答案】C

【解析】我国《企业会计准则》规定，企业会计应当以货币计量。以货币作为统一计量单位，还包含着币值稳定的假设。当然，货币计量的假设并不表示货币是会计核算中唯一的计量单位，有时在会计核算中也辅以实物数量等计量单位。

6.【答案】D

【解析】会计分期，又称会计期间。明确会计期间这个前提，才产生了当前和以前期间、以后期间的差别，才使不同类型的会计主体有了会计确认和计量的基准，产生了收付实现制和权责发生制。

7.【答案】B

【解析】谨慎性要求企业对交易或者事项进行会计确认、计量和报告应当保持应有的谨慎，不应高估资产或者收益、低估负债或者费用。

8.【答案】A

【解析】重置成本是指企业重新取得与其所拥有的某项资产相同或与其功能相当的资产需要支付的现金或现金等价物。

9.【答案】B

【解析】权责发生制构成了确认收入和费用的基础，也进一步构成了资产和负债的确认基础。

10.【答案】B

【解析】公允价值是指在公平交易中，熟悉情况的交易双方自愿进行资产交换或者债务清偿的金额。

11. 【答案】A

【解析】所有者权益=资产-负债，即840-552=288万元。

12. 【答案】B

【解析】会计报表是以日常账簿资料为主要依据编制的，总括反映企业财务状况、经营成果和现金流量等会计信息的书面文件。

13. 【答案】C

【解析】现金流量表的主要作用是为企业会计报表使用者提供企业在一定会计期间内现金和现金等价物流入和流出的信息。

14. 【答案】B

【解析】市盈率是普通股每股市价与普通股每股收益的比率。市盈率=普通股每股市场价格÷普通股每股收益，即3÷0.2=15。

15. 【答案】A

【解析】预算支出一般在实际支付时予以确认，以实际支付的金额计量。

二、多项选择题

1. 【答案】BCE

【解析】款项是作为支付手段的货币资金，主要包括现金、银行存款以及其他视同现金和银行存款的银行汇票存款、银行本票存款、信用卡存款、信用证存款。

2. 【答案】ACD

【解析】流动资产包括货币资金、交易性金融资产、应收票据及应收账款、预付款项、其他应收款、存货等。

3. 【答案】BDE

【解析】资产具有以下几个方面的特征：①资产必须是企业拥有或控制的资源；②资产必须是预期能够直接或间接给企业带来经济利益的资源；③形成资产的交易或事项必须已经发生。

4. 【答案】BE

【解析】资产、负债、所有者权益均是反映企业财务状况的会计要素。收入、费用、利润是组成利润表的会计要素，它们反映了企业的经营成果。

5. 【答案】ACDE

【解析】会计记录的方法主要包括设置账户、复式记账、填制和审核凭证以及登记账簿。

6. 【答案】BE

【解析】根据明细账期末余额分析计算填列的项目有预收款项、其他应付款等。

7. 【答案】ABD

【解析】我国采用账户式资产负债表格式，选项C错误；资产负债表是反映企业在某一特定日期财务状况的会计报表，选项E错误。

8. 【答案】ACDE

【解析】企业偿债能力的分析指标包括流动比率、速动比率、现金比率、资产负债率、产权比率和已获利息倍数。

9. 【答案】ABC

【解析】流动比率过高，说明企业有较多的资金滞留在流动资产上未加以更好地运用，如出现存货超储积压、存在大量应收账款、拥有过分充裕的现金等，资金周转可能减慢，从而影响其盈利能力。

10. 【答案】BCDE

【解析】非流动资产是指流动资产以外的资产，包括固定资产、在建工程、无形资产、长期投资、公共基础设施、政府储备资产、文物文化资产、保障性住房和自然资源资产等。

第六篇　法　律

与 2020 年教材相比，本篇内容的主要变化是第 34 章至 37 章进行重大调整。

年份	单项选择题	多项选择题	合计
2018	9 题 9 分	4 题 8 分	13 题 17 分
2019	10 题 10 分	6 题 12 分	16 题 22 分
2020	11 题 11 分	6 题 12 分	17 题 23 分

说明：表中数据由参加当年考试的考生提供，数据较为完整。

基础轻松过

法律是由享有立法权的立法机关行使国家立法权，依照法定程序制定、修改并颁布，并由国家强制力保证实施的基本法律和普通法律的总称。法律是一系列的规则，通常需要经由一套制度来落实。

法律制度是指运用法律规范来调整各种社会关系时所形成的各种制度。它调整了多少社会关系就包含有多少种具体的法律制度，如合同法律制度、公司法律制度、物权法律制度等。

考点轻松过

本章视频详解

使用“会计云课堂”App/微信扫码听课

第三十三章　法律对经济关系的调整

考点 1　法律对经济关系的调整阶段★

法律的调整对象是社会关系。

阶段	时期	特点
第一阶段	奴隶制社会和封建社会	诸法合一，刑法和民法不分
第二阶段	始自封建社会末期和自由资本主义阶段	(1) 法律进入了大分化、大发展时期 (2) 这个时期起主导作用的是民商法
第三阶段	当代社会	民法、商法和经济法共同对经济关系进行调整，同时社会保障法、环境保护法等新兴法律部门也成为调整经济关系的辅助性法律部门

经典题解

【例题·单选题】在当代中国，法律对经济关系的调整模式是（　　）。（2012 年）

A. 民商法、经济法主导，其他部门法辅助模式

B. 民法主导模式

C. 行政法主导模式

D. 经济法主导模式

【解析】当代社会，法律体系重新整合，民法、商法和经济法共同对经济关系进行调整，同时社会保障法、环境保护法等新兴法律部门也成为调整经济关系的辅助性法律部门。

【答案】A

考点 2　经济法与调整经济的法★★

项目	具体内容
经济法	是与民法、商法、行政法、刑法等部门法并列的一个法律部门，是现代法律体系的一个重要组成部分
调整经济的法	（1）是指调整围绕社会物质财富的生产、交换、分配和消费过程所进行的各种经济关系的法律规范的总体，是一国所有调整经济关系的法律规范的总和 （2）它既包括传统法律体系中的民法、商法，也包括近代产生的经济法；它既包括调整国内经济关系的法，也包括调整国际经济关系的国际私法和国际经济法

经典题解

【例题·单选题】下列关于当代社会法律对经济关系调整的说法中，错误的是（　　）。（2020 年）

A. 民法、商法和经济法共同对经济关系进行调整

B. 法律对市场经济的调整表现为多个法律部门的综合运用、协调作用

C. 社会保障法、环境保护法等法律部门也成为调整经济关系的辅助性法律部门

D. 调整经济的法仅指一国的调整国内经济关系的法律法规

【解析】调整经济的法是指调整围绕社会物质财富的生产、交换、分配和消费过程所进行的各种经济关系的法律规范的总体——它既包括传统法律体系中的民法、商法，也包括近代产生的经济法；它既包括调整国内经济关系的法，也包括调整国际经济关系的国际私法和国际经济法，它是一国所有调整经济关系的法律规范的总和。

【答案】D

考点 3　调整社会主义市场经济的法律体系★★

项目	具体内容
民商法	（1）在对市场经济进行规制的法律体系中，民商法处于基本法的地位。民法是市场经济基本法，商法主要调整市场力量发挥作用的经济领域 （2）举例 ①民事主体制度：公司法律制度等 ②人对财产的支配关系：物权法律制度、知识产权法律制度等 ③交易关系：合同法律制度、证券法等 ④民事责任制度

续表

项目	具体内容
经济法	(1) 调整对象主要是国家对市场经济进行宏观调控所形成的法律关系 (2) 与民商法协调互补，构成现代市场经济社会调整经济关系的两大法律体系 (3) 举例：反不正当竞争法、反垄断法、消费者权益保护法、产品质量法等均属于经济法
其他法律部门	(1) 除了民商法和经济法外，调整社会主义市场经济的主要法律部门还包括劳动和社会保障法、自然资源与环境保护法等 (2) 在最为广泛的意义上，对市场经济的法律调整，是包括宪法、刑法、行政法、诉讼法等在内的中国特色社会主义法治体系的重要任务之一

经典题解

【例题·单选题】为各种财货与服务交易提供法律保障的法律制度是（　　）。(2020 年)

A. 侵权责任法律制度

B. 合同法律制度

C. 保险法律制度

D. 物权法律制度

【解析】合同法律制度为各种财货与服务交易提供法律保障。

【答案】B

考点 4　经济法的调整对象★★

经济法的调整对象	具体内容
经济管理关系	是指国家作为社会管理者运用一系列手段在对宏观经济进行调控过程中所形成的社会关系
市场管理关系	是指国家在市场管理过程中所形成的一种社会关系，具体包括： (1) 维护公平竞争关系 (2) 产品质量管理关系 (3) 消费者权益保护关系
组织管理性的流转和协作关系	主要有两种表现形式： (1) 国家通过政府机构或设立企业、委托代理人直接参与经济活动或经济关系，如进行招标、订（购）货、发包、出让、信贷、担保等活动时发生的合同关系 (2) 平等的国家机关或财政主体之间的经济协作关系

经典题解

【例题·多选题】作为现代市场经济社会调整经济关系的两大法律体系之一，经济法调整的对象有（　　）。(2020 年)

A. 市场管理关系

B. 组织管理性的流转和协作关系

C. 物权法律关系

D. 合同法律关系

E. 经济管理关系

【解析】经济法的调整对象包括三类：①经济管理关系；②市场管理关系；③组织管理性的流转和协作关系。

【答案】ABE

第三十四章　物权法律制度

本章视频详解
使用"会计云课堂"App/微信扫码听课

考点1　物权的概念★

概念	物权是特定社会人与人之间对物的占有关系在法律上的表现，是法律确认的主体对物依法享有的支配权利，即权利人在法定范围内直接支配一定的物，并排斥他人干涉的权利 【提示】市场经济社会最基本的财产权利是物权和债权
物权和债权的关系	(1) 在商品经济条件下，人和财产的结合表现为物权，当财产进入流通领域之后，在不同主体之间的交换则体现为债权 (2) 主体享有物权是交换的前提，交换过程则表现为债权，交换的结果往往导致物权的让渡和移转

考点2　物权和债权的特征★★

物权		债权	
绝对权（对世权）	(1) 物权的权利主体是特定的，物权的义务主体是权利人之外的不特定的一切人 (2) 其他任何人都负有不得非法干涉和侵害权利人所享有的物权的义务	相对权（对人权）	债权人的请求权只对特定的债务人发生效力
支配权	物权的权利人不必依赖他人的帮助就能行使其权利。物权的权利人可以自由地根据自己的意志行使自己的权利，无须他人给予协助，更不须征得他人的同意	请求权	债权必须有相对的义务人给予协助方可顺利实现
法定的（物权的设定采用法定主义）	(1) 物权的种类和基本内容由法律规定，不允许当事人自由创设物权的种类 (2) 物权设定时必须公示。动产所有权、动产质权和留置权均以动产的占有为权利象征。不动产以登记为权利象征	约定主义	(1) 债权只是在特定的当事人之间存在的，不具有公示性，设立债权不需要公示 (2) 债权特别是合同债权，主要由当事人自由确定
客体一般为物	(1) 物权的客体必须是特定物、独立物、有体物以及独立于人身之外的物 (2) 无论是自己还是他人的身体都不可成为物权的客体 (3) 人体器官在未经合法程序和手段与人体分离之前，也不可成为物权的客体	客体是行为	债权一般直接指向的是行为，而间接涉及物

续表

物权		债权	
追及效力	（1）具有追及效力 （2）物权的标的物无论辗转流向何处，权利人均可追及于物之所在地行使其权利，依法请求不法占有人返还原物	追及效力	（1）原则上不具有追及效力 （2）债权的标的物在没有移转所有权之前，债务人非法转让并由第三人占有时，债权人不得请求标的物的占有人返还财产，只能请求债务人履行债务和承担违约责任
优先效力	（1）对外优先：当物权与债权并存时，物权优先于债权。但是"买卖不破租赁"除外，买卖不破租赁是指租赁物交付后的租赁权不因租赁物所有权的移转或其他物权的设定而受到影响 （2）对内优先：同一标的物上存在着两个或两个以上内容或性质相同的物权时，成立在先的物权优先于成立在后的物权	优先效力	（1）债权不具有优先的效力 （2）在同一物上可以设立多个债权，各个债权都具有平等的效力，债权人在依法受偿时都是平等的

经典题解

【例题·单选题】 物权的标的物无论辗转流向何处，权利人均可追及于物之所在地行使其权利，这是物权的（　　）反映的法律特征。(2020年)

A. 追及效力

B. 支配效力

C. 优先效力

D. 排他效力

【解析】 物权的追及效力是指物权的标的物无论辗转流向何处，权利人均可追及于物之所在地行使其权利，依法请求不法占有人返还原物。

【答案】 A

考点3　物权法的基本原则★★

基本原则	具体内容
物权法定原则	是指物权的种类、内容、效力、得丧变更及其保护的方法均源自法律的直接规定，当事人不得自由地创设
一物一权原则	（1）一个特定的标的物上只有一个所有权 （2）同一物上不得设有两个以上相互冲突和矛盾的物权 【提示】同一物之上可以并存数个不相矛盾的物权。例如，所有权与他物权同时并存，或在同一物之上设定数个不相矛盾的担保物权等

续表

基本原则	具体内容
物权公示原则	是指民事主体对物权的享有和变动均应采取可取信于社会公众的外部表现方式的原则。具体包括 (1) 物权的公示方法必须由法律规定：不动产需登记；动产需交付 (2) 物权公示的效力必须由法律规定：不动产物权的设立、变更、转让和消灭，经依法登记，发生效力；未经登记，不发生效力，但法律另有规定的除外。依法属于国家所有的自然资源，所有权可以不登记；普通的动产一经交付，便发生所有权转移的后果

经典题解

【例题·多选题】 物权法的基本原则有(　　)。(2012 年)

A. 物权法定原则

B. 诚实信用原则

C. 平等自愿原则

D. 一物一权原则

E. 物权公示原则

【解析】 物权法的基本原则主要包括物权法定原则、一物一权原则和物权公示原则，选项 ADE 正确。

【答案】 ADE

考点 4　不动产登记的范围与种类★★★

(一) 登记的范围

目前我国已经开始实施不动产统一登记制度，由国务院自然资源主管部门负责监督、指导全国的不动产登记工作。以下不动产物权纳入了统一登记的范围。

(1) 所有权类：集体土地所有权，房屋等建筑物、构筑物所有权，森林、林木所有权。

(2) 用益物权类：耕地、林地、草地等土地承包经营权，建设用地使用权，宅基地使用权，海域使用权，地役权，居住权。

(3) 担保物权类：抵押权。

(4) 法律规定需要登记的其他不动产权利。

(二) 登记的种类

<table>
<tr><td>预告登记</td><td colspan="2">(1) 预告登记后，未经预告登记的权利人同意，处分该不动产的不发生物权效力
(2) 预告登记后，债权消灭或者自能够进行不动产登记之日起 90 日内未申请登记的，预告登记失效</td></tr>
<tr><td>首次登记</td><td colspan="2">是指不动产物权首次产生时所进行的登记</td></tr>
<tr><td>变更登记</td><td>是指不动产物权的具体内容发生变化时进行的登记</td><td rowspan="2">变更登记与转移登记的区别：
(1) 转移登记前后的权利主体不一致，而变更登记前后的权利主体一致。这是两者之间最本质的区别
(2) 转移登记是一种不动产权利转让行为，变更登记则不是
(3) 转移登记一般应依法缴纳相关契税、所得税等，变更登记不需缴纳税款</td></tr>
<tr><td>转移登记</td><td>是指不动产物权发生权利移转时所进行的不动产登记</td></tr>
</table>

续表

注销登记	是指不动产物权消灭时所进行的登记	
更正登记	原因	权利人、利害关系人认为不动产登记簿记载的事项错误
	处理	不动产登记簿记载的权利人书面同意更正或者有证据证明登记确有错误的，登记机构应当予以更正
异议登记	原因	不动产登记簿记载的权利人不同意更正的，利害关系人可以申请异议登记
	处理	登记机构予以异议登记的，申请人在异议登记之日起15日内不起诉，异议登记失效
	责任	异议登记不当，造成权利人损害的，权利人可以向申请人请求损害赔偿
	失效	（1）异议登记失效后，当事人提起民事诉讼，请求确认物权归属的，法院应当依法受理 （2）异议登记失效不影响法院对案件的实体审理
查封登记	是指作为被执行人的不动产权利人因判决或者强制执行等原因，当事人尚未向权属登记机关办理登记手续，而由执行法院向登记机关提供被执行人取得财产所依据的生效判决书或者执行裁定书及协助执行通知书，由登记机关对该房屋的权属直接进行登记，然后再予以查封	

经典题解

【例题·单选题】在当事人所期待的不动产物权变动所需要的条件缺乏或尚未成就时，法律为保护这一请求权而为其进行的登记是（　　）。（2020年）

A. 异议登记

B. 预告登记

C. 变更登记

D. 查封登记

【解析】预告登记是指在当事人所期待的不动产物权变动所需要的条件缺乏或者尚未成就时，即权利取得人只对未来取得物权享有请求权时，法律为保护这一请求权而为其进行的登记。

【答案】B

考点5　物权的种类★★

分类标准	类别	物权种类
根据物权的权利人行使权利的范围不同分类	自物权	所有权（物权中最完整、最充分的权利）
	他物权	用益物权、担保物权
他物权从设立目的的角度进一步分类	用益物权	土地承包经营权、建设用地使用权、宅基地使用权、地役权和取水权等
	担保物权	抵押权、质权和留置权

续表

分类标准	类别	物权种类
根据物权有无从属性分类	主物权	所有权、地上权、永佃权、采矿权和取水权等
	从物权	地役权、担保物权（抵押权、质权和留置权）
根据物权的发生是否基于当事人的意思分类	法定物权	留置权、法定抵押权
	意定物权	质权、抵押权
根据物权存续有无期限分类	有期限物权	抵押权、质权和留置权
	无期限物权	所有权

用益物权和担保物权的区别如下。

区别	用益物权	担保物权
设立的目的不同	目的在于实现物的使用价值	目的是以物的交换价值担保债权的实现
权利的性质不同	多为独立性的主权利	是从权利，它以债权的存在为前提
标的物不同	主要标的物为不动产	标的物为不动产或动产
标的物价值形态变化后的影响不同	标的价值形态如发生变化，会对权利人的使用收益权产生影响，甚至导致权利消灭	担保物权的标的物价值形态发生变化并不影响担保物权以变化后的物为标的而继续存在，即担保物权具有物上代位性

经典题解

【例题·多选题】根据物权的分类，抵押权属于（　　）。（2019年）

A. 他物权

B. 主物权

C. 担保物权

D. 意定物权

E. 有期限物权

【解析】抵押权属于担保物权、他物权、意定物权、有期限物权和从物权。

【答案】ACDE

考点6　所有权的概念和法律特征★★

所有权是指所有人对自己的不动产或者动产依法享有的占有、使用、收益和处分的权利。

所有权包括占有权、使用权、收益权和处分权4项权能。

处分权是所有权内容的核心，是拥有所有权的根本标志。

法律特征	具体内容
独占性	所有权是一种独占的支配权，所有人对其财产享有的所有权，可以依法排斥他人的非法干涉，不允许其他任何人加以妨碍或者侵害
全面性	（1）所有人对所有物享有占有、使用、收益和处分的完整权利 （2）是最完整、全面的一种物权形式
单一性	（1）所有权并非占有、使用、收益和处分4项权能的简单相加，而是一个整体的权利 （2）所有权人既可以由自己统一行使，也可以将其部分权能转移给他人行使
存续性	财产所有权一经合法获得，就可以永久存续
弹力性	（1）所有权的各项权能可以通过法定的方式或合同约定的方式同作为整体的所有权相分离 （2）所有人可在其所有物上设定他物权，这虽是对所有权的限制，但他物权也只是对物享有部分的利益，当他物权消灭以后，所有权的限制也予以解除，这样所有权就恢复其圆满状态，这就是所有权的弹力性规则

经典题解

【例题·单选题】所有权不允许任何人非法侵害，一物不容二主，这体现了所有权的（ ）特征。（2018年）

A. 弹力性

B. 独占性

C. 存续性

D. 全面性

【解析】所有权的独占性表现在所有人对其财产享有的所有权，可以依法排斥他人的非法干涉，不允许其他任何人加以妨碍或者侵害。

【答案】B

考点7 所有权的取得与消灭★★

（一）原始取得

原始取得是指所有权首次产生或不依赖于他人既存的权利和意志，直接根据法律的规定而取得物的所有权。

原因	取得方式	具体内容
因物权首次产生而获得所有权	生产	是指民事主体通过自己的劳动创造出新的财产进而取得该财产的所有权的方式
	孳息	（1）天然孳息：指因物的自然属性而获得的收益。天然孳息由所有权人取得；既有所有权人又有用益物权人的，由用益物权人取得，当事人另有约定的，按照约定 （2）法定孳息：是指因法律关系所获得的收益。法定孳息，当事人有约定的，按照约定取得；没有约定或约定不明确的，按交易习惯取得
因公法方式获得所有权	国有化和没收	国家根据法律、法规的强行性规定，采取强制措施将一定的财产收归国有，无须征得原物所有权人的同意，直接依法获得物的所有权

续表

<table>
<tr><th>原因</th><th>取得方式</th><th colspan="2">具体内容</th></tr>
<tr><td rowspan="8">其他直接根据法律规定确定所有权的归属</td><td>先占</td><td colspan="2">是指民事主体以所有的意思占有无主动产而取得其所有权的法律事实</td></tr>
<tr><td>添附</td><td colspan="2">(1) 是指不同所有人的物因一定的行为而结合在一起形成不可分割的物或具有新质的物，包括混合、附合和加工 3 种情形
(2) 因加工、附合、混合而产生的物的归属，有约定的，按照约定；没有约定或者约定不明确的，依照法律规定；法律没有规定的，按照充分发挥物的效用以及保护无过错当事人的原则确定</td></tr>
<tr><td>发现埋藏物和隐藏物</td><td colspan="2">所有权人不明的埋藏物和隐藏物归国家所有</td></tr>
<tr><td>拾得遗失物</td><td colspan="2">(1) 是指发现他人不慎丧失占有的动产而予以占有的法律事实
(2) 拾得遗失物，应当返还权利人。拾得人应当及时通知权利人领取，或者送交公安等有关部门。拾得人在遗失物送交有关部门前，有关部门在遗失物被领取前，应当妥善保管遗失物。因故意或者重大过失致使遗失物毁损、灭失的，应当承担民事责任
(3) 权利人领取遗失物时，应当向拾得人或者有关部门支付保管遗失物等支出的必要费用
(4) 遗失物自发布招领公告之日起 1 年内无人认领的，归国家所有
【提示】遗失物不是无主物，不可以主张先占</td></tr>
<tr><td rowspan="3">善意取得</td><td>含义</td><td>是指受让人以财产所有权转移为目的，善意、对价受让且占有该财产，即使出让人无转移所有权的权利，受让人仍可取得该财产的所有权</td></tr>
<tr><td>构成要件</td><td>(1) 受让人受让该不动产或者动产时是善意的
(2) 以合理的价格转让
(3) 转让的不动产或者动产依照法律规定应当登记的已经登记，不需要登记的已经交付给受让人</td></tr>
<tr><td>特殊情况</td><td>(1) 禁止或限制流通物不适用善意取得制度，如枪支弹药、黄金和麻醉品等
(2) 货币和不记名证券是一种特殊的动产，谁持有谁就成为其权利主体，因此适用善意取得制度
(3) 转让人转移船舶、航空器和机动车所有权，受让人已经支付对价并取得占有，虽未经登记，而转让人的债权人主张其为善意第三人的，人民法院不予支持，法律另有规定的除外
【提示】受让人善意取得了不动产或者动产的所有权的，原所有权人有权向无处分权人请求损害赔偿</td></tr>
</table>

经典题解

【例题·多选题】 孳息分为天然孳息和法定孳息，下列孳息中属于法定孳息的有（ ）。（2020年）

A. 果树上采摘下的苹果

B. 存款获得的利息

C. 母牛生下的小牛

D. 羊身上剪掉的羊毛

E. 出租屋收取的租金

【解析】 法定孳息是指因法律关系所获得的收益，如存款取得的利息，出租人根据租赁合同收取的租金等。

【答案】 BE

（二）继受取得

继受取得是指通过一定的法律行为或基于法定的事实从原所有人处取得所有权。这种取得方式须以原所有人对该项财产的所有权作为取得的前提条件。

所有权继受取得的主要方式及原因如下。

项目	具体内容
因一定的法律行为而取得所有权	如买卖合同、赠与和互易等
因法律行为以外的事实而取得所有权	如继承遗产、接受遗赠等
因其他合法原因取得所有权	如合作经济组织的成员通过合股集资的方式形成新的所有权形式

（三）所有权的消灭

消灭方式	具体内容
相对消灭	是指因物权主体的原因而消灭，如权利人转让或抛弃物权或作为权利人的公民死亡等
绝对消灭	是指因所有权客体的原因而消灭，如标的物毁损或灭失导致原物权的终止

经典题解

【例题·多选题】 下列所有权取得方式中，属于原始取得的有（ ）。（2018年）

A. 赠与

B. 没收

C. 添附

D. 继承

E. 买卖

【解析】 赠与、继承和买卖属于继受取得。

【答案】 BC

考点8 共有★★

共有是指两个或两个以上的权利主体就同一财产共同享有所有权的法律制度。

【提示】共有只有一个所有权，可以是两个或两个以上的权利主体共同所有一物。

（一）共有的类型

共有方式	具体规定	
按份共有	应有部分的确定	按份共有人享有要求分出自己应有部分的权利，如果根据当事人的意思及法律规定两种方法不能确定应有部分的比例时，则应推定为各共有人的应有部分均等
	权益	按份共有人依据其应有部分，对于共有物的全部享有使用和收益权
	转让	按份共有中的共有人不需经过其他共有人的同意而出卖自己的应有部分，在同等条件下，其他共有人有优先购买权。按份共有人转让其享有的共有的不动产或者动产份额的，应当将转让条件及时通知其他共有人。其他共有人应当在合理期限内行使优先购买权
	特殊决议	处分按份共有的不动产或者动产以及对共有的不动产或者动产做重大修缮的、变更性质或者用途的，应当经占份额三分之二以上的按份共有人或者全体共同共有人同意，但共有人之间另有约定的除外
共同共有	前提	共同共有的发生以共同共有人之间存在共同关系为前提，如夫妻关系、家庭关系等
	份额	在共同共有关系存续期间，共同共有人不能对共同共有财产确定份额；只有在共同共有关系终止、共有财产分割以后，才能确定各共同共有人的份额
	处分	一般情况下，共同共有财产的处分应经全体共同共有人的同意，但共有人之间另有约定的除外
	共同共有的形式	夫妻共同财产、家庭共有财产和遗产分割前的共有

经典题解

【例题·单选题】甲、乙、丙、丁按份共有一间房屋，甲占该房屋70%的份额，现甲欲将该房做抵押向银行贷款500万元。如各共有人事先对此未做约定，则甲的抵押行为（　　）。(2018年)

A. 须经乙、丙、丁一致同意

B. 须经乙、丙、丁中的两人同意

C. 须经乙、丙、丁中份额最大的一人同意

D. 无须乙、丙、丁同意

【解析】根据《中华人民共和国物权法》的规定，处分按份共有的不动产或者动产以及对共有的不动产或者动产做重大修缮的，应当经占份额三分之二以上的按份共有人同意，但共有人之间另有约定的除外。本题中甲占该房屋70%的份额，达到了份额三分之二以上，无须经过他人的同意。

【答案】D

（二）按份共有和共同共有的区别

区别	共同共有	按份共有
成立的原因不同	以共同关系的存在为前提	不需以共同关系的存在为前提

续表

区别	共同共有	按份共有
享有的权利不同	共有人的权利及于共有物的全部，共同共有人对共同共有物的使用、收益等应征得全体共有人的同意	共有人对应有部分享有处分权
对共有物的管理不同	除法律规定或当事人另有约定之外，对共有物的处分和重大修缮行为应获得全体共有人的同意	除共有人另有约定之外，对共有物的处分和重大修缮行为需获得占份额三分之二以上共有人的同意
对第三人行使权利不同	除非征得全体共有人的同意，共有人不得擅自处分共有财产，也没有对第三人转让其共有份额的可能	（1）各共有人基于其应有部分可以向第三人行使权利，如份额转让给第三人、向第三人要求支付款项等 （2）可以为了全体共有人的利益，就共有物的全部对第三人行使请求权，如请求排除对共有物的妨害等
分割共有物的限制不同	在共同共有关系存续期间，各共同共有人不得请求分割共有物	除因共有物的使用目的不能分割或有协议约定不得分割的期限外，可随时请求分割共有物

考点9 业主的建筑物区分所有权★

定义	业主的建筑物区分所有权是指业主对建筑物内的住宅、经营性用房等专有部分享有所有权，对专有部分以外的共有部分享有共有和共同管理的权利	
权利的客体	专有部分	业主不得违反法律、法规以及管理规约，将住宅改变为经营性用房 业主将住宅改变为经营性用房的，除遵守法律、法规以及管理规约外，应当经有利害关系的业主同意
	共有部分	（1）业主不得以放弃权利为由不履行义务 （2）业主对共有部分享有的共有和共同管理的权利随着业主对专有部分所有权的转让而一并转让

经典题解

【例题·多选题】 下列关于共同共有的说法中，正确的有（　　）。(2019年)

A. 共同共有人在共有关系存续期间可以确定各自对共有物的份额

B. 处分共同共有物一般应经全体共有人同意

C. 各共同共有人对整个共有财产平等地承担义务

D. 共同共有以存在共同关系为前提

E. 共同共有关系在存续期间共同共有人不得请求分割共有物

【解析】 共同共有人在共有关系存续期间不能对共同共有财产确定份额；只有在共同共有关系终止、共有财产分割以后，才能确定各共同共有人的份额。

【答案】 BCDE

考点 10　用益物权的概念、种类及法律特征★★

项目	具体内容
概念	是权利人对他人所有的财产依法享有的占有、使用和收益的权利
种类	在我国，用益物权的种类主要包括土地承包经营权、建设用地使用权、宅基地使用权、海域使用权、地役权、国家集体自然资源使用权、探矿权、采矿权、取水权和渔业养殖捕捞权等
法律特征	(1) 用益物权是具有独立性的他物权。用益物权不具有担保物权所具有的从属性和不可分性的属性 (2) 用益物权是限制物权。所有权人对物具有完全的支配力，用益物权则是在一定范围内使用收益 (3) 用益物权具有使用的目的。设置用益物权的目的在于对他人之物的使用和收益，以取得物的使用价值 (4) 用益物权的标的物主要是不动产

经典题解

【例题·多选题】 下列关于用益物权的表述中，错误的有（　　）。

A. 用益物权是具有独立性的自物权

B. 用益物权是限制物权

C. 设置用益物权的目的在于对他人之物的使用和收益

D. 用益物权的标的物主要是动产

E. 用益物权多以不动产尤其是土地为使用收益的对象

【解析】 用益物权是具有独立性的他物权，选项 A 错误；用益物权的标的物主要是不动产，选项 D 错误。

【答案】 AD

考点 11　几种具体的用益物权★★★

建设用地使用权	含义	是指建设用地使用权人对国家所有的土地享有的占有、使用和收益的权利
	法律特征	(1) 主体：符合法定条件的公民和法人 (2) 客体：国家所有的土地，包括城市和农村的属于国有的土地、草原、滩涂、荒地、山岭和林地等，但不包括上述土地之上的市政公用设施以及地下的埋藏物或自然资源 (3) 是从国家土地所有权中分离出来的用益物权 (4) 具有排他性，是一项独立的物权
	取得方式	(1) 出让（有偿）：工业、商业、旅游、娱乐和商品住宅等经营性用地以及同一土地有两个以上意向用地者的，应当采取招标、拍卖等公开竞价的方式出让 (2) 划拨（无偿或缴纳补偿、安置等费用）：划拨土地没有期限的限制

续表

土地承包经营权	含义	是指由公民或集体组织在国家所有或集体所有的土地上从事生产活动，依照承包合同的规定而享有的占有、使用和收益的权利
	法律特征	（1）承包经营合同是确认土地承包经营权的主要依据 （2）土地承包经营权的主体是公民或集体组织 （3）土地承包经营权的客体为全民所有的土地和集体所有的土地 （4）土地承包经营权属于一种新型的用益物权
宅基地使用权	含义	是指公民在依法取得的宅基地上建造住宅及其附属设施从而对此宅基地享有的占有和使用的权利
	法律特征	（1）属于一种用益物权，宅基地的所有权依然属于集体所有 （2）主体是公民，而且主要为农村集体经济组织的成员 （3）客体主要是集体所有的用于建造住宅及其附属设施的土地 （4）必须遵循法定的申请程序，经过有关部门的批准后方可取得 （5）宅基地使用权受国家法律的保护，非经法定程序，任何机关和个人都不得任意剥夺公民依法取得的宅基地使用权
地役权	含义	是指按照合同约定利用他人的不动产，以提高自己不动产效益的权利
	法律特征	（1）地役权是利用他人的不动产的一种权利 （2）地役权是为了提高自己不动产的效益 （3）地役权是按照合同设立的
居住权	含义	居住权是用益物权的一种，指对他人所有的住房及其附属设施占有、使用的权利
	合同条款	设立居住权，可以根据遗嘱或者遗赠，也可以按照合同约定。根据规定，居住权合同一般包括下列条款： （1）当事人的姓名或者名称和住所 （2）住宅的位置 （3）居住的条件和要求 （4）居住权期限 （5）解决争议的方法
	相关规定	（1）居住权无偿设立，但是当事人另有约定的除外。设立居住权的，应当向登记机构申请居住权登记。居住权自登记时设立 （2）居住权不得转让、继承。设立居住权的住宅不得出租，但是当事人另有约定的除外 （3）居住权期限届满或者居住权人死亡的，居住权消灭。居住权消灭的，应当及时办理注销登记

经典题解

【例题·多选题】下列关于土地承包经营权的说法中，正确的有（　　）。（2020年）

A. 土地承包经营权的主体是公民或集体组织

B. 土地承包经营权具有一般物权具有的优先效力

C. 土地承包经营权不具有追及效力

D. 承包经营合同是确认土地承包经营权的主要依据

E. 土地承包经营权属于用益物权

【解析】土地承包经营权具有一般物权所具有的优先权、追及权等效力，当土地承包经营权人的权利受到侵犯时，权利人有权要求侵害人停止侵害、排除妨碍、消除危险、返还财产、恢复原状和赔偿损失，也可以直接向人民法院提起诉讼以保护自己的权利。

【答案】ABDE

考点12　担保物权★★

担保物权是指为确保债务清偿的目的，在债务人或第三人所有的物或所属的权利上设定的、以取得担保作用的定限物权。担保物权以取得担保标的物的交换价值为实质内容。

法律特征	具体内容
价值权性	担保物权以支配标的物的交换价值为内容，以担保债务的清偿为目的；担保物权实现时，其价值权也得以实现
法定性	当事人不得约定设立担保物权，也不得协议变更担保物权发生的要件和内容
从属性	一般情况下，担保物权从属于债权而存在，担保物权的成立以债权的成立为前提，而且因债权的移转而移转，因债权的消灭而消灭。但担保物权的从属性并不是绝对的，如最高额抵押并不以债权的存在为其发生或存在的前提条件
不可分性	在所担保的债权未受全部清偿前，担保物权人可就担保物的全部行使权利。担保物权的不可分性不是担保物权在性质上的不可分，而是为增加其效力赋予担保物权不可分性，当事人可约定排除担保物权行使的不可分性
物上代位性	担保标的物变化为其他的价值形态时，担保物权所具有的支配效力及于变形物或者代替物。担保物因毁损灭失所获得的赔偿金成为担保物的代替物，担保物权人可就该代替物行使担保物权

经典题解

【例题·单选题】在担保期间，担保财产毁损、灭失的，担保物权人可以就获得的赔偿金优先受偿，这体现了担保物权的（　　）特征。（2014年）

A. 物上代位性

B. 价值权性

C. 从属性

D. 不可分性

【解析】本题中赔偿金为担保财产的代替物，说明担保物权的支配效力及于其代替物，体现的是担保物权的物上代位性。

【答案】A

考点13　几种主要的担保物权★★★

（一）抵押权

<table>
<tr><th>项目</th><th colspan="2">具体内容</th></tr>
<tr><td>概念</td><td colspan="2">是指债权人对债务人或者第三人所提供担保的财产不移转占有，在债务人不履行债务时，依法享有的就所担保的财产变价并优先受偿的权利
【提示】在同一抵押物上存在数个抵押权的，先成立的抵押权优先于后成立的抵押权</td></tr>
<tr><td rowspan="2">抵押权的设定</td><td>法定抵押权
（基于法律规定直接产生）</td><td>（1）以建筑物抵押的，该建筑物占用范围内的建设用地使用权一并抵押
（2）以建设用地使用权抵押的，该土地上的建筑物一并抵押</td></tr>
<tr><td>意定抵押权
（基于抵押合同产生）</td><td>设立抵押权，当事人应当采取书面形式订立抵押合同</td></tr>
<tr><td rowspan="2">抵押标的</td><td>允许抵押</td><td>（1）建筑物和其他土地附着物
（2）建设用地使用权
（3）海域使用权
（4）生产设备、原材料、半成品、产品
（5）正在建造的建筑物、船舶、航空器
（6）交通运输工具
（7）法律、行政法规未禁止抵押的其他财产</td></tr>
<tr><td>禁止抵押</td><td>（1）土地所有权
（2）宅基地、自留地、自留山等集体所有的土地使用权，但法律规定可以抵押的除外
（3）学校、幼儿园、医疗机构等为公益目的成立的非营利法人的教育设施、医疗卫生设施和其他公益设施
（4）所有权、使用权不明或者有争议的财产
（5）依法被查封、扣押、监管的财产
（6）法律、行政法规规定不得抵押的其他财产</td></tr>
<tr><td rowspan="2">抵押登记</td><td>抵押权自登记时设立</td><td>（1）建筑物和其他土地附着物
（2）建设用地使用权
（3）海域使用权
（4）正在建造的建筑物</td></tr>
<tr><td>抵押权自抵押合同生效时设立</td><td>（1）以动产抵押的，抵押权自抵押合同生效时设立
（2）未经登记，不得对抗善意第三人
（3）以动产抵押的，不得对抗正常经营活动中已支付合理价款并取得抵押财产的买受人</td></tr>
</table>

经典题解

【例题·单选题】 以建设用地使用权为抵押标的设立的抵押，其抵押合同（　　）。（2018年）

A. 自合同订立时生效

B. 无效

C. 自办理抵押登记时生效

D. 自土地管理部门批准后生效

【解析】 根据规定以建设用地使用权抵押的，抵押权自登记时设立。

【答案】 C

（二）质权

<table>
<tr><th>项目</th><th colspan="2">具体内容</th></tr>
<tr><td>概念</td><td colspan="2">是指债务人或者第三人将其动产或财产权利证书转移给债权人占有，以之作为债务的担保，债务人不履行债务时，债权人享有就该动产或财产权利的价值优先受偿的权利
（1）出质人，是指提供质押财产的人
（2）质权人，是指接受质押财产作为其债权担保的人
（3）质物，是指质押的财产</td></tr>
<tr><td>法律特征</td><td colspan="2">（1）质权的设定必须移转占有，以某些特定财产做质物时，还必须依法办理登记手续。这是质权与抵押权的一个重要的区别
（2）质权的标的主要为动产或权利，不包括不动产
（3）质权具有物上代位性、从属性和不可分性</td></tr>
<tr><td rowspan="2">类型</td><td>动产质权</td><td>是指债务人或者第三人将其动产移交债权人占有，当债务人不履行债务时，债权人有权就该动产的价值优先受偿的权利</td></tr>
<tr><td>权利质权</td><td>可以设质押的权利：
（1）汇票、支票、本票
（2）债券、存款单
（3）仓单、提单
（4）可以转让的基金份额、股权
（5）可以转让的注册商标专用权、专利权、著作权等知识产权中的财产权
（6）现有的以及将有的应收账款
（7）法律、行政法规规定可以出质的其他财产权利</td></tr>
</table>

经典题解

【例题·单选题】 甲向乙借8万元，同时以自己所有的一个清代青花瓷花瓶交给乙作保。借款期限届满甲未还钱，乙多次交涉无果后将青花瓷花瓶变卖，卖得12万元，还给甲4万元，乙行使的权利是（　　）。（2020年）

A. 权利质权

B. 抵押权

C. 留置权

D. 动产质权

【解析】 动产质权是指债务人或者第三人将其动产移交债权人占有，当债务人不履行债务时，债权人有权就该动产的价值优先受偿的权利。

【答案】 D

（三）留置权

项目	具体内容
概念	是指债权人按照合同的约定占有债务人的动产，债务人不按照合同约定的期限履行债务时，债权人有权留置该动产，并依照法律的规定享有将动产折价或者以拍卖、变卖后的价款优先受偿的权利
特征	（1）留置权是一种法定的担保物权 同一动产上已设立抵押权或者质权，该动产又被留置的，**留置权人优先受偿**。这条规定体现出了法定担保物权和意定担保物权在受偿顺序上的不同 （2）留置权只发生在特定的合同关系中，如保管合同、加工承揽合同等。法律规定或者当事人约定不能留置的动产，不得留置

经典题解

【例题·单选题】同一动产上已设立抵押权或者质权，该动产又被留置的，（　　）优先受偿。(2016 年)

A. 抵押权人

B. 质权人

C. 留置权人

D. 所有权人

【解析】同一动产上已设立抵押权或者质权，该动产又被留置的，留置权人优先受偿。

【答案】C

第三十五章　合同法律制度

本章视频详解

使用“会计云课堂” App/ 微信扫码听课

考点 1　合同的概念和法律特征★

概念	合同是平等主体的自然人、法人、其他组织之间设立、变更、终止民事权利义务关系的协议
法律特征	（1）合同当事人的法律地位平等 （2）合同是在当事人自愿基础上进行的民事法律行为 （3）合同是双方或多方的民事法律行为 （4）合同是关于民事权利义务关系的协议

考点 2　合同的分类★★

分类标准	类别	具体内容
根据合同当事人各方权利义务的分担方式不同划分	双务合同	是指合同各方当事人相互享有权利、相互负有义务的合同，如买卖合同、租赁合同等
	单务合同	是指合同当事人一方只负有义务而不享有权利，另一方只享有权利而不负担义务的合同，如借用合同、赠与合同等

续表

分类标准	类别	具体内容
根据合同的成立是否以交付标的物为要件划分	诺成合同（不要物合同）	是指当事人双方意思表示一致即可成立的合同，不需要以交付标的物为合同成立的条件。绝大多数合同都是诺成合同
	实践合同（要物合同）	是指除了当事人双方意思表示一致以外，还需要有一方当事人实际交付标的物的行为才能成立的合同，如保管合同、借用合同和定金合同等
根据法律上是否规定一定的名称划分	有名合同（典型合同）	是指在法律上已经确定了一定的名称和特定规则的合同
	无名合同（非典型合同）	是指法律上没有确定一定名称，又没有做出特别规定的合同
根据合同的成立是否需要特定的形式划分	要式合同	是指需要采取特定的方式才能成立的合同
	不要式合同	是指合同的成立不需要采用特定的方式
根据有关联的合同之间的主从关系划分	主合同	是指不以依赖其他合同的存在为前提，能够独立存在的合同，如借款合同
	从合同	是指不能单独存在的，必须以主合同的存在为前提的合同，也称为“附属合同”，如担保合同

经典题解

【例题·多选题】下列合同中，属于诺成合同的有（　　）。(2017 年)

A. 买卖合同

B. 租赁合同

C. 保管合同

D. 借用合同

E. 加工合同

【解析】保管合同和借用合同属于实践合同。

【答案】ABE

考点 3　合同的生效要件★★

合同的生效	当事人达成合意意味着合同成立，合同符合法律规定的生效要件，才能获得法律的保护，才意味着合同生效
合同生效的法律要件	(1) 主体合格。对于公民而言，完全民事行为能力人可以单独订立合同，但限制行为能力人只能进行与其年龄、智力和精神状况相当的合同行为，无民事行为能力人则不能实施合同行为；对于法人而言，其行为能力须与权利能力相一致 ①完全民事行为能力人：年满 18 周岁的自然人或 16 周岁以上不满 18 周岁的未成年人以自己的劳动收入为主要生活来源的 ②限制民事行为能力人：8 周岁以上不满 18 周岁和不能完全辨认自己行为的精神病人

续表

合同生效的法律要件	③无民事行为能力人：不满 8 周岁和不能辨认自己行为的精神病人，只能由其法定代理人代理民事活动 （2）内容合法。合同的内容不得与法律的强行性或者禁止性规范相抵触 （3）意思表示真实。要求行为人的内心意愿自由产生，同时与其所表达出来的意思相一致；如果表示意思与效果意思不一致，即意思表示有瑕疵，这种行为如果属于法律规定的情形，则可能无效或得变更、撤销 （4）合同的形式合法。当法律规定某种合同必须采用某种形式时，这种形式就成为该合同的形式要件

考点 4　效力存在瑕疵的合同★★★

（一）无效合同

项目	具体内容
概念	是指不具备合同的生效条件而不能产生当事人所预期的法律后果的合同
订立情形	（1）无民事行为能力人签订的合同 （2）违反法律、行政法规的强制性规定的合同。但是，该强制性规定不导致该民事法律行为无效的除外 （3）违背公序良俗的合同 （4）行为人与相对人以虚假的意思表示签订的合同 （5）行为人与相对人恶意串通损害他人合法权益而签订的合同
效力后果	（1）无效的合同自始没有法律约束力 （2）合同部分无效，不影响其他部分效力的，其他部分仍然有效 （3）合同被确认无效不影响合同中独立存在的有关解决争议方法的条款的效力

（二）效力待定的合同

项目	具体内容
概念	是指合同虽已成立，但由于不完全具备法律规定的有效条件，因而其是否能够生效还须经权利人的承认才能确定的合同。效力待定的合同是自身有瑕疵的合同，而这种瑕疵经权利人的承认是可以弥补的
订立情形	（1）合同的主体不具有相应的民事行为能力 （2）因无权代理而订立的合同
效力后果	（1）限制民事行为能力人实施的纯获利益的民事法律行为或者与其年龄、智力、精神健康状况相适应的民事法律行为有效；实施的其他民事法律行为经法定代理人同意或者追认后有效 （2）行为人没有代理权、超越代理权或者代理权终止后，仍然实施代理行为，未经被代理人追认，对被代理人不发生效力，由行为人承担责任

（三）可撤销的合同

项目	具体内容
概念	是指因合同当事人意思表示不真实，而可以因一方当事人撤销权的行使而自始不发生效力的合同
订立情形	（1）基于重大误解订立的合同 （2）一方以欺诈手段，使对方在违背真实意思的情况下订立的合同，受欺诈方有权请求人民法院或者仲裁机构予以撤销 （3）一方或者第三人以胁迫手段，使对方在违背真实意思的情况下订立的合同，受胁迫方有权请求人民法院或者仲裁机构予以撤销 （4）一方利用对方处于危困状态、缺乏判断能力等情形，致使订立的合同显失公平的，受损害方有权请求人民法院或者仲裁机构予以撤销
效力后果	（1）合同在被撤销前均为有效合同，只有当撤销权人行使撤销权时，合同才自始无效 （2）如果当事人没有提出请求的，人民法院或仲裁机构不能主动予以撤销 （3）撤销权消灭的情形： ①当事人自知道或者应当知道撤销事由之日起1年内、重大误解的当事人自知道或者应当知道撤销事由之日起90日内没有行使撤销权 ②当事人受胁迫，自胁迫行为终止之日起1年内没有行使撤销权 ③当事人知道撤销事由后明确表示或者以自己的行为表明放弃撤销权。当事人自民事法律行为发生之日起5年内没有行使撤销权的，撤销权消灭

经典题解

【例题·多选题】根据《中华人民共和国民法典》的规定，下列合同中属于无效合同的有（　　）。

A. 基于重大误解订立的合同

B. 行为人与相对人恶意串通损害他人合法权益而签订的合同

C. 违背公序良俗的合同

D. 无民事行为能力人签订的合同

E. 违反法律、行政法规的强制性规定的合同

【解析】基于重大误解订立的合同属于可撤销合同。

【答案】BCDE

考点5　合同的订立★★★

合同的订立强调的是当事人订立合同的行为或过程，而合同的成立所体现的是合同订立活动结果，它表明当事人就合同的主要内容已经达成合意即意思表示一致。

（一）合同订立的要约阶段

1. 要约的概念

要约也叫发盘，是当事人一方以订立合同为目的，就合同的主要条款向另一方提出建议的意思表示。发出要约的人是要约人，接受要约的人为受要约人或相对人。

2. 一个有效的要约需要满足的条件

（1）要约必须是特定人的意思表示。

（2）要约是以订立合同为目的的意思表示。

（3）要约是向要约人希望与其缔结合同的相对人发出的意思表示。在有些情况下，受要约人也可以是不特定的，如商店中标明价格的商品销售、悬赏广告等。

（4）要约的内容必须具体明确，必须包括足以决定合同主要内容的条款。

3. 要约邀请

要约邀请是希望他人向自己发出要约的意思表示。

项目	要约	要约邀请
目的和效果不同	要约发出后，只要相对人做出承诺，合同即告成立	要约邀请发出后，得到的回应可能是对方的要约，在对方的要约尚没有得到承诺时，合同不能成立
对象不同	一般是向特定的相对人发出	向不特定的主体发出
内容不同	内容必须具体明确，足以决定合同的主要条款	只是表达了行为人愿意订立合同的意图，并不包含合同的主要条款
法律约束力不同	要约发出后，在一定期间对要约人有约束力	没有任何约束力

4. 典型的要约邀请形式

拍卖公告、招标公告、招股说明书、债券募集办法、基金招募说明书、商业广告和宣传、寄送的价目表等。

5. 要约的生效、撤回、撤销及不可撤销的情形

生效	要约到达受要约人时生效
撤回	（1）撤回要约的通知应当在要约到达受要约人之前或者与要约同时到达受要约人 （2）如果撤回的通知后于要约到达受要约人，不发生撤回的效力
撤销	在要约生效后，受要约人尚未发出承诺通知之前，要约人可以要求撤销该要约
不得撤销的情形	（1）要约人确定了承诺期限或者以其他形式明示要约不可撤销 （2）受要约人有理由认为要约是不可撤销的，并已经为履行合同做了合理准备工作

经典题解

【例题·多选题】 我国民法典规定了典型的要约邀请形式，下列项目中属于要约邀请的有（　　）。

A. 寄送的价目表

B. 悬赏广告

C. 拍卖公告

D. 招标公告

E. 商业广告

【解析】 悬赏广告属于向不特定的顾客发出的要约。

【答案】 ACDE

（二）合同订立的承诺阶段

1. 承诺的概念

承诺是受要约人同意要约的意思表示。承诺的法律效力在于承诺一经做出并送达要约人，合同即告成立。

2. 承诺必须具备的要件

要件	具体内容
承诺只能由受要约人向要约人做出	—
承诺必须在有效期限内做出	要约没有确定承诺期限的，承诺应当依照下列规定到达： （1）要约以对话方式做出的，应当即时做出承诺，但当事人另有约定的除外 （2）要约以非对话方式做出的，承诺应当在合理期限内到达
承诺的内容必须与要约的内容一致	（1）这是承诺最实质性的要件 （2）要约的实质性内容是指有关合同标的、数量、质量、价款或者报酬、履行期限、履行地点和方式、违约责任和解决争议方法等方面的内容 （3）受要约人对要约的内容做出实质性变更的，为新要约

3. 承诺生效及撤回

生效	（1）承诺通知到达要约人时生效 （2）承诺生效，意味着当事人双方就合同的主要条款达成合意，标志着合同的成立
撤回	（1）受要约人发出承诺后，在承诺生效前，可以撤回所发出的承诺，取消其效力。撤回承诺的通知应当在承诺通知到达要约人之前或者与承诺通知同时到达要约人 （2）承诺不能撤销

经典题解

【例题·单选题】下列关于承诺的说法中，错误的是（　　）。（2020年）

A. 承诺必须在有效期限内做出

B. 承诺人可以撤回或撤销所发出的承诺

C. 承诺是对要约实质性内容的完全接受

D. 承诺只能由受要约人向要约人做出

【解析】如果承诺已经生效，则合同已经成立，此时受要约人已受合同效力的约束，当然不能再撤回承诺。因此，承诺不存在撤销的可能。

【答案】B

（三）缔约过失责任

概念	是指在合同订立过程中，因一方当事人的过失给对方造成损失所应承担的民事责任。缔约过失责任发生在合同成立之前；违约责任发生在合同成立之后
相关规定	《中华人民共和国民法典》第500条规定：当事人在订立合同过程中有下列情形之一，造成对方损失的，应当承担赔偿责任 （1）假借订立合同，恶意进行磋商 （2）故意隐瞒与订立合同有关的重要事实或者提供虚假情况 （3）有其他违背诚信原则的行为

考点 6　合同的履行★★

合同的履行是指债务人依照合同的约定或法律的规定，全面、适当地履行合同义务的行为。

<table>
<tr><th>项目</th><th colspan="2">具体内容</th></tr>
<tr><td>全面履行原则</td><td colspan="2">（1）履行主体适当。合同约定或法律规定必须由合同当事人履行的，不得由第三人代替履行，否则就是不适当履行
（2）履行标的适当。严格按照合同约定的标的实际履行，不得随意以其他标的来代替
（3）履行期限适当。如果债务人在履行期限届满后履行的，则构成迟延履行。如果合同中对履行期限约定不明确的，债务人可以随时履行，债权人也可以随时要求履行，但应当给对方必要的准备时间，债务人在必要的准备时间内履行的，就属适当
（4）履行地点和方式适当。如果履行地点不明确，给付货币的，在接受货币一方所在地履行；交付不动产的，在不动产所在地履行；其他标的，在履行义务一方所在地履行</td></tr>
<tr><td>诚实信用原则</td><td colspan="2">（1）人民法院或仲裁机构在处理合同纠纷时，即使当事人未提出请求，也可以主动适用诚实信用原则
（2）根据诚实信用原则，当事人在履行合同时，应积极履行通知义务、协助履行义务和保密义务</td></tr>
<tr><td>绿色原则</td><td colspan="2">这一原则是民法基本原则在合同履行过程中的具体体现</td></tr>
<tr><td rowspan="4">双务合同履行中的抗辩权</td><td colspan="2">抗辩权是债务人在法定条件下对抗权利人的请求权而暂时拒绝履行债务的权利</td></tr>
<tr><td>同时履行抗辩权</td><td>合同当事人在没有约定先后履行顺序时，一方在对方未进行对待给付之前，有拒绝履行自己的合同义务的权利</td></tr>
<tr><td>不安抗辩权</td><td>（1）在双务合同中有先给付义务的当事人，在有证据证明后给付人具有丧失或者可能丧失履行债务能力的情况时，可以中止自己先给付义务的履行
（2）后给付义务人丧失或可能丧失履行债务能力的情况：
①经营状况严重恶化
②转移财产、抽逃资金，以逃避债务
③丧失商业信誉
④有丧失或者可能丧失履行债务能力的其他情形</td></tr>
<tr><td>先履行抗辩权</td><td>双务合同中履行义务顺序在后的一方当事人，在履行义务顺序在先的一方当事人没有履行或不适当履行义务时，拒绝先履行一方请求其履行义务的权利。其属于一种延期抗辩权</td></tr>
</table>

经典题解

【例题·单选题】甲乙签订了一份供货合同，合同约定甲先供货，乙后付款。在供货前，甲有证据证明乙的经营状况严重恶化无付款能力。对此，甲可依法主张（　　）。（2018 年）

A. 同时履行抗辩权

B. 合同撤销权

C. 先履行抗辩权

D. 不安抗辩权

【解析】不安抗辩权是指在双务合同中

有先给付义务的当事人，在有证据证明后给付人具有丧失或者可能丧失履行债务能力的情况时，可以中止自己先给付义务的履行。

【答案】D

考点7　合同的终止★★

合同的终止又称为合同的消灭，是指合同关系当事人双方之间权利、义务于客观上不复存在。

合同终止的情形	具体内容
合同履行	是合同终止的最正常和最主要的形式
抵销	抵销是指当事人双方相互负有同种类的给付义务时，将两项义务相互冲抵，使其相互在对等额内消灭
	（1）适用抵销的条件 ①当事人双方必须互相有债务、债权 ②当事人双方的给付债务应为同一种类 ③当事人双方的债务均已到履行期 ④当事人双方的债务均是可以抵销的债务 （2）不能抵销的情形 ①相互提供劳务的债务 ②与人身不可分离的债务 ③法律规定禁止强制执行的债务 ④侵权行为所生的损害赔偿债务
提存	（1）是指债务人于债务已届履行期时，将无法给付的标的物交给提存机关，以消灭债务的行为 （2）债务人提存后，债务人的债务即告消灭
免除债务	（1）是指债权人免除债务人的债务而使合同关系消灭的法律行为 （2）债权人免除债务人部分或者全部债务的，债权债务部分或者全部终止，但是债务人在合理期限内拒绝的除外
混同	（1）是指债权与债务同归于一人而使合同关系终止的事实 （2）发生混同的原因 ①概括承受。概括承受是混同的主要原因，常见的现象是企业的合并 ②特定承受，指因债权人让与或债务人承担而承受权利、义务

经典题解

【例题·单选题】下列关于免除的说法中，错误的是（　　）。（2018年）

A. 免除可导致合同关系消灭

B. 免除须取得债务人同意

C. 免除可以是部分免除也可以是全部免除

D. 免除是债权人放弃债权的行为

【解析】债务免除是指债权人免除债务人的债务而使合同关系消灭的法律行为。可部分免除，也可全部免除。

【答案】B

考点8 合同担保的概念和特征★

定义	合同的担保是指根据法律规定或者当事人约定的担保措施，保证合同义务人履行义务的一项法律制度	
目的	督促债务人履行合同义务	
法律特征	具有明确的目的性	督促合同义务人积极履行义务，保障债权人的权利的实现
	具有自愿性和平等性	当事人在自愿设立担保时，完全可以在平等协商的基础上，自主决定担保的方式、担保的范围等
	具有从属性	担保合同作为从合同，不能脱离主合同而独立存在，它的效力要受主合同的制约

考点9 合同担保的形式★★

（一）保证

项目	具体内容	
保证人的资格	可以做保证人	必须是具有代为清偿债务能力的法人、其他组织或者公民
	不可以做保证人	国家机关和学校、幼儿园、医院等以公益为目的的事业单位、社会团体以及企业法人的分支机构、职能部门
保证的方式	一般保证	当事人在保证合同中约定，债务人不能履行债务时，由保证人承担保证责任的，为一般保证。一般保证是保证人只对债务人不履行债务承担补充责任的保证
	连带责任保证	是指在债务人不履行债务时由保证人与债务人承担连带责任的保证。在连带责任保证中，保证人的责任是较重的
	【提示】保证合同当事人双方对保证方式没有约定或者约定不明确的，按照一般保证承担保证责任	

（二）定金

项目	具体内容
定金的概念	是合同当事人一方为保证合同的履行，在合同订立时或履行前，给付对方一定数额金钱的担保方式；债务人履行债务后，定金应当抵作价款或者收回
定金罚则	定金的担保作用通过定金罚则体现： （1）给付定金的一方不履行约定债务的，无权要求返还定金 （2）收受定金的一方不履行约定债务的，应当双倍返还定金

续表

项目	具体内容
定金合同性质	（1）定金合同是实践合同 （2）定金合同自实际交付定金时生效 （3）定金的数额由当事人约定，但不得超过主合同标的额的20%，超出部分不产生定金的效力
定金罚则与违约金的区别	（1）交付时间不同。定金于合同履行前交付，违约金只能在有违约行为发生后交付 （2）效力不同。定金具有证明合同成立和预先给付的效力，而违约金则没有 （3）性质不同。定金主要起合同担保的作用，而违约金则是违约责任的一种形式 违约金与定金的罚则不能并用，二者只能择其一适用

经典题解

【例题·多选题】下列关于定金的说法中，正确的有（　　）。（2018年）

A. 定金合同是实践合同

B. 定金的数额由当事人约定，但不得超过主合同标的额的百分之二十

C. 一方违约时定金罚则和违约金可以同时适用

D. 定金具有担保作用

E. 定金需在合同履行前交付

【解析】违约金与定金的罚则不能并用，两者只能择其一适用，选项C错误。

【答案】ABDE

考点10　合同的保全★★

（一）合同保全的定义及其法律特征

定义	是指为防止因债务人财产的不当减少致使债权人债权的实现受到危害，而设置的保全债务人责任财产的法律制度
法律特征	（1）合同保全是债的对外效力的体现，也是合同相对性原则的例外 （2）合同保全主要发生在合同的有效期内 （3）合同保全的基本方法是代位权和撤销权的行使

（二）代位权和撤销权

项目	代位权	撤销权
含义	是指因债务人怠于行使其债权或者与该债权有关的从权利，影响债权人的到期债权实现的，债权人享有的向人民法院请求以自己的名义代位行使债务人对相对人的权利的权利，但是该权利专属于债务人自身的除外	是指当债务人所为的减少其财产的行为危害债权人的债权实现时，债权人为保全其债权而请求人民法院撤销债务人该行为的权利

续表

项目	代位权	撤销权
成立条件	（1）须债务人对第三人享有权利 （2）须债务人怠于行使权利且因此可能危及债权人的债权 （3）须债权人对债务人的债权已届清偿期而未获清偿 （4）须债务人对第三人的权利为非专属性权利和可以强制执行的权利	（1）债务人以放弃其债权、放弃债权担保、无偿转让财产等方式无偿处分财产权益，或者恶意延长其到期债权的履行期限，影响债权人的债权实现的 （2）债务人以明显不合理的低价转让财产、以明显不合理的高价受让他人财产或者为他人的债务提供担保，影响债权人的债权实现，债务人的相对人知道或者应当知道该情形的
权利的行使	（1）债权人的代位权必须通过诉讼方式行使 （2）代位权的范围以债权人的债权为限 （3）行使代位权的必要费用，由债务人负担 （4）债权人向第三人即次债务人提起的代位权诉讼经人民法院审理后认定代位权成立的，由第三人向债权人履行清偿义务，债权人与债务人、债务人与第三人之间相应的债权债务关系消灭	（1）撤销权的行使范围以债权人的债权为限 （2）债权人行使撤销权的必要费用，由债务人负担 （3）撤销权自债权人知道或者应当知道撤销事由之日起1年内行使。自债务人的行为发生之日起5年内没有行使撤销权的，该撤销权消灭 （4）债务人影响债权人的债权实现的行为被撤销的，自始没有法律约束力

考点11　合同的转让★★

合同的转让是指合同当事人依法将合同的权利、义务转让给他人的合法行为。

项目	具体内容
合同权利的转让	债权人转让权利的，应当通知债务人。未经通知，该转让对债务人不发生效力
不具有可转让性的情形	债权人转让权利的通知不得撤销，但经受让人同意的除外 不具有可转让性的情形： （1）根据债权性质不得转让。例如，具有人身性质的债权属于专属性的权利，基于对特定当事人的信用而发生的债权等都是不能转让的 （2）按照当事人约定不得转让。当事人在订立合同时可以特别约定不得转让合同权利，这一约定与合同具有同样的法律效力 （3）依照法律规定不得转让
合同义务的转让	债务人将债务全部或者部分转移给第三人的，应当经债权人同意

续表

项目	具体内容
合同权利义务概括转让	(1) 是指合同当事人一方将其权利、义务一并转让给第三人，第三人概括承受该合同权利、义务的行为 (2) 合同权利、义务的概括转让，可以分为意定概括转让和法定概括转让 ①意定概括转让是指通过当事人之间的转让协议进行合同权利、义务的转让 ②法定概括转让是指根据法律规定而产生权利、义务的概括转让

经典题解

【例题·多选题】 下列关于合同转让的表述中，正确的有（　　）。(2018 年)

A. 合同义务的转让仅通知另一方当事人即可

B. 具有人身性质的债权不得转让

C. 当事人一方经对方同意，可以将自己在合同中的权利和义务一并转让给第三人

D. 合同权利、义务的概括转让，可以分为意定概括转让和法定概括转让

E. 债务人将合同的义务全部或者部分转移给第三人的，应当经债权人同意

【解析】 债务人将合同的义务全部或者部分转移给第三人的，应当经债权人同意，选项 A 错误。

【答案】 BCDE

考点 12　合同的变更★

定义	是指合同成立后当事人双方经过协商达成合意，对已经成立的合同的内容进行变更
法律要件	(1) 存在合法有效的合同关系。合同变更的对象是已经依法成立的合同，这是合同变更的前提条件 (2) 合同的变更是合同内容的变更，不包括合同主体的变更 (3) 合同的变更应依据法律规定或当事人的约定进行

考点 13　合同的解除★★

(一) 协议解除

当事人协商一致，可以解除合同。经协议解除合同的，实际就是通过订立一个新的合同来解除原来的合同。

(二) 基于解除权的解除

1. 约定解除

当事人可以约定一方解除合同的事由。解除合同的事由发生时，解除权人可以解除合同。

项目	约定解除	协议解除
是否事先约定	事先的约定	事后的约定
是否一定产生解除合同的效果	不一定	产生

续表

项目	约定解除	协议解除
是否为单方行为	单方行为 （解除权人不必经对方同意）	双方行为 （当事人双方通过协议解除合同，不能单方解除合同）

2. 法定解除

有下列情形之一的，当事人可以解除合同：

（1）因不可抗力致使不能实现合同目的；

（2）在履行期限届满之前，当事人一方明确表示或者以自己的行为表明不履行主要债务；

（3）当事人一方迟延履行主要债务，经催告后在合理期限内仍未履行；

（4）当事人一方迟延履行债务或者有其他违约行为致使不能实现合同目的；

（5）法律规定的其他情形。

以持续履行的债务为内容的不定期合同，当事人可以随时解除合同，但是应当在合理期限之前通知对方。

经典题解

【例题·单选题】下列关于合同的约定解除与协议解除区别的说法中，错误的是（　　）。(2020年)

A. 当事人约定了解除权，并不必然产生解除合同的后果

B. 约定解除属于事后的约定，协议解除属于事先的约定

C. 协议解除需要当事人双方就合同解除的事宜意思表示一致方可进行

D. 约定解除权的行使是一种单方行为，解除权人不必经对方同意即可解除合同

【解析】约定解除属于事先的约定，而协议解除属于事后的约定，选项B错误。

【答案】B

考点14　违约责任★★

（一）违约责任的概念

违约责任是指合同当事人不履行或不适当履行合同义务所应承担的民事责任。

（1）违约责任是一种民事法律责任；

（2）违约责任以合同义务的存在为前提，以不履行或者不完全履行合同义务为成立的条件；

（3）违约责任只在合同关系当事人之间产生，对于合同以外的第三人并不发生违约责任；当事人约定由第三人向债权人履行债务的，第三人不履行债务或者履行债务不符合约定，债务人应当向债权人承担违约责任。

（二）违约责任的构成要件及承担违约责任的方式

<table>
<tr><th>项目</th><th colspan="3">具体内容</th></tr>
<tr><td rowspan="4">构成要件</td><td rowspan="3">违约行为</td><td colspan="2">是指合同当事人不履行或者不适当履行合同义务的客观事实。违约行为是构成违约责任的首要条件</td></tr>
<tr><td>预期违约</td><td>是指在合同有效成立后履行期限届满前的违约行为。实践中可能表现为明示的预期违约和默示的预期违约
（1）明示的预期违约：是指一方当事人无正当理由，明确肯定地向对方当事人表示将在合同履行期到来时不履行合同义务
（2）默示的预期违约：是指在合同履行期到来时，当事人一方以自己的行为表明不履行合同义务</td></tr>
<tr><td>实际违约</td><td>是指合同履行期限届满后发生的违约行为</td></tr>
<tr><td>主观过错</td><td colspan="2">（1）过错是指合同当事人通过其违约行为所表现出的故意和过失的心理状态
（2）在违约责任的构成方面，我国实行的是严格责任
（3）只要当事人实施了违约行为，就推定其主观上有过错</td></tr>
<tr><td rowspan="3">承担违约责任的方式</td><td>继续履行</td><td colspan="2">是指债权人在债务人违约行为发生后请求人民法院或仲裁机构强制债务人继续按照合同的约定履行债务</td></tr>
<tr><td>支付违约金</td><td colspan="2">（1）当事人可以约定一方违约时应当根据违约情况向对方支付一定数额的违约金。如果当事人在合同中没有约定违约金，则不产生违约金的责任形式
（2）违约金虽然由当事人约定，但是关于违约金数额的条款并不是绝对不变的
（3）合同中的违约金条款具有从合同的性质
（4）违约金只有在违约行为发生后才能生效</td></tr>
<tr><td>违约损害赔偿</td><td colspan="2">（1）由于违约行为造成损失的，受损失的当事人可以要求赔偿
（2）损害赔偿的范围原则上以当事人的实际损失为限</td></tr>
</table>

续表

项目	具体内容	
违约的免责事由	不可抗力	(1) 是指不能预见、不能避免并不能克服的客观情况 (2) 不可抗力仅指客观情况，属于事件的范畴，并不包括民事主体的行为。如果是由于合同当事人以外的第三人的原因导致合同不能履行或履行不符合要求的，不属于不可抗力 (3) 不可抗力具有不可预见性，即合同当事人以现有的技术水平和经验无法预知，具有不可避免和不可克服性 (4) 并不是所有不可抗力的发生都能构成违约的免责事由，只有不可抗力影响到合同的履行时才可以免责。只有当不可抗力发生在合同履行期内，才能构成免责事由
	受害人的过错	(1) 是指受害人对违约行为或者违约损害后果的发生或者扩大存在过错 (2) 当事人都违反合同的，应当各自承担相应的责任。当事人一方违约后，对方应当采取适当措施防止损失的扩大；没有采取适当措施致使损失扩大的，不得就扩大的损失要求赔偿
	免责条款	合同中的下列免责条款无效： (1) 造成对方人身伤害的 (2) 因故意或者重大过失造成对方财产损失的

经典题解

【例题·多选题】根据《中华人民共和国合同法》的规定，承担违约责任的方式有(　　)。(2018 年)

A. 违约损害赔偿

B. 继续履行

C. 支付违约金

D. 赔礼道歉

E. 精神损害赔偿

【解析】承担违约责任的方式包括继续履行、支付违约金和违约损害赔偿。

【答案】ABC

第三十六章　公司法律制度

本章视频详解

使用“会计云课堂”App/微信扫码听课

考点 1　公司概述★★

公司是指依照法定的条件与程序设立、以营利为目的、股东对公司债务承担有限责任的法人组织。

项目	具体内容
特征	(1) 公司具有法人人格 (2) 公司是营利法人 (3) 股东承担有限责任。有限责任公司的股东以其认缴的出资额为限对公司承担责任；股份有限公司的股东以其认购的股份为限对公司承担责任
种类	(1) 根据组织结构不同，公司可分为无限公司、两合公司、有限责任公司、股份有限公司和股份两合公司 (2) 根据公司股权或股份是否可自由转让，公司可分为公开公司和封闭公司（公众公司或私人公司） (3) 根据公司资本来源的不同，公司可分为国有公司、私有公司、外资公司以及混合所有制公司 (4) 公司法将公司分为有限责任公司和股份有限公司 ①有限责任公司：是指股东以其出资额为限对公司承担责任，公司以其全部财产对公司的债务承担责任的企业法人 ②股份有限公司：是指公司全部资本分为等额股份，股东以其所持有的股份对公司承担责任，公司以其全部财产对公司的债务承担责任的企业法人

经典题解

【例题·多选题】 下列关于公司特征的说法中，正确的有（ ）。

A. 股东承担有限责任

B. 公司是营利法人

C. 大部分公司具有法人人格，小部分公司不具有法人人格

D. 公司承担有限责任

E. 股份有限公司的股东以其认购的股份为限对公司承担责任

【解析】 公司具有法人人格，选项 C 错误。

【答案】 ABDE

考点 2 公司的设立条件★★

有限责任公司	(1) 股东符合法定人数。有限责任公司由 50 个以下股东出资设立 (2) 股东出资及公司资本方面的要求 ①有符合公司章程规定的全体股东认缴的出资额 ②股东可以用货币出资，也可以用实物、知识产权、土地使用权等可以用货币估价并可以依法转让的非货币财产作价出资；但是，法律、行政法规规定不得作为出资的财产除外。股东不得以劳务、信用、自然人姓名、商誉、特许经营权或者设定担保的财产等作价出资 ③股东应当按期足额缴纳公司章程中规定的各自所认缴的出资额，否则，除应当向公司足额缴纳外，还应当向已按期足额缴纳出资的股东承担违约责任。公司成立后，股东不得抽逃出资 (3) 股东共同制定公司章程 (4) 有公司名称，建立符合有限责任公司要求的组织机构 (5) 有公司住所

续表

股份有限公司	（1）发起人符合法定人数。设立股份有限公司，应当有 2 人以上 200 人以下为发起人，其中须有半数以上的发起人在中国境内有住所。股份有限公司的发起人应当承担下列责任： ①公司不能成立时，对设立行为所产生的债务和费用负连带责任 ②公司不能成立时，对认股人已缴纳的股款，负返还股款并加算银行同期存款利息的连带责任 ③在公司设立过程中，由于发起人的过失致使公司利益受到损害的，应当对公司承担赔偿责任 （2）有符合公司章程规定的全体发起人认购的股本总额或者募集的实收股本总额，且股份发行、筹办事项符合法律规定 ①股份有限公司采取发起设立方式设立的，注册资本为在公司登记机关登记的全体发起人认购的股本总额 ②股份有限公司采取募集方式设立的，注册资本为在公司登记机关登记的实收股本总额。以募集设立方式设立股份有限公司的，发起人认购的股份不得少于公司股份总数的 35%；但是，法律、行政法规另有规定的，从其规定 （3）采用发起方式设立股份有限公司，由发起人制定并通过公司章程 （4）有公司名称，建立符合股份有限公司要求的组织机构 （5）有公司住所

经典题解

【例题·单选题】根据《中华人民共和国公司法》的规定，设立股份有限公司发起人的人数应为（　　）。（2020 年）

A. 50 人以下

B. 2 人以上 50 人以下

C. 2 人以上 200 人以下

D. 200 人以下

【解析】设立股份有限公司，应当有 2 人以上 200 人以下为发起人，其中须有半数以上的发起人在中国境内有住所。

【答案】C

考点 3　公司设立登记★★

项目	具体内容
设立有限责任公司	应当由全体股东指定的代表或者共同委托的代理人向公司登记机关申请设立登记
设立股份有限公司	应当由董事会向公司登记机关申请设立登记。以募集方式设立股份有限公司的，应当于创立大会结束后 30 日内向公司登记机关申请设立登记

续表

项目	具体内容
公司的登记事项	公司的登记事项包括名称、住所、法定代表人姓名、注册资本、公司类型、经营范围、营业期限、有限责任公司股东或者股份有限公司发起人的姓名或者名称 (1) 设立公司应当申请名称预先核准，预先核准的公司名称的有效期为6个月，有效期满，核准的名称自动失效。预先核准的公司名称在保留期内，不得用于从事经营活动，不得转让 (2) 公司以其主要办事机构所在地为住所 (3) 公司法定代表人依照公司章程的规定，由董事长、执行董事或者经理担任，并依法登记 (4) 公司类型包括有限责任公司和股份有限公司。一人有限责任公司应当在公司登记中注明自然人独资或者法人独资，并在公司营业执照中载明 (5) 公司的经营范围由公司章程规定，并依法登记 (6) 公司可以设立分公司 (7) 依法设立的公司，由公司登记机关发给公司营业执照，即《企业法人营业执照》

考点4　企业信息公示★★

企业应当于每年1月1日至6月30日，通过企业信用信息公示系统向市场监督管理部门报送上一年度的年度报告，并向社会公示。

考点5　股东（大）会、董事会和监事会★★

项目	具体内容		
股东（大）会	职权	(1) 决定公司的经营方针和投资计划 (2) 选举和更换非由职工代表担任的董事、监事，决定有关董事、监事的报酬事项 (3) 审议批准董事会的报告，监事会或者监事的报告，公司的年度财务预算方案、决算方案，审议批准公司的利润分配方案和弥补亏损方案 (4) 对公司增加或者减少注册资本，发行公司债券，公司合并、分立、解散、清算或者变更公司形式做出决议 (5) 修改公司章程 (6) 公司章程规定的其他职权	
	会议表决	(1) 修改公司章程 (2) 增加或者减少注册资本的决议 (3) 公司合并、分立、解散或变更公司形式的决议	
		有限责任公司	必须经代表三分之二以上表决权的股东通过
		股份有限公司	必须经出席会议的股东所持表决权的三分之二以上通过

续表

项目	具体内容	
董事会	职权	（1）召集股东会会议，并向股东会报告工作 （2）执行股东会的决议 （3）决定公司的经营计划和投资方案、内部管理机构的设置 （4）制订公司的年度财务预算、决算方案，公司的利润分配方案和弥补亏损方案，公司增加或者减少注册资本以及发行公司债券的方案，公司合并、分立、解散或者变更公司形式的方案 （5）决定聘任或者解聘公司经理及其报酬事项，并根据经理的提名决定聘任或者解聘公司的副经理、财务负责人及其报酬事项 （6）制定公司的基本管理制度 （7）公司章程规定的其他职权
	有限责任公司	（1）其成员为3~13人 （2）股东人数较少或者规模较小的有限责任公司，可以设1名执行董事，不设董事会
	股份有限公司	（1）其成员为5~19人 （2）董事会成员中可以有公司职工代表 （3）董事会中的职工代表由公司职工通过职工代表大会、职工大会或者其他形式民主选举产生 （4）董事会设董事长1人，可以设副董事长
监事会	职权	（1）检查公司财务 （2）对董事、高级管理人员执行公司职务的行为进行监督，对违反法律、行政法规、公司章程或者股东会决议的董事、高级管理人员提出罢免的建议 （3）当董事、高级管理人员的行为损害公司的利益时，要求董事、高级管理人员予以纠正 （4）提议召开临时股东会会议，在董事会不履行《中华人民共和国公司法》规定的召集和主持股东会会议职责时召集和主持股东会会议 （5）向股东会会议提出提案 （6）依法对董事、高级管理人员提起诉讼 （7）公司章程规定的其他职权
	有限责任公司	（1）其成员不得少于3人，股东人数较少或者规模较小的有限责任公司，可设1~2名监事，不设监事会 （2）监事会应当包括股东代表和适当比例的公司职工代表，其中职工代表的比例不得低于三分之一 （3）董事、高级管理人员不得兼任监事
	股份有限公司	（1）其成员不得少于3人 （2）监事会应当包括股东代表和适当比例的公司职工代表，其中职工代表的比例不得低于三分之一 （3）董事、高级管理人员不得兼任监事
	有限责任公司监事会每年度至少召开一次会议，股份有限公司监事每6个月至少召开一次会议	

经典题解

【例题·多选题】有限责任公司股东会讨论的下列事项决议中，须经代表三分之二以上表决权的股东通过的有（　　）。（2018 年）

A. 变更公司的住所

B. 解聘公司高级管理人员

C. 公司合并、分立、解散

D. 修改公司章程

E. 增加或者减少注册资本

【解析】下列事项必须经代表三分之二以上表决权的股东通过：①修改公司章程；②增加或者减少注册资本；③公司合并、分立、解散或者变更公司形式。

【答案】CDE

考点 6　一人有限责任公司、国有独资公司和上市公司的特别规定★★

项目	具体内容
一人有限责任公司	一人有限责任公司不设股东会
国有独资公司	（1）国有独资公司章程由国有资产监督管理机构制定，或者由董事会制定报国有资产监督管理机构批准 （2）国有独资公司不设股东会，由国有资产监督管理机构行使股东会职权 （3）国有独资公司设董事会，董事会设董事长 1 人，可以设副董事长 （4）国有独资公司监事会成员不得少于 5 人，其中职工代表的比例不得低于 1/3，具体比例由公司章程规定
上市公司	（1）上市公司设独立董事 （2）上市公司设董事会秘书

考点 7　股东权利★★

（1）表决权；

（2）选举权和被选举权；

（3）知情权；

（4）股息红利分配请求权；

（5）股权转让权；

（6）股东代表诉讼权。

经典题解

【例题·单选题】下列企业组织中，应当设立独立董事的是（　　）。（2019 年）

A. 有限责任公司

B. 合伙企业

C. 上市公司

D. 股份有限公司

【解析】上市公司应当设立独立董事。

【答案】C

考点8　董事、监事及高级管理人员的资格和义务★★

（一）任职资格

有下列情形之一的，不得担任公司的董事、监事、高级管理人员：

（1）无民事行为能力或者限制民事行为能力；

（2）因贪污、贿赂、侵犯财产、挪用财产或者破坏社会主义市场经济秩序，被判处刑罚，执行期满未逾5年，或者因犯罪被剥夺政治权利，执行期满未逾5年；

（3）担任破产清算的公司、企业的董事或者厂长、经理，对该公司、企业的破产负有个人责任的，自该公司、企业破产清算完结之日起未逾3年；

（4）担任因违法被吊销营业执照、责令关闭的公司、企业的法定代表人，并负有个人责任的，自该公司、企业被吊销营业执照之日起未逾3年；

（5）个人所负数额较大的债务到期未清偿。

（二）公司董事、高级管理人员的忠实义务和勤勉义务

公司的董事、监事和高级管理人员应当遵守法律、行政法规和公司章程，对公司负有忠实义务和勤勉义务，不得有下列行为：

（1）挪用公司资金；

（2）将公司资金以其个人的名义或者以其他个人的名义开立账户存储；

（3）违反公司章程的规定，未经股东会、股东大会或者董事会同意，将公司资金借贷给他人或者以公司财产为他人提供担保；

（4）违反公司章程的规定或者未经股东会、股东大会同意，与本公司订立合同或者进行交易；

（5）未经股东会或者股东大会同意，利用职务便利为自己或者他人谋取属于公司的商业机会，自营或者为他人经营与所任职公司同类的业务；

（6）接受他人与公司交易的佣金归为己有；

（7）擅自披露公司秘密；

（8）违反对公司忠实义务的其他行为。

【提示】董事、高级管理人员违反上述规定所得的收入应当归公司所有。

经典题解

【例题·多选题】下列人员中，不得担任公司的董事、监事、高级管理人员的有（　　）。（2018年）

A. 限制民事行为能力人

B. 个人所负数额较大的债务到期未清偿的人

C. 因犯罪被剥夺政治权利，执行期满未逾5年的人

D. 无民事行为能力人

E. 自国家行政机关辞职的人

【解析】自国家行政机关辞职的人不属于不得担任董事、监事及高级管理人员的情形。

【答案】ABCD

考点 9 股份发行与回购★★

（一）股份发行

（1）股票发行价格可以按票面金额，也可以超过票面金额，但不得低于票面金额。

（2）公司发行的股票，可以为记名股票，也可以为无记名股票。

（3）公司发行新股，股东大会应当对下列事项做出决议：①新股的种类及数额；②新股的发行价格；③新股发行的起止日期；④向原有股东发行新股的种类及数额。

（二）股份回购

1. 股份有限公司

《中华人民共和国公司法》对股份有限公司股权回购的态度是原则禁止，例外允许。第142条规定，公司不得收购本公司的股份，但有下列6种情形之一的可以回购：

（1）减少公司注册资本；

（2）与持有本公司股份的其他公司合并；

（3）将股份用于员工持股计划或者股权激励；

（4）股东因对股东大会做出的公司合并、分立决议持异议，要求公司收购其股份；

（5）将股份用于转换上市公司发行的可转换为股票的公司债券；

（6）上市公司为维护公司价值及股东权益所必需。

公司收购本公司股份后，属于第（1）项情形的，应当自收购之日起10日内注销；属于第（2）、（4）项情形的，应当在6个月内转让或者注销；属于第（3）、（5）、（6）项情形的，公司合计持有的本公司股份数不得超过本公司已发行股份总额的10%，并应当在3年内转让或者注销。

2. 有限责任公司

《中华人民共和国公司法》第74条以法定方式列举了异议股东股权回购请求权，即有下列情形之一的，对股东会该项决议投反对票的股东可以请求公司按照合理的价格收购其股权：

（1）公司连续5年不向股东分配利润，而公司该5年连续盈利，并且符合本法规定的分配利润条件的；

（2）公司合并、分立、转让主要财产的；

（3）公司章程规定的营业期限届满或者章程规定的其他解散事由出现，股东会会议通过决议修改章程使公司存续的。自股东会会议决议通过之日起60日内，股东与公司不能达成股权收购协议的，股东可以自股东会会议决议通过之日起90日内向人民法院提起诉讼。

考点 10 公司的合并、分立、解散和清算★★★

项目	具体内容
公司合并	（1）是指两个以上的公司，依照法定程序，并成一个公司的行为 （2）可以采取吸收合并或者新设合并 （3）公司应当自做出合并决议之日起10日内通知债权人，并于30日内在报纸上公告。债权人自接到通知书之日起30日内，未接到通知书的自公告之日起45日内，可以要求公司清偿债务或者提供相应的担保 （4）公司合并时，合并各方的债权、债务应当由合并后存续的公司或者新设的公司承继

续表

项目	具体内容
公司分立	(1) 是指一个公司依法分为两个或两个以上的公司的行为。公司分立，其财产做相应的分割 (2) 公司应当自做出分立决议之日起 10 日内通知债权人，并于 30 日内在报纸上公告 (3) 公司分立前的债务由分立后的公司承担连带责任。但是，公司在分立前与债权人就债务清偿达成的书面协议另有约定的除外 (4) 公司分立包括派生分立和新设分立
公司解散	公司解散的原因如下： (1) 公司章程规定的营业期限届满或者公司章程规定的其他解散事由出现 (2) 股东会或者股东大会决议解散 (3) 因公司合并或者分立需要解散 (4) 依法被吊销营业执照、责令关闭或者被撤销 (5) 人民法院判决予以解散 出现第 (1) 项公司解散原因时，可以通过修改公司章程而存续；修改公司章程，有限责任公司须经持有 2/3 以上表决权的股东通过，股份有限公司须经出席股东大会会议的股东所持表决权的 2/3 以上通过
公司清算	(1) 公司清算是指公司解散或者依法宣告破产后，依照一定程序结束公司事务，收回债权、清偿债务、清理资产并分配剩余财产，消灭公司的过程 (2) 清算组：是公司清算事务的执行人 ①有限责任公司的清算组由股东组成，股份有限公司的清算组由董事或股东大会确定的人员组成 ②公司应当在解散事由（除合并、分立）出现之日起 15 日内成立清算组，开始清算 (3) 清算组的程序 ①清算组应当自成立之日起 10 日内通知债权人，并于 60 日内在报纸上公告。债权人应当自接到通知书之日起 30 日内，未接到通知书的自公告之日起 45 日内，向清算组申报其债权 ②逾期不成立清算组进行清算的，债权人可以申请人民法院指定有关人员组成清算组进行清算 (4) 清算组织的职权 ①清理公司财产，分别编制资产负债表和财产清单 ②通知、公告债权人 ③处理与清算有关的公司未了结的业务 ④清缴所欠税款以及清算过程中产生的税款 ⑤清理债权、债务 ⑥处理公司清偿债务后的剩余财产 ⑦代表公司参与民事诉讼活动 【提示】在清算期间，公司存续，但不得开展与清算无关的经营活动

经典题解

【例题·单选题】下列关于公司解散和清算的说法中，错误的是（　　）。(2020 年)

A. 公司清算终结前，公司的股东会和监

事会作为公司机构仍然可以履行其职责

B. 清算组应当在成立之日起 10 日内通知债权人，并于 60 日内在报纸上公告

C. 公司除因合并或分立需要解散外，应在解散事由出现之日起 15 日内成立清算组

D. 公司宣告破产后，清算终结前，公司的法人资格仍然存在

【解析】公司解散、宣告破产后，在清算终结前，公司的法人资格仍然存在，其股东会和监事会作为公司机构仍然存在，只是作为公司决策机构和对外代表的董事会以及作为公司执行机构的经理不再履行其职责，而由清算组织代替，负责公司清算期间事务的处理。

【答案】A

第三十七章　其他法律制度

本章视频详解

使用"会计云课堂" App/微信扫码听课

考点 1　工业产权★

工业产权是指人们依照法律对应用于商品生产和流通中的创造发明和显著标记等智力成果，在一定期限和地域内享有的专有权。工业产权与著作权统称为知识产权。

工业产权的特征：①专有性；②地域性；③时间性。

考点 2　专利权★★

专利权是指按照专利法的规定，由国家专利机关授予发明人、设计人或其所属单位对某项发明创造在法定期限内享有的专有权。

（一）专利权的主体

主体	具体内容
发明人（设计人）、专利申请人和专利权人	（1）发明人或者设计人是指对发明创造的实质性特点做出创造性贡献的人。发明人或者设计人只能是自然人，不能是单位、集体或课题组 （2）专利申请人是指有资格就发明创造向国务院专利行政部门申请专利的人，或者是已经向国务院专利行政部门提出专利申请的自然人、法人或其他组织。专利申请人可以是发明人、设计人，也可以不是发明人、设计人 （3）专利权人是指依法在特定期限内对特定发明创造享有专有权利的主体。专利申请人的专利申请获得国家专利行政部门批准后，就成为专利权人。专利权人也可以是通过转让、继承获得专利权的主体
职务发明的权利主体	职务发明创造申请专利的权利属于该单位，申请被批准后，该单位为专利权人；非职务发明创造，申请专利的权利属于发明人或者设计人，申请被批准后，该发明人或者设计人为专利权人
合作发明和委托发明的权利主体	两个以上单位或者个人合作完成的发明创造、一个单位或者个人接受其他单位或者个人委托所完成的发明创造，除另有协议的以外，申请专利的权利属于完成或者共同完成的单位或者个人；申请被批准后，申请的单位或者个人为专利权人

续表

主体	具体内容
受让人	受让人是指通过合同或者继承而依法取得专利申请权和专利权的单位或个人
外国人	包括外国的自然人和法人
共同发明人或者共同设计人	两个以上单位或者个人合作完成的发明创造、一个单位或者个人接受其他单位或者个人委托所完成的发明创造，除另有协议的以外，申请专利的权利属于完成或者共同完成的单位或者个人；两个以上的申请人分别就同样的发明创造申请专利的，专利权授予最先申请的人

【提示】专利权可以为一个自然人或法人所有，也可以为两个或两个以上自然人或法人所共有。

（二）专利权的客体

发明	（1）是指对产品、方法或者其改进所提出的新的技术方案 （2）发明分为产品发明和方法发明
实用新型	是指对产品的形状、构造或者其结合所提出的适于实用的新的技术方案 实用新型与发明的区别有以下几方面： （1）实用新型的保护范围比发明专利的要小，实用新型仅限于对产品的形状、构造或者其组合所提出的适于实用的新的技术方案 （2）实用新型的创造性程度低于发明 （3）实用新型的保护期比发明的保护期短，发明专利权的期限为20年，实用新型专利权的期限为10年，均自申请日起计算
外观设计	是指对产品的形状、图案或者其结合以及色彩与形状、图案的结合所做出的富有美感并适于工业上应用的新设计。外观设计专利权的期限为15年，自申请日起计算

（三）授予专利权的条件

（1）授予专利权的发明和实用新型，应当具备新颖性、创造性和实用性。

【提示】申请专利的发明创造在申请日以前6个月内，有下列情形之一的，不丧失新颖性：①在国家出现紧急状态或者非常情况时，为公共利益目的首次公开的；②在中国政府主办或者承认的国际展览会上首次展出的；③在规定的学术会议或者技术会议上首次发表的；④他人未经申请人同意而泄露其内容的。

（2）授予专利权的外观设计，应当不属于现有设计；也没有任何单位或者个人就同样的外观设计在申请日以前向国务院专利行政部门提出过申请，并记载在申请日以后公告的专利文件中。授予专利权的外观设计与现有设计或者现有设计特征的组合相比，应当具有明显区别。现有设计是指申请日以前在国内外为公众所知的设计。授予专利权的外观设计不得与他人在申请日以前已经取得的合法权利相冲突。

（四）《中华人民共和国专利法》不予保护的对象

（1）科学发现；

（2）智力活动的规则和方法；

（3）疾病的诊断和治疗方法；

（4）动物和植物品种，但对于动物和植物品种的生产方法，可以依法授予专利权；

（5）原子核变换方法以及用原子核变换方法获得的物质；

（6）对平面印刷品的图案、色彩或者两者的结合做出的主要起标识作用的设计。

（五）专利权的内容与限制

1. 专利权人的权利

专利权分为人身权利和财产权利。

专利人身权是指发明人对发明创造所享有的署名权等权利。

专利财产权是指专利权人通过对专利技术的享有而取得物质利益的权利。

2. 专利权人的义务

（1）专利权人有缴纳年费的义务。

（2）被授予专利权的单位应当对职务发明创造的发明人或者设计人给予奖励；发明创造专利实施后，根据其推广应用的范围和取得的经济效益，对发明人或者设计人给予合理的报酬。

3. 专利权的内容

（1）独占实施权。专利权人依法享有排他性的自己制造、使用、销售和进口其专利产品或者使用其专利方法的权利。独占实施权也可以理解为禁止他人未经许可实施专利的权利。

（2）实施许可权。许可他人实施专利并收取专利使用费的权利。

（3）转让权。转让专利申请权或者专利权的，当事人应当订立书面合同，并向国务院专利行政部门登记，由国务院专利行政部门予以公告。专利申请权或者专利权的转让自登记之日起生效。

（4）放弃权。专利权人有权以书面形式放弃其专利权。

4. 专利权的限制

含义	专利权的限制是指在法律规定的情况下，他人可以不经专利权人许可而实施其专利，而且不被视为侵犯专利权的行为。专利权的限制包括不视为侵犯专利权、强制许可和计划许可
不视为侵犯专利权	（1）专利产品或者依照专利方法直接获得的产品，由专利权人或者经其许可的单位、个人售出后，使用、许诺销售、销售、进口该产品的 （2）在专利申请日前已经制造相同产品、使用相同方法或者已经做好制造、使用的必要准备，并且仅在原有范围内继续制造、使用的 （3）临时通过中国领陆、领水、领空的外国运输工具，依照其所属国同中国签订的协议或者共同参加的国际条约，或者依照互惠原则，为运输工具自身需要而在其装置和设备中使用有关专利的 （4）专为科学研究和实验而使用有关专利不属于侵权行为，即在实验室条件下，为了在已有专利技术的基础上探索新的发明创造，演示性地利用有关专利，或者考察验证有关专利的技术效果而利用有关的专利技术 （5）为提供行政审批所需要的信息，制造、使用、进口专利药品或者专利医疗器械的，以及专门为其制造、进口专利药品或者专利医疗器械的

续表

强制许可	强制许可包括 4 种类型： （1）合理条件的强制许可 （2）限制垄断的强制许可 （3）紧急状态或公益目的的强制许可 （4）依存专利的强制许可
计划许可	是指国有企业事业单位的发明专利对国家利益或者公共利益具有重大意义的，国务院有关主管部门和省、自治区、直辖市人民政府报经国务院批准，可以决定在批准的范围内推广应用，允许指定的单位实施，由实施单位按照国家规定向专利权人支付使用费

（六）专利权的保护

1. 专利侵权行为

专利侵权行为是指在专利权有效期内，未经专利权人许可，为了生产经营目的，而实施专利的行为。

其表现形式如下。

（1）为生产经营目的制造、使用、许诺销售、销售、进口发明和实用新型专利权人的专利产品；

（2）为生产经营目的使用发明和实用新型专利权人的专利方法或者使用、许诺销售、销售、进口依照该专利方法直接获得的产品；

（3）为生产经营目的制造、许诺销售、销售、进口外观设计专利权人的专利产品；

（4）假冒他人专利，即在非专利产品或其包装上标注他人的专利标记或专利号，以冒充他人专利的行为。

2. 专利侵权行为的法律责任

（1）侵犯专利权人专利权引起纠纷的，由当事人协商解决；不愿协商或者协商不成的，专利权人或者利害关系人可以向人民法院起诉，也可以请求管理专利工作的部门处理。管理专利工作的部门处理时，认定侵权行为成立的，可以责令侵权人立即停止侵权行为，当事人不服的，可以自收到处理通知之日起 15 日内依照《中华人民共和国行政诉讼法》向人民法院提起行政诉讼；侵权人期满不起诉又不停止侵权行为的，管理专利工作的部门可以申请人民法院强制执行。

（2）专利侵权的民事责任承担形式包括停止侵害、赔偿损失、消除影响等。

（3）侵犯专利权的诉讼时效为 3 年，自专利权人或者利害关系人知道或者应当知道侵权行为以及侵权人之日起计算。发明专利申请公布后至专利权授予前使用该发明未支付适当使用费的，专利权人要求支付使用费的诉讼时效为 3 年，自专利权人知道或者应当知道他人使用其发明之日起计算。但是，专利权人于专利权授予之日前即已知道或者应当知道的，自专利权授予之日起计算。

经典题解

【例题・多选题】下列选项中，属于《中华人民共和国专利法》不予保护的对象有（　　）。（2020 年）

A. 智力活动的规则和方法

B. 疾病的诊断和治疗方法

C. 动物和植物品种的生产方法

D. 利用遗传资源，并依赖该遗传资源完成的发明创造

E. 科学发现

【解析】对于动物和植物品种的生产方法，可以依法授予专利权。

【答案】ABDE

考点3 商标权的取得★★

项目	具体内容
商标的类型	(1) 注册商标和未注册商标 (2) 商品商标和服务商标 (3) 平面商标、立体商标和声音商标 (4) 集体商标和证明商标
商标权的取得	(1) 原始取得：按照商标注册程序办理 (2) 继受取得：按照合同转让和继承注册商标的程序办理
商标注册的概念	(1) 商标注册是指商标使用人将其使用的商标按照法律规定的条件和程序，向商标管理机关提出注册申请，以取得商标专用权的行为 (2) 在我国，商标注册采用**自愿注册**和**强制注册**相结合、以自愿注册为主的制度 卷烟、雪茄烟和有包装的烟丝，未经核准注册的，不得生产、销售
商标注册的条件	(1) 积极条件为商标应当有显著特征，便于识别 (2) 消极条件为禁止作为商标注册的各类情形，包括： ①仅有本商品的通用名称、图形、型号的 ②仅直接表示商品的质量、主要原料、功能、用途、重量、数量及其他特点的 ③其他缺乏显著特征的标志 ④以三维标志申请注册商标的，仅由商品自身的性质产生的形状、为获得技术效果而需有的商品形状或者使商品具有实质性价值的形状，不得注册 其中，第①项至第③项所列标志经过使用取得显著特征，并便于识别的，可以作为商标注册
申请商标注册的方法	(1) 商标注册申请人应当按规定的商品分类表填报使用商标的商品类别和商品名称，提出注册申请 (2) 商标注册申请人可以通过一份申请就多个类别的商品申请注册同一商标 (3) 注册商标需要在核定使用范围之外的商品上取得商标专用权的，应当另行提出注册申请

续表

项目	具体内容
商标注册的审核	（1）对申请注册的商标，商标局应当自收到商标注册申请文件之日起9个月内审查完毕，符合《中华人民共和国商标法》有关规定的，予以初步审定公告 （2）对初步审定公告的商标，自公告之日起3个月内，在先权利人、利害关系人认为违反《中华人民共和国商标法》有关规定的，可以向商标局提出异议 （3）对初步审定公告的商标提出异议的，商标局应当听取异议人和被异议人陈述事实和理由，经调查核实后，自公告期满之日起12个月内做出是否准予注册的决定，并书面通知异议人和被异议人 （4）商标局做出不予注册决定，被异议人不服的，自收到通知之日起15日内向商标评审委员会申请复审。被异议人对商标评审委员会的决定不服的，可以自收到通知之日起30日内向人民法院起诉
商标注册的原则	商标注册的申请与审核，除遵循自愿注册原则外，商标注册申请还遵循先申请原则和优先权原则
	（1）先申请原则是指两个或者两个以上的商标注册申请人，在同一种商品或者类似商品上，以相同或者近似的商标申请注册的，初步审定并公告申请在先的商标；同一天申请的，初步审定并公告使用在先的商标，驳回其他人的申请，不予公告 （2）优先权原则包括：商标注册申请人自其商标在外国第一次提出商标注册申请之日起6个月内，又在中国就相同商品以同一商标提出商标注册申请的，依照该外国同中国签订的协议或者共同参加的国际条约，或者按照相互承认优先权的原则，可以享有优先权。商标在中国政府主办的或者承认的国际展览会展出的商品上首次使用的，自该商品展出之日起6个月内，该商标的注册申请人可以享有优先权

经典题解

【例题·单选题】下列关于我国商标注册法律制度的说法中，正确的是（　　）。（2017年）

A. 商标注册采取自愿注册的原则

B. 未经注册的商标不可以使用

C. 商标设计必须具备显著特征，易于识别

D. 所有未使用注册商标的商品均不得在市场上销售

【解析】在我国，商标注册采用自愿注册和强制注册相结合、以自愿注册为主的制度，选项A错误；未经注册的商标也可以使用，但是使用人不享有专用权，选项B错误；法律、行政法规规定必须使用注册商标的商品，必须申请商标注册，未经核准注册的，不得在市场销售，选项D错误。

【答案】C

考点4　商标权的内容★★

项目	具体内容
专用权	商标权人对其注册商标依法享有的自己在指定商品或服务项目上独占、排他使用的权利

续表

项目	具体内容
续展权	(1) 注册商标的有效期为10年，自核准注册之日起计算 (2) 注册商标的续展申请，应在商标有效期满前12个月内向商标局提出，如果因故不能在规定的期限内提出，可以给予6个月的宽展期
转让权	转让注册商标经核准后，予以公告，受让人自公告之日起享有商标专用权
许可使用权	(1) 商标注册人可以通过签订商标使用许可合同，许可他人使用其注册商标 (2) 许可人应当将其商标使用许可报商标局备案，由商标局公告

考点5 劳动合同法概述★

1. 劳动合同法

劳动合同法是全面调整劳动合同关系的法律规范的总称。

2. 适用对象

(1) 中华人民共和国境内的企业、个体经济组织、民办非企业单位等组织与劳动者建立劳动关系，订立、履行、变更、解除或者终止劳动合同，适用劳动合同法。

(2) 国家机关、事业单位、社会团体和与其建立劳动关系的劳动者，订立、履行、变更、解除或者终止劳动合同，依照劳动合同法执行。

考点6 劳动合同的类型★★

根据是否约定劳动合同终止时间，可以将劳动合同分为固定期限劳动合同、无固定期限劳动合同、以完成一定工作任务为期限的劳动合同。

项目	具体内容
固定期限劳动合同	是指用人单位与劳动者约定合同终止时间的劳动合同
无固定期限劳动合同	(1) 用人单位与劳动者协商一致，可以订立无固定期限劳动合同 (2) 有下列情形之一，劳动者提出或者同意续订、订立劳动合同的，除劳动者提出订立固定期限劳动合同外，应当订立无固定期限劳动合同： ①劳动者在该用人单位连续工作满10年的 ②用人单位初次实行劳动合同制度或者国有企业改制重新订立劳动合同时，劳动者在该用人单位连续工作满10年且距法定退休年龄不足10年的 ③连续订立2次固定期限劳动合同，而且单位对劳动者不能依据《中华人民共和国劳动合同法》享有法定解除权，续订劳动合同的；用人单位自用工之日起满1年不与劳动者订立书面劳动合同的，视为用人单位与劳动者已订立无固定期限劳动合同
以完成一定工作任务为期限的劳动合同	是指用人单位与劳动者约定以某项工作的完成为合同期限的劳动合同

经典题解

【例题·多选题】根据《中华人民共和国劳动合同法》，应签订无固定期限劳动合同的法定情形有（　　）。(2017年)

A. 劳动者在该用人单位连续工作满10年

B. 劳动者在该用人单位累计工作满10年

C. 用人单位初次实行劳动合同制度或者国有企业改制重新订立劳动合同时，劳动者在该用人单位连续工作满10年且距法定退休年龄不足10年的

D. 劳动者在该用人单位连续工作满10年，但劳动者提出订立固定期限劳动合同

E. 连续订立2次固定期限劳动合同，而且单位对劳动者依法不能享有法定解除权，续订劳动合同的

【解析】劳动者在该用人单位连续工作满10年，应签订无固定期限劳动合同，选项B错误；劳动者在该用人单位连续工作满10年，但劳动者提出订立固定期限劳动合同，不应订立无固定期限劳动合同，选项D错误。

【答案】ACE

考点7　劳动合同的订立★★

项目	具体内容
劳动合同订立的原则	(1) 合法原则 (2) 公平原则 (3) 平等自愿原则 (4) 诚实信用原则 (5) 协商一致原则
劳动合同的条款	(1) 用人单位的名称、住所和法定代表人或者主要负责人 (2) 劳动者的姓名、住址和居民身份证或者其他有效身份证件号码 (3) 劳动合同期限 (4) 工作内容和工作地点 (5) 工作时间和休息休假 (6) 劳动报酬 (7) 社会保险 (8) 劳动保护、劳动条件和职业危害防护 (9) 法律、法规规定应当纳入劳动合同的其他事项 劳动合同除前款规定的必备条款外，用人单位与劳动者还可以约定试用期、培训、保守秘密、补充保险和福利待遇等其他事项
劳动合同的无效	劳动合同无效或部分无效的情形： (1) 以欺诈、胁迫的手段或者乘人之危，使对方在违背真实意思的情况下订立或者变更劳动合同的 (2) 用人单位免除自己的法定责任、排除劳动者权利的 (3) 违反法律、行政法规强制性规定的

经典题解

【例题·多选题】 订立劳动合同应当遵循的基本原则有（ ）。（2019 年）

A. 等价有偿原则

B. 合法原则

C. 公平原则

D. 诚实信用原则

E. 平等自愿原则

【解析】 劳动合同的订立应当遵循如下原则：①合法原则；②公平原则；③平等自愿原则；④诚实信用原则；⑤协商一致原则。

【答案】 BCDE

考点 8 劳动合同的解除★★

类型	具体内容
协商解除	用人单位与劳动者协商一致，可以解除劳动合同
用人单位单方解除	劳动者存在过错： （1）在试用期间被证明不符合录用条件的 （2）严重违反用人单位的规章制度的 （3）严重失职，营私舞弊，给用人单位造成重大损害的 （4）劳动者同时与其他用人单位建立劳动关系，对完成本单位的工作任务造成严重影响，或者经用人单位提出，拒不改正的 （5）以欺诈、胁迫的手段或者乘人之危，使对方在违背真实意思的情况下订立或变更劳动合同的，致使劳动合同无效的 （6）被依法追究刑事责任的
	劳动者无过错： 是指劳动者无过错，但由于主客观原因致使劳动合同无法履行 【提示】用人单位提前 30 日以书面形式通知劳动者本人或者额外支付劳动者一个月工资后，可以解除劳动合同。其主要情形： （1）劳动者患病或者非因工负伤，在规定的医疗期满后不能从事原工作，也不能从事由用人单位另行安排的工作的 （2）劳动者不能胜任工作，经过培训或者调整工作岗位，仍不能胜任工作的 （3）劳动合同订立时所依据的客观情况发生重大变化，致使劳动合同无法履行，经用人单位与劳动者协商，未能就变更劳动合同内容达成协议的
	经济性裁员： 用人单位需要裁减人员 20 人以上或者裁减不足 20 人但占企业职工总数 10% 以上的，用人单位提前 30 日向工会或者全体职工说明情况，听取工会或者职工的意见后，裁减人员方案经向劳动行政部门报告，可以裁减人员 【提示】裁减人员时，应当优先留用下列劳动者： （1）与本单位订立较长期限的固定期限劳动合同的 （2）与本单位订立无固定期限劳动合同的 （3）家庭无其他就业人员，有需要赡养的老人或者未成年人的 用人单位依法裁减人员，在 6 个月内重新招用人员的，应当通知被裁减的人员，并在同等条件下优先招用被裁减的人员

续表

类型	具体内容	
劳动者单方解除	预告解除	劳动者提前30日以书面形式通知用人单位，可以解除劳动合同，劳动者在试用期内提前3日通知用人单位，可以解除劳动合同
	即时解除	用人单位以暴力、威胁或者非法限制人身自由的手段强迫劳动者劳动的，或者用人单位违章指挥、强令冒险作业危及劳动者人身安全的，劳动者可以立即解除劳动合同，不需事先告知用人单位
用人单位不得解除劳动合同的情形	劳动者有下述情形之一的，用人单位不得依照劳动者无过错的合同解除条件或经济性裁员的规定与劳动者解除劳动合同： (1) 从事接触职业病危害作业的劳动者未进行离岗前职业健康检查，或者疑似职业病病人在诊断或者医学观察期间的 (2) 在本单位患职业病或者因工负伤并被确认丧失或者部分丧失劳动能力的 (3) 患病或者非因工负伤，在规定的医疗期内的 (4) 女职工在孕期、产期、哺乳期的 (5) 在本单位连续工作满15年，且距法定退休年龄不足5年的 (6) 法律、行政法规规定的其他情形 存在上述情形之一的，劳动合同期满，劳动合同应当延续至相应的情形消失时为止	
劳动合同的终止	劳动合同的终止是指出现符合法律规定的情形时，劳动合同的效力即行消灭，用人单位和劳动者之间的合同权利、义务关系终止 (1) 劳动合同期满的 (2) 劳动者开始依法享受基本养老保险待遇的 (3) 劳动者死亡，或者被人民法院宣告死亡或者宣告失踪的 (4) 用人单位被依法宣告破产的 (5) 用人单位被吊销营业执照、责令关闭、撤销或者用人单位决定提前解散的 (6) 法律、行政法规规定的其他情形	

经典题解

【例题·多选题】下列人员中，属于用人单位在经济性裁员时应当优先留用的劳动者有（　　）。(2018年)

A. 与本单位订立无固定期限劳动合同的劳动者

B. 本单位的技术骨干

C. 与本单位订立较长期限的固定期限劳动合同的劳动者

D. 家庭无其他就业人员，有需要赡养的老人或者抚养的未成年人的劳动者

E. 本单位学历较高的劳动者

【解析】裁减人员时，应当优先留用下列劳动者：①与本单位订立较长期限的固定期限劳动合同的；②与本单位订立无固定期限劳动合同的；③家庭无其他就业人员，有需要赡养的老人或者抚养的未成年人的。

【答案】ACD

考点 9　消费者权益保护法概述★

1. 消费者权益保护法

消费者权益保护法是指国家为了调整在保护消费者权益过程中发生的社会关系而制定的法律规范的总称。消费者是消费者权益保护法中的重要主体，是指为了满足生活消费需要而购买、使用商品或接受服务的自然人。

2. 消费者权益保护法的适用范围

（1）消费者为生活消费需要而购买、使用商品或接受服务，其权益受《中华人民共和国消费者权益保护法》的保护；

（2）经营者为消费者提供其生产、销售的商品或者提供服务，应当遵守《中华人民共和国消费者权益保护法》；

（3）农民购买、使用直接用于农业生产的各种生产资料，参照《中华人民共和国消费者权益保护法》执行。

考点 10　消费者的权利和经营者的义务★★

项目	具体内容
消费者的权利	（1）安全保障权 （2）知悉真情权 （3）自主选择权 （4）公平交易权 （5）依法求偿权 （6）依法结社权 （7）求教获知权 （8）维护尊严权 （9）个人信息权 （10）监督批评权
经营者的义务	（1）依法依约履行义务 （2）接受监督的义务 （3）安全保障义务 （4）召回义务 （5）提供真实信息的义务 （6）标明真实名称和标志的义务 （7）出具凭证或单据的义务 （8）质量担保义务 （9）履行“三包”等责任的义务 （10）无理由退货义务 （11）合理使用格式条款义务 （12）不侵犯消费者人身权利的义务 （13）信息说明义务 （14）个人信息保护义务

考点 11 争议的解决★★

（一）争议解决的途径

（1）与经营者协商和解；

（2）请求消费者协会或者依法成立的其他调解组织调解；

（3）向有关行政部门投诉；

（4）根据与经营者达成的仲裁协议提请仲裁机构仲裁；

（5）向人民法院提起诉讼。

（二）消费索赔的规则

（1）向销售者要求赔偿。

（2）选择向销售者或生产者要求赔偿。属于生产者责任的，销售者赔偿后，有权向生产者追偿；属于销售者责任的，生产者赔偿后，有权向销售者追偿。

（3）向服务者要求赔偿。

（4）企业分立、合并的情形。消费者在购买、使用商品或者接受服务时，其合法权益受到损害，因原企业分立、合并的，可以向变更后承受其权利、义务的企业要求赔偿。

（5）使用他人营业执照的情形。使用他人营业执照的违法经营者提供商品或者服务，损害消费者合法权益的，消费者可以向其要求赔偿，也可以向营业执照的持有人要求赔偿。

（6）展销会、租赁柜台的情形。展销会结束或者柜台租赁期满后，可以向展销会的举办者、柜台的出租者要求赔偿。展销会的举办者、柜台的出租者赔偿后，有权向销售者或者服务者追偿。

（7）网络交易平台购物情形。网络交易平台提供者不能提供销售者或者服务者的真实名称、地址和有效联系方式的，消费者也可以向网络交易平台提供者要求赔偿；网络交易平台提供者做出更有利于消费者的承诺的，应当履行承诺。网络交易平台提供者赔偿后，有权向销售者或者服务者追偿。

（8）虚假广告的情形。消费者因经营者利用虚假广告或者其他虚假宣传方式提供商品或者服务，其合法权益受到损害的，可以向经营者要求赔偿。广告经营者、发布者设计、制作、发布关系消费者生命健康商品或者服务的虚假广告，造成消费者损害的，应当与提供该商品或者服务的经营者承担连带责任。社会团体或者其他组织、个人在关系消费者生命健康商品或者服务的虚假广告或者其他虚假宣传中向消费者推荐商品或者服务，造成消费者损害的，应当与提供该商品或者服务的经营者承担连带责任。

经典题解

【例题·多选题】对侵害众多消费者合法权益的行为，有权向人民法院提起诉讼的有（　　）。(2020 年）

A. 消费者所在的居委会和村委会

B. 中国消费者协会

C. 各省、自治区、直辖市设立的消费者协会

D. 各级人民政府

E. 各级市场监督管理局

【解析】对侵害众多消费者合法权益的行为，中国消费者协会以及在省、自治区、直辖市设立的消费者协会，可以向人民法院提起诉讼。

【答案】BC

考点 12 违反消费者权益保护法的法律责任★

民事责任	经营者提供商品或者服务，需依法承担民事责任的情形包括以下几个方面： （1）商品或者服务存在缺陷的 （2）不具备商品应当具备的使用性能而出售时未做说明的 （3）不符合在商品或者其包装上注明采用的商品标准的 （4）不符合商品说明、实物样品等方式表明的质量状况的 （5）生产国家明令淘汰的商品或者销售失效、变质的商品的 （6）销售的商品数量不足的 （7）服务的内容和费用违反约定的 （8）对消费者提出的修理、重作、更换、退货、补足商品数量、退还货款和服务费用或者赔偿损失的要求，故意拖延或者无理拒绝的 （9）法律、法规规定的其他损害消费者权益的情形
行政责任	经营者有下列情形之一，除承担相应的民事责任外，其他有关法律、法规对处罚机关和处罚方式有规定的，依照法律、法规的规定执行；法律、法规未做规定的，由市场监管部门或者其他有关行政部门责令改正，可根据情节单处或者并处警告、没收违法所得、处以违法所得 1 倍以上 10 倍以下的罚款，没有违法所得的，处以 50 万元以下的罚款；情节严重的，责令停业整顿、吊销营业执照： （1）提供的商品或者服务不符合保障人身、财产安全要求的 （2）在商品中掺杂、掺假，以假充真，以次充好，或者以不合格商品冒充合格商品的 （3）生产国家明令淘汰的商品或者销售失效、变质的商品的 （4）伪造商品的产地，伪造或者冒用他人的厂名、厂址，篡改生产日期，伪造或者冒用认证标志等质量标志的 （5）销售的商品应当检验、检疫而未检验、检疫或者伪造检验、检疫结果的 （6）对商品或者服务做虚假或者引人误解的宣传的 （7）拒绝或者拖延有关行政部门责令对缺陷商品或者服务采取停止销售、警示、召回、无害化处理、销毁、停止生产或者服务等措施的 （8）对消费者提出的修理、重作、更换、退货、补足商品数量、退还货款和服务费用或者赔偿损失的要求，故意拖延或者无理拒绝的 （9）侵害消费者人格尊严、侵犯消费者人身自由或者侵害消费者个人信息依法得到保护的权利的 （10）法律、法规规定的对损害消费者权益应当予以处罚的其他情形
刑事责任	（1）经营者违反《中华人民共和国消费者权益保护法》的规定提供商品或者服务，侵害消费者合法权益，构成犯罪的，依法追究刑事责任 （2）经营者应当承担民事赔偿责任和缴纳罚款、罚金，其财产不足以同时支付的，先承担民事赔偿责任

考点13 反垄断法的概念和适用范围★★

项目	具体内容	
概念	是指通过规范垄断和限制竞争行为来调整经营者之间竞争关系的法律规范的总称	
适用范围	适用反垄断法的情况	(1) 中华人民共和国境内经济活动中的垄断行为 (2) 中华人民共和国境外的垄断行为，对境内市场竞争产生排除、限制影响的 (3) 经营者滥用知识产权，排除、限制竞争的行为
	不适用反垄断法的情况	(1) 经营者依照有关知识产权的法律、行政法规规定行使知识产权的行为 (2) 农业生产者及农村经济组织在农产品生产、加工、销售、运输、储存等经营活动中实施的联合或者协同行为

考点14 反垄断机构设置★

反垄断机构主要包括国务院反垄断委员会和反垄断执法机构。

职权	反垄断执法机构依法对涉嫌垄断行为进行调查。对涉嫌垄断行为，任何单位和个人有权向反垄断执法机构举报
调查措施	(1) 进入被调查的经营者的营业场所或者其他有关场所进行检查 (2) 询问被调查的经营者、利害关系人或者其他有关单位或者个人，要求其说明有关情况 (3) 查阅、复制被调查的经营者、利害关系人或者其他有关单位或者个人的有关单证、协议、会计账簿、业务函电、电子数据等文件、资料 (4) 查封、扣押相关证据 (5) 查询经营者的银行账户 【注意】采取上述规定的措施，应当向反垄断执法机构的主要负责人书面报告，并经批准

考点15 相关市场的界定★★

（一）相关市场的概念

相关市场是指经营者在一定时期内就特定商品或者服务进行竞争的商品范围和地域范围。界定相关市场就是明确经营者竞争的市场范围，其通常是对竞争行为进行分析的起点，是反垄断执法工作的重要步骤。2009年国务院反垄断委员会发布了《关于相关市场界定的指南》，将相关市场细分为相关商品市场、相关地域市场和时间市场。

（二）相关市场界定的依据和方法

1. 替代性分析

(1) 从需求者的角度来看，商品之间的替代程度越高，竞争关系就越强，就越可能属于同一相关市场；

(2) 从经营者的角度来看，其他经营者生产设施改造的投入越少，承担的额外风险就越小，提供紧密替代商品就越迅速，供给替代程度就越高，界定相关市场尤其在识别相关市场参与者时就应考虑供给替代。

2. 假定垄断者测试

随着商品集合越来越大，集合内商品与集合外商品的替代性越来越小，最终会出现某一商品集合，假定垄断者可以通过涨价实现盈利，由此便界定出相关商品市场。

考点 16 垄断行为★★

（一）垄断协议

项目	具体内容
垄断协议	又称为卡特尔协议，是指经营者达成或者采取的旨在排除、限制竞争的协议、决定或者其他协同行为
反垄断法禁止的行为	（1）禁止横向垄断协议，即禁止具有竞争关系的经营者达成的垄断协议 ①固定或者变更商品价格 ②限制商品的生产数量或者销售数量 ③分割销售市场或者原材料采购市场 ④限制购买新技术、新设备或者限制开发新技术、新产品 ⑤联合抵制交易 ⑥国务院反垄断执法机构认定的其他垄断协议 （2）禁止纵向垄断协议，即禁止经营者与交易相对人达成的垄断协议 ①固定向第三人转售商品的价格 ②限定向第三人转售商品的最低价格 ③国务院反垄断执法机构认定的其他垄断协议
垄断协议的豁免	反垄断法允许的行为： （1）为改进技术、研究开发新产品的 （2）为提高产品质量、降低成本、增进效率，统一产品规格、标准或者实行专业化分工的 （3）为提高中小经营者经营效率，增强中小经营者竞争力的 （4）为实现节约能源、保护环境、救灾救助等社会公共利益的 （5）因经济不景气，为缓解销售量严重下降或者生产明显过剩的 （6）为保障对外贸易和对外经济合作中的正当利益的 （7）法律和国务院规定的其他情形 上述（1）~（5）项经营者还应当证明所达成的协议不会严重限制相关市场的竞争，并且能够使消费者分享由此产生的利益

（二）经营者滥用市场支配地位

项目	具体内容
认定经营者具有市场支配地位应当依据的因素	（1）该经营者在相关市场的市场份额，以及相关市场的竞争状况 （2）该经营者控制销售市场或者原材料采购市场的能力 （3）该经营者的财力和技术条件 （4）其他经营者对该经营者在交易上的依赖程度 （5）其他经营者进入相关市场的难易程度 （6）与认定该经营者市场支配地位有关的其他因素

续表

项目	具体内容
可以推定经营者具有市场支配地位的情形	（1）一个经营者在相关市场的市场份额达到二分之一的 （2）两个经营者在相关市场的市场份额合计达到三分之二的 （3）三个经营者在相关市场的市场份额合计达到四分之三的 有前述第（2）项、第（3）项规定的情形，其中有的经营者市场份额不足十分之一的，不应当推定该经营者具有市场支配地位
经营者滥用市场支配地位的行为	（1）以不公平的高价销售商品或者以不公平的低价购买商品 （2）没有正当理由，以低于成本的价格销售商品 （3）没有正当理由，拒绝与交易相对人进行交易 （4）没有正当理由，限定交易相对人只能与其进行交易或者只能与其指定的经营者进行交易 （5）没有正当理由搭售商品，或者在交易时附加其他不合理的交易条件 （6）没有正当理由，对条件相同的交易相对人在交易价格等交易条件上实行差别待遇 （7）国务院反垄断法机构认定的其他滥用市场支配地位的行为

（三）经营者集中

经营者集中的情形包括：

（1）经营者合并；

（2）经营者通过取得股权或者资产的方式取得对其他经营者的控制权；

（3）经营者通过合同等方式取得对其他经营者的控制权或者能够对其他经营者施加决定性影响。

（四）滥用行政权力排除、限制竞争

（1）限定或者变相限定单位或者个人经营、购买、使用其指定的经营者提供的商品；

（2）实施妨碍商品在地区之间的自由流通的行为；

（3）以设定歧视性资质要求、评审标准或者不依法发布信息等方式，排斥或者限制外地经营者参加本地的招标投标活动；

（4）采取与本地经营者不平等待遇等方式，排斥或者限制外地经营者在本地投资或者设立分支机构；

（5）强制经营者从事《中华人民共和国反垄断法》规定的垄断行为；

（6）制定含有排除、限制竞争内容的规定。

经典题解

【例题·多选题】 根据《中华人民共和国反垄断法》的规定，下列行为中属于垄断行为的有（　　）。(2016年)

A. 经营者达成垄断协议

B. 经营者滥用市场支配地位

C. 商业贿赂行为

D. 经营者集中

E. 消费支出

【解析】 垄断行为包括垄断协议、经营者滥用市场支配地位、经营者集中和滥用行政权力排除、限制竞争。

【答案】 ABD

考点 17 反不正当竞争法律制度★★

（一）不正当竞争行为的概念

（1）不正当竞争行为是指经营者在生产经营活动中违反《中华人民共和国反不正当竞争法》的规定，扰乱市场竞争秩序，损害其他经营者或者消费者的合法权益的行为。

（2）在生产经营活动中，经营者应当遵循自愿、平等、公平、诚信的原则，遵守法律和商业道德。

（二）不正当竞争行为的种类

项目	具体内容
混淆行为	（1）擅自使用与他人有一定影响的商品名称、包装、装潢等相同或者近似的标识 （2）擅自使用他人有一定影响的企业名称（包括简称、字号等）、社会组织名称（包括简称等）、姓名（包括笔名、艺名、译名等） （3）擅自使用他人有一定影响的域名主体部分、网站名称、网页等 （4）其他足以引人误认为是他人商品或者与他人存在特定联系的混淆行为
商业贿赂行为	经营者不得采用财物或者其他手段贿赂下列单位或者个人，以谋取交易机会或者竞争优势： （1）交易相对方的工作人员 （2）受交易相对方委托办理相关事务的单位或者个人 （3）利用职权或者影响力影响交易的单位或者个人
虚假宣传行为	经营者不得对其商品的性能、功能、质量、销售状况、用户评价、曾获荣誉等做虚假或者引人误解的商业宣传，欺骗、误导消费者的行为，以及不得通过组织虚假交易等方式，帮助其他经营者进行虚假或者引人误解的商业宣传行为
侵犯商业秘密行为	经营者不得实施下列侵犯商业秘密的行为： （1）以盗窃、贿赂、欺诈、胁迫、电子侵入或者其他不正当手段获取权利人的商业秘密 （2）披露、使用或者允许他人使用以前项手段获取的权利人的商业秘密 （3）违反保密义务或者违反权利人有关保守商业秘密的要求，披露、使用或者允许他人使用其所掌握的商业秘密 （4）教唆、引诱、帮助他人违反保密义务或者违反权利人有关保守商业秘密的要求，获取、披露、使用或者允许他人使用权利人的商业秘密
不正当有奖销售行为	（1）所设奖的种类、兑奖条件、奖金金额或者奖品等有奖销售信息不明确，影响兑奖 （2）采用谎称有奖或者故意让内定人员中奖的欺骗方式行进行有奖销售 （3）抽奖式的有奖销售，最高奖的金额超过5万元
诋毁商誉行为	经营者不得编造、传播虚假信息或者误导性信息，损害竞争对手的商业信誉、商品声誉

续表

项目	具体内容
网络不正当竞争行为	（1）未经其他经营者的同意，在其合法提供的网络产品或者服务中，插入链接、强制进行目标跳转 （2）误导、欺骗、强迫用户修改、关闭、卸载其他经营者合法提供的网络产品或者服务 （3）恶意对其他经营者合法提供的网络产品或者服务实施不兼容 （4）其他妨碍、破坏其他经营者合法提供的网络产品或者服务正常运行的行为

考点 18　产品质量法律制度★★

<table>
<tr><th>项目</th><th colspan="3">具体内容</th></tr>
<tr><td>《中华人民共和国产品质量法》所称的“产品”</td><td colspan="3">产品是指经过加工、制作，用于销售的产品。对“产品”这一概念要明确：
（1）天然存在或自然生长的物品、非用于销售的物品，不属于该法所称的产品
（2）建设工程不适用该法的规定；但是，建设工程使用的建筑材料、建筑构配件和设备，属于该法规定的产品范围的，适用该法规定</td></tr>
<tr><td>产品质量监督制度的主要内容</td><td colspan="3">（1）企业质量体系认证制度
（2）产品质量认证制度
（3）产品质量抽查制度
（4）产品质量状况信息发布制度</td></tr>
<tr><td rowspan="4">违反产品质量法的法律责任</td><td colspan="2">产品质量责任</td><td>产品质量责任是负有产品质量义务的主体、行使质量监督职责的政府部门以及有关社会组织违反产品质量法的规定，应当承担的民事、行政和刑事责任的统称</td></tr>
<tr><td rowspan="3">产品责任</td><td>含义</td><td>产品责任是指产品的生产者、销售者以及对产品质量负有直接责任的主体因缺陷产品引发损失而承担的民事赔偿责任</td></tr>
<tr><td>归责原则</td><td>（1）法律区分生产者和销售者，采取不同的归责原则
①生产者的严格责任
②销售者的过错责任
（2）不承担赔偿责任的情形
①未将产品投入流通的
②产品投入流通时，引起损害的缺陷尚不存在的
③将产品投入流通时的科学技术水平尚不能发现缺陷的存在的</td></tr>
<tr><td>赔偿范围</td><td>人身损害赔偿、财产损害赔偿</td></tr>
</table>

续表

项目	具体内容		
违反产品质量法的法律责任	产品责任	诉讼时效	因产品缺陷造成损害要求赔偿的诉讼时效期间为 2 年，自当事人知道或者应当知道其权益受到损害时起计算。因产品存在缺陷造成损害要求赔偿的请求权，在造成损害的缺陷产品交付最初消费者满 10 年丧失；但是，尚未超过明示的安全使用期的除外。而《中华人民共和国民法典》第 188 条规定，向人民法院请求保护民事权利的诉讼时效期间为 3 年。法律另有规定的，依照其规定。从“新法”优于“旧法”的法律适用原则考虑，产品责任的诉讼时效应当适用《中华人民共和国民法典》诉讼时效的规定，即为 3 年

经典题解

【例题·单选题】 根据《中华人民共和国产品质量法》，下列物品中属于“产品”的是（ ）。(2020 年)

A. 天然存在或自然生长的物品

B. 自产自用的物品

C. 经过加工制作并用于销售的建筑材料

D. 建设工程

【解析】《中华人民共和国产品质量法》所称的产品，是指经过加工、制作，用于销售的产品。对“产品”这一概念要明确：①天然存在或自然生长的物品、非用于销售的物品，不属于该法所称的产品。②建设工程不适用该法规定；但是，建设工程使用的建筑材料、建筑构配件和设备，属于经过加工、制作，用于销售的产品范围的，适用该法规定。

【答案】 C

名师加油站

“会当凌绝顶，一览众山小”。学习法律知识重在理解，而非背诵。当我们达到一定高度，理解了这些知识点后，才会恍然大悟。

“法律对经济关系的调整”重在有法可依，如“物权法”“合同法”“公司法”和其他法律。

习题轻松过

扫一扫　“码”上做题、看解析

本书同步强化练习题均配备二维码，使用“会计云课堂”App扫码，即可在线做题、看解析。

【“会计云课堂”App下载二维码见封底】

本篇同步强化练习题

一、单项选择题

1. 在对市场经济进行规制的法律体系中，处于基本法地位的是（　　）。
   A. 环境保护法
   B. 民商法
   C. 劳动法
   D. 社会保障法

2. 不动产物权的具体内容发生变化时进行的登记是（　　）。
   A. 转移登记
   B. 变更登记
   C. 预告登记
   D. 更正登记

3. 根据《中华人民共和国物权法》，下列财产中，可以作为抵押权标的的是（　　）。
   A. 土地所有权
   B. 学校的教育设施
   C. 被扣押的财产
   D. 建设用地使用权

4. 下列物权分类中，以物权的发生是否基于当事人的意思为标准划分的是（　　）。
   A. 法定物权与意定物权
   B. 用益物权与担保物权
   C. 主物权与从物权
   D. 自物权与他物权

5. 所有权的消灭包括绝对消灭和相对消灭。下列情形中，属于所有权绝对消灭的是（　　）。
   A. 丁的一幅古代字画被焚毁
   B. 甲的汽车在其死后被其子继承
   C. 乙的珍珠项链遗失
   D. 丙将房屋变卖

6. 甲与乙订立合同约定，为满足甲的住房观景需要，甲向乙支付10万元，乙在5年内不得在自有地上建造8米以上的建筑。甲对乙享有的这项权利是（　　）。
   A. 地役权
   B. 建设用地使用权
   C. 担保权
   D. 宅基地使用权

7. 甲公司向乙公司发出以3000元每台的单价购买100台电脑的要约，乙公司回复“同意出售100台电脑，但单价为每台3100元”，该回复属于（　　）。
   A. 新要约
   B. 部分无效承诺
   C. 要约邀请
   D. 有效承诺

8. 甲公司与乙公司签订一份购销手机的合同，双方约定由甲公司先交货，3天后乙公司付款。甲公司在交货期间，发现乙公司经营状况严重恶化，已经被其债权人向法院申请破产，事实上已无力支付货款。甲公司遂拒绝交货。此案中，甲公司行使的是（　　）。

A. 不安抗辩权

B. 先履行抗辩权

C. 同时履行抗辩权

D. 先诉抗辩权

9. 下列关于合同解除权的说法中，错误的是（　　）。

A. 解除权是一种形成权

B. 基于解除权解除合同需要经过对方当事人的同意

C. 约定解除和协议解除的法律性质不同

D. 解除权的行使是一种单方法律行为

10. 根据《中华人民共和国公司法》的规定，有限责任公司增加注册资本的决议，必须经（　　）表决通过。

A. 代表三分之二以上表决权的股东

B. 代表二分之一以上表决权的股东

C. 全体股东

D. 出席股东会的全体股东

11. 股份有限公司章程的修改权限属于公司的（　　）。

A. 股东大会

B. 职工代表大会

C. 董事会

D. 法定代表人

12. 下列关于公司董事、监事和高级管理人员义务的说法中，正确的是（　　）。

A. 董事、监事和高级管理人员对公司负有忠实义务和勤勉义务

B. 董事、监事和高级管理人员应向公司缴纳所认缴的出资

C. 公司设立登记后董事、监事和高级管理人员不得抽回出资

D. 董事、监事和高级管理人员应当遵守公司章程

13. 下列商品中，依照法律规定必须使用注册商标的是（　　）。

A. 家用电器

B. 卷烟

C. 饮料

D. 婴儿用品

14. 根据劳动合同法律制度的规定，除劳动者提出订立固定期限劳动合同外，用人单位与劳动者应当订立无固定期限劳动合同。下列各项中，不属于此类情形中的是（　　）。

A. 劳动者在该用人单位连续工作满 10 年的

B. 连续订立 2 次固定期限劳动合同，而且单位对劳动者不能依据《中华人民共和国劳动合同法》得享法定解除权，继续续订的

C. 国有企业改制重新订立劳动合同，劳动者在该用人单位连续工作满 5 年且距法定退休年龄不足 15 年的

D. 用人单位初次实行劳动合同制度。劳动者在该用人单位连续工作满 10 年且距法定退休年龄不足 10 年的

15. 根据《中华人民共和国商标法》的规定，注册商标的有效期为（　　）年。

A. 10　　B. 20

C. 15　　D. 3

二、多项选择题

1. 下列关于调整社会主义市场经济的法律体系的表述中，正确的有（　　）。

A. 调整社会主义市场经济的法律体系包括民商法、经济法和其他法律部门

B. 在对市场经济进行规制的法律体系中，民商法处于基本法的地位

C. 商法主要调整市场力量发挥作用的经济领域

D. 物权法和知识产权法属于民商法

E. 民商法和劳动法相互补充，构成现代市场经济社会调整经济关系的两大法律体系

2. 下列法律中，属于民商法的有（　　）。
A. 产品质量法
B. 物权法
C. 合同法
D. 知识产权法
E. 消费者权益保护法

3. 担保物权的法律特征有（　　）。
A. 价值权性
B. 从属性
C. 物上代位性
D. 可分性
E. 法定性

4. 下列选项中，必须依照法律规定登记才可生效的有（　　）。
A. 集体土地所有权
B. 建设用地使用权
C. 宅基地使用权
D. 动产质权
E. 权利质权

5. 下列关于物权与债权区别的说法中，正确的有（　　）。
A. 物权是支配权，债权是请求权
B. 物权为绝对权，债权为相对权
C. 物权不允许当事人自由创设，债权主要由当事人自由确定
D. 物权具有优先效力与追及效力，债权只有追及效力
E. 同一标的物上存在着两个抵押权时，成立在先的抵押权优先于成立在后的抵押权

6. 下列权利中，属于用益物权的有（　　）。
A. 地役权
B. 宅基地使用权
C. 留置权
D. 质权
E. 土地承包经营权

7. 下列关于不可抗力的说法中，正确的有（　　）。
A. 不可抗力只要发生就构成违约的免责事由
B. 不可抗力包括客观情况和主观情况
C. 不可抗力属于事件的范畴
D. 不可抗力具有不可预见性
E. 不可抗力具有不可避免性和不可克服性

8. 下列关于公司登记事项的说法中，正确的有（　　）。
A. 设立公司应当申请名称预先核准
B. 公司的经营范围由公司章程规定
C. 公司以其主要办事机构所在地为住所
D. 公司可以设立分公司
E. 预先核准的公司名称在保留期内，可以转让

9. 根据《中华人民共和国公司法》的规定，公司股东可以用（　　）作为出资入股。
A. 货币
B. 实物
C. 知识产权
D. 土地使用权
E. 个人劳务

10. 根据《中华人民共和国劳动合同法》的规定，下列条款中属于劳动合同必备条款的有（　　）。
A. 工作时间和休息休假条款
B. 劳动报酬条款
C. 社会保险条款
D. 试用期条款
E. 劳动合同期限条款

本篇同步强化练习题参考答案及解析

“扫码看解析”

使用微信或“会计云课堂”App扫码，即可在线对答案、看解析，错题随手收藏，及时复习巩固。

一、单项选择题

1. 【答案】B

【解析】在对市场经济进行规制的法律体系中，民商法处于基本法的地位。

2. 【答案】B

【解析】变更登记是指不动产物权的具体内容发生变化时进行的登记。

3. 【答案】D

【解析】土地所有权、学校的教育设施以及被扣押的财产都属于禁止抵押的财产。

4. 【答案】A

【解析】根据物权的发生是否基于当事人的意思，可将物权分为法定物权和意定物权。

5. 【答案】A

【解析】所有权的绝对消灭，是指因所有权客体的原因而消灭，如标的物毁损或灭失导致原物权的终止。由于物本身的灭失，使原来建立在这一权利客体上的物权失去了存在的基础而彻底消灭。

6. 【答案】A

【解析】地役权是指按照合同约定利用他人的不动产，以提高自己不动产效益的权利。

7. 【答案】A

【解析】根据规定，受要约人对要约内容做出实质性变更的为新要约。本题中乙公司将价格改为3100元，即对要约内容做出了实质性的变更，属于新要约。

8. 【答案】A

【解析】不安抗辩权是指在双务合同中有先给付义务的当事人，在有证据证明后给付人具有丧失或者可能丧失履行债务能力的情况时，可以终止自己先给付义务的履行。

9. 【答案】B

【解析】解除权是一种形成权，即只要解除权人将解除合同的单方意思表示通知对方即可产生解除合同的效力，而不必经对方的同意。因此，基于解除权解除合同的属于合同的单方解除。

10. 【答案】A

【解析】下列事项必须经代表三分之二以上表决权的股东通过：修改公司章程、增加或减少注册资本的决议，以及公司合并、分立、解散或变更公司形式的决议。

11. 【答案】A

【解析】公司章程的修改权限专属公司的股东（大）会。

12. 【答案】A

【解析】公司的董事、监事和高级管理人员应当遵守法律、行政法规和公司章程，对公司负有忠实义务和勤勉义务。

13. 【答案】B

【解析】卷烟、雪茄烟和有包装的烟丝必须申请商标注册，未经核准注册的，不得生产、销售。

14. 【答案】C

【解析】订立无固定期限劳动合同分为两种情形：协商订立和法定强制。其中，法定强制指：①劳动者在该用人单位连续工作满10年的；②用人单位初次实行劳动合同制度或者国有企业改制重新订立劳动合同时，劳动者在该用人单位连续工作满10年且距法定退休年龄不足10年的；③连续订立2次固定期限劳动合同，而且单位对劳动者不能依据《中华人民共和国劳动合同法》得享法定解除权，续订劳动合同的。

15. 【答案】A

【解析】注册商标的有效期为10年，期满可续展。

二、多项选择题

1. 【答案】ABCD

【解析】民商法和经济法协调补充，构成现代市场经济社会调整经济关系的两大法律体系，选项E错误。

2. 【答案】BCD

【解析】民商法包括公司法律制度、物权法律制度、知识产权法律制度和合同法律制度等。

3. 【答案】ABCE

【解析】担保物权的法律特征有价值权性、法定性、从属性、不可分性和物上代位性。

4. 【答案】ABC

【解析】共有十类不动产物权纳入了统一登记的范围，具体包括：①集体土地所有权；②房屋等建筑物、构筑物所有权；③森林、林木所有权；④耕地、林地、草地等土地承包经营权；⑤建设用地使用权；⑥宅基地使用权；⑦海域使用权；⑧地役权；⑨抵押权；⑩居住权以及法律规定需要登记的其他不动产权利。

5. 【答案】ABCE

【解析】物权具有优先效力与追及效力，债权原则上不具有追及效力，选项D错误。

6. 【答案】ABE

【解析】在我国，用益物权的种类主要包括土地承包经营权、建设用地使用权、宅基地使用权、海域使用权、地役权、国家集体自然资源使用权、探矿权、采矿权、取水权、渔业养殖捕捞权等。

7. 【答案】CDE

【解析】不可抗力是指不能预见、不能避免并不能克服的客观情况。不可抗力仅指客观情况，属于事件的范畴，并不包括民事主体的行为。并不是所有不可抗力的发生都能构成违约的免责事由。只有当不可抗力发生在合同履行期内，才能构成免责事由。

8. 【答案】ABCD

【解析】预先核准的公司名称在保留期内，不得用于从事经营活动，不得转让。

9. 【答案】ABCD

【解析】股东可以用货币出资，也可以用实物、知识产权、土地使用权等可以用货币估价并可以依法转让的非货币财产作价出资。

10. 【答案】ABCE

【解析】试用期条款不属于必备条款，选项D错误。

第三部分

全真模拟测试题及参考答案

全真模拟测试题（一）

扫一扫 “码”上做题、看解析

1013940

本部分习题均配备有二维码，使用“会计云课堂”App扫码，即可在线做题、看解析。

【“会计云课堂”App下载二维码见封底】

一、单项选择题（共70题，每题1分。每题的备选项中，只有1个最符合题意）

1. 已知某种商品的需求价格弹性系数是0.5，当价格为每台32元时，其销售量为1000台。如果这种商品价格下降10%。在其他因素不变的条件下，其销售量是（　　）台。

A. 950　　B. 1050

C. 1000　　D. 1100

2. 对于正常品而言，下列说法中错误的是（　　）。

A. 替代效应与价格呈反方向变动

B. 收入效应与价格呈反方向变动

C. 需求曲线更为平缓，对价格变化的反应更大

D. 收入效应与价格呈同方向变动

3. 认为效用可以直接度量，存在绝对的效用量的大小，如果一个面包的效用是1个效用单位，一件衣服的效用是10个效用单位，那么这种效用理论是（　　）。

A. 序数效用论

B. 总效用论

C. 边际效用论

D. 基数效用论

4. 消费者效用最大化的均衡条件是商品边际替代率等于（　　）。

A. 商品的价格之比

B. 消费者的偏好之比

C. 商品的成本之比

D. 消费者的收入之比

5. 根据成本函数，在平均成本和边际成本的位置关系中，最早到达最低点的曲线是（　　）。

A. 边际成本曲线

B. 平均可变成本曲线

C. 平均总成本曲线

D. 平均固定成本曲线

6. 下列关于总成本曲线变动规律的说法中，正确的是（　　）。

A. 总成本曲线从原点开始，随产量的增加而逐步上升

B. 总成本曲线不随产量的变动而变动

C. 总成本曲线从纵轴一个截点，即产量为零时总成本等于可变成本的那个点开始，随产量的增加而逐步下降

D. 总成本曲线从纵轴一个截点，即产量为零时总成本等于固定成本的那个点开始，随产量的增加而逐步上升

7. 南非的钻石公司戴比尔斯，一度控制了世界钻石生产量的80%左右，它的市场份额并不是100%，但是也大到足以对世界钻石

价格产生重大影响。这种垄断是（ ）。

A. 自然垄断

B. 政府垄断

C. 对某些产品的专利权形成的完全垄断

D. 对某些特殊的原材料的单独控制而形成的对这些资源和产品的完全垄断

8. 生产者实施价格歧视的基本条件之一，是必须有可能依据不同的（ ）划分出两组或两组以上的不同购买者。

A. 需求收入弹性

B. 供给价格弹性

C. 供给交叉弹性

D. 需求价格弹性

9. 下列关于寡头垄断市场协议价制的说法中，正确的是（ ）。

A. 协议价格制非常稳定，一旦形成就不会破裂

B. 卡特尔一般会受到政府的鼓励

C. 它是通过行业中某一占支配地位的企业率先确定价格，其他企业跟随的方式形成的

D. 它通过限制各个生产者的产量，使其行业边际收益等于行业边际成本

10. 关于在完全竞争要素市场上生产者面临的生产要素供给曲线，下列说法中，正确的是（ ）。

A. 该曲线向右上方倾斜

B. 该曲线是一条后弯曲线

C. 该曲线是一条水平线

D. 该曲线向右下方倾斜

11. 一般认为，只有在（ ）市场上，企业的生产成本从长期来看才是最低的，市场机制才能实现资源的有效配置。

A. 寡头垄断

B. 垄断竞争

C. 完全竞争

D. 不完全竞争

12. 下列现象中，属于逆向选择的是（ ）。

A. 购买了健康保险之后，就不注意维护身体健康

B. 劣币驱逐良币

C. 购买财产保险后不注意防盗

D. 购买汽车保险后不认真驾驶汽车

13. 最典型的纯公共物品是（ ）。

A. 国防

B. 收费公路

C. 医疗卫生服务

D. 保障性住房

14. 在分析和预测经济波动的指标体系中，制造业订货单指标是（ ）。

A. 滞后指标　　B. 一致指标

C. 先行指标　　D. 同步指标

15. 资本的效率一般用（ ）与资本总额的比率来表示。

A. 国内生产总值

B. 国内生产净值

C. 国民生产总值

D. 国民收入

16. 政府鼓励出口的主要措施是（ ）。

A. 出口退税

B. 关税壁垒

C. 出口配额

D. 非关税壁垒

17. 如果一国货币汇率上升，即对外升值，就可能会导致（ ）。

A. 本国旅游收入增加

B. 本国旅游收入不变

C. 本国出口增加

D. 本国进口增加

18. 通过资源税调节自然资源形成的级差收入，是财政发挥（ ）职能的体现。

A. 收入分配　　B. 资源配置

C. 经济稳定　　D. 经济发展

19. 通常情况下，能够反映政府实际参与社会经济生活程度的数据是（　　）。
A. 财政支出结构
B. 财政支出规模
C. 转移支付规模
D. 转移支付结构

20. 公共物品的定义是由（　　）首次提出来的。
A. 尤金·法玛　　B. 萨缪尔森
C. 弗里德曼　　D. 亚当·斯密

21. 瓦格纳法则又称为（　　）。
A. 政府活动扩张法则
B. 梯度渐进增长理论
C. 经济发展阶段增长理论
D. 非均衡增长理论

22. 下列财政指标中，属于反映财政支出增长额与国内生产总值增长额之间关系的是（　　）。
A. 财政支出增长的弹性系数
B. 财政支出增长的边际倾向
C. 财政支出增长率
D. 财政支出超支率

23. 税收的（　　）是税收本质的体现。
A. 强制性　　B. 无偿性
C. 灵活性　　D. 固定性

24. 下列选项中，不属于国有资本经营预算编制遵循的原则的是（　　）。
A. 相对独立，相互衔接
B. 分级编制，逐步实施
C. 收支平衡，专款专用
D. 统筹兼顾，适度集中

25. 根据《中华人民共和国预算法》，除涉密信息外，政府预算、决算支出要全部细化公开到按功能分类的（　　）科目。
A. “款”级　　B. “类”级
C. “项”级　　D. “目”级

26. 在我国，中央政府按照特定目的将其财政收入转作地方政府财政收入来源的补助资金，叫作（　　）。
A. 财力性转移支付
B. 均衡性转移支付
C. 一般性转移支付
D. 专项转移支付

27. 最早提出转移支付概念的经济学家是（　　）。
A. 庇古　　B. 弗里德曼
C. 凯恩斯　　D. 费雪

28. 税收乘数为负值，表明（　　）。
A. 税收增减与政府转移支出呈反方向变动
B. 税收增减与政府购买支出呈反方向变动
C. 税收增减与居民收入增减呈同方向变动
D. 税收增减与国民收入增减呈反方向变动

29. 财政政策是指一国政府为实现预期的经济社会发展目标，对（　　）进行调整的指导原则和措施。
A. 财政预算关系
B. 财政平衡关系
C. 财政管理关系
D. 财政收支关系

30. 在流动性偏好理论对货币需求动机的分析中，将由于收入和支出时间的不一致，为进行日常交易而产生的持有货币的愿望叫作（　　）。
A. 预防动机　　B. 投机动机
C. 交易动机　　D. 平衡动机

31. 目前划分不同货币层次的依据是（　　）。
A. 利率水平

B. 货币的国际化水平

C. 货币的材质

D. 资产的流动性

32. 从理论上讲，工资上涨过快容易导致（　　）通货膨胀。

A. 需求拉上型

B. 成本推进型

C. 输入型

D. 结构型

33. 金融市场效率发挥的前提是（　　）。

A. 政府的严格管制

B. 资本的合理运动

C. 商业银行的有效运作

D. 投资者的积极参与

34. 在货币政策工具中，对货币乘数影响大、作用力度强，往往被当作一剂“猛药”的是（　　）。

A. 再贴现

B. 公开市场操作

C. 法定存款准备金率

D. 窗口指导

35. 关于一般性货币政策工具，下列说法中，正确的是（　　）。

A. 法定存款准备金率政策通常被作为经常性政策工具来使用

B. 没有税收政策的配合，公开市场操作无法发挥作用

C. 法定存款准备金率对货币乘数的影响很小

D. 公开市场操作使中央银行能够随时根据金融市场的变化，进行经常性、连续性的操作

36. 发行人为了筹措短期资金或弥补短期资金缺口，在货币市场上向投资者发行并承诺在将来一定时期偿付本息的凭证是（　　）。

A. 银行承兑汇票

B. 商业票据

C. 银行大额可转让定期存单

D. 企业债券

37. 下列关于我国现行存款保险偿付限额的说法中，正确的是（　　）。

A. 偿付限额固定不变

B. 最高偿付限额为60万元人民币，超过部分不予偿付

C. 最高偿付限额为50万元人民币，超过部分从所在投保机构清算财产中受偿

D. 最高偿付限额为70万元人民币，超过部分由中国人民银行酌情予以偿付

38. 根据美国芝加哥大学教授法玛关于有效市场的定义，如果有关证券公开发表的资料对证券的价格变动没有任何影响，则证券市场达到（　　）。

A. 半强型效率

B. 弱型效率

C. 强型效率

D. 零型效率

39. 关于金融监管，下列说法中错误的是（　　）。

A. 金融监管首先是从对银行进行监管开始的

B. 银行在储蓄-投资转化过程中，实现了期限转换

C. 实施金融监管是为了稳定货币、维护金融业的正常秩序

D. 银行作为票据的清算者，大大增加了交易费用

40. 商业银行最基本的职能是（　　）。

A. 信用中介

B. 货币发行

C. 全国清算

D. 信用创造

41. 我国目前的金融监管体制是（　　）。
A. 以中国人民银行为主的综合监管体制
B. 独立于中央银行的分业监管体制
C. 以中国人民银行为全国唯一监管机构的体制
D. 以中国银行业监督管理委员会为主的综合监管体制

42. 通常情况下，可以作为一国国际储备的资产是（　　）。
A. 企业境外存款
B. 居民本币存款
C. 外汇储备
D. 企业本币存款

43. 下列变量中，属于定量变量的是（　　）。
A. 固定资产投资完成额
B. 产品等级
C. 所属行业
D. 产品类型

44. 根据国家有关法律法规，按照统一表式、统一指标、统一报送时间，自上而下地统一布置、自下而上地逐级提供基本统计数据，这种统计调查方式是（　　）。
A. 统计报表　　B. 抽样调查
C. 普查　　D. 重点调查

45. 一组数据的偏态系数 SK=2，说明这组数据的分布形态是（　　）。
A. 对称　　B. 轻度右偏
C. 中度右偏　　D. 严重右偏

46. 根据经验法则，服从对称钟形分布的标准分数在［-2，2］范围内的概率是（　　）。
A. 95%　　B. 50%
C. 68%　　D. 99%

47. 下列误差来源中，可能导致抽样框误差的是（　　）。
A. 抽样框遗漏部分总体单元
B. 抽样的随机性
C. 调查人员作弊
D. 受访者拒绝接受调查

48. 下列统计量中，适用于描述分类数据集中趋势的是（　　）。
A. 均值　　B. 众数
C. 中位数　　D. 变异系数

49. 逐期增长量与累计增长量的区别是（　　）。
A. 适用的时间序列类型不同
B. 计量单位不同
C. 基期确定方法不同
D. 报告期确定方法不同

50. 平均增长速度与平均发展速度的数量关系是（　　）。
A. 平均增长速度=1÷平均发展速度
B. 平均增长速度=平均发展速度-1
C. 平均增长速度=平均发展速度+1
D. 平均增长速度=1-平均发展速度

51. 已知一个序列的环比发展速度为110%、112%、114%，该序列的定基发展速度是（　　）。
A. 336%　　B. 130.75%
C. 140.45%　　D. 142.45%

52. 若要定量研究边际消费倾向，并预测一定收入条件下的人均消费金额，适用的统计方法是（　　）。
A. 相关分析　　B. 回归分析
C. 偏态分析　　D. 描述分析

53. “国内生产总值”指标的时间序列是（　　）。
A. 时点序列
B. 时期序列
C. 相对数时间序列
D. 平均数时间序列

54. 企业编制利润表所依据的会计等式是（　　）。
A. 投资-成本=利润
B. 资产-负债=所有者权益
C. 收入-成本=所有者权益
D. 收入-费用=利润

55. （　　）是指由企业非日常活动所发生的、会导致所有者权益增加的、与所有者投入资本无关的经济利益的流入。
A. 收入　　B. 留存收益
C. 利得　　D. 损失

56. 按照记账凭证账务处理程序进行记账时，正确的做法是（　　）。
A. 根据原始凭证编制记账凭证
B. 根据账簿记录编制记账凭证
C. 根据明细账编制记账凭证
D. 根据会计报表记录总分类账

57. 在会计核算工作中，以日常会计账簿资料为主要依据定期编制的，总括反映企业财务状况、经营成果和现金流量等会计信息的书面文件是（　　）。
A. 财务分析报告
B. 会计报表
C. 决算报告
D. 会计凭证

58. 下列会计概念中，属于会计记录方法的是（　　）。
A. 用历史成本计价
B. 设置账户
C. 用公允价值计量
D. 以权责发生制为基础进行会计核算

59. 下列经济业务所产生的现金流量中，应列入现金流量表中"投资活动产生的现金流量"项目的是（　　）。
A. 支付设备价款
B. 支付应交税费
C. 支付职工薪酬
D. 支付现金股利

60. 某公司的普通股股票每股面值为1元，2020年2月3日每股市价为3元，该公司2019年每股收益为0.2元。则该公司2020年2月3日的市盈率为（　　）。
A. 20　　B. 15
C. 5　　D. 0.05

61. 下列关于政府决算报告的说法中，错误的是（　　）。
A. 综合反映政府会计主体预算收支的年度执行结果
B. 有助于政府决算报告使用者进行监督和管理
C. 政府决算报告的使用者不包括社会公众
D. 为编制后续年度预算提供参考依据

62. 为各种财货与服务交易提供法律保障的法律制度是（　　）。
A. 侵权责任法律制度
B. 合同法律制度
C. 保险法律制度
D. 物权法律制度

63. 张某欠黄某2000元，黄某因请张某修理电视机欠张某2000元，双方债务均已到期。二人的债务适用（　　）。
A. 提存　　B. 抵销
C. 混同　　D. 免除

64. 下列权利凭证中，不可以质押的是（　　）。
A. 汇票　　B. 仓单
C. 不动产　　D. 债券

65. 当事人一方经对方同意，可以将自己在合同中的权利和义务一并转让给第三人，这属于合同转让中的（　　）情形。
A. 合同权利转让　　B. 合同义务转让
C. 意定概括转让　　D. 法定概括转让

66. 下列关于合同成立和合同生效的表述中，错误的是（　　）。

A. 当事人达成合意，意味着合同成立

B. 合同的成立和合同的生效是两个不同的概念

C. 合同的约束力只发生在合同当事人之间

D. 合同成立就意味着合同生效

67. 下列权利中，属于合同保全制度内容的是（　　）。

A. 不动产抵押权

B. 债权人的代位权

C. 留置权

D. 违约损害赔偿请求权

68. 国有独资公司是我国公司法规定的一种特殊形式的（　　）。

A. 合伙企业　B. 私营企业

C. 有限责任公司　D. 股份有限公司

69. 专利权人通过对专利技术的享有而取得物质利益的权利，是专利权人拥有的（　　）。

A. 人身权利　B. 财产权利

C. 所有权利　D. 占有权利

70. 在商品中掺杂、掺假，以假充真，以次充好，或者以不合格商品冒充合格商品等行为的，经营者应承担（　　）。

A. 行政责任　B. 刑事责任

C. 民事责任　D. 赔偿责任

二、 **多项选择题**（共 35 题，每题 2 分。每题的备选项中，有 2 个或 2 个以上符合题意，至少有 1 个错项。错选，本题不得分；少选，所选的每个选项得 0.5 分）

1. 下列商品中，需求弹性小的有（　　）。

A. 生活必需品

B. 奢侈品

C. 用途多的商品

D. 替代品较多的商品

E. 用途少的商品

2. 下列关于生产者使用生产要素原则的说法中，正确的有（　　）。

A. 其原则是边际要素成本等于边际收益产品，即 $MFC = MRP$

B. 边际收益产品（MRP）= 边际物质产品（MPP）×边际收益（MR）

C. $MRP = MFC$ 原则涉及生产者所处的产品市场和要素市场的具体市场类型

D. $MRP = MFC$ 是所有生产者使用要素的原则

E. 边际要素成本（MFC）= 边际物质产品（MPP）×边际成本（MC）

3. 下列关于生产的外部经济的说法中，正确的有（　　）。

A. 生产者的社会成本等于私人成本

B. 生产者的私人成本低于社会成本

C. 生产者的产出水平小于社会最优产出水平

D. 生产者的私人收益小于社会收益

E. 生产者的产出水平大于社会最优产出水平

4. 在实际核算中，国内生产总值的计算方法有（　　）。

A. 支出法　B. 生产法

C. 市场价格法　D. 不变价格法

E. 收入法

5. 下列分析和预测经济波动的指标中，属于滞后指标的有（　　）。

A. 制造业订货单

B. 库存

C. 工业总产值

D. 居民消费价格指数

E. 社会消费品零售总额

6. 根据国家“十三五”发展规划要求，优化我国财政支出结构的方向有（　　）。
A. 扩大购买性支出的比重
B. 扩大转移性支出的比重
C. 严格控制行政性公共消费
D. 扩大竞争性生产投资支出规模
E. 保障经济社会发展薄弱环节和民生支出需要

7. 根据国际货币基金组织 2001 年制定的《政府财政统计手册》的分类标准，政府的主要收入来源渠道有（　　）。
A. 税收
B. 社会缴款
C. 非税收入
D. 赠与收入及其他收入
E. 债务收入

8. 单式预算的优点有（　　）。
A. 便于分类控制预算收支平衡
B. 能够清晰地反映政府财政收支全貌
C. 便于政府对复杂的财政活动进行分析、管理和监督
D. 便于政府灵活运用资本性投资和国债等手段，调控宏观经济运行
E. 便于编制，易于操作

9. 在我国现行的财政转移支付分类中，属于一般性转移支付的有（　　）。
A. 民族地区转移支付
B. 医疗卫生转移支付
C. 调整工资转移支付
D. 社会保障转移支付
E. 农村税费改革转移支付

10. 下列关于财政政策乘数的表述中，正确的有（　　）。
A. 当政府投资或支出扩大、税收增加时，产生宏观经济的扩张效应
B. 当政府投资或支出减少、税收减少时，产生宏观经济的紧缩效应
C. 购买性支出乘数大于税收乘数
D. 实行平衡预算政策，不具有扩张效应
E. 平衡预算乘数等于 1

11. 根据传统货币数量说，假定其他因素不变，甲国货币量增加，则（　　）。
A. 该国物价水平上升
B. 该国货币价值下降
C. 该国货币价值不变
D. 该国物价水平下降
E. 该国货币价值上升

12. 导致信用供给过度的具体原因有（　　）。
A. 财政赤字
B. 财政盈余
C. 赤字政策
D. 银行自身决策失误
E. 社会上过热的经济增长要求

13. 我国中央银行的主要职能有（　　）。
A. 制定和执行货币政策
B. 维护金融稳定
C. 实现充分就业
D. 向贫困地区的企业和个人直接提供政策性贷款
E. 提供金融服务

14. 商业银行与非银行金融机构比较，其主要的区别表达正确的有（　　）。
A. 以营利为目的
B. 信用创造货币机制
C. 经营范围广泛
D. 唯一能够面向公众吸收活期存款
E. 承担资金融通职能

15. 在 2003 年新巴塞尔资本协议中，被称为“三大支柱”的有（　　）。
A. 治理结构
B. 最低资本要求
C. 监管当局的监督检查
D. 内部评级模型

E. 市场约束

16. 第二次世界大战后三大国际经济组织有（ ）。
A. 世界银行集团
B. 亚太经合组织
C. 国际货币基金组织
D. 欧盟
E. 世界贸易组织

17. 数据挖掘的定义包含几层含义（ ）。
A. 数据源必须是真实的、大量的、有噪声的
B. 发现的是用户感兴趣的知识
C. 发现的知识是可接受、可理解、可运用的
D. 并不要求发现放之四海而皆准的知识，仅支持特定的发现问题
E. 以解决实际问题为出发点

18. 下列统计方法中，属于描述统计的有（ ）。
A. 用样本信息判断关于总体的假设是否成立
B. 用样本均值估计总体均值
C. 利用图形展示数据的变化趋势
D. 用数学方法展示数据分布特征
E. 利用表格展示数据的频数分布

19. 如果变量 x、y 之间的相关系数 $r=0.9$，表明两个变量之间存在（ ）。
A. 高度相关关系
B. 完全正相关关系
C. 完全负相关关系
D. 正相关关系
E. 不相关关系

20. 下列属于分层抽样应用条件的有（ ）。
A. 层内差异小，层间差异大
B. 调查对象分布的范围不广阔
C. 层内差异大，层间差异小
D. 个体之间的差异不是很大
E. 抽样框中有足够的辅助信息，能够将总体单位按某种标准划分到各层之中

21. 为调查我国国有企业在职职工的延迟退休意愿，分别从东部、中部和西部地区采用简单随机抽样方法各自抽取 10 个地级行政区域，然后在被抽取中的每个地级行政区域采用简单随机抽样方法抽取 20 家国有企业，对被抽中企业的所有在职职工发放问卷进行调查。该项调查中，除了简单随机抽样，还使用到的抽样方法有（ ）。
A. 分层抽样　　B. 整群抽样
C. 多阶段抽样　　D. 配额抽样
E. 系统抽样

22. 以下关于平滑预测法的相关说法中，正确的有（ ）。
A. 目的是消除时间序列的不规则成分所引起的随机波动
B. 包括移动平均法和指数平滑法
C. 能够适用于波动较大时间序列的预测
D. 操作较为复杂，对数据要求高
E. 对于近期（如下一期）的预测具有较高的精度

23. 下列业务中，属于资金循环与周转过程的有（ ）。
A. 购买材料　　B. 缴纳税金
C. 支付工资　　D. 银行借款
E. 销售商品

24. 下列关于采用历史成本计价的说法中，正确的有（ ）。
A. 历史成本具有客观性
B. 历史成本有原始凭证做证明，便于查证
C. 历史成本的数据比较容易取得
D. 历史成本在币值不稳定时仍然非常准确

E. 历史成本核算手续烦琐，需要经常调整项目

25. 会计确认主要解决的问题有（　　）。
A. 确定一项经济业务应在何时进行确认
B. 确定一项经济业务用什么计量单位进行计量
C. 确定一项经济业务是否需要进行确认
D. 确定一项经济业务用什么方法进行记录
E. 确定一项经济业务应确认为哪个会计要素

26. 下列关于资产负债表的说法中，错误的有（　　）。
A. 资产负债表反映企业某一特定日期的财务状况
B. 资产负债表可以总括反映企业资金的来源渠道和构成情况
C. 资产负债表主要用于反映企业的盈利能力
D. 目前我国采用报告式资产负债表格式
E. 资产负债表反映企业在一定会计期间的经营成果

27. 对不同时期的财务指标进行比较时，可计算动态比率指标，这类比率有（　　）。
A. 相关比率　　B. 结构比率
C. 环比动态比率　　D. 定基动态比率
E. 相对比率

28. 我国政府财务报告应当有（　　）。
A. 政府综合财务报告
B. 政府财政拨款收入支出表
C. 政府部门财务报告
D. 政府财政补助收入支出表
E. 政府决算报告

29. 民法借助（　　）制度为市场主体善意行使权利和履行义务提供保障。
A. 反垄断　　B. 违约责任
C. 物权法　　D. 侵权责任
E. 产品质量责任

30. 下列关于物权的客体“物”的说法中，正确的有（　　）。
A. 物必须是独立物
B. 物只能独立于人身之外
C. 物在特殊情形下也可指行为
D. 物必须是有体物
E. 物必须是特定物

31. 下列财产所有权的取得方式中，属于原始取得的有（　　）。
A. 继承房产
B. 财产收归国有
C. 没收非法所得
D. 果树结的果实
E. 接受赠与

32. 下列情形中，要约不得撤销的有（　　）。
A. 要约人张某发出了要约，并确定了承诺期限
B. 要约人李某书面通知受要约人要约不得撤销
C. 受要约人郭某认为要约不会撤销，并为履行合同做了准备
D. 要约人董某发出的要约已经生效
E. 受要约人的承诺通知尚未发出

33. 下列关于定金的说法中，正确的有（　　）。
A. 定金合同是实践合同
B. 定金与违约金无本质不同
C. 定金数额由法律直接规定
D. 定金罚则与违约金可以并用
E. 定金的担保作用是通过定金罚则体现的

34. 《中华人民共和国专利法》不予保护的对象有（　　）。
A. 动物和植物品种
B. 科学发现

C. 智力活动的规则和方法

D. 疾病的诊断和治疗方法

E. 动物和植物品种的生产方法

35. 根据《中华人民共和国劳动合同法》，下列条款中属于劳动合同必备条款的有（　　）。

A. 工作时间和休息休假条款

B. 劳动报酬条款

C. 社会保险条款

D. 试用期条款

E. 劳动合同期限条款

全真模拟测试题（一）参考答案及解析

“扫码看解析”

使用微信或“会计云课堂”App 扫码，即可在线对答案、看解析，错题随手收藏，及时复习巩固。

一、单项选择题

1. 【答案】B

【解析】需求价格弹性系数=需求量的相对变动÷价格的相对变动，需求量的相对变动=需求价格弹性系数×价格的相对变动，即 0.5×10% = 5%，即销售量增加了 5%。原来的销售量为 1000 台，提高 5%，销售量为 1000×（1+5%）= 1050（台）。

2. 【答案】D

【解析】对于正常品而言，替代效应与价格呈反方向变动，收入效应也与价格呈反方向变动，从而总效应必定与价格呈反方向变动。从需求曲线来看，低档品的需求曲线更陡峭，而正常品的需求曲线更平缓，对价格变化的反应更大。

3. 【答案】D

【解析】19 世纪的经济学家提出基数效用论，他们认为效用是可以直接度量的，存在绝对的效用量的大小，可以用基数，也就是用绝对数值来衡量效用的大小。例如，一个面包的效用是 1 个效用单位，一件衣服的效用是 10 个效用单位。

4. 【答案】A

【解析】消费者效用最大化的均衡条件可以表示为：商品边际替代率=商品的价格之比。

5. 【答案】A

【解析】在平均成本和边际成本的位置关系中，边际成本曲线最先到达最低点。

6. 【答案】D

【解析】总成本曲线是从纵轴一个截点即产量为零时总成本等于固定成本的那个点开始，随产量的增加而逐步上升，开始时是以递减的增长率上升，当产量达到一定水平后，便以递增的增长率上升。

7. 【答案】D

【解析】“钻石”属于特殊的原材料，所以题干表述属于对某些特殊的原材料的单独控制而形成的对这些资源和产品的完全垄断。

8. 【答案】D

【解析】实行价格歧视的基本条件：第一，必须有可能根据不同的需求价格弹性划分出两组或两组以上的不同购买者。第二，市场必须是能够有效地隔离开的，同一产品不能在不同市场之间流动。

9. 【答案】D

【解析】协议价格制的方式是限制各个生产者的产量，使行业边际收益等于行业边际成本。当一些企业联合起来一起行动，就形成了卡特尔。许多卡特尔都是不稳定的，也很难长期存在下去。在我国或其他一些国家，企业之间实施价格共谋或卡特尔是一种违法行为，受到反垄断法律法规的严格禁止。选项C说的是价格领袖制，选项D正确。

10. 【答案】C

【解析】完全竞争生产者在购买要素时是完全竞争的，即生产者完全是要素市场价格的接受者。生产者面临的要素供给曲线是一条水平线。

11. 【答案】C

【解析】一般认为，只有在完全竞争市场上，企业的生产成本从长期来看才是最低的，市场机制才能实现资源的有效配置。

12. 【答案】B

【解析】由于卖方和买方之间信息不对称，市场机制会导致某些商品或服务的需求曲线向左下方弯曲，最终结果是劣质商品或服务驱逐优质商品或服务，以致市场萎缩甚至消失，这就是逆向选择。选项ACD属于道德风险。

13. 【答案】A

【解析】纯公共物品是指具有完全的非竞争性和非排他性的物品，一般认为，国防、治安等都是最典型的纯公共物品。

14. 【答案】C

【解析】先行指标也叫领先指标，通过这些指标可以预测总体经济运行的轨迹，如制造业订货单、股票价格指数和广义货币 M_2 等，就属于先行指标。

15. 【答案】A

【解析】资本的效率一般用国内生产总值与资本总额的比率来表示。

16. 【答案】A

【解析】政府常常采取各种鼓励出口的措施对出口贸易进行干预。政府干预出口贸易以刺激出口增加的主要措施是出口补贴，分为直接补贴和间接补贴两种。出口退税和出口信贷都属于间接补贴的内容，选项A正确。

17. 【答案】D

【解析】如果一国货币汇率上升即货币升值，以本币标示的进口商品价格就会下跌，本国居民对进口商品的需求就会增加，为满足这种需求，就要扩大进口贸易。当然，如果汇率下跌，则会导致进口贸易的缩减。

18. 【答案】A

【解析】通过资源税调节级差收入，体现了财政收入分配的职能。

19. 【答案】B

【解析】财政支出规模反映了政府实际上参与社会经济生活的程度，有助于人们了解政府支配了多少社会资源，简单地说就是掌控和运用了多少钱。

20. 【答案】B

【解析】公共物品的定义是由美国经济学家萨缪尔森首次提出来的。

21. 【答案】A

【解析】瓦格纳法则又称为政府活动扩张法则。

22. 【答案】B

【解析】财政支出增长的边际倾向表明财政支出增长额与国内生产总值增长额之间的关系。

23. 【答案】B
【解析】税收的无偿性是税收本质的体现。

24. 【答案】C
【解析】国有资本经营预算的编制遵循以下原则：一是统筹兼顾，适度集中；二是相对独立，相互衔接；三是分级编制，逐步实施。

25. 【答案】C
【解析】除涉密信息外，政府预算、决算支出全部细化公开到按功能分类的“项”级科目，专项转移支付预算、决算按项目、按地区公开。

26. 【答案】D
【解析】专项转移支付是指中央财政为实现特定的宏观政策及事业发展战略目标，以及对委托地方政府代理的一些事务或中央地方共同承担事务进行补偿而设立的补助资金，需要按规定用途使用。

27. 【答案】A
【解析】最早提出转移支付概念的是著名经济学家庇古，他在 1928 年出版的《财政学研究》中第一次使用这一概念。

28. 【答案】D
【解析】税收乘数为负值，说明税收增减与国民收入增减呈反方向变动。

29. 【答案】D
【解析】财政政策是指一国政府为实现预期的经济社会发展目标，对财政收支关系进行调整的指导原则和措施。

30. 【答案】C
【解析】交易动机，即由于收入和支出的时间不一致，为进行日常交易而产生的持有货币的愿望。

31. 【答案】D
【解析】目前一般依据资产的流动性，即各种货币资产转化为通货或现实购买力的能力来划分不同的货币层次，进而就有了不同口径的货币供应量。

32. 【答案】B
【解析】成本推进型通货膨胀分为工会推动的“工资推进型通货膨胀”和垄断业推动的“利润推进型通货膨胀”。工会推动的“工资推进型通货膨胀”，即工资和物价螺旋上升的通货膨胀。

33. 【答案】B
【解析】金融市场效率的发挥是以资本的合理运动为前提的。

34. 【答案】C
【解析】法定存款准备金率对货币乘数的影响很大，作用力度很强，往往被当作一剂“猛药”。

35. 【答案】D
【解析】法定存款准备金率政策通常被作为货币政策的一种自动稳定机制，而不将其当作适时调整的经常性政策工具来使用，选项 A 错误；如果没有法定存款准备金制度配合，公开市场操作就无法发挥作用，选项 B 错误；法定存款准备金率对货币乘数的影响较大，选项 C 错误。

36. 【答案】B
【解析】商业票据是一种短期无担保证券，是由发行人为了筹措短期资金或弥补短期资金缺口，在货币市场上向投资者发行并承诺在将来一定时期偿付票据本息的凭证。

37. 【答案】C

【解析】存款保险实行限额偿付，最高偿付限额为人民币50万元。也就是说，同一存款人在同一家投保机构所有存款账户的本金和利息加起来在50万元以内的，全额赔付；超过50万元的部分，从该投保机构清算财产中受偿。这个限额并不是固定不变的。

38. 【答案】A

【解析】如果有关证券公开发表的资料（如公司对外公布的盈利报告等）对证券的价格变动没有任何影响，则证券市场达到半强型效率。

39. 【答案】D

【解析】银行是整个支付体系的重要组成部分，作为票据的清算者，降低了交易费用。

40. 【答案】A

【解析】商业银行的主要职能有信用中介、支付中介和信用创造，其中信用中介是商业银行最基本的职能。

41. 【答案】B

【解析】自20世纪80年代以来，我国的金融监管体制逐渐由单一全能型体制转向独立于中央银行的分业监管体制。

42. 【答案】C

【解析】国际储备的内容包括货币性黄金、外汇储备、IMF的储备头寸和特别提款权。

43. 【答案】A

【解析】当变量的取值是数量时，该变量被称为定量变量或数量变量。例如，企业销售额、注册员工数量等。

44. 【答案】A

【解析】统计报表是按照国家有关法规的规定，自上而下地统一布置、自下而上地逐级提供基本统计数据的一种调查方式。

45. 【答案】D

【解析】如果偏态系数为正值，说明分布为右偏的，取值大于1说明严重右偏。

46. 【答案】A

【解析】对于服从对称的钟形分布的标准分数，68%的标准分数在［-1，+1］范围内，约有95%的标准分数在［-2，+2］范围内，约有99%的标准分数在［-3，+3］范围内。

47. 【答案】A

【解析】由于抽样框不完善造成的误差称为抽样框误差。抽样的随机性造成的误差为抽样误差，选项B错误；调查人员作弊造成的误差为计量误差，选项C错误；受访者拒绝接受调查造成的误差为无回答误差，选项D错误。

48. 【答案】B

【解析】众数适用于描述分类数据和顺序数据的集中趋势。

49. 【答案】C

【解析】根据基期的不同确定方法，增长量可分为逐期增长量和累计增长量。

50. 【答案】B

【解析】平均增长速度与平均发展速度的数量关系是平均增长速度＝平均发展速度－1。

51. 【答案】C

【解析】定基发展速度等于相应时期内各环比发展速度的连乘积，即：$110\% \times 112\% \times 114\% \approx 140.45\%$。

52. 【答案】B

【解析】回归分析研究变量之间相互关

系的具体形式，对具有相关关系的变量之间的数量联系进行测定，确定一个相关的数学方程式。根据这个数学方程式可以从已知量来推测未知量，从而为估算和预测提供了一个重要方法。

53. 【答案】B
【解析】时期序列中，每一指标值反映现象在一段时期内发展的结果，如“国内生产总值”指标的时间序列就属于时期序列。

54. 【答案】D
【解析】“收入-费用=利润”这一平衡公式反映了企业利润的形成过程，收入、费用和利润之间的上述关系是编制利润表的基础。

55. 【答案】C
【解析】利得是指由企业非日常活动所发生的、会导致所有者权益增加的、与所有者投入资本无关的经济利益的流入。

56. 【答案】A
【解析】记账凭证账务处理程序是指对发生的经济业务事项，都要根据原始凭证或汇总原始凭证编制记账凭证，然后直接根据记账凭证逐笔登记总分类账的一种账务处理程序。

57. 【答案】B
【解析】会计报表是根据账簿记录定期编制的，总括反映企业特定时点和一定时期财务状况、经营成果以及现金流量情况等的结构性书面文件。

58. 【答案】B
【解析】会计记录的方法主要包括设置账户、复式记账、填制和审核凭证、登记账簿。

59. 【答案】A
【解析】选项A应列入现金流量表中“投资活动产生的现金流量”项目。选项BC应列入现金流量表中“经营活动产生的现金流量”项目。选项D应列入现金流量表中“筹资活动产生的现金流量”项目。

60. 【答案】B
【解析】市盈率=普通股每股市场价格÷普通股每股收益=3÷0.2=15。

61. 【答案】C
【解析】政府决算报告使用者包括各级人民代表大会及其常务委员会、各级政府及其有关部门、政府会计主体自身、社会公众和其他利益相关者。

62. 【答案】B
【解析】合同法律制度为各种财货与服务交易提供法律保障。

63. 【答案】B
【解析】抵销是指当事人双方相互负有同种类的给付义务时，将两项义务相互冲抵，使其相互在对等额内消灭。

64. 【答案】C
【解析】在我国，不动产不能成为权利质权的标的，不动产只能作为抵押权的标的。

65. 【答案】C
【解析】意定概括转让是指通过当事人之间的转让协议进行合同权利和义务的转让。《中华人民共和国合同法》第88条规定，当事人一方经对方同意，可以将自己在合同中的权利和义务一并转让给第三人。

66. 【答案】D
【解析】合同的成立和合同的生效是两个不同的概念，当事人达成合意，意味着合同成立；合同符合法律规定的生效要件，才能获得法律的保护，才意味着合同的生效。

67. 【答案】B

【解析】合同的保全具体包括债权人代位权制度和债权人撤销权制度。

68. 【答案】C

【解析】国有独资公司是我国公司法规定的一种特殊形式的有限责任公司。

69. 【答案】B

【解析】专利权人的权利分为人身权利和财产权利。财产权利是指专利权人通过对专利技术的享有而取得物质利益的权利。

70. 【答案】A

【解析】在商品中掺杂、掺假，以假充真，以次充好，或者以不合格商品冒充合格商品等行为的，经营者应承担行政责任。

二、多项选择题

1. 【答案】AE

【解析】一种商品如果是人们生活必需品，即使价格上涨，人们还得照样买，其需求弹性就小或缺乏弹性；而一些非必需的高档商品，像贵重首饰、高档服装等，只有当消费者购买力提高之后才买得起，其需求弹性就大。选项A正确、选项B错误。一般来说，一种商品的用途越多，它的需求弹性就越大，反之就缺乏弹性。选项C错误、选项E正确。一种商品若有许多相近的替代品，那么这种商品的需求价格弹性就较大。选项D错误。

2. 【答案】ABDE

【解析】MRP＝MFC的生产者使用要素的原则不涉及生产者所处的产品市场和要素市场的具体市场类型，因此它是所有生产者使用要素的原则，选项C错误。

3. 【答案】CD

【解析】对于产生外部经济的生产者来说，由于其私人收益小于社会收益，因而缺乏生产积极性，其产出水平就会低于社会最优产出水平。

4. 【答案】ABE

【解析】在实际核算中，国内生产总值的计算方法有三种，即生产法、收入法和支出法。

5. 【答案】BD

【解析】滞后指标是对总体经济运行中已经出现的峰顶和谷底的确认，如库存、居民消费价格指数等。

6. 【答案】BCE

【解析】从平衡财政职能和满足社会发展要求的角度，我国政府将更多地关注再分配问题，相应压缩购买性支出，扩大转移性支出的比重，并使财政支出向人力资本和社会资本倾斜。在处理投资性支出与消费性支出的关系时，一方面控制并调减投资性支出的规模，另一方面注意投资性支出应当有保有压。在消费性支出上，严格控制行政性公共消费，预算支出保证重点支出需要，使有限的资金主要用于教育、医疗、社会保障与就业、“三农”、自主创新、环境保护等社会发展的薄弱环节和与民生密切相关的支出上。

7. 【答案】ABD

【解析】根据国际货币基金组织2001年制定的《政府财政统计手册》的分类标准，政府有4种主要的收入来源渠道：税收、社会缴款、赠与收入和其他收入。

8. 【答案】BE

【解析】单式预算的优点：①简单明了，整体性强，能够清晰反映政府财政收支全貌，有利于公众监督政府预算的实施；②便于编制，易于操作。

9. 【答案】ACE

【解析】一般性转移支付包括均衡性转移支付、民族地区转移支付、县级基本财力保障机制奖补资金、调整工资转移支付、农村税费改革转移支付、资源枯竭城市转移支付等具体项目。

10. 【答案】CE

【解析】财政乘数效应表明：当政府投资或支出扩大、税收减少时，对国民收入有加倍扩大的作用，从而产生宏观经济的扩张效应；当政府投资或支出减少、税收增加时，对国民收入有加倍收缩的作用，从而产生宏观经济的紧缩效应，选项 A 和 B 错误。购买性支出乘数大于税收乘数，说明增加财政支出政策对经济增长的作用大于减税政策，选项 C 正确。平衡预算乘数表明，即使政府实行平衡预算政策，仍具有扩张效应，其效应等于 1，选项 D 错误、选项 E 正确。

11. 【答案】AB

【解析】假定其他条件不变，物价水平与货币量成正比，货币价值与货币量成反比。

12. 【答案】ACDE

【解析】导致过度的信用供给的原因：①财政原因，即发生财政赤字和推行赤字政策；②信贷原因，即财政赤字的压力、社会上过热的经济增长要求、银行自身决策失误等。

13. 【答案】ABE

【解析】中央银行的主要职能包括制定和执行货币政策、维护金融稳定、提供金融服务。

14. 【答案】CD

【解析】非银行金融机构的经营范围很窄，经营不完全的信用业务，或不以银行信用方式融通资金。而商业银行的经营范围广泛、业务种类齐全，它是唯一能够面向公众吸收活期存款的金融机构。

15. 【答案】BCE

【解析】在 2003 年新巴塞尔资本协议中，最引人注目的是该协议所推出的最低资本要求、监管当局的监督检查及市场约束的内容，被称为新巴塞尔资本协议的“三大支柱”。

16. 【答案】ACE

【解析】“第二次世界大战”后成立了国际货币基金组织和世界银行集团这两大国际金融机构，与世界贸易组织并称为“第二次世界大战”后三大国际经济组织。

17. 【答案】ABCD

【解析】数据挖掘的定义包含以下几层含义：①数据源必须是真实的、大量的、有噪声的；②发现的是用户感兴趣的知识；③发现的知识是可接受、可理解、可运用的；④并不要求发现放之四海而皆准的知识，仅支持特定的发现问题。

18. 【答案】CDE

【解析】描述统计的内容包括如何取得所需要的数据，如何用图表或数学方法对数据进行整理和展示，如何描述数据的一般性特征。

19. 【答案】AD

【解析】当相关系数绝对值大于或等于 0.8 时，可视为两个变量高度相关；当相关系数大于 0 且小于或等于 1 时，表明两个变量正相关。

20. 【答案】AE

【解析】分层抽样的应用条件：抽样框中

有足够的辅助信息，能够将总体单位按某种标准划分到各层之中，实现在同一层内各单位之间的差异尽可能地小，不同层之间各单位的差异尽可能地大。

21. 【答案】ABC

【解析】从题目的描述可看出使用的是多阶段抽样方法，第一阶段使用了分层抽样方法，第二阶段使用了整群抽样的方法。

22. 【答案】ABE

【解析】平滑预测法适合于平稳时间序列的预测，即没有明显的趋势、循环和季节波动的时间序列，选项C错误。其特点是简单易用，对数据要求最低，选项D错误。

23. 【答案】ACE

【解析】资金的循环与周转分为供应过程、生产过程、销售过程。选项A属于供应过程，选项C属于生产过程，选项E属于销售过程，都是资金的循环与周转过程。选项B属于资金的退出，选项D属于资金的投入。

24. 【答案】ABC

【解析】历史成本原则是以币值稳定为前提的，选项D错误。历史成本核算手续简化，不必经常调整账目，选项E错误。

25. 【答案】ACE

【解析】会计确认主要解决三个问题：①确定某一经济业务是否需要进行确认；②确定该业务应在何时进行确认；③确定该业务应确认为哪个会计要素。

26. 【答案】CDE

【解析】资产负债表是反映企业在某一特定日期财务状况的会计报表，是按照一定的标准和顺序将资产、负债、所有者权益进行适当排列编制的，反映企业某一特定日期所拥有或控制的经济资源、所承担的现时义务和所有者对净资产的要求权；目前我国采用账户式资产负债表格式。选项CDE错误。

27. 【答案】CD

【解析】对不同时期的财务指标进行比较时，可以计算动态比率指标，由于选择的基期不同，可以有两种方法。一种是定基动态比率；另一种是环比动态比率。

28. 【答案】AC

【解析】政府财务报告包括政府综合财务报告和政府部门财务报告。

29. 【答案】BD

【解析】民法借助违约责任、侵权责任制度为市场主体善意行使权利和履行义务提供保障。

30. 【答案】ABDE

【解析】物权的客体一般为物而不是行为。物权的标的在范围上是十分广泛的，但都必须是特定物。作为物权客体的物必须是独立物和有体物，而不可能是行为。此外，物权只能以独立于人身之外的物作为客体。

31. 【答案】BCD

【解析】所有权的合法取得方式可以分为原始取得和继受取得。选项AE都属于继受取得。

32. 【答案】ABC

【解析】要约不得撤销的情形：①要约人确定了承诺期限的或者以其他形式明示要约不可撤销的；②受要约人有理由认为要约是不可撤销的，并已经为履行合同做了准备工作。

33. 【答案】AE

【解析】定金罚则与违约金的区别表现为交付时间、效力、性质不同，选项 B 错误。定金的数额由当事人约定，但不得超过主合同标的额的 20%，选项 C 错误。违约金与定金的罚则不能并用，二者只能择其一适用，选项 D 错误。

34. 【答案】ABCD

【解析】对于动物和植物品种，《中华人民共和国专利法》是不予保护的，但对于动物和植物品种的生产方法，可以依法授予专利权。

35. 【答案】ABCE

【解析】试用期条款不属于劳动合同的必备条款，选项 D 错误。

全真模拟测试题（二）

扫一扫　“码”上做题、看解析

本部分习题均配备有二维码，使用“会计云课堂”App扫码，即可在线做题、看解析。

【“会计云课堂”App下载二维码见封底】

一、单项选择题（共70题，每题1分。每题的备选项中，只有1个最符合题意）

1. 市场供给力量与需求力量相互抵消时所达到的价格水平叫作（　　）。

A. 平均价格

B. 理论价格

C. 平准价格

D. 均衡价格

2. 某商品的价格为5元/件时，销售量为500件；当价格提高到7元/件时，销售量为400件。按照点弹性公式计算，该商品的需求价格弹性是（　　）。

A. 0.40　　B. 0.50

C. 1.00　　D. 1.50

3. 根据经济学家科斯的观点，企业存在的根本原因是（　　）。

A. 交易成本的节约

B. 科学技术进步

C. 产品标准化

D. 信息不对称

4. 下列关于短期边际成本曲线和平均成本曲线之间关系的说法中，正确的是（　　）。

A. 平均固定成本曲线和边际成本曲线都具有U形特征

B. 当边际成本与平均总成本相等时，平均总成本曲线位于最低点

C. 平均总成本曲线比边际成本曲线更早到达最低点

D. 平均固定成本曲线总是高于边际成本曲线

5. 价格由整个行业的供给和需求曲线决定的市场是（　　）。

A. 完全竞争市场

B. 垄断竞争市场

C. 寡头垄断市场

D. 完全垄断市场

6. 表示边际收益产品MRP的公式是（　　）。

A. $MRP=\Delta Q \div \Delta L$

B. $MRP=\Delta R \div L$

C. $MRP=C \div L$

D. $MRP=\Delta R \div \Delta L$

7. 下列关于外部性的说法中，正确的是（　　）。

A. 在完全竞争条件下，外部性的存在不会影响资源的最优配置

B. 即使在完全竞争条件下，外部性的存在也使得资源配置难以达到帕累托最优状态

C. 外部性只有外部不经济这一种状态

D. 外部性只发生在生产领域

8. 政府通过罚款或增税来抑制的经济活动是（　　）。
A. 产生外部不经济的活动
B. 准公共物品生产
C. 纯公共产品生产
D. 产生外部经济的活动

9. 对于一种纯公共物品，在其总供给量保持不变的情况下，如果增加一个人对它的消费量，则其他人可消费数量的变化情况是（　　）。
A. 相应增加　　B. 相应减少
C. 保持不变　　D. 趋于平均

10. 下列分析和预测经济波动的统计指标中，属于一致指标的是（　　）。
A. 社会消费品零售总额
B. 制造业订货单
C. 居民消费价格指数
D. 广义货币供应量

11. 关于“十三五”时期经济社会发展的基本理念，下列表述中正确的是（　　）。
A. 创新是国家繁荣发展的必由之路
B. 绿色是引领发展的第一动力
C. 协调是持续健康发展的内在要求
D. 开放是中国特色社会主义的本质要求

12. 简单的菲利普斯曲线是一条描述通货膨胀率与（　　）之间相互关系的曲线。
A. 财政收入增长率
B. 失业率
C. 总人口增长率
D. 宏观税收负担水平

13. 一个国家或地区在一定时期内的就业增长率与经济增长率之间的比值叫作（　　）。
A. 就业弹性　　B. 就业系数
C. 就业增速　　D. 就业比率

14. 不属于公共物品供给制度的是（　　）。
A. 决策制度　　B. 融资制度
C. 销售制度　　D. 生产制度

15. 下列生产方式中，属于公共物品典型生产方式的是（　　）。
A. 特许经营　　B. 私人经营
C. 社会组织生产　　D. 政府生产

16. 市场经济条件下进行初次分配时，其实现的条件是（　　）。
A. 禀赋条件和公平的市场定价
B. 垄断情况和公平的市场定价
C. 禀赋条件和公平的政府定价
D. 垄断情况和公平的政府定价

17. 某国 2016 年财政支出为 10 万亿元，2017 年为 11 万亿元，2017 年国内生产总值增长率为 8%，该国 2017 年财政支出增长的弹性系数是（　　）。
A. 1.25　　B. 0.8
C. 0.1　　D. 1.5

18. 财政支出绩效评价的对象是（　　）。
A. 财政部门
B. 社会所有的部门或机构
C. 政府及其财政部门
D. 使用财政资金的部门或机构

19. 当今世界各国弥补财政赤字的普遍做法是（　　）。
A. 增加税收　　B. 举借公债
C. 验收基金　　D. 收取企业利润

20. 主要以税收为收入来源、以行政事业项目为支出对象的政府预算是（　　）。
A. 绩效预算　　B. 地方预算
C. 资本预算　　D. 经常预算

21. 从政治方面看，政府预算（　　）。
A. 反映了政府资金的来源和流向
B. 是国家和政府意志的体现
C. 是重大的政治行为

D. 体现了政府的年度工作重点和方向

22. 下列关于财政管理体制的说法中，错误的是（　　）。

A. 政府预算管理体制是财政管理体制的中心环节

B. 满足财政支出需要是决定政府间财政收入划分的主要标准

C. 政府间财政收支划分的基本特征是收入结构与支出结构的非对称性安排

D. 在财政单一制模式下，地方在中央决策和授权范围内管理财政活动

23. “双紧”搭配类型一般在（　　）情况下采用。

A. 经济严重通货膨胀时

B. 经济严重通货紧缩时

C. 经济基本平衡时

D. 经济衰退时

24. 下列经济政策中，不属于财政政策的是（　　）。

A. 利率政策　　B. 税收政策

C. 公债政策　　D. 预算政策

25. 关于我国在2008年实施的积极财政政策内容，下列说法中错误的是（　　）。

A. 扩大政府公共投资，加强各项重点建设

B. 实施结构性减税政策，减轻企业和居民负担

C. 大幅度增加对低收入群体的补贴，扩大居民消费需求

D. 不改变财政支出结构，保障和改善民生

26. 凯恩斯货币需求函数 $L=L_1(Y)+L_2(i)$ 中，L 与收入 Y 和利率 i 的关系分别是（　　）。

A. 负相关、正相关

B. 正相关、正相关

C. 负相关、负相关

D. 正相关、负相关

27. 通货膨胀是价值符号流通条件下的特有现象，其基本标志是（　　）。

A. 物价上涨

B. 过多的货币追逐过少的商品

C. 有效需求大于有效供给

D. 某种商品价格的上涨

28. 政府发行公债后，可以利用“挤出效应”使民间部门的投资（　　）。

A. 质量降低　　B. 质量提高

C. 规模扩张　　D. 规模减小

29. 我国法定的货币发行机构是（　　）。

A. 中国银行

B. 国家开发银行

C. 中国人民银行

D. 中国建设银行

30. 制定和实施货币政策的目的是通过调控（　　）等中介目标来影响社会经济生活。

A. 货币供应量

B. 货币需求量

C. 国民生产总值

D. 国内生产总值

31. 中央银行组织全国银行间清算属于中央银行（　　）。

A. 货币发行业务

B. 公开市场业务

C. 对政府的业务

D. 对银行的业务

32. 一般性货币政策工具中，更具有弹性和优越性的是（　　）。

A. 再贷款

B. 法定存款准备金率

C. 公开市场操作

D. 再贴现

33. 根据《存款保险条例》的规定，下列各项中不纳入存款保险范围的是（ ）。
A. 外商独资银行
B. 中外合资银行
C. 农村信用社
D. 外国银行在中国的分支机构

34. 在金融领域，因借款人或市场交易对手违约而导致损失的风险是（ ）。
A. 信用风险 B. 市场风险
C. 流动性风险 D. 操作风险

35. 金融机构所经营的商品——货币的特殊性决定了金融机构同经济和社会是紧密相关的，这体现了金融风险特征中的（ ）。
A. 不确定性 B. 高杠杆性
C. 相关性 D. 传染性

36. 在2010年巴塞尔协议Ⅲ中建立了流动性风险量化监管标准，其中用于度量短期压力情境下单个银行流动性状况，目的是提高银行短期应对流动性中断的弹性指标是（ ）。
A. 流动性覆盖率
B. 净稳定融资比率
C. 总资本充足率
D. 一级资本充足率

37. 布雷顿森林体系是根据布雷顿森林协定建立起来的以（ ）为中心的国际货币体系。
A. 美元 B. 黄金
C. 欧元 D. 英镑

38. 跨境人民币证券融资，被称为“熊猫债”的是（ ）。
A. 境内机构境外发行人民币债券
B. 境外机构境内发行人民币债券
C. 境外机构境外发行人民币债券
D. 境内机构境内发行人民币债券

39. 某公司从客户名录中随机抽取600名客户进行满意度和忠诚度调查，为了验证客户总体中满意度高的客户更倾向于成为忠诚客户，应采用的统计方法是（ ）。
A. 假设检验 B. 参数估计
C. 数据整理 D. 数据展示

40. 从调查对象的总体中抽取一部分单位作为样本进行调查，并根据样本调查结果推断总体数量特征。这种调查方式是（ ）。
A. 抽样调查 B. 统计报表
C. 重点调查 D. 典型调查

41. 居民消费价格指数（CPI）是（ ）。
A. 观测数据 B. 实验数据
C. 间接数据 D. 直接数据

42. 下列属于集中趋势最主要测度值的是（ ）。
A. 中位数 B. 方差
C. 标准差 D. 均值

43. 2019年某县有8个大型建筑企业，这8个企业的员工人数（单位：人）分别为600、632、710、740、760、800、850、910，这组数据的中位数是（ ）。
A. 740 B. 760
C. 800 D. 750

44. 按照等级、类型和所属区域将某市所有医院划分为10组，然后在每个组内随机抽取3家医院进行医改政策评价的抽样调查。这种抽样方法是（ ）。
A. 分层抽样 B. 简单随机抽样
C. 整群抽样 D. 两阶段抽样

45. 回归模型常用的参数估计方法是（ ）。
A. 最大二乘法 B. 最小残差和法
C. 最大残差和法 D. 最小二乘法

46. 下列回归模型中，属于一元线性回归模型的是（　　）。

A. $Y=\beta_0+\beta_1X_1+\beta_2X_2+\varepsilon$

B. $Y=\beta_0+\beta_1X_1+\beta_2{X_2}^2+\varepsilon$

C. $Y=\beta_0{X_1}^{\beta1}{X_2}^{\beta2}+\varepsilon$

D. $Y=\beta_0+\beta_1X+\varepsilon$

47. 在时间序列的水平分析中，报告期水平与前一期水平的差是（　　）。

A. 累计增长量　　B. 逐期增长量

C. 平均增长量　　D. 定基增长量

48. 已知一个有关发展速度的时间序列的指标值是70%、80%、-5%、99%，其平均发展速度是（　　）。

A. 61%　　B. 50%

C. 80%　　D. 不能计算

49. 某企业2010—2016年销售收入的年平均增长速度是27.6%，这期间相应的年平均发展速度是（　　）。

A. 4.6%　　B. 17.6%

C. 127.6%　　D. 72.4%

50. 下列不属于企业收入的是（　　）。

A. 营业收入

B. 投资收益

C. 销售产品收入

D. 为第三方代收的款项

51. 下列会计活动中，属于管理会计内容的是（　　）。

A. 确认和计量企业资产、负债、所有者权益的增减变动

B. 记录营业收入的取得，费用的发生和归属以及收益的形成和分配

C. 预测分析企业成本变化趋势

D. 报告企业财务状况，经营成果和现金流量

52. 下列会计要素组合中，反映企业财务状况的是（　　）。

A. 资产、负债、费用

B. 收入、费用、利润

C. 资产、负债、所有者权益

D. 资产、负债、利润

53. 按照（　　）不同，可以将会计报表分为个别会计报表和合并会计报表。

A. 所反映的经济内容

B. 会计报表报送对象

C. 会计报表编制主体

D. 会计报表编制的时间范围

54. 记账凭证账务处理程序的适用范围是（　　）。

A. 规模较小、经济业务量较少的单位

B. 采用单式记账的单位

C. 规模较大、经济业务量较多的单位

D. 会计基础工作薄弱的单位

55. 利润表是一张（　　）。

A. 静态会计报表

B. 动态会计报表

C. 既是静态也是动态会计报表

D. 既不是静态也不是动态会计报表

56. 用来衡量企业利用债权人提供资金进行经营活动的能力，反映债权人发放贷款安全程度的指标是（　　）。

A. 资产负债率　　B. 产权比率

C. 现金比率　　D. 速动比率

57. 某企业本年度主营业务收入为3000万元，销售退回300万元，销售折让200万元，期初应收账款余额为400万元，期末应收账款余额为600万元，该企业应收账款周转天数是（　　）天。

A. 75　　B. 72

C. 77　　D. 70

58. （　　）是反映企业财务状况好坏的重要标志。

A. 市盈率

B. 运用资产创造利润的能力

C. 能否及时偿还到期债务
D. 资本保值增值率

59. 以国家对市场经济进行宏观调控所形成的法律关系为调整对象的法律是（　　）。
A. 经济法　　B. 民法
C. 商法　　D. 行政法

60. 不属于商标注册条件的是（　　）。
A. 商标不得仅有本商品的通用名称、图形、型号
B. 商标不含《中华人民共和国商标法》明确禁止使用的图形和文字
C. 商标应当具备显著特征，便于识别
D. 申请人必须具备相当的经济实力

61. 不同所有人的物因一定的行为而结合在一起形成不可分割的物或具有新质的物，这在民法理论上叫作（　　）。
A. 合并　　B. 继受所得
C. 添附　　D. 提存

62. 下列关于质权的表述中，错误的是（　　）。
A. 质权的设立无须转移占有
B. 权利可以成为质权的标的
C. 对不动产不得设定质权
D. 质权具有物上代位性、从属性和不可分性

63. 下列关于作为物权客体的"物"的说法中，正确的是（　　）。
A. 物权法上的"物"既可以是有体物，也可以是无体物
B. 物权法上的"物"包括他人的身体
C. 物权法上的"物"也可以是行为
D. 物权法上的"物"须是独立于人身之外的物

64. 根据《中华人民共和国物权法》的规定，预告登记后，债权消灭或者自能够进行不动产登记之日起（　　）内未申请登记的，预告登记失效。
A. 90 日　　B. 30 日
C. 180 日　　D. 360 日

65. 物权的种类、内容、效力、得丧变更及保护的方法均源自法律的直接规定，当事人不得自由地创设，这体现了物权法的（　　）。
A. 诚实信用原则　　B. 物权法定原则
C. 一物一权原则　　D. 物权公示原则

66. 下列不属于《中华人民共和国合同法》规定的违约责任承担方式的是（　　）。
A. 继续履行　　B. 支付违约金
C. 赔礼道歉　　D. 违约损害赔偿

67. 有限责任公司的股东向股东以外的人转让股权，应当经其他股东（　　）同意。
A. 三分之一以上　　B. 全体
C. 三分之二以上　　D. 过半数

68. 下列关于公司特征的说法中，错误的是（　　）。
A. 公司是营利法人
B. 股东承担有限责任
C. 公司具有法人人格
D. 公司股东可以直接占有、使用和处分公司财产

69. 根据《中华人民共和国产品质量法》的规定，下列物品中属于"产品"的是（　　）。
A. 经过加工制作并用于销售的建筑材料
B. 天然存在或自然生长的物品
C. 建设工程
D. 非用于销售的物品

70. 下列关于产品责任的说法中，正确的是（　　）。
A. 产品的生产者适用过错责任原则归责
B. 产品的销售者适用严格责任归责
C. 因产品缺陷造成损害要求赔偿的诉讼时效期间为 3 年
D. 产品责任是指产品质量不符合产品质量法规定而引起的民事赔偿责任

二、多项选择题（共35题，每题2分。每题的备选项中，有2个或2个以上符合题意，至少有1个错项。错选，本题不得分；少选，所选的每个选项得0.5分）

1. 能够导致某种商品的需求曲线发生位移的因素有（　　）。
A. 该商品自身的价格
B. 消费者偏好
C. 消费者收入
D. 价格弹性
E. 生产成本

2. 在分析消费者行为时，无差异曲线的主要特征有（　　）。
A. 任意两条无差异曲线都不能相交
B. 无差异曲线从左上向右下方倾斜，凸向原点
C. 在收入增长时向右移动
D. 无差异曲线的形状和价格变动关系密切
E. 离原点越远的无差异曲线，消费者的偏好程度越高

3. 下列产品所处的市场属于寡头垄断市场的有（　　）。
A. 糖果　　B. 汽车
C. 电力　　D. 钢铁
E. 啤酒

4. 下列关于完全竞争要素市场的说法中，正确的有（　　）。
A. 市场上的参与者都是完全竞争的
B. 要素的供求行为都是完全竞争的
C. 生产者在产品市场上是完全竞争的
D. 要素的需求者存在一定的垄断行为
E. 生产者完全是要素市场价格的接受者

5. 以下关于纯公共物品特征的描述中，错误的有（　　）。
A. 非竞争性指出，通过市场机制提供公共物品的潜在困难
B. 非排他性指出，通过市场机制提供公共物品的潜在困难
C. 非竞争性强调了集体提供公共物品潜在的成本
D. 非竞争性强调了集体提供公共物品潜在的收益
E. 纯公共物品具有非竞争性和非排他性

6. 两部门经济中的储蓄-投资恒等式涉及的部门有（　　）。
A. 企业　　B. 国外部门
C. 消费者（居民）　　D. 地方部门
E. 政府部门

7. 经济增长的三因素分解法，是运用生产函数把经济增长按照（　　）三个因素进行分解，计算三项因素对经济增长的贡献份额。
A. 劳动投入　　B. 生产技术
C. 资本投入　　D. 全要素生产率
E. 劳动生产率

8. 根据《2021年政府收支分类科目》的规定，属于一般公共预算支出功能分类的科目有（　　）。
A. 城乡社区支出　　B. 节能环保支出
C. 交通运输支出　　D. 挖潜改造支出
E. 农林水支出

9. 税收的基本特征有（　　）。
A. 强制性　　B. 自愿性
C. 无偿性　　D. 有偿性
E. 固定性

10. 所得税的主要特点有（　　）。
A. 税负相对比较公平
B. 单环节征收，不存在重复征税问题
C. 税负容易转嫁
D. 税源可靠，收入具有弹性
E. 以商品和劳务的流转额或交易额为计税依据

11. 关于我国政府预算体系中四类预算之间的关系，下列说法中正确的有（　　）。
A. 一般公共预算中安排了大量的社会保障支出
B. 社会保险基金预算可以用于平衡一般公共预算
C. 社会保险基金预算不能用于平衡一般公共预算
D. 国有资本经营预算和政府性基金预算中，都可以调剂部分资金用于社会保障
E. 社会保险基金预算可以调剂部分资金用于平衡国有资本经营预算和政府性基金预算

12. 在财政政策时滞中只属于研究过程，与决策机关没有直接关系，在经济学上被称为内在时滞的有（　　）。
A. 决策时滞　B. 执行时滞
C. 认识时滞　D. 行政时滞
E. 效果时滞

13. 属于基础货币的有（　　）。
A. 中央银行发行的货币
B. 财政部门在中央银行的存款
C. 财政部门在商业银行的存款
D. 中央银行的资产
E. 商业银行在中央银行的存款

14. 以下各项中，可以作为货币政策中介目标的有（　　）。
A. 利率　B. 货币供应量
C. 超额准备金　D. 通货膨胀率
E. 法定存款准备金率

15. 按市场工具划分，资本市场有（　　）。
A. 票据市场　B. 股票市场
C. 长期债券市场　D. 投资基金市场
E. 同业拆借市场

16. 根据1988年巴塞尔报告，属于银行核心资本的有（　　）。
A. 资产重估储备　B. 普通准备金
C. 实收股本　D. 公开储备
E. 呆账准备金

17. 金本位制度下的固定汇率制度的特点有（　　）。
A. 自发的固定汇率制度
B. 铸币平价是各国汇率的决定基础
C. 黄金输送点是汇率变动的上下限
D. 以美元为中心的固定汇率制度
E. 多种汇率安排并存

18. 下列关于相关关系的说法中，正确的有（　　）。
A. 变量间相关的模式不尽相同
B. 相关关系等同于因果关系
C. 介于完全相关和不相关之间的变量关系称为完全不相关
D. 按相关的方向可分为正相关和负相关
E. 按相关程度划分为完全相关、不完全相关和不相关

19. 下列数据特征的测度值中，易受极端值影响的有（　　）。
A. 加权算术平均数　B. 简单算术平均数
C. 极差　D. 众数
E. 中位数

20. 下列关于散点图的说法中，正确的有（　　）。
A. 图中每一点代表一个观测值
B. 横坐标值代表变量X的观测值
C. 纵坐标值代表变量Y的观测值
D. 它是用来反映两变量之间相关关系的图形
E. 它是用来测度回归直线对样本数据拟合程度的图形

21. 下列抽样方法中，属于概率抽样的有（　　）。
A. 分层抽样　B. 等距抽样

C. 判断抽样　　D. 整群抽样
E. 多阶段抽样

22. 下列影响因素中，属于抽样误差来源的有（　　）。
A. 总体单位值之间的差异大小
B. 样本量大小
C. 访问员的选择
D. 抽样方式的选择
E. 估计量的选择

23. 在需要进行会计核算的经济业务事项中，属于款项的有（　　）。
A. 股票　　B. 现金
C. 银行存款　　D. 应收账款
E. 银行汇票存款

24. 我国《政府会计准则》的主要内容有（　　）。
A. 政府绩效评估报告
B. 政府财务会计要素
C. 政府决算报告和财务报告
D. 政府会计信息质量要求
E. 政府预算会计要素

25. 下列记账方法中，属于复式记账法的有（　　）。
A. 重复记账法　　B. 借贷记账法
C. 增减记账法　　D. 收付记账法
E. 左右记账法

26. “存货”项目根据（　　）等科目期末借方余额之和减去“存货跌价准备”后的金额填列。
A. 低值易耗品　　B. 物资采购
C. 自制半成品　　D. 原材料
E. 固定资产

27. 下列关于市盈率的说法中，正确的有（　　）。
A. 市盈率高，表明投资者对公司的未来充满信心
B. 一般认为，市盈率在5以下的股票，其前景看好
C. 通常认为，市盈率在5～20之间是正常的
D. 债务比重大的公司，股票市盈率通常较低
E. 当人们预期公司利润增长时，市盈率通常会上升

28. 下列选项中，属于预算结余的有（　　）。
A. 结余收入　　B. 结余资金
C. 结转资金　　D. 结余费用
E. 结余基金

29. 下列权利中，属于用益物权的有（　　）。
A. 建设用地使用权　　B. 宅基地使用权
C. 土地承包经营权　　D. 留置权
E. 地役权

30. 下列物权中，属于主物权的有（　　）。
A. 质权　　B. 地上权
C. 留置权　　D. 地役权
E. 所有权

31. 合同具有的法律特征有（　　）。
A. 合同当事人的法律地位平等
B. 合同是关于民事权利和义务关系的协议
C. 合同是双方或多方的民事法律行为
D. 合同也适用于调整婚姻、收养等有关身份关系的内容
E. 合同是在当事人自愿基础上进行的民事法律行为

32. 下列不属于合同的履行基本原则的有（　　）。
A. 全面履行原则　　B. 诚信原则
C. 公平公正原则　　D. 公序良俗原则
E. 平等互利原则

33. 王某为甲有限责任公司的董事长和总经理，甲公司主要经营办公家具销售业务。

在任职的期间，王某私自代理乙公司从国外进口一批办公家具并将其销售给丙公司。关于该行为的说法中正确的有（　　）。

A. 王某的行为违反了公司法律制度的规定

B. 甲公司可以决定将其从事上述行为所得收入收归本公司所有

C. 王某可以从事以上的活动

D. 甲公司可以决定撤销王某的行为，但是不能将其取得的收入归入本公司

E. 王某作为该公司董事长未对公司负忠实义务

34. 下列关于股份有限公司股份转让的说法中，正确的有（　　）。

A. 股东转让其股份，应当在依法设立的证券交易场所进行或者按照国务院规定的其他方式进行

B. 无记名股票的转让，由股东将该股票交付给受让人后即发生转让的效力

C. 发起人持有的本公司股份，自公司成立之日起 1 年内不得转让

D. 公司董事、监事、高级管理人员离职后 1 年内，不得转让其所持有的本公司股份

E. 公司董事、监事、高级管理人员在任职期间每年转让的股份不得超过其所持有本公司股份总数的 25%

35. 根据《中华人民共和国劳动合同法》的规定，企业进行经济性裁员时，应当优先留用的劳动者有（　　）。

A. 与本单位订立较长期限的固定期限劳动合同的

B. 企业中工作表现优异的员工

C. 家庭无其他就业人员，有需要赡养的老人或者需要抚养的未成年人的

D. 与本单位订立无固定期限劳动合同的

E. 企业的高级管理人员

全真模拟测试题（二）参考答案及解析

“扫码看解析”

使用微信或“会计云课堂”App 扫码，即可在线对答案、看解析，错题随手收藏，及时复习巩固。

一、单项选择题

1. 【答案】D

【解析】均衡价格就是市场供给力量与需求力量相互抵消时所达到的价格水平。

2. 【答案】B

【解析】点弹性：|［（400－500）÷500］÷［（7－5）÷5］|＝0.5。

3. 【答案】A

【解析】企业存在的根本原因是交易成本的节约，选项 A 正确。

4. 【答案】B

【解析】平均固定成本曲线随着产量的增加而递减，逐渐向横轴接近，边际成本曲线先降低后增加，选项 AD 错误。当边际成本与平均总成本相等时，平均总成本曲线位于最低点，选项 B 正确。平均总成本曲线比边际成本曲线更晚到达最低点，选项 C 错误。

5. 【答案】A

【解析】在完全竞争市场上，价格就是由

整个行业的供给和需求曲线决定的。

6. 【答案】D

【解析】边际收益产品（MRP）：$MRP=\Delta R\div\Delta L=MPP\times MR$。

7. 【答案】B

【解析】外部性导致资源配置失当，即使是在完全竞争条件下，由于存在外部性的影响，整个经济的资源配置也不可能达到帕累托最优状态。根据经济活动主体是生产者还是消费者，外部性分为生产的外部性和消费的外部性。根据对他人的影响，外部性可以分为外部经济与外部不经济。

8. 【答案】A

【解析】政府对产生外部不经济的企业可以使用税收手段，使得企业的私人成本等于社会成本，从而使得资源得到更有效的利用。

9. 【答案】C

【解析】纯公共物品具有完全的非竞争性和非排他性。所谓非竞争性，是指消费者对某一种公共物品的消费并不影响其他人对该公共物品的消费。

10. 【答案】A

【解析】在我国，一般把工业总产值、固定资产投资额和社会消费品零售总额等视为一致指标。

11. 【答案】C

【解析】"十三五"时期经济社会发展的基本理念表示：①创新是引领发展的第一动力；②协调是持续健康发展的内在要求；③绿色是永续发展的必要条件和人民对美好生活追求的重要体现；④开放是国家繁荣发展的必由之路；⑤共享是中国特色社会主义的本质要求。

12. 【答案】B

【解析】简单的菲利普斯曲线是一条描述通货膨胀率与失业率之间相互关系的曲线。

13. 【答案】A

【解析】就业弹性是一个国家或一个地区在一定时期内的劳动就业增长率与经济增长率的比值。

14. 【答案】C

【解析】公共物品供给的制度结构涉及4个方面的内容：①公共物品供给的决策制度；②公共物品供给的融资制度；③公共物品供给的生产制度；④公共物品的受益分配制度。

15. 【答案】D

【解析】公共物品的生产中政府生产和合同外包是两种典型的生产方式。

16. 【答案】A

【解析】在市场经济条件下，初次分配是按要素所有者的禀赋条件和公平的市场定价实现的。

17. 【答案】A

【解析】财政支出增长的弹性系数是指财政支出增长率与国内生产总值增长率之比。财政支出增长率$=(11-10)\div10\times100\%=10\%$，2017年财政支出增长的弹性系数$=10\%\div8\%=1.25$。

18. 【答案】D

【解析】财政支出绩效评价的对象是使用财政资金的部门或机构。

19. 【答案】B

【解析】通过举借公债以弥补财政赤字是当今世界各国的普遍做法。

20. 【答案】D

【解析】经常预算主要以税收为收入来

源，以行政事业项目为支出对象，如维持政府机关运转的日常活动经费支出等。

21. 【答案】C

【解析】从政治方面看，政府预算是重大的政治行为。

22. 【答案】B

【解析】税种属性是决定政府间财政收入划分的主要标准，选项 B 说法错误。

23. 【答案】A

【解析】"双紧"搭配类型，这是指紧缩性财政政策与紧缩性货币政策的组合，这种政策组合可以有效抑制需求膨胀与通货膨胀，但也可能会带来经济停滞。

24. 【答案】A

【解析】财政政策由预算政策、税收政策、公共支出政策、公债政策等组成。

25. 【答案】D

【解析】实施积极财政政策的主要内容：①扩大政府公共投资，加强各项重点建设；②实施结构性减税政策，减轻居民和企业负担；③大幅度增加对低收入群体的补贴，扩大居民消费需求；④优化财政支出结构，保障和改善民生；⑤大力支持科技创新和节能减排，推动经济发展方式转变。

26. 【答案】D

【解析】交易性需求，由获得的收入多少决定，是国民收入的增函数；投机性需求是利率的减函数。因此，货币需求与国民收入是正相关，与利率是负相关。

27. 【答案】A

【解析】物价上涨是通货膨胀的基本标志。

28. 【答案】D

【解析】政府发行公债后，可以利用"挤出效应"减少民间部门的投资和消费，抑制社会总需求。

29. 【答案】C

【解析】中国人民银行是我国法定的唯一的货币发行机构，负责贯彻货币发行政策，组织人民币（法定货币）发行业务。

30. 【答案】A

【解析】制定和实施货币政策的目的是通过调控货币供应量等中介目标来影响社会经济生活。

31. 【答案】D

【解析】中央银行组织全国银行间的清算属于中央银行对银行的业务。

32. 【答案】C

【解析】公开市场操作是比较灵活的金融调控工具。与存款准备金率政策相比较，公开市场操作政策更具有弹性和优越性。

33. 【答案】D

【解析】根据《存款保险条例》的规定，凡是吸收存款的银行业金融机构，包括商业银行（含外商独资银行和中外合资银行）、农村合作银行、农村信用合作社等，都应当投保存款保险。同时，参照国际惯例，外国银行在中国的分支机构以及中资银行海外分支机构的存款原则上不纳入存款保险范围。

34. 【答案】A

【解析】由于借款人或市场交易对手的违约（无法偿付或者无法按期偿付）而导致损失的风险属于信用风险。

35. 【答案】C

【解析】金融风险的相关性是指金融机

构所经营的商品——货币的特殊性决定了金融机构同经济和社会是紧密相关的。

36. 【答案】A

【解析】2010年巴塞尔协议Ⅲ中建立了流动性风险量化监管标准，其中包括两个指标即流动性覆盖率和净稳定融资比率。流动性覆盖率是用于度量短期压力情境下单个银行流动性状况，目的是提高银行短期应对流动性中断的弹性。净稳定融资比率用于度量中长期内银行解决资金错配的能力，它覆盖整个资产负债表，目的是激励银行尽量使用稳定的资金来源。

37. 【答案】A

【解析】布雷顿森林体系是根据布雷顿森林协定建立起来的以美元为中心的国际货币体系。

38. 【答案】B

【解析】境外机构境内发行人民币债券，被称为“熊猫债”。

39. 【答案】A

【解析】假设检验是利用样本信息判断对总体的假设是否成立。

40. 【答案】A

【解析】抽样调查是从调查对象的总体中抽取一部分单位作为样本进行调查，并根据样本调查结果来推断总体数量特征的一种非全面调查。

41. 【答案】A

【解析】观测数据是指在没有对事物施加任何人为控制因素的条件下得到的，几乎所有与社会经济现象有关的统计数据都是观测数据，如GDP、CPI、房价等。

42. 【答案】D

【解析】均值是集中趋势最主要的测度值，它是一组数据的重心所在，解释了一组数据的平均水平。

43. 【答案】D

【解析】把一组数据按从小到大或从大到小的顺序进行排列，位置居中的数值叫作中位数。

44. 【答案】A

【解析】这种抽样方法属于分层抽样。分层抽样是指先按照某种规则把总体分为不同的层，然后在不同的层内独立、随机地抽取样本，这样所得到的样本称为分层样本。

45. 【答案】D

【解析】回归模型中常用的参数估计方法是最小二乘法。

46. 【答案】D

【解析】回归模型可以用描述因变量Y如何依赖自变量X和误差项ε的方程来表示。只涉及一个自变量的一元线性回归模型可以表示为：$Y=\beta_0+\beta_1X+\varepsilon$

式中β_0和β_1为模型的参数，Y是X的线性函数（$\beta_0+\beta_1X$）加上误差项ε。

47. 【答案】B

【解析】逐期增长量是报告期水平与前一期水平之差。

48. 【答案】D

【解析】当时间序列中的指标值出现0或负数时，不宜计算速度。

49. 【答案】C

【解析】平均发展速度=平均增长速度+1，即27.6%+1=127.6%。

50. 【答案】D

【解析】企业收入是其日常活动中形成

的经济利益的总流入，为第三方代收的款项不属于企业收入。

51. 【答案】C

【解析】管理会计主要包括预测分析、决策分析、全面预算、成本控制和责任会计等内容。

52. 【答案】C

【解析】反映企业财务状况的会计要素是资产、负债、所有者权益。

53. 【答案】C

【解析】按照会计报表编制主体的不同，可以将会计报表分为个别会计报表和合并会计报表。

54. 【答案】A

【解析】记账凭证账务处理程序适用于规模较小、经济业务量较少的单位。

55. 【答案】B

【解析】利润表是反映企业在一定会计期间经营成果的报表，是一张动态会计报表。

56. 【答案】A

【解析】资产负债率是指负债总额对全部资产总额之比，用来衡量企业利用债权人提供资金进行经营活动的能力，反映债权人发放贷款的安全程度。

57. 【答案】B

【解析】应收账款周转次数＝营业收入净额÷应收账款平均余额＝（营业收入－销售退回－销售折让）÷［（期初应收账款+期末应收账款）÷2］，即5次。应收账款周转天数＝360÷应收账款周转次数，即360÷5＝72（天）。

58. 【答案】C

【解析】能否及时偿还到期债务，是反映企业财务状况好坏的重要标志。

59. 【答案】A

【解析】经济法的调整对象主要是以国家对市场经济进行宏观调控所形成的法律关系。

60. 【答案】D

【解析】申请人必须具备相当的经济实力不属于商标注册的条件。

61. 【答案】C

【解析】添附是指不同所有人的物因一定的行为而结合在一起形成不可分割的物或具有新质的物。

62. 【答案】A

【解析】质权的设立必须转移占有，以某些特定财产作质物时，还必须依法办理登记手续，所以选项A说法错误。

63. 【答案】D

【解析】作为物权客体的物必须是独立物和有体物，而不可能是行为。物权只能以独立于人身之外的物作为客体。无论是自己还是他人的身体都不可成为物权支配的对象。人体器官在未经合法程序和手段与人体分离之前，也不可成为物权的客体。

64. 【答案】A

【解析】预告登记后，债权消灭或者自能够进行不动产登记之日起90日内未申请登记的，预告登记失效。

65. 【答案】B

【解析】物权法定原则，是指物权的种类、内容、效力、得丧变更及其保护的方法均源自法律的直接规定，当事人不得自由地创设。

66. 【答案】C

【解析】承担违约责任的方式有继续履行、支付违约金、违约损害赔偿。

67. 【答案】D

【解析】有限责任公司的股东向股东以外的人转让股权的，应当经其他股东过半数同意。

68. 【答案】D

【解析】公司具有如下特征：①公司是营利法人；②公司具有法人人格；③股东承担有限责任。

69. 【答案】A

【解析】《中华人民共和国产品质量法》所称的产品指经过加工、制作，用于销售的产品。对于“产品”这一概念要明确：

(1) 天然存在或自然生长的物品，非用于销售的物品，不属于该法所称的产品；

(2) 建设工程不适用该法规定；但是，建设工程使用的建筑材料、建筑构配件和设备，属于经过加工、制作，用于销售的产品范围的，适用本法规定。

70. 【答案】C

【解析】产品的生产者采取严格责任，选项A错误。产品的销售者采用过错责任，选项B错误。产品责任是指产品的生产者、销售者以及对产品质量负有直接责任的主体因缺陷产品引发损失而承担的民事赔偿责任，选项D错误。

二、多项选择题

1. 【答案】BC

【解析】假定价格不变，由于消费者收入或消费者偏好等因素的变化引起需求的相应变化，这种变化表现为需求曲线的位移。

2. 【答案】ABE

【解析】收入增长并不影响消费者的无差异曲线，给定收入和商品价格，消费者有许多条相互平行的无差异曲线，收入增长只会使预算约束线向右移动，选项C错误。无差异曲线的形状与两种商品的边际替代率有很大的关系，因为无差异曲线各点切线斜率的绝对值等于各点处两种商品的边际替代率，选项D错误。

3. 【答案】BD

【解析】在美国，石油工业是典型的寡头垄断市场；在其他国家，汽车、钢铁等工业部门可划入寡头垄断市场。选项AE属于垄断竞争市场，选项C属于完全垄断市场。

4. 【答案】ABE

【解析】完全竞争要素市场是指要素市场上的参与者都是完全竞争的，要素的供给、需求都处于完全竞争状态，不存在垄断行为，选项CD错误。

5. 【答案】AC

【解析】纯公共物品的两大特征：非竞争性强调了集体提供公共物品的潜在收益；非排他性指出通过市场机制提供公共物品的潜在困难。

6. 【答案】AC

【解析】在两部门经济中假设一个社会只涉及消费者（居民）和企业两个部门。

7. 【答案】ACD

【解析】三因素分解法是运用生产函数，把经济增长按照劳动投入、资本投入、全要素生产率三个因素进行分解，计算三项因素对经济增长的贡献份额。

8. 【答案】ABCE

【解析】《2021年政府收支分类科目》中一般公共预算支出功能分类科目为：一般公共服务支出、外交支出、国防支出、公共安全支出、教育支出、科学技术支出、文化旅游体育与传媒支出、社会保障和就业支出、卫生健康支出、节能环保支出、城乡社区支出、农林水支出、交通运输支出、资源勘探工业信息等支出、商业服务业等支出、金融支出、援助其他地区支出、自然资源海洋气象等支出、住房保障支出、粮油物资储备支出、灾害防治及应急管理支出、预备费、其他支出、转移性支出、债务还本支出、债务付息支出、债务发行费用支出。

9. 【答案】ACE

【解析】税收具有强制性、无偿性和固定性三大基本特征。

10. 【答案】ABD

【解析】所得税，是对所有以所得为课税对象的税种的总称。所得课税具有如下特点：①税负相对比较公平，比较符合“量能负担”原则；②单环节征收，不存在重复征税问题，也不易转嫁，不会影响商品的相对价格；③税源可靠，收入具有弹性。

11. 【答案】ACD

【解析】四类预算各自有不同的收入来源、支出用途和管理方式，不可相互混用，特别是社会保险基金预算不能用于平衡一般公共预算等其他预算，选项 B 错误。从衔接性看，一般公共预算中安排了大量社会保障支出；国有资本经营预算和政府性基金预算中，都可以调剂部分资金用于社会保障，选项 E 错误。

12. 【答案】CD

【解析】认识时滞和行政时滞，只涉及行政单位，而与立法机关无关，即这两种时滞只属于研究过程，与决策机关没有直接关系，在经济学上一般被称为内在时滞。

13. 【答案】AE

【解析】基础货币包括中央银行发行的货币及商业银行在中央银行的存款。

14. 【答案】ABCD

【解析】可以作为货币政策中介目标的变量指标有利率、货币供应量、超额准备金或基础货币、通货膨胀率。

15. 【答案】BCD

【解析】资本市场是指期限在 1 年以上的金融资产交易市场，通常指的是股票市场、长期债券市场、投资基金市场等。

16. 【答案】CD

【解析】核心资本又称一级资本，包括实收股本（普通股）和公开储备，这部分资本至少占全部资本的 50%。

17. 【答案】ABC

【解析】金本位制度下的固定汇率是自发的固定汇率制度。在 1880—1914 年这一国际金本位的黄金时期，铸币平价是各国汇率的决定基础，黄金输送点是汇率变动的上下限。

18. 【答案】ADE

【解析】相关关系并不等同于因果关系，如在夏天我们可能得到雪糕的销售量和遮阳伞的销售量呈正相关，但常识告诉我们二者之间并不存在因果关系，选项 B 错误。介于完全相关和不相关之间的变量关系称为不完全相关，选项 C 错误。

19. 【答案】ABC

【解析】众数的优点是不受极端值的影响，尤其是分布明显呈偏态时，众数的代表性更好，选项 D 错误。中位数的优点也是不受极端值的影响，抗干扰性强，选项 E 错误。

20. 【答案】ABCD

【解析】决定系数，也称为 R^2，可以测度回归模型对样本数据的拟合程度，选项E错误。

21. 【答案】ABDE

【解析】概率抽样方法有简单随机抽样、分层抽样、系统抽样、整群抽样、多阶段抽样。等距抽样是最简单的系统抽样。

22. 【答案】ABDE

【解析】抽样误差与总体分布有关，总体单位值之间差异越大，即总体方差越大，抽样误差就越大。抽样误差与样本量有关，在其他条件相同情况下，样本量越大，抽样误差就越小。此外，抽样误差与抽样方式和估计量的选择也有关系。

23. 【答案】BCE

【解析】款项是作为支付手段的货币资金，主要包括现金、银行存款以及其他视同现金和银行存款的银行汇票存款、银行本票存款、信用卡存款、信用证存款。

24. 【答案】BCDE

【解析】《政府会计准则》是为了规范政府的会计核算，保证会计信息质量制定的原则性规定。其主要对政府会计信息质量要求、政府预算会计要素、政府财务会计要素、政府决算报告和财务报告等做出了规定。

25. 【答案】BCD

【解析】复式记账法主要有借贷记账法、收付记账法和增减记账法，其中借贷记账法是一种被普遍接受并广泛使用的记账方法。

26. 【答案】ABCD

【解析】“存货”项目根据“物资采购”“原材料”“包装物”“低值易耗品”“自制半成品”“生产成本”“材料成本差异”和“库存商品”等科目期末借方余额之和减去“存货跌价准备”后的金额填列。

27. 【答案】ACDE

【解析】一般认为，市盈率在5以下的股票，其前景暗淡，选项B错误。

28. 【答案】BC

【解析】预算结余包括结余资金和结转资金。

29. 【答案】ABCE

【解析】用益物权包括土地承包经营权、建设用地使用权、宅基地使用权、地役权等。留置权属于担保物权。

30. 【答案】BE

【解析】主物权有所有权、地上权、永佃权、采矿权、取水权等。从物权包括所有的担保物权（抵押、质押、留置）和用益物权中的地役权。

31. 【答案】ABCE

【解析】合同的法律特征：

（1）合同当事人法律地位平等；

（2）合同是在当事人自愿基础上进行的民事法律行为；

（3）合同是双方或多方的民事法律行为；

（4）合同是关于民事权利和义务关系的协议。婚姻、收养、监护等有关身份关系的协议不能由合同法调整。

32. 【答案】CDE

【解析】合同履行的基本原则：全面履行原则、诚信原则和绿色原则。

33. 【答案】ABE

【解析】根据规定，董事、高级管理人

员，不得未经股东会或者股东大会同意，利用职务便利为自己或者他人谋取属于公司的商业机会，自营或者为他人经营与所任职公司同类的业务，违反规定所得的收入应当归公司所有。

34. 【答案】ABCE

【解析】公司董事、监事、高级管理人员离职后半年内，不得转让其所持有的本公司股份，选项 D 错误。

35. 【答案】ACD

【解析】裁减人员时，应当优先留用下列劳动者：①与本单位订立较长期限的固定期限劳动合同的；②与本单位订立无固定期限劳动合同的；③家庭无其他就业人员，有需要扶养的老人或者未成年人的。